Eckhard Henscheid

Die Lieblichkeit des Gardasee

Eckhard Henscheid

Die Lieblichkeit des Gardasee

Gesammelte Erzählungen

Haffmans Verlag

Sämtliche Texte – mit Ausnahme des einen neuen – folgen unverändert ihren jeweils früheren Buchausgaben. Stillschweigend korrigiert wurden einzig offensichtliche Druck-, Rechtschreib- und Interpunktionsfehler.

Umschlagbild von
Almut Gernhardt

1. Auflage, Herbst 1997

Sonderausgabe

Wir danken dem Zweitausendeins Verlag für die freundliche Abdruckgenehmigung.
Die Gesammelten Erzählungen erschienen zum ersten Mal im Zweitausendeins Verlag

ISBN 3 251 00381 X

Inhalt

Die Lieblichkeit des Gardasee

Als Kathi schließlich nach Westdeutschland zurücktrampte, schlug ihr ein Itaker im Alfa Romeo vor, sie für 10 000 Lira einmal mauseln zu dürfen. Als Kathi ablehnte, erhöhte er, den zerquälten Blick in den Seitenspiegel, auf ein ihn überholendes anderes Sportauto gebohrt, auf 15 000. Es half ihm aber nichts.

Immerhin war Kathi ziemlich stolz, in Italien so hoch taxiert zu werden. Sie meinte nämlich, das seien fast 400 Mark. Das stimmt natürlich nicht. Sondern es sind nicht einmal 40. Sie hatte sich mit den Nullern vertan. So dumm ist die Hauptperson.

Auch sonst hielt die Reise an den Gardasee einige Sensationen bereit, angenehme und unangenehme. Gleich nach der Ankunft in dem Städtchen Garda wurde im Hotel voll durch gemauselt, das fremde Bettzeug stimuliert. Es regnet fast den ganzen Tag, der See ist recht verwaschen, Berge nisten trüb verhangen. Und die beiden Teilnehmer blinzeln süchtig durch die Gardinen und warten drauf, daß sie wieder spitz würden.

Herzhaft gähnte Kathi fest.

Beim Abendessen redete man über nackte Frauen, das tut Kathi nur zu gern, und meint immer sich. Sie sagte z. B., so ein Rückenschwung bzw. geschwungener Rücken sei einfach hochkarätig überwältigend, und zwar ästhetisch! Diese Meinung wurde nicht geteilt, sondern es ist was anderes.

Längs der Uferpromenade viel festlich Subtropisches, jetzt auch schon, Ende März. Beim Heimweg gibt der See sich sehr preziös, wie gefroren, zugleich rauchig. Zuletzt wird noch einmal gemauselt. Im See schwimmen verstreute Lichter, anheimelnd und ängstlich auch.

Die blonde Kathi, 19 Jahre, ist von München aus in einem halben Tag nach Bozen getrampt, Respekt! Der Andere ist mit dem Alpenexpreß angefahren. In Bozen, als sie nicht mehr weiterkommt, ist Kathi zugestiegen. Damit hat der Andere nicht gerechnet. Wie er um fünf Uhr aufwacht, starrt er benommen aus dem Fenster: die schauernd kühlen Felsgerölle des Trentino, morgenbleich die Etsch. Da sieht er Kathi auf dem Gang, streicht sie da hin und her und lacht ihn huldreich an. In der Herzgrube tut's einen Biß glattester Unsterblichkeit.

Am Bahnhof von Verona ist es kalt, im Postbus aber warm. Sofort sind wieder sympathische Geister angeschwirrt. Wohllebige Olivenhaine vor dem Fenster, seelenhafter zart Zypressen. Milchig kommt der See zum Vorschein. Während er in die Kurve geht, liest der Busfahrer die Sportzeitung. Findet Kathi sehr lustig. Rundlicher schon macht der See sich nützlich.

Weil noch keine Saison ist in Garda, vergessen die Hotelbesitzer die Minderjährigkeit und lassen die Unehelichkeit gern zu. Also, zuerst kommt immer das überflüssige Zeug runter, dann werden die Beine hübsch parallel gelegt, sodann die Arme in Positur gebracht. In diesem Augenblick wechselt das Gemüt vom Andächtigen ins mehr gerieben Schlingrige. Zuletzt wird alles mit allem verkeilt.

Und schon ist Nacht und Kathi recht viel schläfrig.

Am anderen Morgen Funiculi, Funicula – das wollten sie ja doch, die beiden Kaspern. Hirne trällern Fröhlichkeit, laubfroschgrün die Fensterläden – jetzt wird auch ein Boot gemietet. Wintersonne glitzert eiskalt übern See, dann kommt's lau und schmunzelnd warm, schon um elf fegt Kathi die Klamotten ab, so soll's sein. Legt sich wohlig stöhnend auf den Bauch, mag wohl Ferien anzeigen. Und schläft weg. Die Luft döst mild, stahlblau der See, rotdurchglüht die Wackelwolke. Der Hintern ist sanft eingedellt, soll wohl wasweißgott bedeuten.

Eine halbe Stunde später wird aufs duftigste geschmust – und egalweg abermals gemauselt. Ihr hocherhitztes Köpfchen mit dem Goldstroh drauf! So was Rotes, so was Nettes! Streunen grabschend windgekräuselt, Seelentätscheln kärglich träg. Diese Splitterfaserdünne vor dem Glanz der fernen Bläue.

Fröhlich schüttelt sie den Kopf jetzt.

Dann wird zu Mittag geschnabelt, diesmal Muscheln. Kathi schelmisch reißt den derbsten Witz. Ein schwarzer Pudel mit einem scharlachroten Luftballon im Maul kreuzt durchs Lokal, verschwindet pflichteifrig in der Küche. Wer oder was wird hier eigentlich gespielt? Kathi säuselt frömmelnd Schubert – nein, mitnichten: Pfarrerverse! Lachend hakt sie die Oberzähne vor, gleichwie frisch ertappt. Der geht's gar zu gut. Zierlich fliegt der Rotwein pfiffig ihr den Schlund rein.

Was ist das eigentlich für eine charmante Reise? So was Zufälliges, so was Unbedachtes, so ein eklatanter Krampf!

Kathi schaute achselzuckend frisch und flauschig.

Am Nachmittag überflügelte der Andere sie an schwerer Knispligkeit. Eh wird's Nacht. Wird erneut gemauselt, dann gemauschelt. Zufrieden schnurrt der Andere. Viel mehr kann er nicht, der Ungut.

In Abständen von Viertelstunden tauscht der See die Farben aus. Helles grün, türkis, erregtes Gift. Und jetzt blau, kobaltblau beinahe. Später braun und schwarz, Nordwind, von den Alpen stürzend. Jetzt vagantisch nochmals grau und weiß, alpiner Gletschersilberblick. Nixenauge grausam feucht, Laubblatt huscht den Parkweg lang. War's ein Spatz? Aufgekratzt kommt Regen auf.

Auf diesem Trabanten hat es Frauen, die sind nur nebenher ganz hübsch. In erster Linie hat man sie vielmehr mit einem solch bitterlichen, kläglichen, herzig funzeligen Geschau begabt, daß du meinen könntest, alle Welt sei nur schändlich drauf aus, ihre Heimtücke ununterbrochen an ihnen zu erproben, ohne Erbarmen. Sofern nun aber dies Rinnsalsgeschau auf einem prangend kerngesunden Körper sitzt, den Tag und Nacht nur die eigene Wohligkeit hin und her wiegt, ja schlingert! – dann wird's kriminell für alle Beteiligten.

So eine war Kathi.

Und die Umgebung? Abendsonne flunkert, grünt die Fensterläden golden. Auf der Piazza nimmt sogleich bienenemsig Leben zu. Vor allem die Katzen. Wie sie wogend schleichen! Als ob ausgerechnet ihnen diese Zauselstadt gehörte! Feuchtes Steingemäuer, bunte Blumen, Gruppen grundsolider Herren, wartend auf den jüngsten Tag. Mit einem Seil über einer Rolle, einer Art Hausaufzug, hantelt rasch ein Kind ein Lamm im Eimer jetzt zum zweiten Stock hinan.

Wer regiert eigentlich dieses Land? Nenni? Zoff? Caligula? In der Zeitung steht auch nix.

Zu der Piazza paßt die Pizza. Und schon ist es wieder finster, und man drängt hinauf ins Stübchen, halt! Kathi muß noch Strümpfe kaufen.

Lila schimmert Schnee der Berge, sieht man's nicht, kann man's doch schnuppern. Da hinten, überm Wasser, türmt lautlos der Monte Baldo. Gibt's hier auch ein Alpenglühn? Die sanften, matten Höhen längs des Wassers, Gedunkel und Gefunkel. Kathi schnaubt vor Anmut vor sich hin, jetzt nagt sie ein Hörnchen weg. Hügel schwimmend in der Nacht, reifer Milde weiche Woge. Zwei Schwestern hausen drüben in den Hängen stifterisch, hier hätten Julia und Romeo geseufzt im Alterssitz. Jetzt aber sprüht Bosheit deutscher Gauner in den Villen, so geht's immer, immerzu.

Kathi schnappt sich den Anderen zum Umhalsen. Der See starrt weißlich und fast zag. Am Himmel wirre Funken.

Mit 20 000 km/Stunde flieht das Zeug hinaus ins All, wer weiß darüber raus. Wie ist das aber mit dem Tod?

Kathi hat keine Ahnung. Hüpfiger tänzelte sie herum.

Regenschwaden auch am Morgen, Dauerregen, nichts zu machen. Wird halt schon in aller Früh gemauselt. Zu Mittag hellt es auf. Der Schleuderstrahl der weißen Sonne kreuzt gelbe, braune Wolkenstämme, Axthieb, der viel Wohlsein zeugt. Kathis schlaue Augen schimmern, bläulichblau und schummelig.

In diesem flüsternden Augenblick aber erschien platt der Padrone, zu fragen, ob sie wenigstens Pässe hätten. Er wirkte äußerst entschlossen und sah akkurat aus wie Willy Millowitsch, nur das Kinn sengte nicht ganz so überwältigend energisch. Kathi stand der Mund halboffen, flausig faul und voller Neugier. Auf den Alten? Auf den Paß? Pässe hatten sie, jawohl.

Mal schauen, was der Nachmittag bewirkt. Regen, jawohl, und dann wieder mauseln, ist denn das zu glauben. Dazu Kofferradio, Nachrichten in Italienisch und ein Wunschkonzert darein. Blaß und schief der See (Benacus), Kathi bläßlich und schlitzohrig. Umschneite ihn mit Gehenlasserei, Anmut und mit Widerschein, ach, von was auch immer, Kasperl! Was tut sich sonst noch in der Welt? Aha! Ein kleiner krummer Italiano, direkt vor dem Fenster steht er! Im Niesel unter der Laterne, lichtumsprüht, mit feschem Schnauz und Käppi, gleißend schwarze Lackhalbschuhe, pokerfacig undurchdringlich. Raucht vier Zigaretten nacheinander, schaut hastig auf seine Armbanduhr und geht dann wieder seines Wegs, unvermerkt ins Unbekannte.

Der See liegt ruhig, wie verwelkend. Kathi lacht sehr existent.

Hunger haben diese Hotelgäste heute scheint's nicht. Vielmehr wird jetzt ein neues Spiel probiert. Kathi zieht sich aus, posiert am Fenster Topmodell, dreht sich im Kreise um und um, Gebärden sehr hoheitlich. Und zupft an ihren Streichelfingern, als ob sie Kastagnetten spürte. Der Andere wird angemahnt, bittebitte schnell zu selbsteln. Dann umgekehrt, o Seligkeit. Dann liegend, schlechte Ackersleute, sofern's noch geht, selbanderweis. Mit Händen und mit Würgen geht's – ist der Schmäh nicht lustig?

Schlug was zehn? Da war's, als hielte Kathi mittendrein den Atem an, wie um was Schöneres noch zu hören. Spähen? Wehen? Ein Wirbelwind aus Herzgeknister. Der geheimnistuerisch großversprechige Klang ihres Regentropfenauges! Besinnlich machten sie's dann richtig, ging nicht mehr, weißgott kein Wunder. Regen preschte gegen Scheiben, fröstelnd unsichtbar der See. Äuglein werden zumachtmacht.

Da schau an! Am Morgen hat die Sonne sich herausgeputzt, beinah schwefelnd, immerhin. Die Herrschaften verreisen nach Verona, alten Krempel zu besichtigen. Als der Andere sie schon im Bus greifeln will, kriegt er was auf die Finger. Sie zum Lohn zwei neue Kleider, eins bleibt auch gleich dran am Leib. Dieses Trippeln, dieses Watscheln, emsig, bremsig, hochtodchic! Kathi machte große Augen, hemmungslos von sich bezaubert.

Schöne Sonnenstrahlen fingern, Flitter auf dem Mittagsee. Der Andere wollte schnell verschnaufen, sie aber kämmerlich es wissen, ist doch heute eh schon gleich. Fetzte alle Fetzen runter, hopste auf das Bett entschlossen, Stöckelschuhe ließ sie an zum letzten. Blinzelte nervös, er seufzte. Amüsiert sah sie ihn an. Kathi kniete auf dem Laken, ließ die Birnenbrüste baumeln, Arme hielt sie vorgestützt, Start zum 100-Meter-Rutschen. Blondkopf leicht gesenkt wie trotzig, sie schaute drein zerweht besorgt, als wundre sie sich selber schon, daß ihr bald gar nichts mehr einfiele. Als Unfug und Bettschwärmerei. Der rechte Wuschel wolkig, die linke lichtdurchfurcht. Das Lotterkinn neigte nach Westen, der Mund zog eine schwirre Schnute. Der Unterlippe Speichelknistern strafte der obern Klispeln Lügen. Die Wimpern spreizten sich vor Hübsche, die Augen rollten aufwärts keusch. Was ist? Sie sah nach ihm und sah nach unten, wies auf die Rundheit ihrer Brust. Flehentlich fast ward der Blick. Er bat um Atemlosigkeit, er kitzelte, daß sich was rühre. Und was auch immer, machmachmach.

Ach, Kathi, geh, spar dein Gelöck!

Aber gut, in Ordnung, legen wir uns halt schon wieder flach. Nein, diesmal nicht zum Mauseln, sondern nur zum stundenschönen Äugeln. Weiß man's wird noch mal was draus.

Weiße Sonne tanzend kühlend wärmend auf dem weißen Tuch. Weiter hinten hupt ein Schiff. Moped echot prompt »Verstanden«. Lachen von der Haustür schweift. Möcht man nicht ein bißchen sterben?

Aber Kathi strahlte vielmehr wie ein zerzauster Märzenkäfer. Sie steckte salzig seine Finger in den Mund, die ihren in den eignen Strähnenschopf. Hauchte sanft zur Zimmerdecke. Flüstrige nachdenkliche Zähne, spöttischer tändelt die Zunge. Fangmichohren, Flegelhaare drehten alle Schrauben locker. Weißt du was, Kathi, du bist ganz schön doof. Ein Dunstgemisch aus Schönschaun und noch was auch immer. Schob ihm die Engelflügel unter, ließ sie geruhsam kreisen lange, gelindes Werkeln nicht ganz dicht. Weinerlich Rascheln übern Rücken, ratzen wär jetzt recht, jawohl ...

Flink springt Kathi wieder hoch. Schüttelt sich vor Luftigkeit. Jetzt gibt's einen Cappuccino.

An der Bar hat der Andere endlich mal einen guten Einfall. Kathi soll sich jetzt bitte vorstellen, daß sie mit Franz Josef Strauß zum Gardasee getrampt ist, und dann soll sie sich ausmalen, wie der dicke Mann sie packe, wie er sie mit Macht berumple. Da muß Kathi lachen, das gefällt ihr. Subversiv furcht sie die Stirne, jetzt hat sie das Bild vor Augen. Sie mag Strauß, sagt sie, gut leiden, weil er so ein Brummel ist. Wie die Augenbrauen hüpfen! Hochchimärisch tanzt der Knöchel.

Ach, Kathi, du bist eine ganz dumme Nuß!

Des Abendessens muntre Brise. Deutsche Bratwürstel gäb's auch. Zerknirscht sieht sich der Wirt gezwungen, einzugestehen, daß an seiner ewig langen Speisekarte aber auch so gut wie kein Wort wahr ist, macht nichts, Capitano!

Sterne flunkerten im Wasser, schläfrig wie der ganze Tag. Die schlanke Kathi wirkt sehr ernst jetzt, sehnt sie sich nach Strauß schon gar? Kramt in ihrer Reisetasche, beißt sich haschig auf die Lippen, oben lang, dann harmvoll unten. Legt sich hin, will noch was lesen, blättert rauschend in den Seiten. Endlich hat sie was gefunden, gähnt ganz schrecklich, weg ist sie.

»Kathi, wer oder was bist dann du eigentlich?«

»Erst wenn die guten Freunde kommen, dann ... weckst mich, dann bin ich was. Jetzt ... lieg ich ja im Hemdchen ...«

»Im Hemdchen?«

»Auf dieser alten Erde da ...«

»Aber Ihr sollt doch wachen, Fräulein, auf daß Ihr bereit seid, wenn der Bräutigam –«

»Ach geh! Ich hab doch ... so ein ... Schafsgesicht ganz trocken!«

»Ist doch dem Bräutigam ganz wurscht!«

»Aber der ... Iduna nicht! Der Herr Lofogg und der Herr Aumeier ...«

»Die Außendienstler von deiner Versicherung?«

»Dürfen nicht!«

»Warum?«

»Die haben so ein Stecken dran!«

»Und ich?«

»Du schon ...«

Sie nickte zart im halben Traume und schleckte eilig an dem Laken: »Das sind die Herrn Studenten ... ja ...«

»Die dürfen?«

»Jederzeit – Silvester!«

»Warum? Wieso?«

»Zu Ostern nächstes Jahr wirst du ... mich heuern! Ach!«

»Und der Monsignore Schumm?«

»Wenn er krank ist, soll er auch ...«

Wetterwendisch schwärmten Nüstern. Kathi lüpfte halb ein Auge, tat's schnell listig wieder zu: »Bitte, bitte, halt den Mund!«

»Hat der auch so einen ... Stecken?«

»Strecken, ja!«

Am Fenster blies ein scharfer Wind, ein Wetterstrahl extravagant.

»Gleich steht die Katherine auf und sagt dir mit der Post Bescheid. Aber jetzt nicht. Jetzt – packt der Tiger doch die Turnlehrerin am Hals ... das hat niemand wissen können!«

»Und – was macht er jetzt?«

»Krieg und Frieden halt. Und was?«

Sie kratzte sinnend sich am Arm.

»Wen magst du eigentlich lieber leiden: Hansi Müller – mich – oder Franz Josef –?«

»Harry Belafonte!«

»Wen??«

»Halli ... bello ... fonsi ...«

»Soso – ach so ...«

»Ich bin doch keine Intellektuelle!«

»Nein – aber eine himmelschreiende Erbsünde!«

»In der Früh ist alles weg ...«

»Eine Erbsünde!«

»Jetzt gib einmal ein Ruh!«

»Cathy, heißt du nicht – Catari?«

»Der Höhensturm? Nnaaaaa ...«

»Und der Papst? Hat der Papst –«

»Ich pfeif jetzt nach Amerika ganz alt!«

»Und der Papst fährt mit?«

»Genau! Nach San Francisco ...«

»Aha – soso!«

»Blaubembel ... ja!«

»Und was mach derweil ich hienieden?«

Sie überlegte lange, fast verdrießlich:

»Der Papst, der ... kennt mich kaum ...«

»Und ich, ich kenn dich besser?«

»Eines soll im andern schlüpfen!«

»Und davon wird alles besser? Die Gesell –«

Die Stirn warf Falten, wie im Zorn:

»Weil in dem Film ... bitte, werf die Nudeln ins heiße Wasser und dann die warme Soße über die Nudeln ... in dem Film weil so eine vollkommen witzlose ... gelbhaarige Lokomotive vorkommt, die ...«

»Ja?«

»Das Wuseln des ... Reingarnichts ver ...«

»Körpert?«

»Bauchschuß, ja!«

Kurz darauf wurde die Schlafende noch einmal gemauselt. Eine einwandfreie Vergewaltigung. Mit einem kleinen Wimmern ging auch das dann klar.

Wie der Morgen aufzieht, hockt Kathi am Fenster, auf dem Stühlchen. In Unterrock und Pulli, Füße auf dem Fensterbrett, Zigarette scharf im Mundwinkel, begafft sie lang das diesig graue Wasser. Boote liegen aber drauf, steif gefrorne Schmetterlinge. Fernab Nebelstreif zerfleddert.

Ehrfurchtsvoll starrt Kathis Blick.

Der Vormittag bringt Wind und kalte Sonne. Aber man kann ja am Seeufer entlanglaufen und trotzdem ein bißchen schlüpfrig tun, lüstern in den Wellen plantschen. Vielleicht wird man ja krank davon, wäre auch ganz spaßig. Entchen an der Balustrade, emsig leichenblaß verschmitzt. Die Kieselsteine tun den Zehen wohl, das mögen sie, die Krüppel. Kathi stelzt aufs nachdenklichste artig im Bemoosten rum. Sie hat ein rotes Röckchen an, oft geht ja das Herzläuten und alles wie ein Überfall von einem schmalen, verstrickten Faltenwurf am Bäuchlein aus. Sehr schmächtig wird sie vollgespritzt. Leidlich zahnte unser Schätzchen, Katherinchen liederlich.

Wird sich jetzt also auf eine Bank gesetzt und dem Wasser zugeschaut. Freudeschimmers seichte Welle, frisch gebügelt, tintenblau. Kathi schaut erschöpft, wie abgezehrt, schüttelt den Kopf, ist sehrsehr still. Spähblick rund und fast gemartert. Ob sie ihm gar schmollt? Sind beider Herzen kalt wie Stroh? Ah, nimmerwo! Auf dieser ganzen Unfugsfahrt war immer stets das Herz bei Fuß. Kathis ernstes Näschen nickt. Und das will was heißen.

Wie lang ist eigentlich schon nicht mehr gemauselt worden? Einen halben Tag schon? Noch nie? Hat Strauß die Herrschaft längst scharf angetreten?

Schwatzt die Welle, quakt die Woge, quirlig, polygott und nett, hüpft das Schlickern der Forelle übers Jahr grünviolett...

Was kann man mit einer Frau am vernünftigsten machen? Fußballspielen. Wird halt ein Plastikball gekauft, im Strandbad ist ein kleiner Rasenplatz. Kaum steht der Tormann abwehrbereit, schon tippelt Kathi an. Trifft. Zack! Wrumm! Der Halbschuh rauscht ins Dreieck, die Schützin in die Knie. Ach, wie sie dem Schuh nachhumpelt. Noch allerlängstens achtzig Jahre, dann würde sie die Augen schließen und nie! nie! nie! mehr schön dreinschaun.

Vielmehr aber werden sodann am Nachmittag belegte Brote und Cola eingekauft. Ins Haus steht eine Bergbesteigung. Längst ist Kathi wieder munter.

Sagt sie, blinzelt wieder mal.

Seitlich vom Gipfel des Kegelhügels ragt einsam Unsere Liebe Frau, Madonna delle Pigni, man sieht's vom Städtchen aus ganz gut. Steil führt ein Pfad den Berg hinan, viele Treppen, Zartgerölle. Die letzten Häuser in der Hügelfurche sind schüchtern ineinander geklemmt. Auf einer Bank, die Augen in die Erde erstickt, sitzt eine Greisin mit dem Stock. Ruhig zieht sie an der Pfeife, schauernder

Gedanken voll. Stille kräuselt gelber Rauch, Schindeln und ein Schwalbennest. Schwindelfrei und leichtgeschürzt himmelt Kathi rasch zum Himmel.

Sichtbar wird ein kleiner Friedhof, so was Kleines, Trümmerzages! Unbewegte scheue Luft, Herzporen ganz weit geöffnet. Müde eingesunkene Zäune, verlottert ganz und gar, grün bepelzt vom Quatsch der Zeit. Modererde, Farnkrautschlingen, Mauerpfeffer reut sich selber. Zwei Zigeuner ruinös hangeln sich den Hang hinan.

Eichhörnchen lauscht halb am Stamm. Verkohltes Holz, ein nasser Stein, Herzfetzen in den Büschen. Ein Meilenstein, für wenig gut, gut hätten Schneeschollen gepaßt. Vom Hinterhalt klang es wie Rieseln, wie Brandgeruch von Osten. Es duftete nach Laub und Kummer, nach leisem Klappern von Sandalen. Ist Kathi gar ein Veilchen nur? Ein Gänseblümchen nimmersterblich, leuchtend zwischen Grabsteinritzen?

Der Wald fängt an, das Herz pocht Sturm, der Moosmarmor der Fichtennadeln. Das Laub vom letzten Herbst noch feucht hat alle Farbe schon verloren. Voll Wehmut wuchert Heidekraut, warum dann nicht gleich Fingerhut? Und Glockenblume, Huflattich? Unter dem Knospenbusch viel Gras wie Schilf, Kathi hat Lust, darein zu beißen. Sie kann sich ätzend auch drauf setzen.

»Sommersprossige?«

»Braunköpfiger?«

Sanfte Schauer kummervoll, süße Wehmut herzzerknabbernd. Laubgefunzel, Lichtgeraschel, luftgesponnen ängstig Band. Kathi muß ein wenig weinen, Herzkasper, Frl. Luftica.

Ist aber noch nichts Rechtes. Ein Vogel flüchtet früh betäubt, Marder im Geäst sich duckt, schwarzer Schnauze eingedenk. Vier Hände flirren wie der Wind, flimmern hin und wieder. Hinten in dieser Felsenschlucht mögen die Flötenschmuggler hausen. Luft kommt auf und scheuchet dunkel, Ziegel im Gestrüpp sich weiden. Maus taucht auf, verschwindet wieder, ganz entzückt von ihrem Glücke.

»Blauäugige?«

»Grün ... iri ... ireni ...«

»... irritierender?«

»Hm ... nein ... iridings ...«

Seitlich rechts auf gleicher Höhe die Madonna. Sie hat ein Kreuz in ihrer Hand und schaut sehr seriös. Aber von hier aus kann man leider den See nicht ordentlich sehen. Also möchte Kathi noch ein wenig höher flattern. Ja, hier ist es recht. Kauersitz, Knie angezogen, Arme lauschig draufgelegt. Und den Schmachtkopf schief geschmiegt, süßer Flaumenblicke Wangen. Flüsterauge, Purpurlippe, Hirten überm Berge.

»Also: iri ...«

»Irredenta?«

In sachten Schuppen lag der See jetzt weit und breit, der sonnlos blaue Himmel drüber. Bläuliches allüberall, augenweitend nimmersatt. Strähnen rieselten wie Rippen, Sehnsucht hüpfend bis nach –

»Iri ... irri ...«

Bläue tosend hauchte kühler, wirbelte noch mal so blau. Süßer Wahn der fremden Wasser, zugig tiefes Wehmutwallen, allzu inniges Gerunzel, jetzt schluchzt Kathi wirklich los. Himmel zittert durch das Blaue, Bläue macht den Himmel zittern. Tränen stürzen aus den Augen, netzen neunzehn Sommersprossen, sickern auf die Hände nieder, Weinen enget ihre Schultern, macht nichts, macht nichts, macht nichts, macht nichts, wie das schön tut, ist schon recht. Treue dieser blauen Spiegel, dunkelblaues Auge See. Mühlsteine des Steilgeseufzes, Klirren der Vergeblichkeit. Herz kriecht auf sich selber zu, frische Tränen jagt die Bläue, weinend muß sie selber lachen. Kopf fliegt in den Schoß des Andern, sie preßt die schönen Lider zu.

»Kathi ...«

Der See nachzittrig schieferbläulich, ferngraublaue Flattrigkeit. Zehn Minuten später wünscht sich Kathi, ihre Stimme ist umflort, für Weihnachten einen Sohn, und »Hermann« soll er heißen, flüstert sie in großäugig bestrickter Raserei und krallt sich fester fest. Und noch während sie flüstert, sieht der Andere, sieben Jahre sind vergangen, Kathi hell in einer Rumpelkammer, sonnenlichtbestäubt. Eifrig schreibt sie einen Brief: »Liebster Hermann!« Hermann heißt der Andre nicht.

Der See bebt jetzt weiß perlmuttern, endlich müssen beide lachen. Ein tausend Tonnen schwerer Stein, naja, dann eben sieben Pfund. Dämmerstreif im Nimmermehr, beschämt schrumpft Blau um Blau. Im Tal funzeln schon Lichter auf, Süßnachtwind quillt traumverweht. Das Gras kommt von den Kleidern, das Cola ins Gebüsch.

Schnurz, schnaufte Kathi sireniger linde.

Im Dorf hüpft sie ausgelassen von einem Bein aufs andere. Mit einem Lächeln voller Freude umfängt sie alles, was des Wegs kommt. Vor allem einen kohlschwarzen Knittel, der sich fett froschäugig mit einem Netz voller Semmeln zu seiner Kirchtür schleppt. Pfauenauge, Abendnebel, Sprudeltanz um die Laterne. Überm See ohne Geheimnis ging des Mondes Sichel auf.

So, und jetzt hatten sie auch endlich Hunger. Mit Wucht putzten sie Schnitzel weg.

Letzter Abend in Garda. Ab neun sieht man die beiden Teilnehmer im Weinkeller »Bellona«. Der ist fast leer, auf tausend Aquarellen tobt sich Malkunst aus, die Espressomaschine wird von einem ausgestopften Wildschwein bewacht. Zwei Rotweinflaschen sind auch schon weggezaubert, das Zeug brummt in den Köpfen. Kathi thront brisant beschwipst, bringt den Glimmstengel nicht mehr aus den Zähnen. Weil ihr halt gar nichts mehr einfällt, will sie also schnellstens fußeln. Das Andere zieht nicht recht. Da berichtet sie denn wie hocherfreut, sie habe jetzt in ihrem

Leben schon zwölf Liebhaber gehabt. Der Andere schaut gnädig drein. Weil das also nichts einbringt, kommt ihr, mit dem schön gelackten Weißbefrackten ein Geflirt zu starten. Sie schürzt die superfeuchten Lippen und läßt gevift das Kinn vibrieren. Pupillen hüpfen auf und nieder, das heißt wohl: Ich bin hingerissen. S-förmig affig rauschen Strähnen, Gebiß spielt: Ich verzehr dich gleich.

Natürlich schmaucht jetzt auch der Andere, als wolle er noch diese Nacht den Krebs in seine Gefolgschaft zwingen. Glücklich über ihre Bosheit läßt Kathi neuen Wein auffahren, den Kellner möchte sie berühren. Aber der kennt sich in solchen Verschleiertheiten nicht aus, spitzt nur den Mund zum Pfeifen. Ziemlich desperat geht Kathi aufs Ganze, beschließt, den Anderen fertigzumachen. Dem Instinkt von Blutgier folgend, von Zerdepperwut beschwingt teilt sie ihm lächelnd mit, sie habe ihn erst letzte Woche dreimal betrogen. Nein – ha! – fünfmal!

Der Andere schaut matt, schluckt rasch vom Wein und zieht sein Glas näher an sich. Hilft ihm aber nichts, jetzt will sie ihn am Boden sehen. Nie habe sie ihn gemocht! Nie ihn heiraten wollen! Kinder mit ihm? Lachhaft! »Wenn ich dich anschau, wird mir schwindlig!« Sie wälzt sich in Gemeinheit, zeigt dazu dem Kellner ihre langen Schenkel. »Du Blödmann, Rotzdepp, Dumpfnudelaff! Suppenkasper, akademischer!« gurgelt Kathi gischtig nicht sehr sérieusement und läßt die Schwärmegrübchen blitzen, »Versager, Hühnermauser, Sau!«

Der Andere legt schützend die flache Hand vor seine Stirn, der Kellner ist in der Küche untergetaucht. Da schüttelt Kathi, gierig nach größtmöglicher Ergötzlichkeit, wunderbar rosig von Hysterie, namenlos selig von Angriffszauber, triumphierend schwungvoll ihm ein Viertel Roten ins Gesicht.

»Hahaha! Sehr gut! Sehr gut! Haha!«

Anbetungswürdig funkt ihr Auge. Da heult sie und will

schleunigst mauseln. Im Hotelzimmer will sie plötzlich nicht mehr, sondern statt dessen, daß er ihr drei Ohrfeigen runterhaut, sofort! Wacklig schlägt der Andere vor, lieber vom »Du« doch wieder bitte zum »Sie« überzugehen, sein Hirn ist sehr gelähmt fürwahr. Über diesen ruchlosen Unsinn muß er gleich drauf weinen und semmelt sich vor ihren weiten Augen sechs eklatante selber rein. Dann nochmals drei. Wenn sie noch mehr will, stöhnt er, braucht sie's bloß zu sagen!

Kathis Mund steht lauschig offen, sie keucht schon vor Enttäuschung. Entschließt sich aber fix zum Ekel. Zerrt stumm ihr Betteil auf den Boden, will neben ihm niemals mehr schlafen. Der Andre flennt, sie soll ins Bett, er legt sich nämlich auf den Boden. Dummheit fiel polternd über Schmach, Schmach stürzte über Traurigkeit. Am Ende liegen beide drunten, es ist schon wirklich sehr zum Lachen.

Am Himmelszelt schwamm's rosengolden, zwischen stieren Wolkentrümmern. Geprängig zog der Frühling ein.

Zum Morgen schwere Regentropfen. Nebel ärgerte Italien, Wind blies vergeigt vom See herüber. Um zehn Uhr fährt man mit dem Postbus gemeinsam nach Verona, sieben Meter auseinandergerissen, funkelnd fast vor Haß und Sehnsucht. Heillos hinter den Zypressen macht ein letztes Mal der See sich gut.

Am Bahnhofsplatz geht jedes seiner Wege. Den Anderen expediert ein TEE nach Norden, auf Kathi harrt ein neuer Freier. Daß sie ihm keine Gunst gewährt, macht sie fast wieder fröhlich. So rutschen beide unverblümt quer durch die edlen Alpen.

Vier Wochen später klopfte Kathi beim Ganzanderen an. Jedoch der Wiederaufbau klappte nicht. Kathi sah ihn hilfreich an und hatte sogar das Kleid mit dem Sonnenblumenmuster am Leib, das er so mochte. Der Ungut spielte aber stur. Da war sie dann beleidigt. Und wollte ihn nicht mehr.

Frau Knopf
und Herr Eiermann

Acht Jahre lang beneideten viele Bürgersfrauen von Hanau Irene Knopf um ihr Glück. So lange bestand ihre Ehe mit dem Lehrer Dieter Knopf, seit ihrem 24. Lebensjahr, seit sieben Jahren gab es auch ein Kind mit Namen Jasmin. Viele der Hanauer Mädchen und Ehefrauen wären gern an Irene Knopfs Stelle gewesen. Mit seinen schmalen, weichen Zügen, seinem kantigen Profil, seinem kecken Schnauzer und seinen schwarzbraun verwegenen Locken war Dieter Knopf einer der hübschesten Männer der Stadt. Darüber hinaus galt er als sensible Künstlernatur, seine sanften Rehaugen schienen es zu bestätigen. Bei regionalen Kunstausstellungen war Knopf mit Kohlezeichnungen düsterer Stimmung und pessimistischen Gehalts vertreten; außerdem spielte er Gitarre und Klavier, in den ersten Ehejahren auch hin und wieder vor kleinem privaten Kreise, Lehrern, Studienräten, Hanauer Kunstsponsoren; immer wieder tauchte das Gerücht auf, Knopf arbeite sogar an einer Sinfonie, womöglich einer Hommage an Robert Schumann.

Frau Knopf hätte lange nicht zu sagen gewußt, ob daran Wahres sei. Sie wäre nicht einmal auf die Idee verfallen, Knopf danach zu fragen. Sie wußte, daß sie von dergleichen nichts verstand, sie wußte, daß es sie nicht interessierte; und vor allem war sie zu unglücklich dazu.

Und spätestens seit dem siebenten Ehejahr wußte sie auch, daß dies nicht nur nicht stimmen konnte, sondern eine ihrem Sprachvermögen gar nicht mehr ausdrückbare Lüge war.

Irene Knopf, drei Jahre jünger als Knopf, hatte die dreißig überschritten, sie war nicht klüger als mit sechzehn, aber sie war nicht länger die attraktive Blondine, die zu sein ihr bis ins achtundzwanzigste Jahr hinein das Leben erleichtert hatte. Dies war Frau Knopf nicht verborgen geblieben. Rasch hatte sie deshalb ihren »Typ« in Richtung auf »adrettes Persönchen« hin geändert, jetzt trug sie eine Art Bubikopf, der nach ihrer Überzeugung das kecke und freche Näschen besser zur Geltung brachte. Daß sie seit zwei Jahren verwelkt war, wagte sie nicht sich einzugestehen. Auch nicht, daß sie das Kind zuweilen haßte, weil es noch so hübsch, so niedlich war.

Die Familie Knopf wohnte in der Altstadt Hanaus, nicht weit vom Main, an dessen Ufern Irene und Jasmin oft spazierengingen. Sie besaß eine Vierzimmer-Eigentumswohnung, ein Hochzeitsgeschenk von Frau Knopfs Vater, im zweiten Stockwerk eines Neubaus. Den Zimmern eignete etwas Sonniges, die Möbel im skandinavischen Stil wahrten fast durchgehend helle Töne. An den Wänden hingen viele Zeichnungen Knopfs sowie sein einziges Ölgemälde, eine Jugendarbeit, eine pastos hingeworfene Moorlandschaft.

Das Kind hatte einen winzigen Vorgarten zum Ballspielen und es hatte zwei, drei Freundinnen, die ihm hin und wieder vorschwätzten, daß sie jetzt bald Fahrräder mit Zehngangschaltungen kriegten und in Urlaub nach Korfu oder Anatolien führen. Die Knopfs waren, abgesehen von einigen Wochenenden bei Jasmins Großeltern in Göttingen, seit den Flitterwochen nicht mehr verreist. Obgleich es ihnen wirtschaftlich nicht schlecht ging. Frau Knopf verdiente gelegentlich zum Gehalt ihres Gatten als Aushilfskraft in einem ADAC-Filialbüro dazu; dort hatte sie schon vor ihrer Ehe gearbeitet.

Irene Knopf war unglücklich, sie wußte aber lange nicht, wie. Seit vier Jahren war sie einerseits davon überzeugt, daß ihr Mann sie betrog, ansonsten, redete sie zu sich selber, »verstehe ich überhaupt nichts mehr« – andererseits traute sie ihm die Kraft nicht zu, die Energie. Denn sie wußte inzwischen, was außer ihr womöglich niemand auch nur ahnte: Daß dieser Ehemann und Lehrer, der, nicht zuletzt bei seinen Eltern, als weiche und verletzliche Künstlernatur galt, ein Duckmäuser und Schläfer war – hätte Frau Knopf das Wort gekannt, würde sie ihn auch als Scharlatan bezeichnet haben. Es konnte gar nicht anders sein. Denn weder griff Knopf seit Jahren je mehr zum Zeichenstift noch in die Klaviertasten noch hätte sie, Frau Knopf, je etwas beobachtet, das für die Geburt einer Sinfonie gesprochen hätte. Sondern – und merkwürdiger Weise hatte Irene Knopf sich die Tatsache erst im vierten Jahr klargemacht, obgleich es wahrscheinlich, meinte sie jetzt, schon immer so war – vier Tage in der Woche sah ihr Mann fern, von Programmbeginn bis zum Sendeschluß, hingelagert in seinen verstellbaren Fernsehsessel – die restlichen drei Tage der Woche verbrachte er bei Freunden, Lehrern, in deren Wohnungen, beim Kartenspiel; so sagte er immerhin.

Tatsächlich war aber über Jahre hinweg der Gedanke an Frau Knopf vorbeigegangen, daß dies entweder Lüge sein müsse oder aber, sofern es wahr war, sich hier etwas »Nichtnormales«, so nannte sie es jetzt, ereigne. Nach einem weiteren halben Jahr entschied sich Frau Knopf für die Lüge und entschloß sich deshalb plötzlich, ja wie innerlich auftrumpfend zu der Überzeugung, ihr Mann habe eine Andere, die er dreimal wöchentlich besuche, oder doch wenigstens einmal wöchentlich. Denn dreimal wöchentlich mit Lehrern Karten zu spielen, das überschritt jetzt jäh ihre Vorstellungskraft von Recht und Billigkeit; Irene Knopf ahnte auf einmal, ohne den Versuch zu machen, ihre Gefühle in Worte zu kleiden, daß ein solches Leben dem Weltenplan sträflich zuwiderliefe – vor allem im Verein mit vier weiteren Tagen Fernsehen. Und seltsamerweise rief sich

Frau Knopf auch jetzt erst in Erinnerung, daß dieser Ehemann seit Jahren nur höchstens alle drei Wochen mit ihr den ehelichen Verkehr vollzog, meist stumm, als ob es ihn geniere, ja »reue«, sagte sich Frau Knopf.

Daß sie nicht mehr geliebt wurde, diese Einsicht quälte Irene Knopf kaum; noch, zu ihrem Erstaunen, irgend Eifersucht. Sehr verwirrte sie aber eine weitere Ahnung: daß ihre Familie, deren doppelte Säule ja eigentlich noch dreißig, vierzig Jahre gemeinsames Leben vor sich hatte, damit »eigentlich aus und erledigt« sei; womit sie, Irene Knopf, »einfach nicht gerechnet« hatte. Fast im gleichen Atemzug machte sich Frau Knopf klar, daß damit ferner ihr »Liebesleben« auf dieser Welt wohl beendet wäre – ob sie Knopf je geliebt hatte, diese Frage zu stellen weigerte sich zu diesem Zeitpunkt noch ihr Kopf. Nie mehr würde sie geliebt werden, das leuchtete Irene Knopf ein. So winzig irgend je Verlangen nach Liebe in ihrer Seele gelebt hatte, daß die Tür dahin ab sofort für immer zugeschlagen sein sollte, dies beunruhigte und peinigte Frau Knopf auf eine ihr bisher nicht bekannte Weise. Mehr noch aber eine sozusagen über all dem gelagerte Verwirrung: sie verwarf gleichzeitig nämlich alles wieder, die Gedankengespinste, die Überzeugung vom geheimen Liebesleben ihres Mannes. Plötzlich sich formierender und untrüglich schwörender Instinkt sagte Frau Knopf, daß dieser Mann selbst und gerade zum Ehebruch eben unfähig sei, so leicht er ihm mit Gewißheit gemacht würde. Dieser Mann, sagte sich Frau Knopf verblüfft, war sogar dazu zu feig, zu verdrückt, zu »verfault«; dies letzte Wort vor allem war es, an das Frau Knopf sich wie schadenfroh klammerte.

Knopfs Rhythmus, vier Tage fernzusehen, drei Tage auswärts Karten zu spielen, nahm seinen Fortgang. Frau Knopf aber schwankte weiter zwischen zwei fast gleich starken Überzeugungen. Ein Drittes trat ganz langsam zum Dilemma: Die Idee, das Verlangen, die Lust, in dieser seltsamen Lage ihrerseits »etwas geschehen zu lassen«, was auch immer.

Im fünften Jahr kam es zu einer Szene, bei der Irene Knopf alle ihre Kräfte zusammennahm. Gegen 18 Uhr, an einem Tag wie alle anderen, gleich nach dem Nachtessen, schaltete Knopf den Fernsehapparat ein, Frau Knopf schaltete ihn wieder aus. Sah ihren Mann an, schwimmenden Blicks, noch schöner als sonst erschien er ihr heute, es gelang ihr, in Schluchzen auszubrechen. Vier Tage in der Woche, weinte sie los, sehe er, Knopf, fern, rede nichts, lache nicht, gebe sich nicht mit ihr ab – was sie denn verbrochen habe! Drei Tage gehe er sodann Karten spielen – seit zwei Jahren sei man nicht mehr zusammen ausgewesen! Er, Knopf, heulte sie orientierungslos, liebe sie nicht mehr, habe sie wahrscheinlich nie geliebt! Sie umschlang ihn mit einem Blick, in dem ebenso viel Flehen lag wie Verwunderung, mit einem so schönen Mann verheiratet zu sein, der aber solch ein Waschlappen war – und im gleichen Augenblick spürte sie, daß sie »wahrscheinlich« Knopf nie geliebt hatte und daß ihr Knopfs Liebe »eigentlich völlig gleich« war, vielleicht schon immer gewesen war.

Knopf sah wie geschmerzt ins Leere, in den toten Fernsehapparat. Er seufzte. Strich sich wie schwermütig über den Schnauzer. Er sagte nichts, er wußte nichts, es war fürchterlich. Frau Knopf, selber noch verstört von ihrem Ausbruch und ihren Gefühlserkenntnissen, nahm sein Schweigen trotzdem für ein gutes Zeichen und weinte leise, fast getröstet weiter. Das Kind Jasmin kam ins Wohnzimmer getippelt, auf einen Wink Knopfs hin verschwand es wieder. Jetzt sah Knopf aus dem Fenster in die klare Oktobernacht. Sie setzte sich, sah erwartungsvoll auf zu ihm. Da murmelte Knopf einige halb verständliche Worte wie »persönliche Krise« und »das geht vorbei«. Er sagte, er werde wohl ein wenig vor die Haustür gehn, um »über alles nachzudenken«, fast lautlos wurde seine Stimme. Knopf verschwand. Es war ein Kartentag. Aber schon nach einer Stunde kehrte Knopf zurück. Frau Knopf las in einem Buch. Sie vermieden es, sich anzusehen. Dann ging Frau Knopf zu Bett. Eine Weile hörte sie nichts im Wohnzimmer, dann Fernsehgeräusche, eine Sportübertragung. Lächelnd, wie schwebend über allem, schlief Irene Knopf ein. Am anderen Morgen, Knopf war schon zur Schule und hatte Jasmin mitgenommen, fand Frau Knopf auf ihrem Nachttisch ein aus Pappdeckel ausgeschnittenes Herz von der Größe eines menschlichen. Mit grünem Farbstift waren darauf die Worte »Ich liebe dich« geschrieben, die Innenwand des Herzens umsäumten rote Blümchen. Hingerissen heulte Irene Knopf auf.

Eine Woche später fand Frau Knopf ein ganz ähnliches Herz auf dem Toilettentisch. »Du bist mein alles« stand darauf geschrieben. Wochenlang war Irene Knopf fast glücklich oder glaubte doch zu spüren, wie künftiges, unverhofftes Glück heraufzog. Knopf lächelte sie mehrfach behutsam, wie beseligend an, ganz als sei seine Krise schon im Abklingen. Frau Knopf beschloß geduldig abzuwarten. Vorübergehend beschäftigte sie sich mehr mit dem Kind und gewann es fast wieder lieb. In seinen Augen suchte sie die von Knopf und himmelte sie heimlich, wie sich zu üben, an.

Indessen veränderte sich das Leben der Knopfs nicht. Vier Abende in der Woche sah Knopf schweigend und oft wie erleuchtet wissend lächelnd fern, drei verbrachte er beim Kartenspiel. Etwa alle drei Monate legte er seiner Frau ein neues Herz auf den Nachttisch, mit je leicht abgewandelten Texten: »Ich mag dich sehr«, »alles wird gut«, »ohne dich wäre ich nichts!« Zeitweise hörte Irene Knopf wieder auf sich zu wundern, auch darüber, daß der eheliche Verkehr vom sechsten Jahr an völlig unterblieb. Knopf beteiligte sich an zwei Ausstellungen des Hanauer Kunstvereins, mit je vier Blättern, Kennern fiel auf, daß sie aus seiner Examenszeit stammten. Klavier und Gitarre hatte er seit jetzt wohl drei Jahren nicht angerührt. Hin und wieder ging er nun viermal die Woche kartenspielen. Die ausgeschnittenen Pappherzen fanden sich meist nach Karten-, selten nach Fernsehabenden.

So einfältig, ja töricht Irene Knopf war, so nichtig ihre Gedankenwelt, so bedrückend der kleine Kreis ihrer Weltvorstellungen sich durch die Ehe mit Knopf noch verengt hatte, fransend zwischen Verzweiflung und Einverständnis, so erkannte sie doch jetzt in manchen Augenblicken scharf die Perfidie, die in diesen gemalten Herzen eingegraben war. Geliebt, das meinte sie jetzt ganz genau zu wissen, hatte sie ihren Mann nie, so sehr es ihr geschmeichelt hatte, der Bürgerwelt Hanaus als Traumpaar zu gelten. Geliebt hatte sie ihn sicher nie, das wußte sie – was aber war dann die Liebe? So grübelte sie, während sie, neugierig ihrem inneren Stimmengewirr lauschend, den Haushalt erledigte – und schon die Neugier schien ihr wohltätig, sensationell. Geliebt hatte sie ihn nie, sondern eher, so machte sich Irene Knopf mit der Zeit etwas klarer, die ihr wohlgefällige Tatsache des Besitzes Knopfs und der damit verbundenen »Ruhe« – nein, eigentlich auch dies nicht, sondern »halt irgendwas«, das mit ihrem »Lebenssinn« zusammenhing, sozusagen dessen »Bestätigung«. Jetzt aber spürte sie immer häufiger etwas wie Verachtung, ja, lauschte sie weiter, unleugbaren Haß. Und kaum hatte sie sich dies Gefühl eingestanden, tauchte erstmals in ihr der Gedanke an einen Freund auf, den sie sofort »Retter« und sogar »Rächer« nannte. Ganz gleich, ob nun Knopf wirklich fremdging oder nicht, sie wußte es noch immer nicht, eigentlich und bestürzenderweise interessierte sie es auch gar nicht »als Ehefrau«, sondern allenfalls »als Detektiv« hätte sie es mit einer Art spaßigen Neugier gerne gewußt, aber eigentlich auch nicht um jeden Preis, vielleicht, begann sie zu vermuten, würde der »Entdeckung« nämlich etwas ebenso Furchtbares wie Albernes nachfolgen.

Der Gedanke eines Retters und Rächers aber nahm allmählich Konturen an. Frau Knopf sehnte sich dabei nicht so sehr nach Sensationen und Wonnen eines Unbekannten, sondern eigentlich nur nach irgendeiner »Aktion«, nach einem »Mehr« gegenüber dem jetzigen, so ahnte sie, grausigen Leben – vielleicht aber auch, sie fragte sich nicht genauer danach, witterte aber dergleichen, nach einer »Massierung«, wie sie es unausgesprochen nannte, nach einer Zerklüftung, nach einer Explosion ihres jetzigen Unglücks.

Im siebenten Ehejahr lag das Kind eine Woche lang krank. Starr und überflüssig an seinem Bettchen wachend, hoffte Frau Knopf nun plötzlich, sich durch die gesteigerte Empfindung von Mutterliebe für ihr »Gesamtunglück« zu entschädigen. Aber der kranke, nichtssagende Blick des Kindes rief nur neue Schalheit, fast Ekel hervor. Um sie zu erfreuen, schenkte Knopf der kleinen Patientin einen Papagei. Sein Körper war grün, rosa die Flügel, die Kehle golden. Man nannte ihn gemeinsam »Gustav«, sein Käfig stand einen Tag lang neben dem Krankenbett, dann wurde er ins Wohnzimmer verbracht. Das Kind mochte ihn nicht. Aber über diesen Papagei kam Irene Knopf der Einfall, Knopf müsse sie ja doch einst geliebt haben, denn sonst, sonst hätte ja dieses stumm und stumpf liegende und wahrscheinlich leidende Kind – »noch weniger Sinn«!

Der Einfall gab ihr Trost, fast freute sie sich der Heimkehr Knopfs, ihr Herz zuckte wie nach viel Kaffee – aber Knopf kam nach Hause, lächelte, wie unter Schmerzen allen verzeihend – und machte sich schlafwandlerisch wieder zum Kartenspielen fertig. Da kam es zu einer weiteren großen Szene. Frau Knopf schrie und weinte, um ein Haar hätte sie das Wort »Scheidung« herausgeschleudert. Sie wagte es aber nicht, weil ihr vor einer Scheidung noch mehr graute. Knopf, erschrocken, murmelte zuerst einiges Unverständliches, aus dem Frau Knopf einmal »Seele« heraushörte, sodann flüchtete er zu dem Kind, um es wie anklagend zu streicheln. Verstockten Blicks, als ob er sich verzagt ins Unvermeidliche füge, strich Knopf den Kartenabend, blieb am Kindsbett sitzen, sprach leise auf Jasmin ein und verzichtete aufs Fernsehen. Am nächsten Tag beschenkte er seine Frau mit einem neuen Herzen: »Schmerz adelt die Liebe«. Darunter stand klein: »Franz Grillparzer«. Frau Knopf schluchzte nicht auf, aber Wellen wild weher Hoffnung durchzischten lang ihr Herz. Ohne zu wissen, warum, schämte sie sich sehr. Grundloser noch sah sie zwei Wochen lang die Zukunft in rosigen Farben.

Im achten Ehejahr rang Irene Knopf wieder energischer mit der Überzeugung, ihr Mann müsse sie »trotz allem« betrügen – denn sonst, würgte es durch Frau Knopfs Kopf, »hat das Ganze ja schon gar keinen Sinn, gar keinen!« In langen bleiernen Stunden, im Halbschlaf, Knopf lag neben ihr und ächzte ruhig, auch während des Kochens, Fernsehens, des Hausputzes malte sie sich jetzt aus, wie ihr Mann es mit einer anderen trieb. Schwer atmend, erregt, ganz Begierde war sie dann – nach was, wußte sie nicht genau zu sagen. Nach einigen erfolgreichen Versuchen fielen ihr die Visionen schwerer. Hatte sie aber wieder ein Bild zusammengezimmert, dann bebte sie vor Entzücken und flüsterte lautlos wonnig vor sich hin: »Die Sau, die Sau, die ganz elende Sau!« Und jetzt plötzlich wurde sie inne, wie heiß und flehentlich sie sich wünschte, ihr Mann möge sie betrügen, ihr Mann, »die Sau«, möge fremdgehen, »was das Zeug hält«, denn dann, sann sie inständig und fühlte darüber Frohsinn, ja fast »Lebenssinn«, »dann ist wieder irgendwas, und damit ich weiß, was ist. Ich Sau!«

Manchmal mußte sie laut auflachen, denn nun wußte sie ja auch ganz genau, daß »trotzdem« bzw. »eben darum« ihr Mann so unwillig wie unfähig zum Ehebruch sei, sie wußte es einfach – und jetzt glaubte sie auch den Grund zu kennen, aus dem ihr, worüber sie sich gelegentlich gewundert hatte, nie der Plan sich verfestigt hatte, die Sache wirklich

»detektivisch« zu erforschen. »Und ich Sau«, spann Irene Knopf bebenden Herzens, süße Bosheit im Gehirn, den Faden weiter, »werde ihn also ausstechen, damit er weiß, was los ist auf der Welt!«

Und mit schwärmerischer Wollust schwor sie sich, Knopf bei nächster Gelegenheit, sobald nur irgend eine winzigste Chance sich eröffnete, zu betrügen; zu betrügen, »daß es nur so rauscht!«

»Ich habe einen Geliebten, ich habe einen Geliebten!« so flüsterte sie jetzt ein ums andere Mal vor sich hin, und die Einbildung, die ja eine vorweggenommene Wahrheit war, durchpulste sie so wonnig, als sei sie von einer zweiten Pubertät überkommen.

Die Gelegenheit kam schneller als erwartet, einen Monat vor dem achten Hochzeitstag. Zum Schulabschluß hatten Hanaus Lehrer nach längerer Pause erstmals wieder einen großen Lehrerball organisiert, einen Ball sogar mit kabarettistischen Einlagen, die ein paar jüngere Lehrer geschrieben hatten und spielten, Texte und Sketche, in denen die Lehrer vom Kultusministerium bis zur neueren Didaktik so manches auf die Schippe nahmen, zuletzt auch satirisch zum immerwährenden Lehrerstreik aufriefen, was die Stimmung unter den hundert Lehrerehepaaren im Casinosaal des Lustschlößchens Wilhelmsbad rasch entfachte.

Es war der erste Ball, den Irene Knopf seit fünf Jahren besuchte, die erste gesellige Veranstaltung. Im Garten schwärte Junihitze, Mondschein schien zu flüstern, Hauch von Jasmin strich durch den Park. Im Saal ging es bald laut und sehr animiert zu. Die Lehrer tanzten lang und ausgiebig und tummelten sich an der meist überfüllten Bar; Scherze, Anspielungen flogen hin und her. Irene Knopf hatte sich das kurze Haar etwas wachsen lassen und zu neckischen Zöpfen verflochten, das zinnoberrote Kleid, seitlich leicht geschlitzt, unterstrich das Feste und doch weich Flutende ihrer Gestalt. Schon nach zwanzig Minuten beschloß Frau Knopf, sich heute jenen Kollegen Knopfs zu angeln, der zwei Tische weiter saß und sie nach Knopf als erster zum Tanz engagiert hatte. Sie hatte ihn nicht gekannt, aber es war sofort lustig gewesen, mit ihm zur Rockmusik eine Art Tango hinzulegen, er hatte ihr einen munteren, beweglichen, fast ausgelassenen Eindruck gemacht. Er würde sicher wiederkommen, er hatte sie so knisternd um die Hüfte gefaßt, daß, dachte Frau Knopf, »es einfach etwas werden muß!«

Er kam wieder, verbeugte sich übertreibend komisch und stellte sich beim zweiten Tanze vor. Er hieß Edmund Eiermann. Ein knapp mittelgroßer, drahtiger, vollbärtiger und grundhäßlicher Mann, vermutlich genau ihres Alters. Frau Knopfs Augen suchten sofort nach seiner Frau. Es war, soweit zu sehen, eine Dicke, größer als ihr Mann. Frau Knopf und Herr Eiermann waren gleich groß. Das genügte Frau Knopf. So nahe wie irgend möglich schob sie ihren noch hübschen, nur ein wenig breiigen Leib an den von Eiermann, schon nach dem vierten Tanz erwartete sie, Eiermann würde sie, Knopf zur Schande, ins Freie schleppen, hinter die Parkbüsche, und sie unverweilt nehmen, dies wäre ihr am liebsten gewesen, »nur zu, junger Mann«, dachte Frau Knopf und freute sich, daß der häßliche Knirps ihr schon viel besser gefiel als Knopf selbst zur Verlobungszeit – indessen, Eiermann, der, wie Frau Knopf erfuhr, mit Knopf nur flüchtig bekannt war, schien zwar das Tanzen wie wahnsinnig zu genießen, machte aber noch keine Anstalten, zur Sache zu gehen. In den Tanzpausen versuchte Irene Knopf, sich wie eine längst beschlossene Sache an Eiermann schräg lehnend, ihm das Bild von Seligkeit zu bieten. Knopf bildete keine Gefahr. Meist träge lächelnd lauschte er dem würdelosen Geschwätz der Lehrer an seinem Tisch. Erstmals und hell auflachend fiel Irene Knopf das Wortspiel ein: »Knopf, du Tropf!«

Eine Stunde nach Mitternacht war Eiermann bedrohlich

angetrunken. Frau Knopf wußte, würde sie jetzt nicht eilig die Initiative ergreifen, wäre Eiermann als Fehlschlag zu buchen, »die letzte Chance vertan«, redete Frau Knopf zu sich. Da umschlang sie also wie übermütig Eiermanns dürren Hals und küßte gleichsam schmelzend den schwarzen Bart unter der gelben Wange. Flugs legte sie auch den Kopf in seine Halsgrube, schüttelte ihn, wie sich selber ernüchternd, und sprengte dann mit letzter Kraft all das Leid aus ihren Augen, das Eiermann gefügig machen sollte, das ja wirklich in ihr hauste. Sie würde ihn, Eiermann, gern morgen um 19 Uhr treffen, stieß Frau Knopf hervor, ganz leise, ob er, Eiermann, sie mit dem Auto an der Ampel beim Kindergarten erwarten könne. Endlich hatte Eiermann verstanden. Er schien erst leicht geniert, dann drückte er Frau Knopf überwältigt an den schlacksigen Leib. Die Tanzpause war zuende, es folgte ein Slowfox. Frau Knopf preßte die schmale Brust Eiermanns nun ihrerseits an sich, mit einem Schwall von Rührung, in der viel Selbstbewunderung lag: Sie hatte es geschafft! Welch ein unglaubliches Glück, daß Eiermanns Frau ein Trampel war! Und daß sich Knopf und Eiermann kaum kannten! Und daß sie endlich ihren hübschen Mann ausstach, »ich Sau!«

Am anderen Tag ging Frau Knopf mit Jasmin am Mainufer spazieren. Wind strich durch ihr frisch gewaschenes Haar, Jasmin leierte unentwegt zwei Zeilen eines Lieds, im Geäst schliefen zehn sehr große schwarze Vögel, in Reih und Glied. Das schläfrige Geplätscher des glitzernden Flusses steigerte Frau Knopfs Beklommenheit. Immer wieder rief sie sich Eiermanns Häßlichkeit vor Augen und schämte sich vor dem Kind Jasmin. Dann redete sie sich aber ein, ja gerade deshalb etwas Heldenhaftes zu tun, »die Welt zu bluffen«, flüsterte Frau Knopf. Zuletzt beschwichtigte sie sich selber, noch sei ja »nichts entschieden, nichts entschieden«.

Das erste Rendezvous fand statt an der Peripherie Hanaus, in einer Weingroßhandlung, in deren Hinterzimmer, wie Eiermann wußte, zu jeder Tageszeit Siemens-Angestellte zum Trinken sich zusammenfanden, Kranke, Blaufeiernde – die Arbeitenden gesellten sich nach bzw. vor dem Dienst hinzu. Der Abend war noch heißer als der gestrige. Wie jeden Donnerstag war Knopf um 18.45 Uhr Kartenspielen gegangen, fünf Minuten später war Irene Knopf aus dem Haus gelaufen. Sie trug ein lindgrünes Sommerkostüm und Stöckelschuhe, beides sollte ihrer Vorstellung nach die Fleischlichkeit des Kommenden ins Aparte verzaubern. Eiermann dagegen war, vorausschauend, nicht im Staat, sondern in einer gleichsam proletarischen Freizeitkleidung erschienen, in Lederjacke, das karierte Hemd offen bis unter die Brust, die dichte dunkle Brustwolle unterstreichend. Sein Gesicht war gelb wie Wachs, die schmalen Augen freuten sich schmunzelnd. Bald legte er beide Hände auf die von Frau Knopf.

Das Rendezvous endete hinter den Büschen der Mainallee. Weil Irene Knopf in der Weinhandlung erstmals die übel zugerichteten Zähne Eiermanns genauer ins Auge gefaßt hatte, hatte sie statt des vorgesehenen einen zwei Viertel Edelzwicker getrunken. Wie sich nun beim Küssen herausstellte, überwucherte aber Eiermanns mulmiger, pelziger Mundgeruch noch immer scharf den Wein.

Gräser strömten Sommerduft, Wolken türmten sich wie feiernd. Noch während der Kopulation seufzte Eiermann: »Mit dir möchte ich meinen Lebensabend verbringen!« Sofort nachher zog er aus seiner Geldbörse ein Fünfzigpfennigstück und gab es Frau Knopf. Er beauftragte sie, ihrerseits ein Fünfzigpfennigstück zuzulegen, morgen ein Sparschwein zu kaufen und beide Münzen hineinzuwerfen – und so würden sie es künftig nach jedem Verkehr machen. Im Alter würden sie dann das Schwein aufbrechen und nachzählen. Zweimal fünfzig Pfennig, eine Mark, entspräche einem Liebesakt. Mit dem Geld, sagte Eiermann, würden sie dann »groß chinesisch essen gehen.«

Irene Knopf, leicht beschwipst, erhitzt, mit dem Gelingen des ersten Ehebruchs satt zufrieden, mußte lachen. Die Vulgarität der Idee, die sie erahnte, gefiel ihr sehr. Und die Kopulation war weniger widerlich gewesen als sie befürchtet hatte. Ein Glockengong schlug neun, Frau Knopf sah auf ihre Uhr. Wind fauchte leis. Übrigens habe er mit Knopf früher gelegentlich Karten gespielt, fiel da Eiermann ein, jetzt nicht mehr. Der einzige gesellschaftliche Kontakt, den er pflege, sei der zu den Jungdemokraten. Frau Knopf sagte träumerisch und legte den Kopf in Eiermanns Schoß, ihr Mann gehe schon gar zu oft Kartenspielen. Wie sich selber lauschend und den Sommergerüchen sagte sie es heiter, ohne jede Klage. Beide mußten hellauf lachen. Eiermann zog ihren Kopf an seinen Magen. Früher, erzählte er, habe er auch gern Karten gespielt, seit aber zwei Kinder, zwei Töchter, vier und sechs, daseien, sitze er lieber zuhause, spiele mit sich selber Schach und sehe fern.

Dann blieben ihre Augen wieder ineinander haften, sie leckten sich die Nasen und sprachen noch ein wenig. Mit jedem Wort dünkte Frau Knopf die Unterhaltung süßer. Ihr Mann war wunderbar »ausgetrickst, der Tropf«, mit jedem Ton, den Eiermann sprach, unweigerlicher.

Als er sie heimchauffierte, überreichte Eiermann Frau Knopf einen Zwanzigmarkschein. Auch zu diesem solle sie, Frau Knopf, – unabhängig von dem Fünfzigpfennigstück – die gleiche Summe zulegen und mit den vierzig Mark ein Kennwortkonto auf den Namen »Tannhäuser« eröffnen, gleich morgen bei der Bank für Gemeinwirtschaft. Das ergäben, Eiermann lächelte wie aus langer Hand vorbereitet und strich den Bart, im Jahr 480 Mark, in zehn Jahren 4800 Mark, in dreißig 14400 Mark. Mit dem Geld würden sie beide eine wunderbare Weltreise machen. Der Zins, erläuterte Eiermann, halte sich ungefähr mit dem Kaufkraftverlust die Waage.

Fünfhundert Meter vor der Wohnung Knopf entließ Eiermann seine Geliebte aus dem Auto. Weil sie »nichts mehr gefährden« wollte, versuchte Frau Knopf, den Abschiedsumarmungen aus dem Weg zu gehen, aber Eiermann bestand auf nachgerade ellenlangen Küssen. Zuerst würgte es Frau Knopf wieder etwas, dann aber stellte sie verblüfft fest, daß sie den pelz- und zugleich gasartigen, wein- und zigarettendunstigen Mundgeschmack Eiermanns schon gleichsam liebte. Er war wie das große gemeinsame Band, dachte Frau Knopf, »wie eine Verschwörung!«

Das Kind übernachtete bei seiner Großmutter, Knopf war vom Kartenspielen noch nicht zurück. Die menschenleere Wohnung schien Frau Knopf von der neuen Affaire wie von einem frivolen Parfüm durchtränkt. Stolz schwellte die Ehebrecherin erneut. Definitiv hatte sie es erreicht. Sie war stolz, einen Geliebten wie Herrn Eiermann zu haben, gerade, lachte sie vergnügt, weil er so viel häßlicher war als ihr Mann. Durchs offene Fenster schwärmte Grasduft nach. Sie legte sich angekleidet auf ihr Bett, seufzte glücklich und betastete ihre Brüste, als prüfte sie, ob deren Schönheit Eiermann auf Dauer zufriedenstellen könne. Dann schlüpfte sie ins Bett. Kurz nach Mitternacht kam ihr Mann, legte sich neben sie. Da überfiel sie so gewaltiger Triumph, daß sie Mühe hatte, sich schlafend zu stellen. »Dieser schöne Mann«, sann sie, drückte die Fäuste an die Schläfen, »gehört mir, aber ich liebe ein Stinktier. Einen Iltis. Liebe ich ihn? Natürlich liebe ich ihn, den Iltis!«

Am anderen Tag eröffnete sie ein Kennwortkonto auf den Namen »Tannhäuser« und zahlte die 40 Mark ein. Dann kaufte sie ein Plastikschwein. Darein warf sie zweimal 50 Pfennige, schüttelte an ihm und stellte das Schwein hinter ihren Wäschestapel.

Beim nächsten Rendezvous ordnete Eiermann an, sich gleich in der Allee zu treffen. Als Frau Knopf Jasmin zu den Großeltern gebracht hatte und sich vor dem Spiegel zurechtmachte, graute ihr für Sekunden vor dem eigenen blicklosen Gesicht, gleichzeitig und mehr noch und nun doch wieder vor der Mundhöhle Eiermanns. Da hatte sie einen Einfall. Am Wasserhäuschen kaufte sie eine Flasche Rotwein, die sie ihn bitten würde, »zur Feier des Tages«, redete sie sich selber vor, vorher zu zweit zu trinken.

Es stellte sich heraus, daß Eiermann den gleichen Einfall gehabt hatte. Sanft wogte warme Luft. Sitzend und liegend in den dichten Holunderbüschen tranken sie zuerst gemeinsam eine Flasche Wein, nach der Vereinigung die zweite. Eiermann wurde davon lustig und leicht verwirrt, er nahm sie erneut. Nah rauschte der Main zerstreut. Für einige Sekunden stellte sich Frau Knopf vor, ihr Mann mache in diesem Augenblick das nämliche, dies steigerte ihr Vergnügen, dann aber sah sie ihn doch gemächlich Karten spielen. Eiermann war besser als zuvor, ruhig, stark, gar nicht mehr zapplig. Zum Abschied vertraute er ihr diesmal also zwei Fünfzigpfennigstücke an fürs Sparschwein, und im voraus 20 Mark für den nächsten Monat. Dann sprach er davon, daß er zwar vom nächsten Monat an statt der bisherigen 2790 Mark samt Kinderzuschlägen 2887 Mark herausbekomme, in acht Jahren erwarte er auch die Beförderung zum Rektor – es sei aber besser, bei den 20 Mark für »Tannhäuser« zu bleiben, denn durch den Mehrverdienst werde der Kredit für seine Eigentumswohnung rascher getilgt. Frau Knopf erstaunte sich, daß Eiermann schon so bald Rektor würde, er war doch jünger als ihr Mann. Jetzt erst stellte sich heraus, daß Eiermann 31 Jahre zählte, tatsächlich ein Jahr jünger als Frau Knopf war. Der Gedanke kitzelte sie, während ihr Eiermann den Unterschied von A 12 und A 13 auseinanderlegte.

Sie liebten sich den ganzen Sommer über, jeden Donnerstag, zwischen 19 und 21 Uhr, spätestens um 22 Uhr wollte Frau Knopf zuhause sein, »für alle Fälle«. Sie liebten sich in den Büschen wechselnder Alleen, einmal auch in einem Kornmännchen draußen vor der Stadt, der Duft betäubte fast Frau Knopf. Im Sparschwein klapperten inzwischen gegen 25 Mark. Der Wein, ein Liter, meist ein Doppelliter, fehlte nie. Frau Knopf wunderte sich, wie leicht alles war. Als ob Knopf zum Kartenspielen ginge, um es ihr zu ermöglichen. Indessen schien er nichts zu ahnen. Obgleich seit dem Eintreten Eiermanns in ihrer beider Leben vorerst die Herzkärtchen ausblieben. Wäre Knopf eines Tages wirklich vorzeitig vom Karten oder aber von seiner Geliebten oder von beidem, das war längst gleich, zurückgekommen, würde sie, Frau Knopf, einfach sagen, sie habe sich einer Frauengymnastikgruppe angeschlossen. Dann ging ihr der Wortwitz auf, er gefiel ihr und sie lachte: »Er ist«, sagte sie sich, »der ärmste Tropf der Welt.«

Knopf aber kam niemals früher heim.

Sie sah aus dem Fenster und beobachtete ihr Kind, wie es wohl hundertmal hintereinander den Ball in das Kellerfenster des Hauses warf. Als Frau Knopf nach einer Stunde wieder zum Fenster hinaussah, warf das Kind den Ball verbissen in das nächste Kellerfenster. Erstmals ahnte sie, wie die Dummheit in den Kindern sich fortzeugt. Sie lachte fröhlich.

Irene Knopf fühlte sich zufrieden und »gerächt«. Nein, sie liebte Eiermann nicht, vielleicht noch weniger als ihren Mann, sie fürchtete sich sogar vor dem Gedanken, ihn zu lieben, er war gar zu abscheulich. Aber »etwas« war – gab ihrem Leben Zauber. Es war ein Abenteuer. Es füllte sie mit sturer Genugtuung, daß zwar keine Leidenschaft, aber immerhin so etwas wie eine »Kriminalität« über sie gekommen war, etwas wie zartrosa und türkisgrüne Sünde, das noch tagsüber, zu jeder Zeit, selbst in ihrer Einbauküche zu flattern und zu sirren schien.

Etwa mit dem zehnten Rendezvous nannte Eiermann Frau Knopf »Natascha« und er bat sie darum, ihn seinerseits »Lydia« zu nennen, das mache ihn scharf, gestand er ihr. Frau Knopf gehorchte, sie kopulierten unter dem fortwährenden Geflüster von »Natascha, du süße!« und »Meine, meine Lydia!« Es war für beide wunderbar. »Ich Sau«, sagte Frau Knopf zu sich selber und sog mit Augen fernhinschweifend Wein in sich, »ich mache alles!«

Ab Mitte September verlegten sie ihre Schäferstündchen in Eiermanns Auto. Es hatte Ausklappsitze. Es ging schlecht, aber es ging. Oft ließ Eiermann den Motor laufen und legte Tonband-Kassetten mit Liedern von Arik Brauer ein. Deren Komik begeisterte ihn, er sang gerne mit. Frau Knopf kannte die Brauer-Musik noch nicht, sie sagte, sie höre am liebsten Lieder von Reinhard Mey und Heller. Sie erwartete, Eiermann würde deshalb beim nächsten Mal eine Heller-Kassette mitbringen, aber Eiermann hatte dann ein Band mit elektronischer indisch-transzendentaler Musik dabei, das bringe ihn immer hoch, lachte er und umschlang Frau Knopf mit Feueratem. Das Rauschen des Indischen Ozeans, das auf dem Band zu hören war, vermählte sich mit dem leisen Stöhnen des Kiefernwalds. Eiermann wählte meist den selben Platz, eine Lichtung in einem »Trimmdich-Center« genannten Waldstück, in der Nähe der Autobahn.

Schon im Oktober gingen sie zu regelmäßigen drei Flaschen Wein über, sie brachten sie abwechselnd mit. Zwei leerten sie gemeinsam vor der ersten Kopulation. So dumm, so stupid, so perfid und so anspruchslos sie waren, so blieb ihnen doch die fortschreitende Schalheit ihrer Ehebrüche nicht verborgen. Sie wußten, sie hatten sich vom erstenmal an voreinander gegraut, jetzt waren sie sich in schon kaum mehr erträglicher Weise zuwider. Sie ekelte sich vor seinen krummen, braunen, verfaulenden Zähnen und jetzt fast mehr noch vor seinem kräuselnden Vollbart; er ekelte sich eigentlich vor allem an ihr. Frau Knopf war die letzten Monate über ein kleines Doppelkinn gewachsen, die Hübschheit ihres Gesichts litt durch etwas teigig Talgiges, ihre Figur war gleichsam auflöslich geworden; alles an ihr täuschte Attraktivität nur vor, wirkte abgestanden, wie verflucht. Am meisten machte Eiermann Frau Knopfs Parfüm zu schaffen, Wolken von Tünche, doch der Lehrer wagte nicht, sie darauf anzusprechen. Er biß gleichfalls die Zähne zusammen und trank Wein, mit seiner Hilfe gelang es ihm auch, die Pickelbläschen an Frau Knopfs Oberlippe zu ertragen.

Im November spürte Frau Knopf, wie ihr Haß auf Eiermann den auf ihren Mann einzuholen begann. Sie erkannte klar, daß Eiermann ein mindestens ebenso triumphaler Dummkopf war wie Knopf, ein ebenso träger und stumpfsinniger Wicht. »Der eine spielt Karten«, dachte Frau Knopf, »und ist schön, der andere gräuslich – und hat mich.« Gleichzeitig erfüllte sie jetzt fast Bangnis, warum wohl die Pappherzen seit einem halben Jahr ausblieben – vermißte sie sie nicht auch? Wußte Knopf am Ende doch alles? Erstmals kam ihr der Gedanke, die Affaire mit Eiermann zu beenden, sofort und hingebungsvoll schwebte ihr für Stunden die Rolle der reuigen Ehefrau vor, die jetzt ausschließlich wieder leidende Frau sein wollte und tapfere Mutter. Gleich darauf, im Zuge der Kopulation mit Eiermann, Regenwind patschte gegens Autofenster und zerfaserte die Kassetten-Musik, versuchte sie sich wieder in der Vision ihres gleichfalls ehebrechenden Mannes, aber es fiel ihr dazu nichts Lustbringendes mehr ein – und jetzt haßte sie ihren Mann noch mehr, weil er nicht einmal willens und fähig war, sich »eine solche Schlampe wie mich« zur Geliebten zu nehmen, »damit«, sann sie verstockt, verbissen, »der Saustall wenigstens perfekt würde!«

Der neue Haß auf ihren Mann schlug nicht allein dahin aus, daß sie sich mit frischem Elan auf Eiermann warf, merkwürdigerweise und mit großer Sentimentalität umsalbten, gerade in Gegenwart Eiermanns, ihre Gedanken jetzt auch wieder vermehrt das Kind Jasmin, das »arme Kind«. »Die arme Brut von zwei, drei Schweinen«, kicherte sie überrascht von ihrem Einfall, »und kann doch nichts dafür, die Brut!«

Kälte kam, umkroch das warme Liebesnest. Wenn Eiermann leicht betrunken und gut aufgelegt war, nannte er sie jetzt häufig nicht nur »Natascha«, sondern auch »Sohn«, und lachte ausgiebig zur Radiomusik. Sie verstand nicht, lachte aber auch. Dann berichtete Eiermann, er sei der neugegründeten amnesty international Hanau beigetreten, die Dritte Welt sei eine Sache, die ihn fasziniere.

Anfang Dezember hatte Irene Knopf eine Idee. Es überkam sie der Wunsch, sich erstmals mit Eiermann in einem Bett zu vereinen. In Offenbach kenne sie ein süßes Hotel, schwärmte sie dem Lehrer vor. Eiermann wurde sofort nachdenklich, fast ängstlich. Erstens könne er, gab er zu bedenken, nicht über Nacht ausbleiben, zweitens wolle er sich zu Weihnachten eine Stereo-Kompaktanlage kaufen und die beiden Kinder sollten Langlaufskier bekommen. Es mache ihr so viel Vergnügen, bettelte Frau Knopf, wenn er sie bezahlen ließe! Und um zehn Uhr sei man wie immer fertig, versicherte sie eifrig. Eiermann war endlich einverstanden. Kurz nach 19 Uhr waren sie in Offenbach und einquartiert. Frau Knopf zahlte für das Zimmer 118 Mark, der Besitzer hatte es mit stilvollem Kunterbunt für verträumte Flitterwöchler ausstaffieren lassen. Am schönsten schienen Frau Knopf ein Gobelin mit Schäferszenen und die seidigen Bettvorhänge. Sie selber hatte außerdem einen Kerzenleuchter und eine Flasche Champagner mitgebracht. Eiermann schien alles zu behagen, Irene Knopf war glücklich. Kurz vor zehn verließen sie das Zimmer wieder. Hätte es Eiermann gewünscht, Frau Knopf wäre bedenkenlos über Nacht verblieben. Bei der Heimfahrt ärgerte sich der Lehrer, daß man das teure Zimmer nicht abgewohnt habe.

Ab sofort liebten sie sich wieder im Auto. Die Schneeflocken am Fenster wirbelten und stimulierten. Die Münzen im Sparschwein waren inzwischen auf wohl 40 Mark angewachsen; auf dem Konto »Tannhäuser« ruhten 280 Mark. Kurz vor Weihnachten hätte Irene Knopf beinahe 200 Mark »entliehen«, für einen nicht mehr geplanten Einkauf, dann aber erschien ihr das Geld wie etwas Heiliges, und sie ließ es unangetastet. Oft betrachtete sie in dieser Zeit das Schweinchen. Es sah ihr irgendwie sehr ähnlich, dachte sie und freute sich bekümmert.

Im Januar gingen, zum einen der Kälte, zum größeren Teil ihrem wieder anschwellenden Ekel gehorchend, Frau Knopf und Herr Eiermann auf Portwein über, eine Flasche pro Rendezvous. Im März setzten sie mit vier Flaschen Mosel fort; Eiermann bezog ihn neuerdings postalisch, Frau Knopfs Anteil ließ er sich ausbezahlen. Beide ahnten stumm, daß sie bald nur noch zum Trinken zusammenkommen würden. Jeder wußte um seinen Abscheu und um den des anderen, starr trank jedes jeweils vor der Vereinigung eineinhalb Liter, nachher tranken sie den Rest. Der Wein ekelte Frau Knopf jetzt auch. Die ganze restliche Woche brachte sie keinen Tropfen Alkohol hinunter.

Im April wunderte sich Frau Knopf wieder einmal über das Ausbleiben der Herzen, aber »es interessiert mich nicht«, bestätigte sie sich ruhig. Fast heiter fand sie jetzt auch den Unterschied zwischen Knopf und Eiermann heraus. Beide waren Schafsköpfe, aber Eiermann war »wenigstens ein geiler Bock!«

Mit Beginn des Mai lagen sie jetzt erneut in der Mainallee, einmal blieben sie sogar im Platzregen liegen, freuten sich ihrer Verwegenheit. Amseln lärmten. Nach der Kopulation besorgte Frau Knopf aufgekratzt eine fünfte Weinflasche, weil Eiermann fast grünlich schillerte – und um die Verruchtheit »irgendwie« zu schüren. Der Wein blähte ihre Gedanken zu fadem Einverständnis mit allem und jedem. Sie vertrug den Wein recht gut, wackelte kaum. Wenn sie nach Hause kam, legte sie sich ins Bett, nahm

Atemgold und Pfefferminztabletten, um den Geruch zu dämpfen.

Bei der vielen Flüssigkeit konnte es nicht ausbleiben, daß die geringe Lust, die Frau Knopf und Herr Eiermann einander zu schenken vermochten, zudem oft peinvoll gestört wurde durch starken Urindrang. Vergnügt nahm Frau Knopf dann wahr, wie Eiermann sich deshalb beim Verkehr sputete. Wenn sie hinter die Büsche urinierten, mußten sie lachen, mehr noch über die im Kofferraum klappernden leeren Flaschen bei der Heimfahrt. Eiermann erzählte Frau Knopf, er werfe zuhause das Zeug jeweils sofort in den Mülleimer, denn seine Frau habe ohnehin irgendeinen Verdacht geschöpft – obwohl sie die Geschichte mit der Donnerstags-Nachhilfestunde abkaufe, lachte Eiermann frenetisch. Frau Knopf lachte mit, überlegte aber, ob dies eine Drohung war. Sie riet, die Weinflaschen dann noch besser in des Nachbarn Mülleimer zu stecken. Prustend gab ihr Eiermann recht. So werde er es künftig halten.

Eine Woche später berichtete Eiermann, er habe Knopf bei einer Diskussion der Gewerkschaft Erziehung und Wissenschaft getroffen und sich mit ihm unterhalten. Knopf wisse von nichts, ahne nichts. Er, Eiermann, habe sogar geschickt angedeutet, er würde gerne wieder etwas Karten spielen, Donnerstagabend habe er, Eiermann, Zeit. Knopf habe geantwortet, da sei die Lehrerrunde schon voll besetzt. Frau Knopf bewunderte Eiermanns Klugheit und Kühnheit. Entflammt kraulten sie einander.

In diesem Frühjahr wollte sie ihn weniger denn je wieder aufgeben. Wenn er sein Glied in sie zwang, quietschte sie unverzüglich auf, wie um Verschworenheit durch Dick und Dünn zu sanktionieren. Erträglicher als das Küssen, das sie jetzt fast gänzlich mieden, war, so entdeckten sie erst jetzt und spät, das wechselseitige Ohrenbeißen, welches ihnen eine eigentümliche »Freude am Bösen« verschaffte, so legte es sich immerhin Frau Knopf zurecht. Nur ein einziges Mal in dieser Zeit küßten, ja bissen sie sich leidenschaftlich auf und in die Münder: Als nämlich Eiermann davon gesprochen hatte, er sei ja kein Idiot und lasse sich scheiden, aber sie beide, Frau Knopf und er, gehörten ewig zusammen. In jedem Falle würden sie die Weltreise machen, und wenn er, Eiermann, seinen »dicken Drachen zuvor erdrosseln« müßte. Frau Knopf lachte entzückt, und Eiermann nannte als denkbare Ziele Indien, Ceylon, Mexiko und sogar China.

Grün schoß auf und prunkte üppig, mondlichtkrause Buchenkronen. Noch im Mai versuchten sie sich erstmals an der französischen Methode, auf Eiermanns Rat hin sollten sie dabei einander »Chérie!« zuflüstern. Der Coup mißlang. Einerseits war es wie eine kleine Erlösung, einander fern von den Mündern zu sein – andererseits rochen ihre Geschlechtsteile, wiewohl frisch gewaschen, nicht genügend appetitlich. So daß auch diese Hoffnung rasch verglomm, umschlug in Wut und Starrsinn. Inzwischen lagen 400 Mark auf der Bank; im Sparschwein schepperten nach Eiermanns Überschlag etwa 55 weitere.

Fliegen summten, Donner grollte. Im Juni war Frau Knopf erstmals felsenfest davon überzeugt, daß sie Eiermann liebe, ja ihm verfallen sei. Sie ärgerte sich, daß Knopf nichts davon wußte. Vierzehn Tage später wußte Frau Knopf, daß nur eins noch ihr auf dieser Welt gefiel: Nicht Eiermann, nicht Knopf, nicht ihr Kind, nicht ihr Leben. Sondern ausschließlich das Klappern der drei, vier, fünf Weinflaschen in Eiermanns Kofferraum, wenn er sie nach Hause fuhr. Und daß dies so war, dies »Verratzte«, gefiel ihr gleich noch besser. Nahe rieselte der Fluß. Frau Knopf fühlte sich so ausgelassen, daß sie sich plötzlich vorstellen konnte, sie würde ihr Kind mit einem großen Schwups in den Main befördern, »blubblubblubb!« lachte sie und fiel Eiermann begeistert um den Hals.

Am 28. August, vierzehn Monate nach Beginn ihrer Affaire mit Eiermann, kam Frau Knopf schwer angesäuselt von einer Kopulation im Stadtwald nach Hause. Sie sah Licht im Wohnzimmer. Sie hatte keine Angst, wurde aber wütend. Sollte er doch etwas wissen, alles wissen, dachte sie sehr unscharf, dieser Lehrerschafskopf! Vor dem laufenden Fernseher saß Dieter Knopf. Auf dem Wohnzimmertisch stand ein dichter Strauß roter Rosen, darunter war ein pfannengroßes Herz gelegt: »Verzeih mir! Ich liebe, liebe dich!«

Irene Knopf spürte noch, wie eine Fuhre Röte, Hitze, Kälte über Kopf und Körper schwallte. Ein Blitz von Mordlust fuhr ihr vor die Augen, etwas zerbarst in Splitter. Sie packte die Rosenvase und schleuderte sie Knopf zu Füßen. Knopf sah verwundert auf, wie leicht enttäuscht, belästigt. Frau Knopf hob keuchend die Vase wieder hoch und warf sie ins Glas der Vitrine. Dann packte sie die Schumann-Büste auf dem Klavier, schmetterte sie gegen die Wand, sie blieb dabei heil, dann aus dem offenen Fenster auf die Straße. Mit knirschenden Zähnen ging sie auf Knopf los, dieser hatte sich erhoben und den Fernsehapparat leis gestellt. Der Lehrer schaute überrascht, als sie ihn gegens Schienbein trat. Das Kind Jasmin erschien im Schlafanzug; »Gustav«, der Papagei, kreischte rauh, fuhr in seinem Käfig panisch, epileptisch auf und nieder. Ehe Knopf eingreifen konnte, warf seine Frau die Gitarre aus dem Fenster. Dann versuchte sie das Klavier umzukippen, es gelang ihr nicht. Jetzt fing auch das Kind zu schreien an, dann schrie Frau Knopf: »Ich will, daß alles kaputt ist! Alles!« Und wischte das Grammophon von seinem Tischchen. Und Platten, Bücher, Zeitschriften aus dem Fenster. Erst als sie sein Ölgemälde von der Wand riß, schritt Knopf wie zögernd ein und hielt sie bebend fest. Sie schrie, er schwieg. Es dauerte, bis er sie ins Schlafzimmer gesperrt und abgeschlossen hatte. Knopf verständigte die Polizei, Frau Knopf und der Papagei zeterten weiter. Das Kind weinte und klammerte sich an seinen Vater.

Der Notfalldienst holte Frau Knopf ab, in akutem Erregungszustand. Sie brüllte, sie wolle entmündigt werden. Aber ihr Kind behalten. Dann, recht leicht, ließ sie sich willig stumm aus ihrer Wohnung schleppen. Weil Gefahr für die Patientin und ihre Umwelt bestand, ordnete Stunden später der Staatsanwalt aufgrund eines ärztlichen Gutachtens die sofortige Unterbringung in der Nervenheilanstalt Köppern an.

Dort starb Frau Knopf nach einem halben Jahr. Der Tod hatte nach Ansicht der Ärzte mit der Panik, die zu ihrer Einlieferung geführt hatte, nur mittelbar zu tun. Er trat ein durch zentrales Versagen infolge einer Mangeldurchblutung des Atemzentrums. Dies hatte zu einer Versteifung des gesamten Bewegungsapparats geführt. Begraben wurde Frau Knopf in Hanau. Ein Jahr später heiratete Knopf eine jüngere Lehrerin. Das Kind Jasmin bekam ein Schwesterchen.

Etwa zur gleichen Zeit löste Herr Eiermann, der es vorgezogen hatte, der Beerdigung fernzubleiben, kraft eines von ihm und Frau Knopf gemeinsam unterzeichneten Schriftstücks das Konto »Tannhäuser« auf, transferierte die 560 Mark auf sein Urlaubs-Sonderkonto und musterte vorsichtig den Bankangestellten, ob dieser Zeichen von Befremden zeige. Der Mann schien ahnungslos, oder aber sehr verschwiegen. Seit langem überlegte Eiermann, ob Frau Knopf wohl irgend Schriftliches hinterlassen haben mochte, ein Tagebuch oder dergleichen, das seinen kleinen Schwindel auffliegen lassen könnte. Als nichts geschah, entschloß sich Herr Eiermann, auf die Sparschweinbüchse gern zu verzichten.

Der oder das Fernseh

Zum Sehen geboren,
Zum Schauen bestellt
(Goethe)

Sonntag, Punkt 13.30 Uhr, liefen im Sinne einer in der Vornacht getroffenen Vereinbarung, Hans Wolf, 30, und Erich Herbst, 35, in die »Vulcano-Ranchbar«, früher »Würzburger Hof«, ein, wobei sie, aus unterschiedlichen Stadtteilen kommend, einander nur um ein paar blöde Sekunden verfehlten.

Herbst sah beim Eintreten Wolf eilig die Zielkurve nehmen, er wartete unter der Türe, klopfte den Schnee von den Füßen und klimperte mit den Münzen in der Manteltasche, doch, es müßte reichen, zum Nachzählen war Herbst zu faul. Heiter schmunzelnd begrüßte er Wolf mit »Ah?«, Wolf rief fast stürmisch und atemlos »Also, dann!« Gemeinsam betraten sie schnell die Vulcano-Bar.

Wellen von Fressen und Gefressenem brandeten ihnen entgegen. Außerdem fand gerade Oberwechsel statt. Der Kellner Anton, schneeig weiß, ja tödlich alt, gab im Augenblick, bohrend in der Nase, mit der anderen Hand einen Schweinebraten balancierend, dem Nachfolger Francisco letzte Anweisungen, sie betrafen zwei besonders tückische Gäste im hinteren Dämmer des Lokals, die Brüder Wasser, wie Wolf rasch sah. Francisco legte nachdenklich den Schmalzkopf schief, bohrte in seinem Ohr und nickte dreimal scharf: Kapito.

Herbst stand jetzt am Zigarettenautomaten, sich mit HB einzudecken, gestoßen wurde er dabei zweimal vom Wirt,

Alois Rösl, der zur gleichen Zeit hocherregt durch sein Lokal rannte, mehrfach wie von Sinnen auf und nieder, um immer wieder den Hausknecht Menzel mit den Worten »Sie blöder Hund, Sie!« und »Ja! Natürlich, zugesperrt haben Sie nicht! Sie Idiot!« zu beschimpfen. Menzel, unrasiert breiig, saß an seinem Hausknechtstisch, zog den Kopf ein, sagte gar nichts. »Morgen können Sie Ihre Papiere abholen!« schrie Rösl unkontrolliert weiter und lief wieder sausend zur Theke zurück. Menzel nippte an seinem Bier, legte die Hände verschränkt auf die Tischplatte und griente hündisch, wie ungläubig dem eigenen Leben gegenüber, vor sich hin. Der 66jährige wußte, wie unersetzlich er war. Für 320 Mark monatlich, dazu Kost, Logie und zehn Bier am Tag frei, verlebte er seine alten Tage in der Vulcano-Bar, überall einzuspringen, wo irgendetwas zu erledigen war. So einen Blödel wie ihn bekam Rösl sicher nie wieder.

Wolf und Herbst waren den Vorgängen im Hauptlokal inzwischen längst entwischt und im sogenannten Fernsehzimmer untergetaucht. Es war dies eine kleine, sakristeiartig holzausgekleidete Kammer mit zwei Doppeltischen und im Normalfall etwa 15 Stühlen, die durch einen prachtvoll korallenroten Vorhang von den beiden anderen Sektionen des Lokals abgesichert war. War der Vorhang geöffnet und wandte man beim Fernseh den Blick, so konnte man von hier aus auch die Gäste auf den Hockern der schlangenförmig geschwungenen Bar überblicken, die der Gasthof im Zug seiner Namensänderung erhalten hatte.

Der Kellner Francisco, im weißschwarzen Trikot, vom deutschen Wohlstand käsbleich im Gesicht, fragte Wolf und Herbst, was er bringen solle. In einer kleinen Erschütterung mit den erhobenen Händen bebend, entschied sich Wolf für ein Libella, Herbst bestellte, gleichsam vorwurfsvoll zu dem Spanier hochäugend, einen Tee mit Zitrone. Widerrief aber sofort zugunsten eines Pilsbiers, widerrief erneut und wollte nun doch seinen Tee. Wie in Scham starrte er auf die Bilder aus Bolivien im Fernseh, die Anden und Rebellentrupps, die sich kernig übers Bild verteilten.

»Also was willst jetz' säufen?« frug Francisco scharf. »Tee mit Milch – halt: mit Zitrone!« verteidigte Herbst sich halb entnervt, zündete eine Zigarette von der falschen Seite her an, bemerkte den Irrtum, sagte »Scheißdreck« und zischelte drohend nach: »Faschistenlümmel!« »Saukopf, spanischer!« verlängerte Wolf sehr amüsiert und bugsierte eilig das rechte Bein übers linke Knie. Dann wandten die Freunde ihre Aufmerksamkeit dem Fernsehkasten zu. Ein Dutzend Männer besichtigte eine neue Resozialisierungsanstalt, ließ sich alles zeigen. Außer Herbst und Wolf befand sich im Fernsehraum zu dieser wie zu jeder anderen Zeit eine alte, fette, matronenhafte Schrapnelle, eine ehemalige Reiseleiterin, die sich jetzt nur noch auf aggressives Zechen verstand und hin und wieder in der Fernsehkammer von ihrem auch schon pensionierten Sohn für ein Viertelstündchen besucht wurde. Neben ihr saß, als ein Herbst und Wolf noch unbekannter Gast, ein schmuckes Jungbäuerlein im schwarz verknitterten Ausgehanzug, von irgendeinem internationalen Frühschoppen übrig geblieben; der Selbstbinder lag unterm Tisch.

Außerdem war noch der westfälische Vertreter Ruffing da, vor einem Bierchen juppheida.

Es lief, wie sich immer klarer herausstellte, im Fernseh jetzt der letzte Teil des Wochenspiegels, es ging dabei um ein zeitgenössisches Stück, das sich, wie ein Mann mit früh ergrautem Vollbart sagte, um die Revolution und das Einverständnis drehte. Diese Dialektik, sagte der Mann, sei bei der Hamburger Aufführung gut herausgekommen. »Einmal Tääá!« krähte schwungvoll Francisco, »einmal Cola!« »Verflucht nochmal!« rief Hans Wolf sehr zornig, er habe Libella bestellt, und nicht Cola! Er, Francisco, solle den Rotz wieder mitnehmen! Schon lachte der Vertreter Ruffing übers ganze Teiggesicht, die Matrone sah straff nach vorne in den Kasten. »Hast du bestellt Cola! Oder meinst, ich bin dein Arsch!« »Libella!« beharrte Wolf, und als es der Vertreter fast leidenschaftlich bestätigte, gab der Spanier auf. »Also, gib's wieder zruck!« »Nein!« rief Wolf verbissen, denn in der Erregung hatte er zwischenzeitlich vom Cola geschlürft, »jetzt bleibt es da!« Der Kellner straffte den Leib und schüttelte den Kopf: »Weißt nicht, was willst, Amigo!« »Hau ab!« verjagte Wolf Francisco aus dem Fernsehraum. Wie mutlos verschwand dieser hinterm roten Vorhang. Der Vertreter feixte Wolf sehr dankbar zu, Herbst schmunzelte wie wissend in sich hinein. Nachknurrend übernervös verschränkte Wolf die Skipulloverarme.

Jetzt kündigte ein hübscher Mann im grauen Sportanzug ein Portrait der jungen Grafikerin Hanne Königseder an, im Rahmen der Reihe »Frau 70«. 70 Weiber, dachte Herbst und rief sie sich vor Augen, in dieser Fernsehkammer da. Die Königseder, stellte sich heraus, hatte zehn Semester lang in Frankfurt unter Adorno und Habermas studiert, dort auch das kritische Denken gelernt, die Vorlesungen seien »ein Kontinuum kritischer Reflexion« gewesen, sagte die Königseder, aber leider »ohne praktische Vision und konkreten Bezug«. Heute gehöre sie, Königseder, der Richtung der »verschlüsselten grafischen Poesie« an. Weitere Anregung, steckte sie dem Fernseh, schöpfe sie aus den »Chiffren von Natur« und oft von Béla Bartók. Es sei ein Sublimierungsprozeß, sagte sie und lächelte entschlossen. In New York habe sie als Grafikerin angefangen, heute lebe sie in Bad Kissingen und habe drei Kinder. »Die Sau!« dachte Hans Wolf überraschend und zog ruckartig sein Feuerzeug aus dem Pullover. Das vierte sei im Kommen, tue aber der Grafik keinen Abbruch.

Jetzt schaute der Student Inninger, Schnee im Haar und auf dem Schnauzer, kurz und wie wägend oder aber sich versichernd in den Fernsehraum und zwanzig Sekunden lang aufs bunte Bild, dann verschwand er zögernd wieder. Der Vertreter seufzte schwer, ja fast erledigt. Sein Lippenspiel, das Ruckeln des Kiefers machten den Eindruck, als käme es ihm zwar nicht auf diese, aber auf die nächste Sendung sehr an. Die Schrapnelle kriegte Weizenbier, ohne es bestellt zu haben.

Der hübsche Mann im Fernseh leitete jetzt zum Abschluß seiner Nummer über, dem Gastspiel zweier spanischer Gitarrenspieler, die sich momentan in die Herzen der Deutschen hineinspielten. »Francisco!« rief der Vertreter launig laut zum Vorhang raus, »Flamenco! Komm! Karamba!« Gleich drauf war der Ober zur Stelle, postierte sich unterm Vorhang, stolz und triumphal und wachsam. Fuchtelte nach hinten, seinem Herrn Bescheid zu sagen. Nun erschien auch Rösls Rundkopf ratlos neben dem des Kellners, zog sich aber sofort wortlos wieder zurück, fast in Gram. »Verfluchtes Sexualgezirp!« dachte Herbst, Wolf aber klopfte mit dem Schuhabsatz den Rhythmus mit. Versehentlich stieß der dabei den unvermerkt eingeschlafenen Jungbauern an, dieser zuckte hoch wie in großer allseitiger Furcht, starrte zweifelnd in den Fernseh und rief plötzlich hell begeistert »Dalli Dalli!« Dann schnippte er mit den drei mittleren Fingern der linken Hand zweimal im Takt gegen die Tischkante. Wolf entschuldigte sich eilig und gab ihm gleich drauf Feuer.

Jetzt sagte eine hübsche blonde Frau den nächsten Beitrag an, einen Farbbericht über das Leben von Wilhelm Busch, 1832 bis 1908. Was war eigentlich sonst los 1908, dachte Herbst kurz nach, der Chinesische Boxeraufstand? Er stellte sich vor, wie in China auf einmal eine Million Boxerhunde aufstünde und die Regierungsgewalt übernähme und alles kurz und klein – Herbst mußte lachen, Wolf ganz fröhlich lachte mit. Ein bebrillter älterer Mann sagte aber jetzt im Fernseh, daß man über dem bekannten und liebenswerten Humoristen Busch den abgründigen

Melancholiker nicht vergessen dürfe. Weil ihm dieser Satz so gut gelungen war, sagte er ihn fiebernd gleich noch einmal mit anderen Worten. »Genau!« rief flüsternd, wie verzagend die Schrapnelle, die während der letzten Minuten sehr verträumt in sich hineingelächelt hatte, und nochmals laut: »genau!« Zahlreiche Bilder veranschaulichten nun mehrere Busch-Gedichte, Bilder vorwiegend aus der schwerblütigen Welt Niedersachsens. »Kenn ich!« ließ sich der Vertreter hören. Niedersachsen habe Busch viel abgewonnen, sagte der bebrillte Mann. Ursprünglich habe er, Busch, sagte er, auch Maler werden wollen, sei aber dann davor zurückgeschreckt. Und auf einmal hörte man wie aus naher Ferne wieder die Stimme Rösls, wie sie rauh, fast blitzartig und mehrmals hintereinander zu jemandem – Menzel mit Sicherheit – schrie: »Ja! Morgen schauen Sie, daß Sie weiterkommen! Das Garagenschloß ist kaputt, kaputt! Auf dem Arbeitsamt – ja! Ja! Was? Wenn Sie müssen kotzen, dann« – offenbar wechselte Rösl jetzt den Adressaten, seine Rufe klangen ferner, noch verzweifelter, wahrscheinlich machten die Brüder Wasser Mühe – »wenn Sie müssen kotzen, dann – erst gestern hat der Saller reingespien! – ich hab dem Saustall jetzt oft genug zugeschaut, ja, ja!« »Noch nicht oft genug«, flüsterte Erich Herbst vergnügt und trank den zweiten Tee aus. »Pfuiteufel!« wurde Rösls Stimme schwächer. Der Bauer Jüte aber sagte dem Fernseh, er habe Busch noch in sehr guter Erinnerung.

Als auch das aus war, schaltete das Fernseh um nach Hamburg, es kam aber zuerst ein Bild aus Stuttgart. In der unverhofften Aufregung versprach sich dann auch noch die Ansagerin, eine gleichfalls sehr hübsche Frau, aber diesmal schwarz, aber dann folgte endlich die Sendung »Wir lernen Englisch«. Zuerst wurde eine Maus vorgestellt, dann wurde sie in den Rahmen des pädagogischen Films verpackt. Am Ende wurde alles wissenschaftlich nach Subjekt, Prädikat und Objekt unterteilt und noch etwas anderem, das Wolf und Herbst nicht genau verstanden: »I – saw – the mouse – move.«

Jetzt leitete die letzte hübsche Frau über zu dem Film »Kommissar Findel bittet um eure Mitarbeit«. Gemeint waren »die jungen Detektive unter meinen kleinen und schon etwas größeren Zuschauern«, wie Findel sogleich launig unkte. Wie von Sinnen, allerdings sehr gemächlich, begann in diesem Augenblick die Matrone für zehn Minuten in ihrem Handtäschchen zu kramen. Findel aber, ein leutseliger Fünfziger mit einem gebirglerischen Schädel obendrauf, teilte mit, heute gehe es um nicht alltägliche Vorfälle in einer Tankstelle, die sich aber jeden Tag ereignen könnten. Wolf hob hastig seine Libellaflasche hoch, sich zu überzeugen, daß sie leergetrunken sei, und rief jetzt auch nach einem Tee mit Zitrone. Herbst bestellte diesmal Tee mit Rum. Erklärend, fast bittend deutete er Francisco gegenüber stumm auf seinen Magen. Sofort ärgerte er sich darüber. »Was geht«, dachte er verbittert, »denn das diesen Blödmann an?«

Schon war Findel mittendrin. Der Wagen eines Kunden war an einer Tankstelle weggekommen. Die Kinder sollten herauskriegen, wer es war bzw. wer von den Beteiligten lügt bzw. sich verspricht. Herbsts Interesse richtete sich mehr auf die an der Tankstelle stehenden Wagentypen, Wolf aber wollte den Täter ermitteln. Unstet glitt er auf seinem Stuhl hin und her und suchte nach Indizien, fand aber keine ausreichenden Beweise. Am Ende sagte Findel fidel, er sei sicher, daß es die meisten Kinder längst gemerkt hatten, nämlich der Werkstudent Harry sei der Täter. Der habe sich den Wagen schnell ausgeliehen, Findel zog die Brauen hoch, um zu seinem Mädel zu gelangen, Findel sagte wirklich »Mädel«, was Herbst irgendwie recht traurig machte, ohne daß er eine Erklärung dafür fand. Der Vertreter Ruffing aber richtete, wie zum Abschluß einer reichlich unangenehmen Sache, sein Bierglas stumm und eher andeutend gegen die Matrone, wie in leichter Huldigung.

Gleichwohl, sagte Findel, könne man sich gegen so etwas schützen, durch ständige Aufmerksamkeit, die auch im Straßenverkehr erforderlich sei, und die Kinder sollten auch der Mutter hin und wieder Holz vom Keller holen. Kurz vor seinem Verschwinden bat Findel noch, ihm alle Probleme »frank und frei« zu schreiben und ja nicht ohne Führerschein zu fahren. In diesem Augenblick krähte die Schrapnelle so laut und emsig unerwartet nach einem Zwetschgenwasser, daß der inzwischen erneut versunkene Jungbauer abermals hochschrak, zwei Minuten fernsah, sich einmal kurz die Hände rieb und lautlos lachte, um dann wieder wegzudämmern.

Noch immer grämte sich Wolf, daß er das Rätsel nicht zu lösen vermocht hatte, deshalb bestellte er sich einen Jägermeister. Als dieser ankam, wies der Zeigefinger am ausgestreckten Arm der Schrapnelle gegen das kleine Glas. Vielleicht, dachte Herbst, wollte sie auf diese Weise ihren Respekt zum Ausdruck bringen. Oder aber andeuten, daß ihr dies Getränk auch lieber gewesen wäre als ihr schon gekipptes Zwetschgenwasser. Und Herbst gab bei Francisco eine neue Schachtel HB in Auftrag, Wolf hatte die Hälfte mit weggeraucht. Heftig, fast kämpferisch stießen beide Freunde Schwaden gegens Fernseh.

Dort begann soeben der nächste Beitrag, »Immer diese dummen Fehler«, eine Nachhilfestunde für schreib- und leseschwache Kinder, zu der, zusammen mit seinen zwei langaufgeschossenen fetten Söhnen, 14 und 16 Jahre, sehr pünktlich auch der Wirt Alois Rösl im Fernsehraum erschien. Als alle drei saßen, streckte sogar Rösls Frau Zenta wie zur Kontrolle ihren weinerlich besorgten Kopf kurz in die Fernsehkammer. Sie sehen und auf sie losstürzen aber war für den Vertreter Ruffing eins: »Frau Rösl!« rief er laut, sprang fix vom Stuhl hoch und knöpfte sich die Jacke zu,

»Sie stellen mir den Pommery wie immer aufs Zimmer, ich rausche jetzt nach Cham zu meiner Faschingsprinzessin – ich bin um 3 Uhr nachts zurück, sobald die Hochzeit um ist, hahaha!« lachte Ruffing mit Bravour, »Sie wecken mich wie immer, hahaha! Die Schlüssel hab ich, hahaha!«

Unerwartet gab Frau Rösl Ruffing nun über die Matrone hinweg dankbar und fast schwärmerisch die Hand und sagte rasch: »Die Schlüssel haben Sie!« Auch die beiden Rösl-Buben lachten sich verhohlen zu, wahrscheinlich, dachte Wolf, weil sich bei ihnen immer so lustige Menschen einfanden, »das wird ein Erwachen geben, wenn die Blödel merken, was gespielt wird«, dachte Wolf.

Und während der Vertreter sich nun, entschuldigend und aber wie neugeboren heiter, an der Matrone Stuhl vorbeiquetschte, sagte der alte Rösl leidenschaftlich zu Herbst, diese Leseprobleme habe natürlich auch bereits seine Generation gekannt, aber niemand könne sie je ganz lösen, »und wenn sie heute daherkommen, die Sozialisten und die APO und der Dutschke alle und die vom Fernseh, und die Bevölkerung sozialistisch machen wollen, dann ist das doch der Beweis, daß es nicht geht! Ja! Ja! Freilich muß in der Wirtschaft was geschehen, ja, Steuerung, aber schauen Sie, Herr Herbst, Herr Herbst!« rief Rösl nun fast wimmernd mitleidheischend, »der Sozialismus – ja! Der Sozialismus wird natürlich kommen, der Sozialismus muß kommen, ja! Aber erst in zwanzig, dreißig Jahren muß er kommen! Jetzt ist noch zu früh dafür! Schau'n Sie in die Ostzone! Und? Na eben! In der Ostzone! Was? Freilich!«

»Du blöde Sau«, dachte Herbst und nickte Rösl zustimmend an, »jetzt halt doch mal die Sudetenfresse!«

Die beiden Rösl-Söhne hatten je zwei Bananen mit in die Fernsehkammer gebracht, sie fraßen sie mit großer Bedachtsamkeit weg, den Blick niemals vom Fernseh wendend, jetzt kriegten sie von ihrer Mutter noch zwei Cola nachgereicht. Sodann erblickte man viele werkende Kinder und dann eine breite, sehr gemütliche Diplom-Psychologin, die für die Abhilfe bei der Schreib- und Leseschwäche zuständig war. Aber, so sagte die Diplom-Muttel gleich, ohne Eltern und sonstige Erzieher gehe natürlich gar nichts vorwärts. Die Psychologie und das Fernseh könnten zwar im Verbund allerhand bewirken, aber ein Wundermann, »ein Wundermann«, sagte die Wirsching-Knorr wörtlich, ein Wundermann sei auch das Fernseh nicht. Was hier im Fernseh geschehe, sei lediglich der unverhüllte Blick in die Werkstatt der schreibleseschwachen Kinder, wie sie in unserer Zeit immer mehr zunähmen. Hier rannte Rösl auf einmal aufgescheucht auf seinen Fernseh zu und kurbelte an einigen Knöpfen. Die Farbe sei nicht gut, sie habe keine Tiefe, rief er kläglich. Dann wandte er sich fragend an die Gäste: »Ist jetzt besser?«

»Prima«, sagte Erich Herbst.

»Einwandfreies Bild!« rief rasch Hans Wolf.

»Herr Rösl, weil Sie grade stehen«, lallte die Schrapnelle fröhlich, »bringen Sie mir noch ein Zwetsch!«

Dann mußten die schreibleseschwachen Kinder antreten und stellten sich verblüffend anstellig an. Ulla Wirsching-Knorr wies dabei immer wieder auf die Kontakt- und Kommunikationsschwierigkeiten dieser Kinder hin, zuletzt aber mache gerade der Schwierigkeitsgrad der deutschen Sprache sehr viel Spaß. Mit dieser Psychologie muntere sie, sagte die Wirsching-Knorr, die Kinder immer wieder auf, »und dafür kriegst du Geld, du Krüppel!« dachte Wolf. Herbst nahm einen zarten Schluck vom Bier und dachte darüber nach, ob er diese von Ruffing erwähnte Chamer Faschingsprinzessin nicht auch kenne, ja einmal beinahe gemaust hätte, damals in Schönsee beim Ball vom Tennisclub. Die Wirsching-Knorr aber fühlte sich immer mehr in ihrem Element, ja zusehends pudelwohler, und quatschte immer bedenkenloser drauflos. »Und niemand«, dachte Wolf, »vom Fernseh, der ihr's Maul verbietet, stopfen müßt' man dich!«

Während die Wirsching-Knorr ihr Wiedererscheinen in vierzehn Tagen ankündigte, stahl Herbst sich auf den Abort. Nahm wahr, daß es draußen schon stark dämmerte, und bestellte beim Wiedereintritt einen zweiten Jägermeister. An der kurvigen Bar der Vulcano-Ranch stand ein Prügel Neger und tätschelte Francisco freudig auf die Schulter.

Die Rösl-Buben hatten bei der Vorführung der schreibleseschwachen Kinder ruhig und sogar scheinbar interessiert zugeschaut, waren aber in Wirklichkeit nur scharf auf den Cowboyfilm, der jetzt kommen sollte. »Und Hausaufgaben und alles?« fragte schrill der alte Rösl. »Ich hab's schon fertig!« log Alois junior, der Ältere, in großer Angst. »Krüppeln raus!« sprach Wolf für sich und biß sich wirklich zornig auf die Zunge. »Du auch, Edilein?« frug Rösl streng, »du hast doch morgen Aufsatz!« »Wir haben nichts im Aufsatz auf!« log frech abgefeimt Edilein, und schon lief bunt der Wilde Westen und saugte alles schnell in Bann, vor allem den alten Rösl, der wach an seiner Brille rieb, als müsse er drauf achthaben, daß in dem Film die Ordnung sich durchsetze, damit die Kinder optimal erzogen würden. Es ging um eine neue Lassotechnik, eine Miss Emily und den Ehrbegriff, nach zehn Minuten kam aber ein Wolf und Herbst bekannter Pensionist zugeeilt, der vereinsamte Witwer Unglaub, der im anderen Programm den österreichischen Spielfilm »Zirkusschicksal« aus dem Jahr 1938 sehen wollte. Unglaub, dem etwas unfehlbar Quäkerhaftes eignete, protestierte noch im Stehen unterm roten Vorhang, seine Stimme wackelte vor Enttäuschung, die Matrone gab Unglaub gleichgültig nickend recht, daß »Zirkusschicksal« noch nie vom Fernseh gesendet worden sei, der Pensionist machte plötzlich sogar ein paar energische Schritte auf den Fernsehkasten zu, eigenhändig umzuschalten – aber die beiden Rösl-Söhne sprangen sogleich auf und fielen dem Alten als letzte Barriere in den Arm, Edilein schrie »Niemals, he!« – es entstand tatsächlich ein kleines Handgemenge, Unglaub war spürbar nahe am Weinen, aber am Ende drückte Francisco ihn von hinten und humorvoll einfach auf einen freien Stuhl – und Texas behielt die Oberhand.

»Mehrheit entscheidet!« rief Wolf froh und gab das erste Tagesbier in Auftrag. Unglaub kriegte Frankenwein und schien sehr bald zu resignieren, ja, als Miss Emilys Ehre wiederhergestellt war und ein Traber dem anderen den Hut vom Kopf schoß, lachte er sogar wie sehr befreit. Um 16.20 Uhr leitete es dann über zu der Sendung »Hinter die Kulissen geschaut«. Junge deutsche Filmregisseure legten ihre Ansichten über das »Kino zwischen Geld und K(G)unst« dar, und der, dachte Herbst, diesen Untertitel erfunden hat, kann sicher eine Woche prima davon leben. Außerdem plädierten die Jungfilmer für die Abschaffung von Tabus, und noch im gleichen Augenblick schwirrte der alte Rösl wie von der Tarantel gestochen geschäftig schlurfend aus dem Fernsehraum.

Die Jungfilmer waren vor allem dafür, daß der deutsche Film wieder den Anschluß an das internationale Niveau und zugleich die Dreißiger Jahre gewinne. Wolf eilte nach Abschluß dieser Sendung auf den Abort, dabei sah er, daß inzwischen der weitläufige Bekannte und Bauführer Hermann Öller in der Vulcano-Ranch eingetroffen war, in einer fernen Nische des Lokals »Bild am Sonntag« las und Weizenbier trank. Blitzschnell erwog Wolf die Möglichkeit, jetzt noch das Ehepaar Pfleger anzurufen, dann wäre man vier Mann und könnte alternativ zum Fernseh Schafkopf spielen, denn die Pflegers wie Öller waren dafür immer zu gewinnen – aber ebenso pfeilschnell entschied Wolf, daß sich wegen dieser drei Deppen der Abbruch des Fernseh nicht lohne, »da müssen schon ganz andere kommen«, dachte Wolf nun eilends heiter, tat, als habe er Öller gar nicht bemerkt, und traf rechtzeitig zum Beginn des polnischen Experimentalfilms »Die Wilden« wieder in der Fernsehkammer ein. Der Pensionist Unglaub schien längst nicht mehr zu grollen. Nasezupfend sah er steif nach vorn.

»Die Wilden« behandelten die Problematik der sozialistischen Jugend objektiv und vorurteilsfrei, außerdem kamen viele erstklassige Weiber drin vor, wie Herbst auffiel, und Herbst versuchte sich an einem Gedanken über den Zusammenhang von politischem System, Wohlstand und Körperbau, es kam aber nichts dabei heraus. Dagegen sagte jetzt Alois Rösl zu Wolf, die Polin, allen anderen Ländern unter den Kriegsgegnern voraus, sei im letzten Krieg absolut unnahbar gewesen, viel unnahbarer als die oft hochgelobte Russin, »und wissen Sie, Herr Wolf, warum? Ja! Ja! Wegen des Patrachats! Wegen des Patrachalischen in der russischen Familie!« rief Rösl sogar wie enttäuscht. »Klar!« antwortete Hans Wolf drängend, und auch der Pensionist Unglaub gab Rösl recht. »Herr Rösl«, rief er eifrig und beugte sich weit vor zu diesem, »und ähnlich liegen die Dinge in der Tschechei!« Im gleichen Augenblick sagte die Matrone laut wie zu sich selber: »Mein Mann war damals Rheinländer.«

Die Wilden begingen wegen psychologischer Unreife mehrere Untaten, kamen in ein Erziehungsheim, fanden aber dann zum ordentlichen Leben zurück. Mit dem Abschluß des Films um 17.35 Uhr kam Rösls scheckige Miezekatz ins Fernsehzimmer marschiert, vergeudete nicht einen Blick auf das bunte polnische Treiben, sah aber minutenlang nachdenklich den anhaltend schläfrigen Jungbauern an, gähnte zuletzt rücksichtslos Herbst ins Gesicht und verzog sich endlich wieder, wie ihrer Sache sicher. »Verzieh dich, Mistvieh!« murmelte, ihm selber überraschend, Herbst, »sonst mach ich dich zu Brei, sonst«, ließ er die Gedanken schweifen, »hack ich dich ins Knie!«

Minuten später verspürte Hans Wolf ein gewisses Abschlaffen im Hirn und bestellte also bei Francisco ein Kännchen Kaffee. Herbst seinerseits dachte kurz an eine Frau

Ria, die ihm kürzlich angeboten hatte, er könne sie jederzeit besuchen kommen – Herbst ging austreten und stellte fest, daß der Neger an der Bar inzwischen mit dem schottischen Bibelverkäufer-Duo Keith Nelson und Roger Smith Gesellschaft und Partner fürs Chicago-Würfeln gefunden hatte. Und gleichzeitig füllte sich die Fernsehkammer mit vier, fünf weiteren Männern, unter anderem erkannte Herbst den Studenten Inninger und den Religionslehrer Hummel, der, mit Lodenmantel, Trachtenhut und Gamsbart aufgetaucht, überaus freundlich, freilich auch ängstlich oder doch vorsichtig in die Fernsehrunde grüßte. Und schon kündigte eine neue hübsche Dame die Sportschau an, welche ein besonders schnittiger Herr leitete, der mit der Welt zu jeder Zeit so vollkommen einverstanden schien, daß es schon zum Mitfreuen war. Anrückte hierzu in letzter Sekunde trüben Auges auch der Hausknecht Menzel, fiel aber sofort ungut dadurch auf, daß er sich rittlings auf seinen mitgebrachten Stuhl unter den Vorhang setzte. Sein Herr aber eilte plötzlich sehr geschäftig hinter die Theke, und gleich drauf hörte man das ferne Ticken einer Schreibmaschine. Rösl machte die Speisekarte für morgen fertig.

Der Schnittige nannte seine Beiträge vorab »spannend, abwechslungsreich und mit Überraschungen, bei denen Sie sich ganz schön wundern werden«, da stieß Edilein Rösl seinen Bruder an die Schulter und ächzte wie im Überdruck: »Nürnberg, he, ich hab's gesagt! Der Club!« Zuerst sah man ein Slalomrennen, sodann Hallenhandball aus Budapest, dann schlagartig drang aus dem angrenzenden Gastzimmer großer Krach herein, der schnell noch lauter schwoll, und als Wolf und Herbst interessiert den Vorhang beiseite schoben und nach außen lugten, erstand direkt vor ihren Augen das Bild eines Handgemenges und Gewürges zwischen dem Wirt Rösl und einem jungen Mann namens »Krawatzo«, den Wolf und Herbst gut kannten und der Rösl schon im Schwitzkasten hatte und dabei ununterbrochen kraftvoll schnaubte: »Wer darf in dein Sau-Wirtshaus nicht rein? Sag's! Wer? Sag's! Sag's!«

Eilends traten Wolf und Herbst nach draußen, mit ihnen der Student Inninger und der Religionslehrer Hummel, es formierte sich ein lockerer Halbkreis um die Kämpfenden – nur die Matrone, der Jungbauer, der Pensionist, die Rösl-Buben und Menzel hielten weiterhin dem Sport die Treue, obgleich es doch sicher zu Menzels Aufgaben gehörte, in solchen Fällen seinen Herrn zu schützen. Gleichfalls im Halbkreis standen die Bibelverkäufer, der Neger und der Kellner Francisco, dieser sah noch eine gute halbe Minute mit deutlichem Genuß dem einseitigen Gerangel zu, dann trat er wie behutsam zögernd auf die Kämpfer zu, zerrte Rösl und Krawatzo etwas auseinander und befreite seinen Meister aus dem Gröbsten. Als Krawatzo, ein bärenstarker, langmähniger, sichtbar verwahrloster junger Mann, der vielen Zaungäste inne ward, entschloß er sich zum schnellen Rückzug, ruderte machtvoll polternd auf die Ausgangstüre zu – und war verschwunden. Sofort jagte Rösl schlurfend hinterher, mit weit vorgebeugtem Oberkörper – kam zurück und rief fast weinend, Krawatzo sei schon weg. Francisco tippte seinem Herrn munternd und tröstend auf die Schulter und sagte: »Chef, laß dich nicht verrückt mach!« – doch Rösl, immer noch hochroten Kopfs, verlangte wild und atemlos das Telefon, die Polizei zu informieren. »Das schwule Schwein!« schrie Rösl laut und tränennah, stob von der Bar weg nochmals an die Türe, sah wie lauschend in den Korridor – und schlurfte wiederum erschöpft zurück. Und jetzt erklärte sich dann alles. Der schwer erziehbare, stumpfsinnige Krawatzo stand in der Vulcano-Ranch unter Lokalverbot, hatte aber dieses zum zweiten Mal im Rausch mißachtet. »Herein ist er schon gefallen, der Idiot, ja!« maulte Rösl laut, aus nächster Nähe Nelson ins Gesicht – er, Rösl, sei dann zu ihm hin und habe ihm »ganz höflich«, weinte Rösl, die Tür gewiesen. Bevor er, Rösl, aber noch überhaupt zum Denken gekommen sei – »schneller denken!« dachte Wolf vergnügt – sei dieser Mensch schon auf ihn losgesprungen, »und gestunken aus dem Maul hat er zum Marktplatz bis hinunter, ja!«

»Alois, du sollst, du darfst dich nicht erregen!« rief Rösls Frau, die jetzt ängstig totenbleich erregt aus der Küche auch nach vorne gewankt war und wie begutachtend an ihrem Mann herumtastete. »Den Westknopf hat er auch gerissen, meinen Westenknopf!« heulte Rösl nochmals auf, »was ist die Nummer von der Polizei? Die Polizei weiß, wo er wohnt! Und bei den Juso ist er auch!«

Noch während Rösl schrie, war aber plötzlich ein sehr großer Schäferhund alleine durch die Hauptpforte ins Lokal und zur Flügeltür der Theke getreten, dort blieb er wartend stehen. »Such die Nummer von der Polizei raus, Zenta!« rief Rösl wild entschlossen, zapfte gleichzeitig einen halben Liter Bier in einen Glasmaßkrug und hielt ihn dann dem Hund vors Maul. Der Hund trank ihn geschlossenen Auges in einem langen und drei kürzeren Zügen aus, über seinen Kopf hinweg rief Rösl heftig seiner Frau und dem Religionslehrer Hummel zu, morgen melde er es dem Jugendamt. In diesem Augenblick verließ der Hund die Vulcano-Ranch wieder, die Türe, wie Wolf sah, mit seiner Schnauze drückend.

Gleich drauf saßen alle Beteiligten und Zuschauer des Zwischenfalls, mit Ausnahme der beiden alten Rösls, des Negers und der Bibelmenschen, wieder auf ihren Plätzen in der Fernsehkammer, dort lackierte die Schrapnelle gerade ihre Fingenägel und stand, nach Herbsts Eindruck, kurz vor der Verklärung. Gedämpft und vereinzelt schwebten Rösls Rufe und Erklärungen seiner Frau gegenüber noch durch den Vorhang in die Sportschau, tatsächlich wurde soeben der Club auf eigenem Platz von Worms geschlagen, 3:1 sogar, wie einstudiert schlug Edilein die Hände vor die Stirn, sein Bruder wirkte reifer, fast gelassen. Vom Vorgefallenen angenehm überrascht, ja gleichsam frisch gestärkt, ließen Herbst und Wolf das vierte Bier jetzt kommen.

Sodann war ein recht munteres Hallenleichtathletikturnier zwischen der Bundesrepublik und Rumänien am Laufen, dem schloß sich das Regionalligaspiel Westfalia Herne gegen das ehrgeizige Rotweiß Essen an, es ging dabei überaus hart, ja roh zu, so daß der Reporter den Satz sagen mußte: »Diese Bilder benötigen keinen Kommentars!« Sofort fühlte Wolf, an diesem Satz könne irgendwas nicht stimmen – wie aber mußte es richtig heißen? »Diese Bilder benötigen keines Kommentar?« Verdammt, das war ja auch nicht richtig! »Ach, Scheißdreck, weiter!« dachte Wolf und überlegte, ob es in dieser Kammer eigentlich mehr vermottet oder mehr nach Pizza roch, die es doch hier aber gar nicht gab!

Das Spiel endete 2:1 für Essen, das dadurch auf den dritten Platz vorrückte, während Herne sehen muß, wo es nun bleibt – »der Abstieg ist kaum mehr zu vereiteln«, sagte Edilein sehr zag dem Bruder. Um 19.30 Uhr sähe man sich dann wieder, schloß der Schnittige fürs erste seine Nummer – »Eishockey Landshut – Füssen, he!« flüsterte der ältere Rösl Edilein zu, »wird hart!« »Der Tormann ist beim Training verletzt!« wußte Edilein – doch jetzt auf einmal erschien sichtbar ungestüm und wild ein etwa 16jähriges Mädchen im Pelz und Muff unter dem Fernsehvorhang, deutete auf den Studenten Inninger, kreischte lachend »Hahaha! Da bist du ja!« – der Mund blieb ihr offen vor ungebärdiger Lebenslust, der Student Inninger aber fuhr ganz hastig hoch, rief wie verlegen: »Bin schon fertig, wart!« – und gleich drauf waren beide weg. »Schnallentreiber!« grollte Herbst, und im gleichen Augenblick hörte man die Stimme des vorzeitig zurückgekehrten Vertreters Ruffing an der Theke telefonieren: »Aber immer! Einen Riesen? Schätzchen, hör zu, morgen acht ...«

Um 19.10 Uhr antwortete Pfarrer Flachwechsler den

Fragen junger Menschen, die alle im Kreis um ihn herumsaßen. Erstmals gemeinsam gingen Herbst und Wolf jetzt austreten, als sie zurückkehrten, verwies Flachwechsler bereits auf den notwendigen »Sprung in den Glauben«, er rollte dabei sein altes Gesicht ganz schief, ja schmollend, als bäte er die jungen Menschen dringend darum, doch bitte diesen Sprung jetzt nachzuvollziehen, sofort. Menzel aber, wie verständig schmunzelnd, packte sein fast leeres Bierglas sorgsam hoch und verzog sich wieder zu seinem Gesindeplatz neben der Eingangstür. Dort saßen, Wolf und Herbst hatten es vorhin gesehen, inzwischen auch bereits der Altmarxist Bleicher, der sogenannte »Zwiebelkönig« Saller und der ehemalige Bundesbahnoberverwalter Malitz herum.

Flachwechsler ging nun zum Positiven über, bestand eine Weile auf der »Sehnsucht nach dem Alltagsüberwindenden«, die heute überall zu beobachten sei, warnte freilich auch vor den »Auswüchsen religiöser Sehnsucht«, die leicht zur Sucht werden könnten. Die Demut fehle, sagte Flachwechsler wie schmachtend, und Wolf löste im Halbdunkel schnell zwei Kreuzworträtsel aus den Illustrierten im Fernsehschrank. Frau Rösl stellte nun jedem ihrer Söhne einen Hackbraten hin, den sie, indem sie die Köpfe ganz nah zum Tellerrand senkten, schleunigst in sich schoben, ohne Kopf und Auge vom Fernseh wenden zu müssen. »Ich wünsche Ihnen viel viel Demut!« rollte Flachwechsler die welken Lippen. »Schnauze!« knurrte Erich Herbst.

Weil bis zum Wiedereintritt der Sportschau etwas Zeit verblieb, ließ das Fernseh noch schnell den blinden Organisten Walcha ein Präludium von Bach vorspielen, das, wie Herbst es vorkommen wollte, irgendwie diesen von Flachwechsler ersehnten Sprung in den Glauben bekräftigte. »Der Sprung ins 21. Jahrhundert«, ging es Herbst dann raunend durch den Kopf. Was war das wieder gewesen? Herrgottsakrament! »Alt wird man und recht blöd«, sann

Herbst. Bestellte ärgerlich ein neues Bier. Hans Wolf zog eilig mit.

Eine wiederum neue, äußerst fickrig äugende Dame in Strohblond kündigte nun den zweiten Teil des Sports an, gerade rechtzeitig hatten die Rösl-Buben aufgegessen. Der Schnittige hatte inzwischen etwas an Façon verloren, er wirkte auf einmal älter, das Glänzen seiner Augen tränig, das Blecken seiner Zähne fast verludert – er sah plötzlich aus wie überraschend gekündigt, dachte Wolf. In einem Eishockeyspiel besiegte aber zuerst Füssen wie erwartet Landshut 7:4, und Edilein rieb sich erquickt die Hände – dann quittierte der Präsident des alpinen Skiverbandes wegen gewisser Vergehen die Dienste, dann gewann Heidelberg im Basketball haarscharf gegen München. »Warum eigentlich«, dachte Wolf und kreuzte aufgeregt die Arme überm Magen, »der Menzel nicht mehr zum zweiten Sportteil kommt? Soll man es ihm sagen? Ach was, wer so alt und dumm ist, der ist selber schuld. Francisco!« rief Hans Wolf, »bring Lord-Zigaretten!« »Zeit wird's«, dachte Erich Herbst, »nachdem du mir eine volle Packung weggeschnorrt hast!«

Kurz vor 20 Uhr kam es zu einem Zwischenfall. Der Jungbauer, der wieder einmal eingenickt war, wollte plötzlich im Schlaf oder Halbschlaf seinen klebrigen Kräuselkopf unter den Strickpullover des rechts neben ihm postierten Religionslehrers Hummel schieben, wie um ungestörter schlafen zu können, vielleicht auch aus Trieb nach der Mutterbrust, urplötzlich und fast rabiat schlupfte er darunter – indessen, der Lehrer Hummel, ziemlich roh, klopfte ihm als Antwort abwehrend dreimal wider den Kopf. Davon wurde der Bauer wieder etwas wach, rieb sich die Augen, setzte sich kerzengerade und sah folgsam auf die Lottozahlen. Als habe er darauf nur gelauert, trat nun Francisco scharf an den jungen Mann heran und fragte, was er trinken möchte, »Pils oder normal?« Der Jungbauer war aber noch nicht ganz so weit, die Frage zu verstehen, vielleicht, schien es Herbst, hatte er auch vergessen, daß er sich in einem öffentlichen Lokal befand. »Trinke oder gehen!« rief harsch Francisco. »Oder schlafen«, dachte Wolf.

Endlich schien der Jungbauer begriffen zu haben, indessen, dadurch drohte sich seine Lage nur zu komplizieren. Er öffnete nämlich weit den Mund, hob beide Ärmchen wie beschwörend 30 Zentimeter, die Finger zuckten sehr entschlossen, ja fast freudig – bald wurde immer klarer, daß er bestellen wollte, daß ihm aber der Name seines Wunsches nicht mehr einfiel. Die dramatischste Phase des Tages war erreicht. Die Augen des Jungbauern suchten flackernd ein Getränk, auf das er deuten könnte – sie fanden aber nicht das rechte. Der Bauer rang nach einem Wörtlein, wie in großem Schmerz entblößte er die krummen Zähne. »Er weiß es nicht mehr«, half der Religionslehrer Hummel – er hatte es zuerst begriffen, dieses Gastes rares Handicap.

»Willste Pils oder normal?« Francisco fragte rauher. Trotzig schüttelte der Jungbauer den Kopf.

»Wein?« half Hummel, »Bocksbeutel?«

Wieder wackelte der Kopf energisch. Die erhobene Hand krallte suchend sich zusammen.

»Jägermeister?« frug Francisco.

»Zwetschgenwasser?« fragte Hummel.

»Nikolaschka?« Das war Wolf.

»Oder willst ein – Weizenbier?«

»Öh! Öh!« Kaum war Franciscos Wort erklungen, stieß der Jungbauer siegreich den rechten Zeigefinger hoch, mit der linken Hand patschte er auf die Tischdecke, mehrmals ruckartig hämmernd nickte der Kopf, der Unterkiefer fuhr leidenschaftlich hin und zurück, den Mund verzog es zu den Ohren, endlich klatschten beide Hände froh gegen die Brust: »Öh, ja – du, verstehst? Ein Weizen!«

»Na also!« rief der Religionslehrer Hummel, erhob sich, streichelte den Nachbarn kurz am Rücken und verabschiedete sich, freundlichst über die ganze Fernsehstube hinweg zwinkernd. Gleichzeitig wurden jetzt die Rösl-Kinder von ihrem Vater ins Bett getrieben, wo sie dann den »Kicker« lesen, dachte Wolf. Die Abendnachrichten schilderten zuerst den Besuch des Präsidenten Nixon beim Papst Paul. Das Fernseh zeigte dazu ein unbewegliches Bild in einem Goldsaal, da lächelten sie beide, der Papst mehr mild, Nixon sehr stürmisch, fast begeistert. In diesem Augenblick fiel Herbst wieder ein, woher das vorhin mit dem Sprung ins 21. Jahrhundert kam. Klar, das war der 8.90-Meter-Weitsprung dieses Negers bei der Olympiade damals! Aber wie hatte jetzt der Neger wieder geheißen?

Paul und Nixon hatten »in allen integrierenden Fragen Einigung« erreicht, sie schieden in gutem Einvernehmen. Herbst nahm wahr, daß er etwas Hunger hatte, er bestellte eine Gulaschsuppe. »Ißt du nichts?« fragte er Wolf. Dieser schüttelte den Kopf ganz unwirsch, klopfte mit beiden Daumen gegen den Bauch. Und jetzt hatte Herbst auch seinen Neger: Bob Beamon hieß der Typ, genau!

In Korea, in einem Gebirgspaß, war ein Schnellzug aus den Schienen gesprungen, 44 Mann maustot. In Rosenheim aber hatte Franz Josef Strauß am Nachmittag »mit voller Konsequenz«, wie er selber sagte, »die Würde des Menschen« für »unantastbar« erklärt, dann hatte er, und schon sah man ihn grob fachieren, »die liederliche Haushaltsführung, dissolute Finanzen und Mißtrauen bei den westlichen Verbündeten« laut getadelt und endlich die »Bejahung der Marktwirtschaft, allerdings unter Ausschaltung der Manchesterwirtschaft«, betont, »Manchesterwirtschaft«, sagte er dreimal, und jedesmal verstand Hans Wolf »Mntschnwuscha«. Plötzlich, wie von Sehnsucht getrieben, stand bei diesen Ausführungen auch der Wirt Alois Rösl wieder im Eingang seiner Fernsehkammer und rief ganz feurig: »Ja! Ja! Marktwirtschaft! Koordiniert na freilich mit freier sozialer Marktwirtschaft, na freilich!«

»Wie in Finnland«, nickte ihm der Pensionist Unglaub bestätigend zu, erhob sich, verließ den Fernsehraum wie tief gesättigt und verzog sich, nachdem er noch einmal unter dem Vorhang grüßend seinen Hut gegen die verbleibenden Fernseher gezogen hatte.

Ein enormes und ganz abscheuliches Schneien in ganz Europa meldete der Wetterbericht, und so würde es auch bleiben. »Verflixt!« rief Francisco und brachte dem Jungbauern bereits das zweite Weizenbier der neuen Serie, »wollte morgen mein Karr'n waschen!« Aus einer verborgenen Öffnung der Fernsehkammer glaubte Herbst nun in rhythmischen Wogen Weihrauchduft zu riechen. Gleichzeitig bekam er seine Gulaschsuppe, er erkannte aber selbst im Halbdunkel des Fernsehraums, daß nichts als Stadtwurst in der Brühe schwamm. Er verwarf aber sofort den Gedanken an eine Beschwerde, würde alles bloß komplizieren. Und er aß den Unfug weg.

Dem folgte im Fernseh ein Schauspiel, bei dem es um die Eingliederung von Parias in die Gesellschaft ging, auch um die Resozialisierung von unterdrückten Minderheiten, zum Beispiel unserer Alten. Auch sie, so wurde gesagt, sollten wieder »aktiv und spontan und ohne Angst« am Leben teilnehmen, und deshalb wurden die beiden Alten des Schauspiels am Ende Aufseher in einem Kinderladen. Herbst fiel ein und auf, daß den ganzen Tag über noch kein einziges Mal in den anderen Kanal geschaltet worden war, es hatte nur einen Versuch gegeben, und der war abgeschmettert worden. Die Dickmadame starrte jetzt, wie blickgelähmt, für zwei Minuten auf ein gerahmtes Bild in der seitlichen Holzwand, eine Fotografie des Gründers des »Würzburger Hofs«, Franz Hellebrand, wie Herbst wußte. »Der King von der Helga bin – wer? Bin ich, jawohl!« kam es von hinten, von der Bar. Es war die feucht brüchige Stimme des Pflasterers Grabinger. »Ich bin der King, weil ich ja bei ihr wohnen tu! Bei ihrer Schwester? Niemals! Nie!« Und nun sah Herbst zum ersten Mal jenen kleinen Mandarin aus Porzellan, der plötzlich auf dem Fernsehkasten stand. Für Augenblicke glaubte Herbst, er spüre Todesangst. Doch es war nichts. Nach zwanzig Sekunden hatte er alles wieder unter Kontrolle.

Nun folgte das Gespräch eines sehr freundlichen älteren Mannes mit einer alten Sängerin, die aber noch über viel Charme verfügte und eingangs mitteilte, sie sei am Dritten Reich als Künstlerin nicht interessiert gewesen. »Scheißdreck«, dachte Herbst fast aufgewühlt, während Wolf jetzt sehr gespannt schien, »halt die Fresse, Salzburger Geschlampe!« Furtwängler übrigens auch nicht, lächelte die Sängerin versonnen. Ob sie denn glaube, stieß der Ausfrager nach, stolz auf diese Klassefrage, daß der Künstler unpolitisch sein dürfe. »Absolut!« konterte die Sängerin und erzählte Anekdoten aus ihrem reichhaltigen Künstlerleben, als plötzlich ein kleiner strammer alter Mann unter der Fernsehvorhangstüre auftauchte, sich kühn und achtunggebietend räusperte und dann furchtlos schnarrend bellte: »Ist mmmm mein Schwager mmmm Hans Duschke hier? Mmmm. Mein Schwager mmmm Duschke – ist er mmmm hier?«

»Ficken! Was? Wer!« Laut schreckte, flatterte der Jungbauer hoch. Schwenkte mit der ganzen Breitseite verweht zum Fernseheingang herum, fuhr sich in schierer Angst ins Haar. Er hatte diesmal nicht geschlafen, aber sichtbar schlecht geträumt. Verzagt, beklommen sah er um sich bittend.

»Der ist nicht da, nicht da, nicht da!« rief zugleich, ohne sich zu wenden, Alois Rösl wie in schon kaum mehr zumutbarer Qual, vielleicht tat ihm Krawatzos Kraft noch weh, »gehen Sie jetzt wieder an Ihren Platz! An Ihren Platz zu den anderen, Herr Malitz!«

Und Rösl starrte stur ins Fernseh.

Einige Augenblicke lang hörte man jetzt Malitz gleichsam dringend schnaubend überlegen, dann scharrten seine Beine wieder weg, als ob sie ferngesteuert wären.

Jetzt teilte die Sängerin mit, 1948 habe sie wieder einmal die geliebte Rolle der Marschallin gesungen, ihr Gesicht wurde sehr ernst, und in dieser Oper heiße es nämlich einmal »Die Zeit, die ist ein sonderbar Ding«, und dies sei auch ihre Meinung, und ihre schmierigen Augen wogten wie in Herzeleid, außerdem sei sie aber beim herrlichen Schlußterzett versehentlich in die Rolle der Sophie hineingerutscht, also des blutjungen Mädchens, die sie selbstverständlich auch beherrscht, nämlich früher gesungen habe. Die richtige Sophie aber, Maria Andergast, habe sofort prima geschaltet und ihren, der Marschallin, Part übernommen, freilich nicht ganz noch mit der Reife ausgestattet, die diese unvergleichliche Rolle nun mal verlange, vor allem wegen der Stelle »Die Zeit, die ist ein sonderbar Ding«, erzählte die Sängerin nun fast schwärmerisch. Nachher habe man das Versehen herzlich belacht, auch der Dirigent Klemperer, und da schmunzelte auch der Ausfrager über diese Anekdote und fand sie »tiefsinnig«, gerade wegen der Zeit, die sich auch hier als sonderbar Ding aufweise, »das ja in dieser Anekdote sich noch einmal prismatisch spiegelt«, raffte der Ausfrager zusammen. Und es gefiel ihm sichtlich immer besser, einer so bewundernswerten Frau mit soviel Zeitgeschichte auf dem Buckel gegenübersitzen zu dürfen.

Um 23.05 Uhr kam die Übertragung der Deutschen Ringermeisterschaft aus Koblenz, die Favoriten waren hier ihrer Rolle gerecht geworden. Jetzt hatte die Schrapnelle genug an Information, fast kupplerisch knallte sie eine Handvoll Kleingeld aus ihrem Täschchen auf den Fernsehtisch, kicherte, sich hochstemmend, traumverrannt betrunken in sich hinein und lachte kurz auf, als Francisco sogleich die Münzen sortierte und sie sich zusammenklaubte, wahrscheinlich kitzelte er sie irgendwie recht schön dabei.

Herbst überlegte knapp, wie das wohl wäre, wenn er diesen Grauenshaufen wegen Erpressung bürsteln müsse – da schwelte vom acht Meter entfernten Hausknechtstisch ein kleiner und doch sehr zermürbender Tumult herüber, ein wie mürrisches Zetern unfaßbaren Überlebenskampfes, aus dem sich dann aber immer dringlicher die halb kontraaltistische, zur anderen Häfte eunuchenverkniffene Stimme Malitz' an die Spitze schälte: »Ich habe mmmmm Hindenburgs persönliches Vertrauen! Recht ist, was dem Volk nützt! Mmmmm. Die SS-Division Frundsberg unter Führung von mmmmm – war ehrlich, tapfer, treu und mmmmm kameradschaftlich nach dem Willen des mmmmm Reichsführers SS. Die Leibstandarte Adolf Hitler mußte mich zurückweisen, weil ich die Mindestgröße von 1 Meter 80 nicht mmmmm! Die Ostverträge der mmmm Regierung Brandt sind die mmmmm verräterische Konvention von Tauroggen von mmmmm 1812! Widerlegt! Der General Yorck –«

Kaum war Malitz versiegt, schied die Schrapnelle sehr breitspurig vorsichtig aus der Vulcano-Ranch; für den Jungbauern offensichtlich ein Signal, jetzt auch das Weite zu suchen. Wolf erkannte genau, daß Francisco dem Gast statt der auf dem Bierdeckel ablesbaren sechs Biere und drei Weizenbiere insgesamt 17 Biere berechnete. Des Bauern Selbstbinder blieb unterm Tisch liegen. Unterm Stuhl der Schrapnelle aber entdeckte Wolf eine größere Lache. Er zeigte sie Herbst, da lachten beide ausgelassen.

Dann stierte der Landmann in Nacht und Nebel hinaus. Morgen früh galt es wieder die Rößlein einzuspannen.

Wenig später lauschten Wolf und Herbst als letzte Gäste der Fernsehkammer den Spätmeldungen. Dabei sahen sie erneut Paul und Nixon einig, neu war, daß Nixon zwischenzeitlich wieder in Washington war und am Flugplatz die Gespräche und alles als »good and satisfying« charakterisierte.

Eine letzte und Herbst völlig verwirrende neue hübsche Frau erklärte darauf das heutige Fernseh für abgeschlossen, wünschte, was nun wieder Wolf erregte, schleierartig eine »Gute Nacht« und ließ die Fernsehvorschau für morgen folgen. Es ging los um 16 Uhr mit Nachrichten und um 16.10 Uhr weiter mit »Trickkiste«. Dann leuchtete das Fernsehnachtpausenzeichen auf. Wolf und Herbst riefen nach Francisco, zahlen. Das Lokal war vollkommen ausgeräumt, nur über dem Hausknechtstisch funzelte der Schein der letzten Ranchbarlampe. Herbst zahlte 28.60 Mark, Wolf 26.10 Mark, inklusive 10 Prozent Fernsehzuschlag.

»Sauf noch deine Blembel aus!« unkte Francisco heiter und streifte sein weißes Jäckchen ab, schien tief befriedigt. Feinschmeckerisch schüttelte Herbst den Kopf. Jetzt kam ein Rauschen und Brummen aus dem Fernseh, der Wirt Rösl kam aus dem Theken-Zimmer hervorgeschlurft, den Fernseh eigenhändig auszumachen.

Herbst nahm wahr, daß Wolf schon an der Pforte stand, noch kurz dem Leben am Gesindetisch zuzusehen, und er gesellte sich locker zu ihm.

Außer Malitz saßen noch, eingetrübt in sehr gelbes Licht, am Tische Menzel, der immer noch harmvoll vor sich hingriente und jetzt einem schon äußerst welken Grislybären glich; neben ihm Stumpen schmauchend der fleischige Mesner Süß, die Fäuste staunend in die Wangen gerammt; ferner die dürrgetrunkene Runkel Saller mit grünem Filzhut auf dem zerfledderten Kopf; endlich frisch und unverblüht der Altmarxist Bleicher Sultan, der soeben sagte, er fahre jetzt zur Olympiade nach Innsbruck.

»Ich werde«, krächzte Malitz wie in schwerer Not, Spazierstock sitzend in der Faust, »ich werde den Bundeskanzler mmmmm Willy Brandt zur Verantwortung ziehen wegen Friedens- und mmmmm Hochverrat!« Und er griff Bleicher hart am Ärmel.

»Ich kann«, schrie Zwiebelkönig Saller trumpfend haushoch überlegen, »jederzeit ins Puff in Nürnberg rein. Weil es ja – praktisch – mir gehören tut! Oder meiner Frau! Aber ehrlich!«

Menzel wulstig sog von seiner roten Radlermaß, Gemisch aus Rotwein, Limo, prima Himbeerschnaps. Bokkisch sorgend äugte er zur Theke, ob nicht gar sein Herr schon käme, aufzuräumen das Gesocks. Die Kündigung schien Menzel wenig ernst zu nehmen. Der Zwiebelkönig krähte nun in weher Freude, achtsam sah der Mesner drein.

»Ich habe mmmmm«, fuhr Malitz gurgelnd fort, Herbst überlegte, warum ihn der Greis an einen Knüppel aus dem Sack gemahne, und vor allem, ob er mehr Knüppel oder mehr Sack sei, das war kaum zu entscheiden, »ich habe«, faßte Malitz taumelig zusammen, unverzagt pastellnen Blicks, »erlebt vier Staatsformen!« Bleicher gackerte entfesselt. »Das Kaiserreich«, schrie Malitz hehr, »die Weimarer Republik, das Dritte Reich und jetzt die die? Die die? Die die? Die – Demokratie mmmmm!«

»Jetzt halt einmal dein Maul!« rief Saller roh.

»So, Kinder!« schnellte Rösl jäh nach vorne wie in Panik, »so geht jetzt heim, es ist genug. Vor allem Sie!« schrie er nun nochmals Menzel reißend an. Mit einer Geste grämlicher Entsagung erhob sich Menzel. Trank stehend seine Rotmaß aus. Eine Bierflasche hatte er fest in der Hand, die wollte er ins Bett mitnehmen. Bleicher schneuzte ungefügig.

Es dauerte, bis die Bagage, zusammen mit Herbst und Wolf, draußen im Hausgang stand. Der Zausel Malitz bot am zähesten Trotz. Rösl mußte ihn beidhändig durch die Türe drücken. »Die Demokratie«, zeterte er unnachgiebig. Ewig zier erschien er Herbst jetzt eher wie ein Nußknacker, gar wie ein Bojar. Menzel stieg die Stiege hoch, krumm und sacht ins Hausknechtszimmer.

Letztes Treiben vor der Haustür. Schneesturm fegte alles weg. Mit Handschlag schieden Wolf und Herbst. Dann ging jedes seiner Wege. Malitz' Keifen hallte nach.

Der Feind

Freilich, manche List ist so fein, daß sie sich selbst umbringt.
(Kafka, Der Bau)

Nein, ich bin meinem Feind mitnichten und in keiner Weise gewachsen. Zu überlegen ragt seine Macht über mich, zu unerschütterlich dröhnt seine Stellung, und nichts in der Welt, und wäre es selbst Poczens, ja sein eigenes Seelenheil, vermöchte ihn in dieser glänzenden Machtentfaltung zurückzudämmen, vermöchte die schon rauschend zum Vernichtungsschlag emporgerichtete Pranke abzufangen. Meines Feindes Machtausübung, sie schwärmt hemmungslos, widernatürlich, entmenscht. Offen zeigt der Feind mir die gefletschten Zähne, das gelbe Gebiß, dessen scharfe Zacken lockend mich blenden, um mich zu zerfleischen. Dies ist die Lage, die unverschönt objektive Lage, während ich im Verein mit meinem mir ergebenen Assistenten und Vertrauten Eilemann vor dem Telefongerät sitze, schon wie verzaubert die schwarze Gabel bestarre und atemlos der Erlösung, des erlösenden Appells meines Feindes, harre – oder doch wenigstens des seiner Helfershelferin Pocz.

Zwei Stunden schon harre ich des Feindes. Die Qual des Tickens der großen Wanduhr hat mein Feind mit fast bewundernswerter Souveränität mit in seine Pläne kalkuliert, in seine teuflischen Intentionen mitverstrickt. O gewiß, ich durchschaue ihn zu einem Teil, blicke tief in die Abgründe seiner finsteren, sehr arglistigen Seele, schmerzlich aufgeklärt durch seine langjährigen ruchlosen Foltertaten. Sogar winzige Nadelstiche, wie tickende Zählwerke es sind, mahnen mich wohlvertraut. Allein, mein Feind weiß natürlich auch längst um die Bestände meiner Erkenntnis und knüppelt deren Zartheit mit umso barbarischerer Kraft und Niedertracht zuschanden, schiebt sich kalt lächelnd süßes Backwerk zwischen die Lippen und macht mein ahnendes Wissen in schon lächerlicher Weise gegenstandslos.

Zu kurios, so sinne ich oft im einsamen Dämmer meines Leids, zu seltsam, daß dieser mein Feind ausgerechnet auf den wohlklingenden, Vertrauen erweckenden, ja Zutraulichkeit heischenden Namen Rosenhag hört, jawohl, Bernhard Rosenhag, und indessen der Vorname nun wahrhaft tückisch christliche Gesinnung ebenso erinnert wie den Edelmut der Schweizer Alpen, saugt der Hauptname den Lauschenden ja fürwahr zurück in die Blütenträume ehester Kindheit, ins Eingedenken ruft er die liebliche Rosemarie, des Nachbars Töchterchen, genauso wie den balsamisch duftenden, vom Zephir hauchend durchströmten Park, den Ort von kaum mehr bewußter Seligkeit, der ersten aufkeimenden Hinneigung zum anderen Du; frühmittelalterlich altdeutsche Gemäldekunst ebenso innig beschwörend wie das morgendlich im Frühtau schimmernde Paradiesgärtlein von Regers Lied und endlich die Pforten zur Mittelmeerkultur, zum hingerissenen Prangen des duftenden Atems des Golfs von Neapel, des *Torna a Sorrento* ...

Torheit und Trugbild! Noch dies, noch der verräterisch trauliche Name eine der gleißenden und gleisnerischen Machenschaften meines Feindes.

Und diesen Mann wollte ich noch vor etlichen Monaten zu meinem Trauzeugen bestimmen! Oh, Anna ist ein liebreizendes Wesen, ein seelengutes Täubchen, eine Seele von Kind im Weibe sozusagen, doch was rede ich – indessen, meine ihm sehr wohl sichtbare Unruhe einzuschläfern, Eilemann, der getreue Sekretär, sich anschickt, Kamillentee zu bereiten. Wie geschickt er's wieder macht! Noch leuchtet hoher Mittag, trügerisch wie der Name Rosenhag selber glitzert spätsommerliche Sonne über die bläulichen Dächer von Frankfurt, der Stadt des Großkapitals und der Eintracht, der charmanten Dribblings von Grabowski und der blitzgescheiten, glückspendenden Schneisenschläge Bernd Hölzenbeins – doch welch eine rauchend rabenschwarze Kluft gerade zwischen diesen beiden Bernhards! Hoher Mittag – und schon brennt und pocht mein armer Kopf in vorhöllischen Qualen. Wie denn auch anders! Seit zwei Stunden schon, als alles anfing, brüte ich die verwegensten und abenteuerlichsten Pläne, heute erstmals und vielleicht endgültig den Feind zu übertölpeln, den Triumph heimzutragen, das Erbe anzutreten: Auf daß mein Leben, mein armseliges Leben endlich, endlich jenen eingeborenen Sinn zurückgewänne, den Religion, Humanität und die Beobachtung des sterngekränzten Firmaments uns lehren, Sinn jenseits der Gischt der Schrecken, Niederlagen, Infamien und Naturbosheiten, die mich ertragen zu lassen der Feind in jahrelanger eherner Aufbauarbeit für gut befunden hat und die mich seither täglich, stündlich mit tödlicher Gewalt treffen. Und – ach, ich ahne, ja ich weiß es! – die mich auch heute wieder zur Erde schleudern werden, den Staub Hessens zu schmecken – ach, wozu und wofür dann überhaupt noch Widerstand? Diese törichten und nichtsnutzigen Rudereien wider die meiner rüde hohnlachende Übermacht des Feindes!

Immerhin, ich darf mir bestätigen, ich bin bereit, ich bin gewärtig. Frei und offen schaue ich dem Unheil ins Fratzenantlitz, auf das Ärgste gefaßt. Was Böses, Böseres kann mich denn noch treffen, mich, den von den Hieben und Streichen des Feindes kraftvoll Durchtrainierten und im Herzeleid elastisch Gewordenen? Ermattet zwar bin längst ich, doch alle Zeit abwehrbereit – nein, keineswegs abwehrbereit, aber doch sehr wohl auffangbereit – ungeschützt zwar, aber mit heroisch christlicher Demut stelle ich mich dem Gräßlichen, und was wäre denn Demut anderes als der ungescheute Mut zu ungeschminkter Wahrheit, und hieße diese auch Rosenhag oder Pocz oder sonst eine Schweinerei!

14 Uhr. Schweigend das gabelige Gerät. Eilemanns Kamillentee glüht lindernd sanft im zagen Mund, in den müden Gedärmen. Wie aberlächerlich, den Feind täuschen zu wollen! Heute, nach annähernd fünfjähriger Feinderfahrung und Feinderkenntnis, schäme ich mich sogar meiner ersten täppischen Widerborstigkeiten, jener leicht durchschaubaren Befreiungsversuche, die doch wohl zu nichts Einfältigerem gut waren als dazu, den Feind zu einem verständnisinnigen Blick mit Pocz, der buhlenden Helfershelferin, zu animieren. Ja, im geheimen schäme ich mich und lächle gleichzeitig oft still in mich hinein, und der nächtlich durchs hohe Fenster fallende Trugmond umspielt meine altgewordenen, in Hoffnungsferne dahingewelkten einst so kühnen Züge. Meinen Feind überlisten! Wie denn nur! Spürt er denn nicht, sogar jetzt, gerade jetzt, in diesem Augenblick, ächzend hingelagert in seinem Bunker in der Schwarzburgstraße 9, erster Stock, schlürfend sein unmäßiges und maßlos frivol in den Nachmittag hinein verschlepptes Frühstück, ungezogen schlürfend und schmatzend und schlingend und immer wieder aufs neue einen Marzipanbrocken hätschelnd durch die kauwütigen Zähne nachschiebend, spürt er denn in dieser Sekunde nicht, drei Kilometer Luftlinie heiter abschüttelnd, meine täppischen und unzurechnungsfähigen Widerstandsanstrengungen? Ja macht ihm denn nicht mein schweigend verbissenes Ummichschlagen den so gierig wie widerwärtig eingesaugten Friesentee noch wohlgefälliger munden und treibt ihn an zum zierlichen Wink für Pocz, ihm noch heftiger und sublimer nachzugießen, mich so noch verheerender zum Narren zu halten? Ihm aber gebührt der Ruhm – mir die Gosse, das kühle Grab. Wer weiß, wird allein Anna, die Gute, mir aus der Ferne eines Stipendiums in Oxford ein paar reine Tränen

weinen. Überm Grabe aber thront der Feind, prächtig umwölkt von der kriminellen Helfershelferin Pocz!

Das Telefon schweigt fort. Der redliche Eilemann hat mir ein grasgrünes Kissen zwischen Stuhllehne und Kopf gelegt. Will er mir über die grüne Farbe Hoffnung einträufeln? Hoffnung, ja, wie hatte noch gestern nacht der Hoffnung Flügelschlag den schon Ermüdeten umfächelt – wie so zauberisch hatte alles wieder einmal angefangen! Und wie sträflich einfältig hatte ich mich abermals vom Feind blenden lassen und betören! So mühelos, daß in mir jetzt gar Furcht hochflackert, der Feind möchte mich eines nahen und neblichten Tages noch als bevorzugt erkiestes Opfer fallen lassen und vollends in die Schlünde eines gähnend weißlichgelbgrauen Nichts versenken! Hah! Zu einer Reise, ja, zu einer Reise hatte der Feind mich geladen – oder genauer, und in fürchterlicher Geringschätzungsabsichtlichkeit, durch die zu allem bereitwillige Helfershelferin Pocz laden – lassen! Telefonisch – und Pocz hatte ausrichten lassen, der Feind sei wegen verschiedener schwieriger Verrichtungen im Foto-Privatarchiv verhindert, aber er lasse herzlich grüßen und bitte großzügig zur morgigen Reise nach Hohenburg, ja, einem Marktflecken namens Hohenburg, der Feind kenne die Route bestens, und es würde sicher wieder eine großartige Reise werden. Hohenburg! Wie jener des Feindes selber hatte mir der lockend friedsame Name des Reiseziels sofort alle Scheu, allen dienlichen Argwohn geraubt – hatte mich wider alle böse Erfahrung sofort eingelullt, eingewiegt, eingewiegelt und abermals in die Fänge des Feindes versenkt – furchtbar! Scham treibt mir gleißend die Purpurröte ins Antlitz – nein, nicht ziehe ich das Fatum zur Verantwortung, nein, nicht die mangelnde Willensfreiheit des Menschen. Ich bin halt einfach ein ganz unglaublicher Esel – –

Wie aber war alles gekommen? Bedenke ich es recht, dann waren es genau die drei Worte Poczens: »Kommst du mit?« Sie hatten genügt – ich war der scheußlichen Reise gewonnen. Hohenburg! Alte Ritterpracht! Mondbesäumte Zaubernacht! Mein Zuschlag hinsichtlich der Reise war erfolgt, ohne daß Pocz auch nur einen der aus Feindesmund auswendig gelernten Sätze an mich hätte verschwenden müssen. *Cielo!* Hatte dieses mein Fehlen jeder jungfräulichen Ziererei, das doch in Wahrheit nur Hingabe an den Feind war, diesen nicht abermals in eine Zornglut versetzt, welche noch einmal sämtliche Dämme etwaiger Barmherzigkeit endgültig und gewaltsam niederrisse? Würde der Feind nicht – fürchterlich fälschlich! – auf eine von mir betrügerisch, ja hinterhältig eingeleitete zischelnde Résistance durch gewaltlosen Widerstand schließen, eine verschwiegene Art von Pazifismus, welcher seine eigene Gesamtstrategie unterhöhlen sollte? Würde der Feind da nicht gleich dem vom Mäuschen geneckten Löwen aufbrüllen vor Wut und wahnsinnigem Weh, wähnend, sein Reich, seine unumschränkte Herrschermacht drohe gleichsam von hinten oder unten angeknabbert zu werden! Würde er da nicht eben deshalb seine ungeheuerlichen Fäuste um so ratternder auf mich niedersausen und knattern lassen, mich vollends dem Erdboden gleichzumachen!

Mein Feind, ich schwöre beim Leben Annas, so ist es nicht, so war es nicht! Ein Mißverständnis! Eine Tücke des Schicksals! Hilf, Pocz!

Ah, ich atme wieder freier. Wie unrecht hätte mein Feind oder Gegner – aber von einer echten partnerschaftlichen Gegnerschaft zu sprechen, wäre schon allzu vermessen, vermag ich doch längst meinem Feind auch nicht mehr den Hauch eines Paroli zu bieten – Rosenhag, mein Teurer! Wie sehr unrecht hast oder hättest du! Denn keineswegs klug bin ich noch ergeben allschon in mein Los noch gar bockbeinig. Sondern vielmehr in unseliger kindischer Blindheit war ich erneut dem von Pocz übermittelten Zauberblick des Feindes erlegen, dem Bannstrahl seines sogar telefonisch erahnten machtvoll fesselnden Wimpernschlags – schon verstandesverlustig, geblendet vom Glanz Aurorens, von der Schmelzkraft der bevorstehenden Ausfahrt. Hohenburg! *Fontainebleau! Foresta immensa e solitaria!* Zu dritt würden wir, sei's in Lederhose, sei's in bunten Busch- oder Hawaiihemden, der Wälder saftig' Grün durchstreifen, Erquickung suchen am nahen Sprudelquell, weit das Hifthorn schallt, in stiller Stund, auf dem höchsten Berg in der Weite! – – ach, diese Reise, deren angestammter Zweck Hoffnung sein sollte, die Hoffnung auf ein trauliches Beisammensein mit dem Feind, dem durch unsägliche Kaffee- und Teefluten freundlich gestimmten, ja vielleicht sogar durch die abendliche Kraft des besinnungslos hinein in den schauerlichen Schlund geschleuderten Schnapses betäubten Feind – – und unwiderstehlich und unverzüglich würde ich dem besoffenen Unhold das Messer ins böse Herz rammen, und alles lange Leid hätte ein Ende, alle Unbill, alles Elend, und Pocz im Dirndl würde gar noch mein – –

– nein! Wie nur kann ich mich derart vergessen! Als Christ und Humanist! Nein, nimmermehr! Nicht schlachten würde ich den Feind, sondern ihm vergeben, verzeihen ihm ein halbes Jahrzehnt Niedertracht und Gewalttätigkeit – ich, der Fürst der Gnade und des neuen, unermeßlich gütigen Menschenbildes! Glück und Segen würden sich über uns herabsenken, tauen würde der Himmel Gerechtigkeit ohnegleichen, keimen würde es zwischen uns in niegeahnter Zartheit, und sogar die dumme Helfershelferin Pocz würde im Rahmen ihrer Möglichkeiten daran teilhaben – ein Dasein vor dem Horizont der quirligsten und süßprikkelndsten Wonnen, der Siegeszug in ein nicht mehr gedachtes noch erhofftes Reich von Freiheit jenseits der dürftigen Grenzen des Marxismus-Leninismus und fadenscheiniger sonstiger Befreiungsbewegungen – reines unverfälschtes Glück, welches alles in die Nacht der Finsternis versenkte, was je zwischen uns war und gewesen sein mochte, *la liberté!*

Ah! Ah! Und beseligt hätte ich am Ende der Reise sterben, vergehen mögen, hingebettet vom warmen Auge des treusorgenden Feindes, entschlafen, gewiegt in der zur Gewißheit gereiften Hoffnung, dereinst jenen wiederzusehen in noch prangenderer, leuchtenderer Gloriole, der einst mein Feind hieß und der mir am Ende doch noch Hand und Lächeln des Verzeihens gereicht hatte –

Ah! Blödsinn! So ein Närrchen bin ich eben.

Eilemann lauscht trüb verhangen zum Fenster hinaus, ganz als schäme er sich für mich, als könne er es nicht länger mehr ertragen. Verziehen im übrigen – was? Das ist der Punkt. Denn nie, nie habe ich meinen Feind beleidigt, nie diesem Ekel nachgestellt, nie ihm böswillig Aschentonnen verschleppt, wie ich das anderen so gern tue – vielmehr immer ihm, dem Großen und Erhabenen und ganz sichtbar von der Vorsehung Erwählten, gehorcht, ihm willfahren, seinen oft schändlichen Wünschen mich gefügt! Womit, so frage ich mit Hiob, hab all dies Leid ich verdient, dieses nimmermüde Grollen, diese blutrünstigen Ohrfeigen links und rechts, diese satten Tatzenschläge, welche dieser Teufel in Menschengestalt mir ununterbrochen auf die Wange schaufelt? Diese oft wie harmloses Foppen aussehende und dafür nur um so planvollere und peinvollere Erledigung meiner Gesamtpersönlichkeit? Ich weiß es nicht, ich weiß es wirklich nicht. Mein getreuer Mitarbeiter Eilemann rät hin und wieder dazu, zur Deutungshilfe die Lehre von der Erbsünde heranzuziehen, die Einsicht zu gewinnen, daß wir Irdische allzumal Schuldige und also zu Strafende seien – und zu vertrauen auch darauf, daß dereinst die Erniedrigten und Gestoßenen in umso strahlenderer Verklärung wiederaufgerichtet würden – der Vorsehung zu vertrauen auch, der Vorsehung, jaja, schon, aber wissen wir denn so genau, ob es die auch gibt und was das überhaupt für ein Unfug ist? Na, ich weiß nicht recht . . .

Und außerdem, warum gerade ich? Warum nicht auch

der Feind selber getriezter Spielball von Erbsünde und Vorsehung? Dieses Schauspiel würde ich gerne sehen und – –

O daß er doch anriefe, dieser mein Feind! Das verräterisch in der Nachmittagssonne lümmelnde Gerät in Vibrationen versetzte, 77 25 76 – es ist doch so leicht, und wäre selbst des Feindes Zeigefinger vom wiederholten kampflustigen Heben der Teetasse gebrochen oder doch leicht verletzt, und Pocz müßte ihm den Wählfinger führen – das müßte doch zu bewerkstelligen sein, dies 77 25 76, auf daß der süße, der in aller mörderischen Böse doch so unsäglich lindsüße Ton seiner feuchten Lippen meinem Ohre schmeichelte – an seiner Stimme vergehen ich wollt'! Ruf an, Barbar! Los! Hopp! Noch geschehen Wunder und Zeichen! Alles wird gut! Ja, am Ende überschätze ich doch die Tücke meines Feindes, vielleicht, vielleicht war alles bisher angetane Unrecht, alle Schikane nur Prüfung, nur Schulung meines noch gar zu unfertigen Charakters, Feuer- und Wasserprobe – und nun, aus Anlaß der glänzenden neuen Reise, würde allem Elend ein Ende werden, würde alle Folterqual anheimfallen schlummerndem Vergessen, welches nach der Lehre unseres Staatspräsidenten vor allem Gnade ist, jawohl, genau – –

Eitle Hoffnung! Wahn von bleichen Chimären ... o Anna, Anna!

Um 11 Uhr vormittags wollte mich der Unmensch angeläutet haben, dieser Marterfreund ohnegleichen, um 11 Uhr, um mich über seinen und der ihm ergebenen Komplizin Pocz kurz bevorstehenden Aufbruch zur Reise in Kenntnis zu setzen. Drei schlägt die Turmuhr jetzt. O Perfidie, o Infamie, o Lüge sonder Maß! Vier Stunden Verspätung. Vier klanglose Schläge in lieblicher Bläue. Das Todesurteil. Die Botschaft schon von drüben? Spüre ich nicht schon die Kälte des Weltalls durch die Ritzen meiner Kammer vorwärtskriechen?

Mein Eilemann legt Hölzchen aufs glimmende Kaminfeuer. Schön sprüht der Flamme Schein, schön glühn die Funken. Liebet eure Feinde, so gebietet das neue Gesetz. Mich fröstelt, der hohen Nachmittagsstunde zum Trotz. Ja, liebe ich ihn denn immer noch nicht genug, getrieben vom honigsüßen wehmutsatten Verlangen nach seiner ewig holden Stimme? Indessen er bereits ergötzt das Messer wetzt, mich zu reißen! Wie gut ist Eilemann, der getreue! Wie wendig und ritterlich er immer wieder das Feuerchen entfacht! Die Tränen rinnen mir übers Gesicht. Nicht wird Eilemann mich retten können, es kommt alles, wie Gott will, befehl' du meine Wege und –

Und doch: Warum eigentlich nicht? Warum sollte der Feind nicht vielleicht doch noch und unverhofft anläuten, vor Ablauf der achten Stunde, – anläuten, mich durch die unerwartet verblüffend geringfügige Verspätungsfrist doppelt zu bezaubern, anläuten, sein baldiges Erscheinen mit festlichem Gepränge auszutrompeten, chauffiert von Pocz, der willigen Komplizin! Oder – vielleicht hatte der Feind, diese oft hemmungslose Schlafratte, einfach nur verpennt, hatte sein Geschnarche im Gefolge der durch die eigenen Untaten erheblich verlängerten Schlafbedürftigkeit nur ins Unermeßliche ausgedehnt! Um dann erwachend – und die ihm fast unerträgliche Verspätung feststellend – in augen- und ohrenbetäubender Wildheit seine Gemächer durchsausend und durchkämmend, die Komplizin Pocz barsch zur Seite fegend, blökend vor Unwirschheit und mehrfach Speichel hochziehend, die raschen Vorbereitungen zu einer Kaffeetafel zu treffen, mit dem Höhepunkt einer Kaffeekanne, die hundert Türken hinweggerafft hätte – freilich, um auf diese Weise die erste jungfräulich funkelnde Bosheit des Tages nur um so härter und unerschütterlicher in den Griff zu –

O je. Zum zweiten Male rät Eilemann behutsam, ich meinerseits solle doch jetzt trotz alledem den Feind anläuten: auf solche Weise fast listig meiner Ergebenheit zum

Ausdruck zu verhelfen – um im Anschluß vielleicht, vielleicht sogar simultan und im Sinne eines äußersten Gnadenbeweises über die überaus bedauerliche, aber nur winzige Verschiebung des Reiseantritts aufgeklärt zu werden. *Dolce Speranza!* Ach! Wie gut es Eilemann meint – und wie unkundig ist er doch der entfesselten Elementarkriminalität meines Feindes! Denn mit hundertprozentiger Gewißheit würde ja gerade ein Anruf meinerseits den Feind in eine noch viel unersättlichere Wut peitschen, vielleicht sogar vermint mit lodernder Wut über die von Pocz nur ungenügend zugerichtete Frühstückstafel, über gewisse Farbwertverluste der Marmelade, über unübersehbare Schwächen im Koffeingehalt, die unzureichende Lagerung der Gelbwurst! Und – schuppengleich fällt's von den blöden Augen – hatte nicht Pocz gestern nacht anläßlich der Einladung zur Reise den für heute vormittag bevorstehenden Besuch des Klempners oder Elektrikers im Hause des Feindes erwähnt, deren Pracht zu steigern! Entsetzen! Denn natürlich war dieser Klempner oder Elektriker ein neues, schon unüberblickbares, unüberwindbares Hindernis! Grausig! Der Feind würde plötzlich schlaftrunken aus dem Bett poltern und sogleich einladend über diesen Handwerkstölpel und seine Kabeln und Gerätschaften und zugleich über den opalenen Paravent purzeln, den Kühlschrank nicht mehr finden, ein machtvolles Geschrei und Geplärre würde anheben, Alarm im Haus – Pocz würde patzig zur Verantwortung gerufen werden, was der fremde Mann hier bewirke – ein stundenlanges Lärmen, ein Toben ohnegleichen, bis der Feind sich endlich erinnern würde, daß er den Klempner ja selber geordert und –

– und ich, ich, der geringste der Erdensöhne, würde mit meinem lachhaften Anruf in dieses schillernde Geschehen im Feindesbunker stolpern – grauenhaft, grauenhaft, der Schlund der Hölle! Schnellstmöglich, gemmengleich würde mir der Feind, womöglich durch einen bewaffneten Funkboten, den Garaus machen, mich dem Würgegriff der – – und doch: Wartete dieser Feind nicht nachgerade süchtig darauf, daß ich just in dieser unseligsten aller Stunden anläuten würde, auf daß mich sein Bannstrahl, sein entsetzliches Grunzen noch berechtigter, noch tödlicher treffen möchte! Wessen ich mich eigentlich rühmen dürfe, ihn, den Feind, den Herrn, inmitten der handwerklichen Entscheidungen zu belästigen und ganz unerträglich zu belasten! Wie Hagelschläge würden mich noch durchs Telefon des Feindes Kanonaden zu Boden schleudern – und dann erst, nachher, Stunden später, bei der leibhaftigen Gegenüberstellung! Sicherlich würde ich dazu sogar ins Allerheiligste, des Feindes Palast selber, zitiert werden! In das betäubende Dekor facettenreicher Lüster und perlenbesetzter Kandelaber, in den Schwall von Pistazien und Levkojen, Requisiten schierer Superbosheit! Die ganze bis an die Zähne bewaffnete Bärenstärke dieses Mannes würde mich in den Kot tauchen, wieder hochzerren und abermals niederschmettern, indessen der Feind in fürchterlich heiligem Zorne die fünf Fernseher der Etage gleichzeitig in Betrieb setzte – – das Ende aller Dinge! Und dann, dann würde der Feind, von sich selber hingerissen mit den Zähnen knirschend, im Flur seines Palastes auf- und niederrennen, voll des saftigsten Hochgenusses vier Zigaretten auf einmal schmauchen, um schließlich den Elektriker, der so seinen Zweck erfüllt hatte, mit einem Fußtritt auf die Straße zu befördern – und mich mit einem gräßlichen Fluch hinterdrein – –

Ja. So käme es. Jawohl. Und wahrscheinlich lauert der Feind in diesem Augenblick tatsächlich hinter seinem Telefongerät mit goldenen Ornamenten, mich zu greifen – darf ich schweigen – darf ich ihn schmählich enttäuschen – ist nicht alles längst schon eins?

16 Uhr, fünf Stunden. Raunender Webstuhl der Zeit. Wie sie lautlos rascheln, die Sekunden … Lähmung, das

Hinwegtauchen des Bodens unter den zu Einsatzlosigkeit verdammten Füßen ... wie nun aber, riefe ich an, der Feind selber eilte lechzend ans Gerät, ich aber verlangte ganz kühl Pocz, das Beben meiner Stimme vor seiner rußigen Seele verbergend? Ah! Hohnquiekend würde der Feind diesen lachhaften Coup quittieren! Mit einer derart einfältigen Finte wollte ich ihn, den gewaltigen Feind, packen – ich Tropf, ich Tropfen am Eimer in der Besenkammer des Feindes! Ich Gesindel! Ich Wechselbalg von einem blöden Hammel! Noch ehe ich den zitternden Mund geöffnet, würde mein Feind alles wissen, alles, und mit dem Durchschauen, mit dem Zertrümmern meines Plans wäre des Feindes heutige Tagesaufgabe praktisch abgeschlossen – kein Gedanke mehr an eine erquickende Traumreise nach Hohenburg. Ja, das Durchleuchten meiner schmächtigen Finten und Listen, es bedeutet dem Feind ja längst so etwas wie Sport, leichtes Training, zu einem nicht geringen Teil vielleicht sogar Lebensgehalt. Ein armseliger Lebensgehalt, gewiß, und doch hat die Natur es so gefügt in ihrem unerforschlichen Streben – die Natur ist in letzter Instanz unausdeutbar, lehrt Goethe sehr zu Recht, und wer von uns dürfte guten Gewissens den Arm gegen die Schöpfung erheben? Die Schöpfung, die doch zweifellos auch meinem Feind eine gewisse und sogar ganz bestimmte Lebensaufgabe zugewiesen hat innerhalb der herrlich prästabilierten Harmonie des Universums alles Seienden, und bestünde diese Lebensaufgabe am Ende in der enthemmten, alles schöne menschliche Maß niederwalzenden, herz- und hirnbetäubenden Naturniedertracht, welche uns durchschnittliche Sterbliche schaudern macht! Sicher hat Gott sich auch hinsichtlich meines Feindes etwas gedacht. Einer muß ja den Tee und den Kaffee wegsaufen und die Nächstenliebe entehren usw. und – –

Aber, selbst wenn Pocz, die Gehilfin, sich ans Telefon begäbe – fruchtete dies meiner Lage? Nimmermehr. Sie, Pocz, einst unabhängig und aus ehrlichem Elternhause (St. Ingbert), war mit den Jahren und unter dem recht eigentlich nichtsnutzigen Vorwand der Geschlechterliebe so unentrinnbar in die freilich schon flügelweit offenen Fänge des Feindes geraten – aus einer anfänglich rein körperlichen Deckungsgleichheit der scheinbaren und wirklichen gemeinsamen Interessen wie Liebe und dem synchronen Löffeln der Eier und dem zärtlichen Beknabbern der Pastetchen war durch des Feindes Teufelslist und Zaubermacht eine so hundertprozentige vollkommene Identität des Tuns und Vorgehens und Ränkeschmiedens und Mürbemachens und des allseitigen Vernichtungswillens erwachsen, daß durch die Seinsverfinsterung der eigenen Seele einerseits, durch die Chemie des Wütens des Feindes andererseits diese einst selbständig weibliche Person heute vollkommen wesenhaft einverleibt ist dem Feinde, eine *unio infernalia* ohne Vergleich, des Feindes akrobatisch verlängerter Hebelarm und Bosheitsweiterträgerin, verschworen und verschwistert zum dampfend vergaunerten Untergang und der sicheren Höllenfahrt am Jüngsten Tage gemäß der Schrift – da möchte ich wetten! Pocz! Pocz! Hinter ihrer körperlich dem Feind weit unterlegenen Person vermute ich sogar mit guten Gründen den theoretischen Kopf der Gruppe, wobei Pocz meines Erachtens sogar direkte Verbindung zu anarchistischen Geheimkreisen in der Umgebung Kropotkins unterhalten dürfte, zum KBW vielleicht auch – Gruppen also, die mich, so nur Pocz es will, jederzeit auszuradieren und auszulöschen vermöchten, im Sinne des Fortschritts der Gesellschaft, jedenfalls würgen mich jetzt plötzlich noch mächtigere Angstschübe, indessen späte, schon feurig purpurn verebbende Sonnenschleier über eigentümlich grünliche, sieche Flecken am Firmament – –

Nun also – Pocz. Pocz würde entweder unverzüglich und pharisäisch den Feind und noch immer offiziellen Häuptling ans Telefon winken, ihm schon mit den wie wild auf-

und niederschnippenden Fingerkuppen die gelungene Entlarvung des Anrufers bekanntzugeben – und dann würde, Sekunden später, der Feind selber, und sein tänzerisch, fast somnambulisch wackelndes riesiges Hinterteil würde stöhnend vor Genuß sich aufs marmorne Telefontischchen fallen lassen, die golddurchwirkte Gabel übernehmen, die Zigarette aus Kuwait würde scheinbar lieblich vom linken Mundwinkel herabbaumeln, indessen er, gehuldigt von Poczens Brillenschlangenblick, mich abfertigte und wegen Unbotmäßigkeit und peinlichster Störung aburteilte, hinter der elfenbeinernen Brille würden rostfarben fahl begeisterte Augen blinken und gleichzeitig kalt über den Besitz, den eichbaumgetäfelten, mit Frescomalereien gezierten Palast, schweifen – Pocz zum politischen Entzücken! Oder aber es würde mich die anarchistische Pocz mit trügerischem Wohlwollen vertrösten: Der Fahrt- und Reiseantritt verschleppe sich um ein niedliches Halbestündchen, soeben packe der Feind sein Fernrohr und seine Tatarenkappe mit Nerzbesatz in den Rucksack sowie die amtlichen Unterlagen, die mich der Ortspolizei Hohenburg ausliefern sollten – nein, dies letzte würde der politische Professional Pocz gewißlich verschweigen, alles stehe insgesamt glänzend, würde Pocz scheußlich säuseln, schon in Kürze werde mich der Feind sogar höchstpersönlich zurückläuten – und dann, nach diesem schamlos irrlichternden Telefonat, würde Pocz, diese Brutstätte hinterhältigsten Politrowdytums, sofort und vergaunert bis in die Zehenspitzen in die bebend aufnahmebereiten Arme des Feindes zurückeilen, ihn über mein selbstmörderisches Vorpreschen zu unterrichten – ein verständniszarter Blick zwischen Herr und Helferin, das schon aufbereitete Frühstück würde zu einem mit den natürlichen Mitteln des Verstandes schon nicht mehr faßbaren Exzeß, zu einer Explosion in diesem Wespennest an Tückeseligkeit ausarten, der Funkbote würde neue Eier und Quarkerlesenheiten anschleppen, schon am lichten Nachmittag würden schwerste und kriminelle Kartoffelknödel und Schweinebauch aufgefahren werden, und die phosphorisch alabasterschimmernden Stoßzähne des Feindes würden im rötlichen Schein von Hesperus mampfend zulangen – vielleicht, ja sicherlich würde der Feind in der fessellosen Lust über das Gelingen seiner höllischen Politik zusammen mit Pocz sogar schnaubend und peitschend den Geschlechtsverkehr vollziehen, wild und wiehernd fuchtelnd und doch gleichzeitig in unnatürlicher Langsamkeit und zappelnd quieksend in unvorstellbaren Wonneschauern seinen Erfolg ins Gottähnliche und Aberhybride auszuweiten und –

Höll' und Schwefel! Trug und Teufel! Und ich Gottes williger Affe! Soll ich gleichfalls der anarchistischen Partei beitreten? Oder mich, umgekehrt, der Partei von Franz Josef Strauß an den Hals werfen? Diese katastrophale Müttersterblichkeit in unserem an sich blühenden Lande! *Ah, la terra mi manca!* Warum konnte dieser Rosenhag nicht ordentlich eine Rosemarie heimführen – warum mußte es der Brandstifterteufel Pocz sein! Hingegossen mit ihm an den prasselndsten Geschlechtsverkehr, unterstützt noch von den überlegensten indischen und fernöstlichen Gerüchen und Gerätschaften! *Orrore! Orrore! Orrore!*

Ahimè, respiro! Die Trümmer von Versunkenheit, des Tages mähliches Vergreisen. Eilemann scheint die Bahnen meiner vielverzweigten Gedanken sanft zu erahnen. Ihm mittlerweile wohlbekannt ist der telepathische, gleichsam televisionäre Druck des Feindes, seine Fesselungen über Zeit und Raum hinweg – vertraut auch ist ihm die Geschichte dieses härtesten Terrorismus unseres Säkulums, an so manchem langen Winterabend habe ich ihm, dem Braven, Bericht erstattet. Diese Geschichte eines unermeßlichen Leidens, eines dröhnenden Entsetzens – und dabei begann eigentlich alles überaus wohlgefällig, zierlich, anmutig, schönste Hoffnungen blauend. Damals, vor fünf Jahren, noch ohne Helfershelferin, führte der nachmalige Feind sich ein als wahrer Menschenfreund, ja als ein Muster von Freundlichkeit, Höfischkeit, einer nicht selten geradezu pikanten Courtoisie. Lockend, gurrend mit säuselnden Redensarten aus sonorem, ringelförmigem Munde, nebensatzreiche Zärtlichkeiten und allerlei dynamisch melodische Schattierungen streuend, so umgarnte er damals mich Blöden, schmeichelte mir mit allerlei köstlichen Schleckereien und Pralinen, auch hin und wieder mit einem Likörchen, so manches Prösterchen trank er mir huldigend zu und kniff dabei in gleichwie erotisierenden Absichten augenschwänzelnd die schönen Hinterbacken ulkig auf und zu, ein wahre Cour d'amour – bis ich ihm fugenlos mein Vertrauen geschenkt, bis ich mich ihm vollends offenbart hatte...

Das war der Fehler...

Und dann, dann begann jene große, wunderbare Zeit des Reisens in fremde Gegenden, das gemeinsame Kennenlernen der erhabensten Wunder dieser unserer lieben Erde: Obernai, Pertisau. Ortisei, Venedig, Vechta, Cloppenburg, Papenburg – wenn ich es heute erinnere, dann – dann – – ja, die ersten dieser Ausfahrten verliefen auch noch vollkommen ordnungsgemäß, beginnend mit einem allerdings auch damals schon erosionsartig ausladenden Frühstück mit dem Kulminationspunkt eines aprikosenschnapsdurchtränkten Müslis – weiter ging es mit einer vom Feind grandios bezahlten Taxifahrt zum Zentralbahnhof, mit einer gleichfalls vom Feind organisierten postwendenden Einkehr im Speisesalon – – ach! Unzählige namenlos schöne knisternde Stunden in hehrer Fremde und in seiner behenden Nähe zugleich! Und während so meine Zutraulichkeit rasch in Verehrung, ja hingebende Liebe hinüberglitt (nicht darf Scham mich hemmen, der Wahrheit die Ehre zu geben) – so zog derweil, ohne daß ich auch den mindesten Schmerz verspürt hätte, der Feind, prunkend mittlerweile sogar mit einem zottigen Schnauzer, die Schrauben enger. Wenn ich es heute erwäge, so gab es wahrscheinlich bereits ab 1. Mai 1970 kein Entrinnen mehr. Freilich, die ersten kleinen Unregelmäßigkeiten vermochten nicht, mich aufmerken zu heißen, noch säten sie Zweifel und gar Zwietracht, allzu fest und sogar pelzhandschuhbestückt saß der Feind allschon im Sattel – und doch sprachen die Zeichen so deutlich, daß es mich heute wie Verblendung dünkt: Da verzögerte sich mal eine Abreise nach Kaiserslautern um ein halbes Stündchen, weil da noch irgendein Postbote wippend abzuwarten war, welcher die allerschönsten Reichtümer abzuliefern hatte, welche ja das gemeinsame Glück nur verdoppeln würden; da waren ein andermal statt der herkömmlichen noch ausladendere Frühstückseier sowie feinster Aschendorfer Speck zu besorgen – da war dann auch noch das silberne Auspuffrohr des Autos zu überprüfen – da schienen auf einmal und akkurat fünf Minuten vor Reiseantritt nagelneu blitzende Scheibenwischer unerläßlich, sollte die extreme Verkehrssicherheit über unserer Unternehmungslust ruhen. Da ereignete es sich denn auch wohl, daß der Feind ausgerechnet zum Reisestart, die riesige Mundhöhle noch voll von Klöpsen, ganz eilig ein feuerrotes Xylophon für den Neffen zu besorgen hatte, daß er zu diesem Zweck wie rasend acht verschiedene Fachgeschäfte in allen Stadtteilen durchkeuchte, dabei heftig und argwöhnisch an den vorgelegten Xylophonen schnupperte, ja buchstäblich roch – und sie auch immer wieder abtastete und mit den Wülsten der Finger bewischte – obwohl doch, wie jedermann weiß, bei Musik nicht Geruch und Tastvergnügen, sondern allein Klangschönheit jenen Rang diktieren, der den Neffen entzücken sollte – aber: wußte und weiß der Feind überhaupt, was Musik ist, was der Unterschied zwischen einer Straßenbahnbimmel und dem Pfiff einer Dampflok? Und, so frage ich mich heute immer besorgter und dringlicher: Gab und gibt es diesen Neffen überhaupt?

Der Zweifel scheint verwegen, erweist sich aber sogleich als sehr berechtigt, wenn ich berichte, daß der Feind ein Jahr später, auf meine Anfrage hin, von keinerlei Neffen wußte, sondern stattdessen nur achtlos die Schnipsel seiner Zahnstocher zum offenen Fenster hinausblies. Seltsam fürwahr – und umso besorgniserregender, als genau zu dieser Zeit die Kollaborateurin Pocz, aus den palästinensischen Schulungslagern kommend, beim Feind eintraf und hinzustieß und den Umbruch im Reisewesen zweifelsfrei beschleunigte. Da traf es sich denn zum Beispiel, daß der Feind den Abreisetermin auf 10 Uhr vormittags festgesetzt hatte – als ich pünktlich eintraf, empfing mich der Feind aber im halboffenen Morgenrock, einem scharlachfarbenen Gewande, einem, wie mir heute scheinen will, Signal für den Kampf auf Leben und Tod – und der Feind klagte heftig und sogar überzeugend japsend über Bauchschmerzen der unerträglichsten Art, immer wieder preschte er wie tödlich getroffen in seinem Prachtbau auf und ab, schob drei Chininkapseln in den Rachen, ließ auf dem Grammophon Militärmärsche krachen, befahl Pocz, ein Frühstück auszurichten, und legte sich dann schlagartig, mit dem Läuten der Mittagsglocke, in voller Breite in die Badewanne – und schlief unwiderstehlich ein! Entkletterte ihr wieder um 15 Uhr, orderte erneut ein Frühstück, kleidete sich sorgsamst und gemächlichst an und begann vor meinen hingerissenen Augen einen Brief ins Tonbandmikrophon zu diktieren, einen Brief an den Zentralverband deutscher Bierbrauer – ich denke, damals wunderte sich selbst die Helfershelferin Pocz noch über soviel mannhafthehre Kraft und Pracht! Worauf seitens des Feindes noch kurz und nörgelnd von einer möglichen Magenverstimmung oder gar Fleischwurstvergiftung die Rede war, in welche Klage zu meiner Verblüffung jetzt auch Pocz einfiel, auch sie verspüre erhebliches Grimmen in der Magengegend, und man erwog sogar beidseits, ob vielleicht eine Grippe oder gar Typhus im Anzug sei, der Besuch beim Roten Kreuz wurde in großer bösartiger Harmonie zwischen Feind und Pocz ins Auge gefaßt – und jetzt erst, mit sechs Stunden Verspätung, sahen wir uns in der Lage, die Reise nach Kolmar anzutreten, den Isenheimer Altar zu besichtigen oder, was den Feind, der sich immer noch augenrollend den Magen griff, anlangt, abermals zu – beschnuppern.

In meiner schon kaum mehr entschuldbaren Einfalt, ich berichtete es, glaubte ich damals, in den ersten Wirren des Erscheinens Poczens, eben diese noch auf meiner Seite, erwog, mit ihrer Unterstützung sogar gewisse Mahnungen und Drohungen an den Feind wagen zu dürfen, bedeutete ihr gar, gelegentlich korrigierend auf den Feind einwirken zu wollen – ja, ich wähnte sogar, unverzeihlich, bei diesen immer klotziger zunehmenden, zwischen drei und sieben Stunden schwankenden Reiseverschleppungen sozusagen scherzhafte Einlagen des Feindes am Wirken, Techniken, die den Reisen sozusagen a priori einen gewissen kapriziösen, applikationsreichen Grundton verleihen sollten – ja, ich gestehe, ich war halb unter Schmerzen, halb in munterem Erstaunen mit bei der Sache, die fortschreitend extreme Unmenschlichkeit des Feindes bei diesen Verschleppungen wurde ja auch immer wieder mal durch einen dargereichten Cognak oder ein bezauberndes Fotoalbum versüßt, ich gewöhnte mich sozusagen an ein durchschnittlich fünfstündiges Warten auf ihn, den Feind, den Großen und Erhabenen, der sich mittlerweile auch in meiner Gegenwart seiner Schnäbeleien mit Pocz nicht länger enthielt, der sich von ihr, schnurrend und mit dem grünen Gummikrokodil spielend, von ihr auch die Zehennägel schneiden ließ – ich verspürte auch, wie willig, ja leidenschaftlich begeistert Pocz jeweils des Feindes Ukas gehorchte, wie sie, zunehmend verrammelt mit ihm, seinen Strategien nicht allein gehorchte, sondern sie als sein williges Werkzeug schon ohne Rückfrage eigenhändig auszuführen verstand –

ich erinnere mich an eine Reise nach Schweinfurt, zu der der Feind schon nach gut fünf Stunden Verspätung startklar stand, indessen Pocz aber ihren Federhut und ihre Monatsbinden nicht fand und ihrerseits die Reise um eine weitere Stunde verzögerte, ein Delikt, das vom Feind nach meiner Beobachtung nicht allein wohlgefällig, sondern geradezu hingerissen gebilligt wurde – – und endlich, im letzten, im vierten Jahr jene Reise nach – Italien! Italien! Grauen preßt mich, denke ich fröstelnd ihrer. Nach hundert schweren und schwersten Niederschlägen und Maulschellen hatte der Feind mich abermals für eine Reise verpflichtet – und erstmals in meiner Laufbahn hatte ich dabei den Versuch gewagt, die beiden, dies mörderische Pack, gleichsam zu prüfen, indem ich nämlich selber zwanzig Minuten zu spät zum Starttermin anrückte – oh, oh, oh, der Erinnerung, wie Pocz mich mit Vorwürfen übertünchte, wie der Feind da mit den Augen blitzte, wie er dräuend seine barbarische Muskulatur spielen ließ, wie er gar wie zufällig den Knauf seines Messers bestrich! Gräßliche Schauer jagen mir noch heute über den alten Rücken, sinne ich zurück, wie ich saß, angeklagt der schwersten Schelmerei, der Kardinalsünde einer zwanzigminütigen Verzögerung – wie über diesem Strafgericht die Silberhaare sich mir sträubten, wie sehr ich Anna herbeisehnte, mich zu decken – wie aber dann mit dem Abklingen des Gerichts der Feind mählich ins Verbindliche wechselte, nämlich nach drei Stunden gemächlich seinen eigenen Koffer zu packen anfing, wie die Helfershelferin nach einer weiteren halben Stunde plötzlich wie unkend den Maschinengewehrpark des Feindes zu säubern begann, wie es sich beim Anbruch der fünften Stunde der Feind plötzlich im Rollstuhl bequem machte, Pocz mit einer Pinzettengarnitur an ihn herantrat, wie sie ihm in einer achtzigminütigen Prozedur den Furunkel oder Tumor am hinteren Halsansatz ausquetschte, wie der Feind dann verbunden und, besprengt mit Kölnisch Wasser, zur Ruhe gelegt wurde, wie mir Pocz in all diesen schmorenden Stunden wie einem Hund einen Bommerlunderschnaps nach dem anderen hinschob, unlustig, wie mich stärkend zu neuem Niederschlag, wie der Feind nach einer weiteren Stunde eingekleidet wurde, wie er die Flanellweste übergestreift und die Schnallenschuhe aus eitel Leopardenfell angepaßt bekam, wie er dann nochmals von den köstlichsten arabischen Parfüms eingeräuchert wurde, wie ihm da noch unglücklich der Goldzahn herausfiel, so daß auch ich Wurm zum Suchen aufgefordert wurde, zum kriechenden Suchen, indessen der Feind, umspielt von der ihn kraulenden und ihm die Flöhe aus dem Haar ziehenden Pocz, das gorgonisch wildschweinartige Löwenhaupt steif lauschend in den Wind seines Palastes hielt -- bis wir dann endlich aufbrachen mit einer Verspätung von acht Stunden, dem neuen Rekord, das Scheußliche gleichsam heiterst hinter uns abfegend -- nie, nie, nie mehr, so schwor ich laut, würde mich der Feind zu einer Reise übertölpeln, und führte sie ins Gelobte Land selber und überreichte mir der Feind unter Sirenenklängen als Taschengeld einen Sack Dukaten aus seinen unermeßlichen Pfründen – nein, nein, nein, nimmermehr! Keine Reise mehr mit Feind und Helfershelferin!

Und nun sitze ich abermals hier, ich, der Dümmste von allen, und harre des Feindes. Fünf Uhr ist's geworden, hämmernd streichen die Minuten, trauert Abend übers wehe Land. Sechs Stunden Verschleppung – eigentlich eine Lappalie. Tatsächlich, sechs Stunden Minimalverschleppung hatte ich vorabgeschätzt, sie hatte der einsichtigere Teil meiner selbst ohnehin veranschlagt. Ja, würde mich nicht Bestürzung hinweggerafft haben, hätte mich der Feind in seiner Unerforschlichkeit schon nach drei, vier Stunden erlöst und den Appell an mich gesandt? Mußte ich ihm nicht danken, ihm, dem Guten und Fürsorglichen ...

Was will ich überhaupt? Verdammt!

Eilemann stößt ein Brikett nach. Vor dem Fenster ersteht ein nachdenklicher Mond. Angelusläuten. Pocz ... wäre sie treulos? Dem Feind eines Tages doch abzutrotzen? Durch Schnaps, des Feindes einzige Schwäche? Durch allerhärtesten Geschlechtsver...

Unsinn und Chimäre. Gnade, höre ich mich selber flüstern. Unverletzlich scheint der Feind... Die Sehnsucht nach dem Anderen, mit Max Horkheimer zu sprechen...

Schwefelgelbe Wolken jagen übers Land dahin. Wie genialisch schlicht Strategie und Taktik meines Feindes sind! Mich zur Reise zu laden – und dann warten zu lassen. Das ist alles. Und genügt. Kaum zu glauben...

Eilemann legt Nüßchen vor mich hin, mich zu erheitern. Der Palast des Feindes, unermeßlich glänzend, jedem Staatsstreich leicht gewachsen. Vom Strahlenkranz umgeben aber lungert links von der Pforte das goldene Telefon, die Saat des Bösen... Und doch muß ich anläuten. Könnte er nicht ausnahmsweise wirklich kränkeln, der Feind? Eine nicht mehr ganz einwandfreie Speckwurst mochte seine Lungenflügel angegriffen haben – was denn! Dieser Elefant an Gesundheit! Und doch --

Ob ich mich gar zu Fuß dem Feindeshause nähern sollte? Die Knie würden mir erzittern, wissend, daß der Feind, kaum nähme ich die Zielkurve, von der Turmluke seines Palastes aus durch sein Fernrohr mich ins Auge fassen würde, meine Kleider kontrollieren, meine Ohrenhaltung, meine Miene. Heiter würde er, während ich näher stolperte, die auf seinem Schoß festgenagelte Pocz in die Flanke kneifen, sich so gleichsam für die Abfertigung meiner Person leicht aufwärmend... aber ich könnte ja so tun, als sei ich rein zufällig vorbeigetrottet, als hätte ich die Reiseeinladung doch glatt verschwitzt und – oh! Oh weh! Fotzen würde mich der Feind ob solcher Lüge, ein Massaker, wie es die Welt noch nicht erlebt, indessen gleichzeitig Pocz die Feuerzangenbowle zum Triumphmarsch --

Es muß sein. Ich muß ihn anläuten. Mich stellen seelenruinös der Integralinfamie, dem gurgelnden Qualm des Feindesratterns. Aber, was wollte er unternehmen? Denn nein, nicht keck und dreist und verlangend, nein, ganz sanft und gleichwie umwölkt würde ich den Feind nach seinen nach menschlichem Ermessen absehbaren Abfahrtskonditionen fragen, tastend, leis rührend, wie fiebernd würde ich ins Gerät flüstern, umflort fast von einem Hauch von Jenseits. Als käme mein Anruf geradewegs aus den Gefilden eines dem Feind schon nicht mehr zugänglichen und beschreitbaren Seelenhaften – ganz so, als wäre mir der Wunsch zum Reiseantritt aus den dämmrigen Grüften eines Wahrtraums zugefallen. Ob der Feind aber wirklich auf diesen kalten Schmäh hereinfiele? Würde ihm nicht schon bei meinen ersten schwermutdurchtränkten Silben Eiseslächeln die Lippen auseinanderziehen – und zugleich höchster Unmut ihn durchfurchen? Unmut über diese abermalige fauchende Ruderei, seine, des Feindes, Macht von hinten auszuhöhlen? Würde er mich, den unweigerlichen Tölpel, nicht noch ballernder abfertigen und mich zusätzlich strafen, indem er mich vier weitere Stunden schmoren ließ, in finstrer Einsamkeit, mich vollends zu zermürben? Anbellen würde mich der Feind, ich Maulaffe unterstünde mich, wegen der lächerlichen Verspätung von sechs Stunden ihn beim wohlverdienten Reiseantritts-Imbiß zu stören, ihn, der die Reise so sehr verdient habe, durch mein Gequake zu behelligen, sie ihm durch telefonische Quengeleien zu vergällen schon vorab! Indessen er im Tonstudio die komplizierten Aufnahmen überwache – wahrscheinlich Schallplatteneinspielungen seines und Poczens Liebesgeseufzes! Ungeheuerlich sei diese Rücksichtslosigkeit und Frechheit, zumal soeben noch das blonde Kätzchen, erschreckt von meinem Anruf, aus dem Fenster gestürzt sei und der Pflege bedürfe –

– und mit leichter, abschließender Gebärde der Rede,

mit einem winzigen Halbsatz würde mich der Feind endgültig fallen lassen und den Anarchisten ausliefern, die, von Pocz verständigt, mich sofort – – und Pocz und der Feind würden alleine verreisen!

Alleine verreisen? Das ist ja meine ganze Hoffnung! Denn siehe, ohne meine Person verlöre die Reise der beiden Bösewichte ja jeden erkennbaren Sinn! Nie und nimmer würden die beiden ohne mich aufbrechen! Die Macht ist also – mein! *Heureka! Vincerò!* Ich brauchte ja nur zu fliehen und mich in den Schluchten des Hochgebirges verborgen zu halten! Meine Unauffindbarkeit würde den Feind seiner gesammelten Pracht, ja seines Lebenssinns berauben! Dann sollte er sehen, wo er bliebe! Mit Pocz, der Unholdin! Der Feind würde winselnd, auf den Knien zu mir ins Sella-Joch kriechen, Pocz am Halsband mit sich schleifend – ich aber würde meinerseits fürchterlich Gerichtstag halten, Rache, Rache, hochgerechte Rache nehmen, der Tag der Vergeltung – –

Eitler Traum. Der Feind würde vielmehr ganz gemächlich abwarten, bis ich, gefoltert von Sehnsucht nach seinem Strahlenauge, wieder aus dem Hochgebirge hervorgeschmachtet käme, tätschelnd würde mich ein Satz von schon maßloser Rundlichkeit in seinem Bannkreis abermals willkommen heißen, seidig spinnenartig kräuselnd würde mich schon der nächste zu einer erneuten Reise einladen und gewinnen – o Gott! – –

Sonnenlicht verblaßt im fernen Westen. Ich greife zur geliebten Geige. Mit Eilemann am Flügel wähle ich Beethovens letzte Violinsonate in G-Dur, op. 96 von 1812. Mikrokosmos schwerelosen Schwanensangs scheinbar fern dem Reich des Feindes – und doch seiner eingedenk. Schon beim Trillerdialog Takt 1–3 haucht mir Nebel in die Augen. Zitternd dolce schwingt die Geige himmelan, säuselt das Piano Trost im Spannungslosen. Bei den Trillerexzessionen der Reprise, Lerchenschluchzen ohnegleichen, sinkt mir sterbensweh der Bogen von den Saiten, tapfer klimpert Eilemann allein zuende, espressivo nimmersatt. Schweigend starren wir ins Fensterkreuz. Und die Uhr bleibt beinah' stehen.

Eilemann wagt nobel murmelnd einen letzten Anlauf. Der gedankenreiche Sekretär rät zu einem Lockruf. Anrufen, meint er mit glühenden Wangen, in der Höhle der Gemeinheit solle ich – und dann das Sprech- und Hörgerät sofort wieder auflegen. Die Attacke würde, meint Eilemann, den Feind gewissermaßen hellhörig machen, an seine Pflichten erinnern, ja aufrütteln, aus den geschlechtlichen Wonnen mit der Klette Pocz reißen – ohne daß ich doch zur Verantwortung gezogen werden könne, den Feind aus seinem gottverdammten Rammeln und Rumpeln hochgescheucht zu haben. Ach, Eilemann, kindliches Herz! Noch während Pocz ihm die Schnalle am Gürtel zurechtrückte, würde der Feind meine Sabotage wittern – spätestens bei seinem Bericht von dem merkwürdigen Anruf würde mich Röte überströmen, Scham den Kopf mir knikken, verraten wäre ich in alle Ewigkeit – und verfiele, fürchterlicher denn je zuvor, der Ächtung. O Tod, wie bitter bist du! Und wer garantierte mir, daß die im Zorn alle Barrieren niedertrampelnde Natur- und Kardinalwut des Feindes nicht sogar dahin auswuchtete, daß er über gewisse nur ihm zugängliche polizeiliche Stränge oder anarchistische Abhörgeräte den Lockrufer ermitteln und dingfest machen ließe! *Gran Dio!* Werde ich nicht – und deshalb die langen Aufenthalte im Schallplattenstudio! – längst vom Feind abgehört! Und würde dann nicht sein Trotz, sein Zorn nach abgeschlossenen Ermittlungen und Erkundungen ins geradewegs Gelbsüchtige hochlodern! Würde dieser Bolschewik, dieser Tatar an Zügellosigkeit nicht schonungslos Anna als Wiedergutmachung abverlangen, sich tosend und quietschend über sie werfen und Pulverdampf ausstoßen, in Pluderhosen, eingetaucht in bengalisches Licht, umsprüht von einer Wolke Wodka, mit Trauben und Datteln aufs Wollüstigste versorgt von der beisitzenden Helfershelferin Pocz!! –

Dove son? Wo bin ich? In Deutschland, dem vielgeliebten Vaterlande. Gnade, Gnade. Drei Kilometer von mir entfernt blökt und schaufelt das Reich der Finsternis, spinnt der Feind mit Pocz Verrat ohnegleichen. Entfesselte Rohheit, schmelzend zu einem Klumpen aus Rankūne, Sperma, Rachgier. Wäre erst der biedere Klempner kraft fürchterlicher Grimassen und Schreie in die Flucht geschlagen, dann würden sie die Kontrolle der verbrecherischen Bankauszüge vornehmen und die Begutachtung der Abfallschachtanlage des Palastes, in welcher dereinst ich, endgültig zur Strecke gebracht, mit ehernem Schwung landen würde – sodann würden sie mit riesigen Schläuchen Duftspray durch die Gewölbe jagen, dann würden sie sich übereinander werfen, Säfte der Finsternis zu tauschen, dann aber würde des Feindes riesiges Kauwerk eine unabsehbare Masse an Krammetsvögeln mit Speckscheiben und Wacholderbeeren zermalmen, schließlich würden sie – –

– das dritte Tagesfrühstück einläuten, zu dem der Feind, bejubelt von Pocz, fünfzig Sekunden lang schwerst und störrisch stattlichst schnaubend Salz entrückt aufs Ei des Greifenvogel hämmert – – –

Ich fasele. Eilemann, in allerhöchster Not, nun gleichfalls den Tränen nahe, will mich mit einem Kartenspielchen ablenken. Mein Blick folgt dem Sekundenzeiger. Noch fünf Sekunden – 19 Uhr. Gebrochen der Rekord. Die neunte Stunde bricht herein. *Nessun dorma.* Seid wachsam, daß ihr nicht in Versuchung fallet. Mitternacht, tiefer als der Tag gedacht. Wir sind erlesen schon, denk es, o Seele, auf dem Grab. Nein, ich werde nicht anläuten, die Satansbrut zum Lachen zu befeuern. Denn wo euer Schatz ist, da wird auch euer Herz sein. Armut ist ein ferner Glanz aus innen. *Son' maledetto!* Der Edelstein am Hals des Feindes. Triumphierend aber rauschet sein Geschlecht in Pocz, zu zeugen die Verwahrlosung des Menschenbilds.

La lotta continua. Wann aber tritt mit Pocz als Präsident der Feind die Weltherrschaft dann an? *O salce, salce, salce!* Warum eigentlich denn nicht die Anarchie, die neue Tyrannei? Nacht der Verneblung, nichte herauf! Dunst- und Schattenreich, nimm deinen Lauf! Vernichtungszweck als Weltensinn! Fahr hin, Demokratie, geh unter, schönes Ännchen, das Reich der Hartwurst – und wenn mich der Feind ganz versehentlich dennoch anriefe? Würde er nicht, von der eigenen Verblüffung verzaubert, hörend meiner Stimme Ton – –

Das Leben ist ein Traum der Hölle. Sei gesegnet, Feind! Gelobt sei Jesus Christus. *Cantiamo, cantiamo. Pater, peccavi,* doch ich komme! Ach neige, du Schmerzensreiche, dein Antlitz huldreich meinem Tod, du sitzt in deinem Rosenhag – –

O Galgen, du hohes Haus – – –

Denn wir haben hier keine bleibende Statt, sondern die andere suchen wir vor allem. Selig sind die Toten, die schon im Herren ruhen. *Dies irae, dies illa. Tuba, mirum spargens sonum per sepulcra regionum coget omnes ante thronum.* Denn wir haben hier nur eine kleine Zeit. *Mors stupebit et natura, cum resurget creatura, judicanti responsura.* O Tod, wie wohl tust du! *Liber scriptus proferetur, in quo totum continetur, unde mundus judicetur.* Am Grabe aber schmunzelnd prunkt der Feind, den Rock mit glänzenden Pailletten besetzt. *Iudex ergo cum sedebit, quidquid latet apparebit: Nil inultum remanebit.* Sonnig lächelnd verfolgt er das unwiderrufliche Senken des Eichensargs. *Quid sum miser tunc dicturus?* Schieläugig Pocz im pechschmuckschwarzen Trauerkleid und Florentinerhut. *Quem patronum rogaturus?* Hingeschunkelt an den Feind, hingegossen in den Satan. *Cum vix justus sit securus?* Gnade, Gnade, große Gnade – – – – – – – – – – – – –

Ein scharmanter Bauer

Nicht will wohllauten
Der deutsche Mund
Aber lieblich
Am stechenden Bart rauschen
Die Küsse.
(Hölderlin)

Start

Nachdem Gerda und Peter einander lange genug geliebt hatten, dachten sie ans Heiraten und an einen Hausstand, auf daß Platz sei, wenn die Kinder herauspurzelten. Gerda war 21 und Sekretärin in einem Fremdenverkehrsbüro, Peter zählte 22 und hatte noch eine Zeitlang bei den Soldaten zu dienen, nachher wollte er Bereitschaftspolizist werden. Die beiden kannten sich seit fast fünf Jahren. Sie waren sich noch immer gut.

Nun weiß man, daß das Suchen nach einer Wohnung zwar zu den traulichsten Geschäften der jungen Leute gehört und daß sie oft ganz kribbelig davon werden. Aber bis man in München eine kriegt und einziehen kann, ist es recht schwer, und sind schon zahlreiche vielversprechende Liebschaften an dieser Frage gescheitert.

Gerda und Peter saßen im Kaffeehaus und überlegten, wie man es am klügsten anstellen könnte. Zeitungsanzeigen, meinte Peter. Gerda schüttelte den schwarzen Kopf. Wohnungsamt? Ach, du Dummer, sagte Gerda, sowas daure tausend Jahre.

Da fiel dem Peter etwas ein. Er kenne einen jungen Assistenten von der Universität, Philosophie lehre der, der sei früher bei den Pfadfindern sein Fähnleinführer gewesen, sieben Jahre älter als er sei der. Neulich habe er ihn in der Eisenbahn wiedergetroffen. Brenner heiße er und sei ein sehr patenter Mensch. Er habe ihn, Peter, auch zu sich eingeladen – das heißt, es sei Folgendes: Brenner habe ihm erzählt, er habe mit seiner Frau längere Zeit eine Dreizimmerwohnung am Stadtrand bewohnt. Nun sei aber in diesem Jahr die Ehe geschieden worden und die Frau ausgezogen – und Brenner sehe nicht ein, warum er die teure Wohnung allein bestreiten solle. Sie sei zu groß für ihn, ein Appartment genüge jetzt.

Am Abend mußte Peter wieder zu den Soldaten. Ob Gerda nicht in den nächsten Tagen bei Brenner vorbeigehen wolle? Mit Brenner könne man schon reden. Vielleicht käme was dabei raus.

Gern tue sie es ja nicht, sagte Gerda.

Sie solle doch nicht so genant sein, schmunzelte Peter. Und tat der Gerda schön.

Zwei Tage später, kurz nach 19 Uhr, schellte Gerda im neunten Stock eines Hochhauses: Dr. Herbert Brenner. Ein Mann erschien mit sanften Augen, sie schauten fragend melancholisch.

Sie sei eine Bekannte des Peter von den Pfadfindern und Soldaten und der Eisenbahn, sagte Gerda, der habe sie wegen einer Wohnung hierher geschickt.

Dr. Brenner nickte. Als hätte er's gewußt. Und nur darauf gewartet. Und bat Gerda herein.

So war der deutsche Denker

Brenners Heim bot Wärme, das riesige Balkonfenster ein Lichtermeer der großen Stadt. Gerda, froh über diesen Anhalt, zeigte Munterkeit, fast schon Entzückung. Freundlich geleitete Brenner sie auf den Balkon. Gerda machte hungrige Augen. Beschattend und gewährend stellte sich der Philosoph dahinter. Und gähnte leicht verwundert. Dann bat er sie ins Zimmer.

Er braue rasch Kaffee, flüsterte Brenner. Und ging in seine Küche.

Gerda sah sich würdig um. Brenners Wohn- und Arbeitszimmer. An einer Wand strotzte ein Breughel, der stand fürs Leben aus dem Vollen. Gegenüber litt Buffet, Elend in der Wohlstandswelt. Jugendstil war durch Salome präsent. Johannes' Haupt gefiel der Gerda.

So viel Bücher, dachte sie. Eine Wand war voll davon. Mindestens zweitausend. Mittendrin ein schräges Schild: Vorsicht! Explosionsgefahr! Dankbar mußte Gerda lächeln. Hübsch fand sie den Schreibtisch-Sekretär, ganzganz niedlich! Den hätte sie gern gehabt.

Der Philosoph kam mit einem Kaffeetablett zurück und stellte es aufs Sitzecktischchen. Ließ sich im Ledersessel nieder, glitt wieder hoch und brachte Brandy. Gerda saß auf der Couch und fand alles sehr sympathisch.

Zögernd fragte der Gelehrte, während er Gerda Feuer gab, ihr Kaffee und Schnaps einschenkte und sich von ihren schönen Beinen überzeugte, wo Peter augenblicklich sei. Bei der Bundeswehr, sagte Gerda und sah wie versteinert an dem Gelehrten vorbei. Brenner entfachte ein Zigarillo, schwieg besinnlich, dann hob er leicht sein Brandyglas. Erstmals voll trafen sich Gerdas und seine Augen. In Gerdas Blick trat Abendglanz, in Brenners tiefe Schwermut.

Ja, das sei richtig, die Wohnung gedenke er aufzugeben, sagte der Philosoph wie zaudernd. Gerda sagte hastig, es eile gar nicht, aber eine Wohnung mit Bad habe sie sich immer gewünscht. Für sie sei ein Bad nämlich das Wichtigste. Sie schaute fast geschmerzt nun drein, als sehne sie sich gerade in diesem Augenblick so sehr danach. Blicke kreuzten sich erneut.

Brenner verstand. Bad war gut. Der Gelehrte berichtete, im Urlaub, an Wochenenden bade er am liebsten in eiskalten Gebirgsbächen, es sei wie ein Untertauchen des alten Selbst zugunsten eines anderen, das den Leib erneuere. Diese von den Hellenen überlieferte Tradition, das damals wie selbstverständliche Ritual solcherart buchstäblicher Reinkarnation sei im Zuge der Industriegesellschaft leider in Vergessenheit geraten. Überhaupt werde Spontaneität immer mehr verschüttet, alles, sagte Dr. Brenner, sei heute tabuisiert. Gut sei es, sich der Ideen der Mystik zu erinnern: alles auszuziehen und ins Feuer zu werfen. Das Ich, das Ego verlange, seiner archaischen Natur gemäß, nach biorhythmischen Neuerungen, nach spirituellen Chocs, nach Metamorphosen.

Der Gelehrte goß Gerda Brandy nach und auch Kaffee. Zündete noch einmal sein Zigarillo an und schritt sinnend ans Fenster. Schaute wortlos in den späten Flockenwirbel des April. Gerda rauchte wie in Zauber.

Nach einer Weile trat Dr. Brenner sacht an den Tisch zurück, verschränkte weich die Arme, warf einen sehr langen Blick auf den Buffet. Immer wieder, nahm der Philosoph den Faden wieder auf, müsse man ganz von vorne anfangen. Jenseits von Massengesellschaft und Kulturindustrie, jenseits von allseitigen Neurosen, privaten wie gesellschaftlich terminierten, sei träumerisch ein Reich von Utopie verborgen, das in Teilen und Spuren Glück verspreche, Glück durch Katharsis, jenseits der gewohnten Lebensversicherungen. Überhaupt, schlug Brenner nun den Bogen, sei die latente Glücksfeindlichkeit der Gegenwart fatal fürwahr. Umso hoffnungsvoller, daß immerhin viele junge Menschen, einzeln und in solidarischen Aktionen, Interaktionen, sich aufmachten, die Welt der Väter abzuschütteln, reales Glück zu gründen, auch jenseits des Marxismus.

Gerda nickte wortlos innig. Sie verstand Brenner nur zu

gut. Sie lehnte sich zurück, sah schwelgerisch, wie matt zugleich, zur Decke. Das Atemholen der Menschheit, ganz im Sinne Brenners. Halb sitzend, halb liegend verschränkte sie die Beine neu. Da erstand dem Denker eine Latte. Er trat zum Bücherbord, verweilte sinnend, wie entsagend. Endlich zog er ein dickes Werk hervor, nahm im Sessel wieder Platz, begann zart und fest zu lesen: »Die Liebe bedeckt die Mannigfaltigkeit der Sünde, denn wo Sünde geschieht, da ist kein völliges Vertrauen noch Liebe vorhanden. Die Liebe aber bedeckt die Sünde völlig, sie weiß nichts von Sünden, sie bewirkt nicht, daß man gesündigt habe, sondern sie vernichtet die Sünde völlig, als ob sie nie dagewesen wäre.«

Dies sei Meister Eckart, sagte Brenner sanft, goß Schnaps nach. Es sei dies die panerotische Idee der Unio mystica aller Dinge, eine Idee, die sich zwar vom Christentum herleite, erläuterte Brenner wie in Gram, indessen, niemand habe diese Idee, die sich auch im großen Zen wiederfinde, so verraten, desavouiert wie eben dieses nachmals erosfeindliche Christentum! Und Brenner beschwor, mit schon nachlassendem sprachlichen Aufwand, noch einmal das Kommunikationsdefizit der heutigen einsamen Masse, den tief schizoiden Verlust von Lebensfrömmigkeit im Sinne Goethes, des griechischen Humanums, der Einheit von Gott, Mensch und Natur. Das Orgiastische sei ehedem, so fuhr er leise stockend fort, das Natürliche, das Selbstverständliche gewesen, Natura naturans. Christliches Askeseideal habe den Ursprung dann zertrümmert. Aber er, Brenner, würde Gerda jetzt gern eine Schallplatte vorspielen.

Brenner legte Beethovens opus 109 auf Grammophon, die Klaviersonate E-Dur, deren Finale mit den betörenden Dreistimmigkeiten, Trillerketten und rauschenden Arpeggien, Abbild panerotischer Naturmystik, Brenner in der Gesamtwirkung korrekt einschätzte. Gerdas Augen wurden bittend, der Mund stand ihr halb offen. Nach fünf Minuten

Pause legte Brenner Thelonius Monk nach, die Einsamkeit des Massenmenschen. Und wahllos fuhr der Denker fort:

Die verlorengegangene Einheit, das Paradies als utopischen Ort wiederherzustellen, begrüße er heute besonders die Werke von Henry Miller, den Pansexualismus von Herbert David Lawrence, Nabokovs Lolita, Herbert Marcuse, Gerhard Zwerenz, Kolakowski auch und – Brenner schwankte zwei Sekunden – dann Spinoza. Er, Brenner, halte deren Werke für entscheidend, ungleich essentieller und integraler als jene philosophischen Schulen, über die er beruflich, als Wissenschaftler leider handeln müsse. Wenn er nur könnte, wie er wollte, deutete Brenner an, würde er Kant und Schopenhauer auch ins Feuer werfen, heute lieber noch als morgen. Heideggers Geraune und Geworfenheit führten, deutete Brenner an, nicht weiter.

Mit einem Mal wußte Gerda sehr wohlig, daß ihr Leben bisher nur geworfen war. Das kam dem Philosophen sehr zugute. Er nahm den leeren Schmachtblick wahr, doch hielt er noch an sich. Natürlich habe die Existenzphilosophie ihre Verdienste, sie sähe aber die Welt, den Kosmos, in einem gar zu düsteren negativen Licht, jetzt machten sich auch bei Brenner die vier Brandys geltend. Dynamik tue not und Helligkeit, statt Statik Offensein, wie es bei Henry Miller heiße: Geist-Seele-Körper-Einheit sei das Wahre, Leib und Seele sollten eins sein.

Der Satz saß hieb- und stichfest. Weil Gerda nicht mehr in der Lage war, sich in den Mantel aus dem Staub zu machen, hatte Dr. Brenner einen neuen Jünger seiner Lehre in der Tasche, eine brave Jüngerin. Der Philosoph schlug sich deshalb ohne weiteres Programm neben Gerda auf die Ledercouch, murmelte schlicht, er liebe sie. Gerda fiel der Kopf an seine Brust, Brenner streichelte geduldig ihre Wange. Er fuhr ihr glattes Haar entlang, betastete den weichen Rücken, Wirbelsäule krabbelkrabbel. Dann gab es einen Kuß. Begann das Leibchen aufzuknöpfen, bald hatte er es runter. Sanft stachen Brüste aus dem Unterrock hervor. Brenner betappte sie gemütlich, wunderte sich selber schon.

Gerda spürte Schauerregen. Über die Schulter des Denkers hinweg glotzte sie gegen die Bücherwand, die Bücher sprachen Bände. Als Brenner seinen Wunsch nach dem Ablegen des Rocks andeutete, da half sie ihm, eine Gefälligkeit. Diese Aktion legte der Doktor zu Recht als Einheit von Körper, Geist und Seele aus. Die Reinheit des weißen Unterrocks entfachte Brenner verstärkt, deshalb gab er Gerda einen zweiten Kuß und schmiegte das Profil in ihren Hals. Als ob er sehr verhangen sänne. Von dieser Geste an liebte ihn Gerda. Mit verschlossenen Augen kroch sie in Brenners Schoß. Dann öffnete sie wieder die Feuchtschimmernden und sah auf kurze Distanz dem Gelehrten erstmals voll ins entschlossene Gesicht. Jetzt war sie restlos überzeugt. Es war nichts als die Liebe. Und schloß erneut die Augen.

Dr. Brenner wußte, daß nichts mehr schiefgehen konnte. Seine Finger glitten die Konturen von Gerdas Körper entlang, so lange, bis sie zu den Schenkelenden kamen. Da ging es nicht mehr weiter, da rutschten sie nach innen, da war es ganz schön warm. Gerda warf verzückt den Kopf zurück. Jetzt, hingegossen an des Philosophen Nacken, biß sie ihm erst ins Schlüsselbein, dann in seinen Freizeitkragen. Das gefiel ihr sehr und wie verschandelt. Und noch viel mehr, daß sie so glühte. Jetzt aber hob Dr. Brenner Gerda hoch, trug sie in das nächste Zimmer, legte sie sehr zart ins Bett. Hob den Telefonhörer ab, legte etwas Tanzmusik auf und löschte erst mal alles Licht. Rollte sich behutsam neben sie, das bleiche Straßenlicht schwamm über ihnen, knisterte wie Kuschelwuschel. Wollustrieseln, Weisheitssplittern. Bäuche, Schnauzen rieben aneinander, Schleim der Deppenrepublik. Bald stimmte der Assistent die Zauberflöte an, die zog sie hin auf krauser Bahn. Glück war Trumpf. Einmal dachte Gerda gar nicht dumm: Jetzt bin ich volljährig und endlich auch mal für was gut. Eine massierte

Brühe Seligkeit stieg ihr drauf hoch und wurde schmelzend Liebe. Obwohl man doch heute eigentlich nur mehr den Beckenbauer lieb haben kann, den Wackel.

Zuletzt hatte Dr. Brenner 3:0 gewonnen, auch in dieser Höhe sehr verdient.

Nun komm ich noch einmal und dann nimmermehr

»Ein Hund war alt und schwach geworden, da erwog sein Herr, daß er ihm den Gnadenschuß gab. Deshalb band er ihn am Gatter des Ziegenstalls fest, schritt ein paar Meter zurück und legte an. Ein Knall ertönte, und gleich darauf hörte man ein klägliches ›Mäh! mäh!‹. Als der Bauer nachschaute, lag die neugierige Bewohnerin des Ziegenstalls totgestreckt am Boden, indessen der Hund freudig mit dem Schweife wedelte. Die Ziege hätte sich nicht so weit vorwagen dürfen.«

Verworren plätscherte die Nacht. Dr. Brenner und Gerda kicherten. Der Philosoph hatte die Zeitungsmeldung, die er heute im Münchner Merkur gefunden hatte, im Heimatteil, Gerda zu lesen gegeben. Dann spielten sie Schach, den Fadenschein von Sinn. Des Denkers bleiche Braut, wißgierig, wollte die Züge des Weltgeists erklärt kriegen, Brenner gutgelaunt ertrug gern Gerdas Unverstand. Anmutig schob sie die Bauern kerzengerade nach vorne, ließ sich ertappt die Türme schnappen. Beim Vögeln stellt sie sich entschieden besser an, dachte der Philosoph fast zärtlich. Als Gerda partout keine Ausrede gegen das Matt auf h8 mehr hatte und in stiller Freude auf ihre bruchreife Verteidigung starrte, bot Brenner Remis an. Und legte noch einen auf.

Beim Morgengrauen verließ Gerda das Hochhaus. Gewölk wie Gischt fetzte herum, Larven umschwirrten Brenners Bau, drei Schwalben mischten krähend drein. Ein warmer lila Tag zog auf. Gerda stieg in die Trambahn, da saß, Füße übereinandergeschlagen, der Teufel, er hatte eine karierte Schüttelmütze auf und erzählte dem grienenden Schaffner lustige Geschichten von heute nacht. Weiter vorne sechs Lemuren, waren aber Gastarbeiter. Hoch über dunkle Straßen fuhr die Bahn, dann krächzte sie auf eine Brücke, darunter sah Gerda breit den Strom hinrauschen, da stürzte sie hinein und fuhr gen Köllen wohl am Rhein.

Gerda kam nach Hause und machte sich für das Fremdenverkehrsbüro frisch. Am nächsten Abend stand sie wieder vor Dr. Brenners Türe. Der Philosoph empfing sie heiter, verzichtete auf Reflexion und Rezitation und zog Gerda durch. Klopfte ihr kameradschaftlich auf den Bauch und fragte lustig, ob sie das wisse, daß Chinesinnen ihn quer hätten. Da wußte Gerda, daß sie Brenner nicht mehr liebte, sondern wieder Peter. Sie stellte sich dem Gelehrten aber noch einmal zur Verfügung und merkte, zum erstenmal in ihrem Leben, daß es so und so ging. Ich bin hier, dachte sie und wunderte sich selber über diesen einleuchtenden Gedanken, um den Willen Gottes zu erfüllen. Sehr sehnte sie sich danach, jetzt oder nie zu kotzen, doch da war nichts zu machen. Nach acht Stunden ging sie wieder. Heute ließen sich nicht mal Wolken blicken.

Aber plötzlich hundert Schafe. Sie walzten durch die Vorortstraße, im Regenschnee um vier Uhr früh. Träumend, gähnend, stur und fromm. Stumpfsinnsdampfen, Keuschheitsprasseln, Milchschmutz feucht und falb und trampelnd. Ein Schäfer war scheint's nicht dabei. Soweit das Auge sah, nur Schafe. Hammel, Zottel, Schnauzen, Niesel, Wolle wie versprengte Stummheit. Es waren sicher mehr als hundert, mit weiter nicht bekanntem Ziele.

Am Abend rief Gerda Dr. Brenner an, nein, für heute werde nichts, sie komme nämlich nie wieder. Daraufhin sagte der Philosoph zuerst etwas sehr Zierliches, als das nichts half, dann etwas Rohes.

Zwei Wochen später erzählte Gerda Peter, das mit der Wohnung seines Bekannten habe nicht geklappt, aber sie habe sich leider Dr. Brenner hingegeben, einmal, gab sie zu. Doch habe man auch Schach gespielt. Es klang rechtfertigend, fast stolz.

Peters Hände zitterten nicht schlecht. Es war ein schlimmer Tag. Sie trösteten sich wechselseitig.

Gerda und Peter kriegten bald darauf über gewisse Hintermänner des Verkehrsbüros eine schöne Wohnung mit Bad. Sie heirateten und zogen ein, Kinder sind auch bald aufgetaucht.

Scho

Eine Erzählung aus Tirol

Wenn eins schon gar nicht mehr weiß, wo alles eigentlich hinausgeht, soll es am gescheitesten nach Tirol fahren, da ist wenigstens der Teufel los, da kann man herumzinten!

Was will man eigentlich auf dieser Welt? Eltern längst bei Gott, Bruder, Schwester alles tot, warte nur balde! Was tut man in so einem Lägerl? Man fährt nach Tirol am Achensee – ähää: Pertisau am Achensee in Tirol sehr wohl, sehr wohl.

Wenn man im Reich nichts mehr zu bestellen hat, wenn der Ofen aus, wenn all's am Arsch ist, soll man immer und sofort nach Tirol fahren.

*

Und am allergescheitesten ist es, man nimmt sich dann den Stahlmagneten – ähää: Stahlmagnaten Viktor A. Friedhelmmann aus der Landeshauptstadt München mit, der hat Zeit, der ist ein schneidiger, schnuckliger Bursch, 40 Jahre, und wird von Tag zu Tag lustiger.

Der macht gleich bei der Ankunft im Ort die gelben Augen zu, seufzt steil durch und dreht den Obstler rein. Dann aber führt der Weg linkerhand sanft aufwärts, würzig, winklig, hinein ins Sturzbachtal, der Plötzachhütte zu.

Wände schattend, Abend düstert, Braunes weidet sprenklig. Die müden Rinder gehen heimwärts, lauschend der gewohnten Weise: Der Pfarrer von Pertisau, im Kopf krank, aber vom Ordinariat bei der Stange gehalten auf Biegen und Brechen, jagt Schuberts »Ave Maria« übers Terrain, Ausführende ist Lisa della Casa, Schweiz. Mittags ist die

Bach-Gounodsche Fassung dran, es singt Benjamino Gigli, Italien, das ist der Zusammenhalt der Alpenrepubliken, Sakrament! Zweimal täglich geht es rund, 12 und 17 Uhr, auf die Minute, aus zwei Boxen, diesseits des Sees und jenseits. Mit Wissen des gottverfluchten Bischofs aus Innsbruck, auch die Rinder wissen es und halten sich bereit. Zu was auch immer. Auch der Stahlmagnat Friedhelmmann hört gut hin, der kann die Töne brauchen, der Aff schon.

Lautlos aber, rosafarben hinter Wolkenflocken, endet bleich die Sonne zischend. Bergesschatten wälzen Wehmut hauchblauweich, Schattenbrocken weh'n dem Wind ins Haar. Im Dunkel Riesen, vorne, links und rechts. Wie mochte das alles entstanden sein? Also, zuerst war da nichts, dann kam die große Explosion oder Faltung oder weiß der Deifi – dann ward es ruhig und erkaltete, und dann, und dann, am 2. März 786579 vor Christus war's soweit, da hielt ein Wibblinger vorwitzig seine Nase aus der Felsenspalte. Zog sie zwar gleich wieder zurück, da war aber schon nichts mehr zu machen. So begann alles, alles. Und jetzt haben wir die Sauerei da.

Beidseits Buschwerk zapplig, krumm der Teerweg, schon verfließt er. Da! An einer Fichte links ein gelber Pfeil von Menschenhand! Und drunter eine Nummerntafel: »124a«. Aha! November schwant, Kalvarienzeit. Die Näschen schnuppern nahe Wärme. Ein Windstoß patscht durchs Furchental. Der Tod? Ein Pfiff? Der Start zum Schmuggel hinterm Berg der Rosi Mittermaier, der Stätte der Triumphe? O dieses ganze gottverseuchte Berg- und Wiesenland, strotzend vor Bosheit, grünviolett, duster, prachtvoll und verwegen! Alkohol tropft von den Föhren! Der Waldschrat lauernd drunter ist's zufrieden, spitzt das Mäulchen, schmatzt das Tränkchen, muß denn dieses Kleckern sein?

Abendrot in einer Wasserpfütze. Wendet man aber den Blick nach hinten, wird ein Ausschnitt des sauber gerippten Sees nun sichtbar, gleißend vor heimeliger Niedertracht.

Funzellichter gelb und blau, Stätten roher Fruchtbarkeit im Dämmerschlund.

Schon steht man vor der Plötzachhütte:

»Grüß Gott!«

»Grüaß euch!«

Der Wirt ist ein gerechter Mann mit stillem Hang zum Kriminellen, lauernd in der Lederhose. Das Töchterchen? Wie schön und sonderschön! Zwei Schnaps? Zwei Schnaps, und doppelte, hast g'hört? Da huscht es weg, das erdbeerrote Trachtenkleid, mit weißem Spitzenzeug dazwischen lugend, wie es lockt und winkt zur Schweinerei! Schon kreisen des Magnaten Augen!

Zwischen Ofen und Fenster, ein Tisch wildgeword'ner Alter, vier Sackträger, fünf Büchsen. Einer der Rucksäcke verzählt scharfstille Witze, man kann sie nicht verstehen, doch alle zwei Minuten kreischt es auf mit schwerer Wucht. Draußen ist es stockfinster geworden, die graue Katze auf dem Fensterbrett hat's als erste spitzgekriegt. Eleganzgesättigt schnauft sie durch. Der Stahlmagnat flüstert Verhohlenes aus der Stahlbranche. Er schwimmt jetzt ganz oben, sagt er, er läßt sich nicht länger zum Blödl machen. In Wahrheit aber kreisen seine Worte um die weiche Erdbeerrote, von Schnaps zu Schnaps entschloss'ner, klar.

Jetzt ist das Altengesocks weg, die Katze ist auf die Ofenbank geklettert, der Wirt scheint verschwunden, der Ofen knistert, alles, wie Gott will. Das Töchterchen aber, über die Theke gelehnt, liest ein Romanheftl, witternd wohl des Stahlmagnaten Brunft. Blinzelt ab und zu herüber, wechselt das Standbein, die Braut ist bereit.

»Sie – kommen S' – einmal her, Fräulein!«

»Was?«

»Wir kriegeten jetzt nämlich jetzt – nochmals zwei Schnaps, halt: drei! Ein' für Sie! Sie trinken doch – einen?«

»Scho?«

»Also dann! Sind – Sie – die Tochter?«

»Ihn schauk an, wie er d' Leut' ausfragt! – Scho!«

»Wenn Sie – die Tochter sind, dann – – jetzt bringen S' einmal einfach zuerst den Schnaps da! Dort! Dann sag ich Ihnen – was.«

Und schon wälzt es an unseren Tisch. Rotweiß, füllig, aber nicht zu fett, grad schön zum Greifen, denkt der Stahlmagnat, recht hat er.

»So, jetzt setzen S' Ihnen einmal daher, Fräulein. Ihnen möcht' ich nämlich – folgendes unterbreiten ...«

An den vier Wänden der 25 Quadratmeter großen Hüttenbude hängt – begonnen von der Eingangstür, gelesen gegen den Uhrzeiger – das Folgende: 2 ausgestopfte Auerhähne, 1 wilder Efeu, 1 Stereobox, versilberte Tannenzapfen, 1 Rauschgoldstern, 1 Obstler-Kalender, 1 Birkengesteck, noch 2 versilberte Tannenzapfen, 1 Kaminkehrer aus Kunststoff, 1 alte Petroleumlampe, 1 eiserner Weinheber, 1 Zwetschgenweiberl, 1 echte Breze, 2 Maiskolben, 1 Herrgott ungefähr aus dem 17. Jahrhundert, 1 Chiantiflasche, 1 Hufeisenlamperl, 1 Landkarte von Tirol – –

»Blöde Sau, komm und bring den Schnaps!« scharrt laut der Stahlmagnat, der das Mädel wegen Nachhilfe – ähää: Nachschub weggeschickt hat, und das dauert halt ein wenig.

– – 1 zweite Stereobox, 1 Schottenmustertapete, 1 Gitarre, 2 Bilder, nämlich »Achensee« und »Alpenglück«, 1 Pferdehalfter, 1 Regulator, 1 Zierschlüssel, 1 Kuckucksuhr, 1 Buttermodel, Kunstweintrauben, 1 Fächer vom Ofen herunterhängend, 1 Hirsch-Foto, 1 Kunst-Schlüsselbrett, 1 Kerze im schmiedeeisernen Kerzenhalter, 1 Geißenglocke, 1 Enzianflasche, 1 Pappschild »Pilsner Urquell«, 1 Pokal, noch 1 Maiskolben, 1 Teller – –

»Dich fick ich«, schmachtet jetzt der Stahlmagnat in sein schon leeres Schnapsglas zart.

– – 1 Weihnachtsmann, 1 Schneemann aus Pappe, 1 Fliegenschwamm, 1 Büschel gefärbtes Gras, Papierschlangen, 1 Blätterstück, 1 Holländischer Holzschuh mit Trockenblumen, 1 Stockschwammerl – und schließlich ist über der Eingangstür ein Schmetterling in Öl gemalt. Von der Motte – ähää: Mitte der Zimmerdecke aber baumelt eine schwer zu beschreibende Art von Votivtafel, halb rechteckig, halb oval, beidseitig bemalt mit ländlichen Szenen, auf der einen Seite steht »Hoch lebe die Drescherei«, auf der anderen »Es lebe die Gesellschaft«. O Ewigkeit, du Donnerwort, da ist auch schon der neue Schnaps.

»Wie – heißen dann Sie – oder du eigentlich?«

»Gerti.«

»Gerti? Was heißt – ›Gerti‹!«

»Gerti! Scho!«

»Ach so, Gerti. Sie, ehrlich, Sie gefallen uns – ehrlich! Sie täten mir – gefallen!«

»Scho?« Wie sie wundersam errötete! Mit ihrem heubodenartig naturgewachsenen Afro-Haar sah sie wie ein Schafhammel aus. Glatt!

»Ehrlich. Was haben S' denn – da?«

»Wo? So hören S' doch jetzt auf!«

»Auf dem Ding, auf dem – Latzerl da?«

»Finger weg!«

»Eine wunder-, eine ganz wunderbare Brust. Auf der Brust!«

»Ah? Scho?«

»Mädel, ich – liebe dich! Ehrlich! Da schau'n S'!«

»Scho?«

»Und Gerti war der Name? Zwei Schnaps dann noch, halt! Drei, dann! Nachher.«

»Allweil!«

Es war nicht ganz klar, was Gerti damit meinte. Wahrscheinlich alles.

»Sie, du, Gerti, jetzt zeig' mir halt einmal 's Warzerl!«

»Äh, damischer . . .«

Gerti rückte einen Meter vom Tische weg. Grade so weit, daß der Magnat trotzdem noch hinkrallen konnte.

»Kriegen S' noch einen Schnaps, wenn S' mir 's Warzerl zeigen!«

»Hören S' auf jetzt! Ihr Freund da ist auch anständig.«

Leider. Während der Magnat seine Finger abermals flach auf das Rüschzeug prallen ließ.

»Höh! Der da? Das ist ja ein Depp, Gerti! Schau, Geliebte, es will Abend werden, und da wollen wir doch alle – nahe sein und – den Puls hacken hören sowohl – als wie sowie die Titten und die Titterln, gell?«

»Was?«

Jetzt stand Gerti wieder recht nahebei.

»Didderln! Didderln! – Liebe!«

»Scho, jetzt...« Schon wieder schnellte der Magnat auf den Brocken – ähää: auf das Brüstl vor.

»Wir alle sind doch hurtig und – liebend...«

»Was der red't?«

Jetzt traf mich ihr Blick.

»Schau, Gerti, alte Schwuchtel, mit deine – mit deinene zwei Granitäpfel da vorn – schau, ich indessen bin der Eisenhüttenwerksbesitzer Friedhelmmann aus München, dort bin ich Chefdenker von allem... und Eierkopf... und Topmann...«

»Scho? Wo?«

»Und deshalb – sag halt ja! – werden wir heute abend in – der Kristallbar tanzen, tanzen – und abermals umeinanderhupfen! In der Kristallbar, den – kenn' ich prima!«

»Scho, aber ich kann net. Muß dem Vater helfen!«

»Wem?«

»Vater!«

»Ach, der Vater...«

»Scho!«

Der Magnat dachte nach:

»Soll halt der Vater – auch mit!«

»Ah, der alte Depp!«

»Du Brunzerl, du schönes, dann kommen wir halt oder – morgen wieder her – da?«

»Scho. Morgen. Kommen S' halt wieder. Mit Ihrem Freund.«

Gerti sprang, einen neuen Schnaps zu schaufeln.

»Amipritschen, hundsverreckte!« zischte der Magnat, biß auf die Zähne. Irgend etwas paßte ihm jetzt nicht. Wo war eigentlich mein Hund? Ach so, in Pertisau, und schlief wahrscheinlich schon. Ist es nicht wundersam, sich vorzustellen, daß, während wir Unheil treiben, ein großer mächtiger Hund von uns träumt, und zwar allen Ernstes von uns als von etwas sehr Edlem, Wahrem, Beistandswürdigem?

Im Lokus stand mit Kreide: »Schmutzer Mike ist ein altes Arschloch!« Richtig. Liebe ist ein süßes Licht... Aber schon wirbelten die neuen Obstler an. Das klang dann so:

»Und dann zeigst mir dein Muscherl, du Brunzerl, du gräuslich's! Der Herr Vater aber schaue gleichfalls zu...«

Nach weiteren zwei Stunden kam der Herr Vater aus dem Hinterteil der Plötzachhütte hervor, entblätterte die Rechnung. Es war der härteste Beschiß meines Lebens: 284 Mark.

»284 Mark? Inwiesofern?«

Auch der liebestolle Stahlmagnat bekam es noch mit.

»284 Mark. Gradaus.«

»Warum?« Willig aber schon lüftete der Magnat drei Hundertmarkscheine.

»2 Kaffee, 2 Obstkuchen und 51 Obstler!«

»51?«

»51, jawohl. 26 haben Sie, 19 der andere Herr, sechs 's Fräulein!«

Naja, mit uns konnte man's ja machen. Nach meiner Rechnung waren es nur höchstens 42 Obstler gewesen.

»Der Obstler kost' 5 Mark 40, macht 275 Mark 40, der Kaffee 2 Mark, der Obstkuchen 2 Mark 80, macht 9 Mark 60, macht 284 Mark.«

Die Afro-Tirolerin las in ihrem Romanheftl Bergschicksale.

»Also 284 – gradaus?«

»Gradaus.«

Die Katze saß jetzt wieder auf dem Fensterbrett und hörte anmutsweise gar nicht hin. Sie hockte mitten in den Tannenzweigen und Nußmännchen, vor ihr in Reihe fünf elektrische Lichtlein, von draußen im Walde mochte das unkeusch aussehen wie der Stall von Bethlehem. –

»Also – 284.«

»Und 14 Mark retour.« Noch einmal rettete der Alte 2 Mark für die Aussteuer.

»Und morgen um Vormittag 'rum kommen wir wieder abermals«, fuhr der Stahlmagnat den Schafhammel an.

»Scho?« Darin lag aller Sex des Landes.

Im Flur der Plötzachhütte war plötzlich ein Hirtenbrief des Pfarrers Obrist von Pertisau angeschlagen: »Es ist der Heilige Geist! Aus Leid, Erschrecken, Grauen, Schock, Erschütterung, Spott wird übergroße Freude. Jesus ist tief eingetaucht in das Wasser des Jordan, vielleicht bis zum Ertrinken tief. Einmal wird er zutiefst in Leid und Freude getaucht sein. Unser ganzes Leben ist eine Taufe, ein Eintauchen in Gott. Das ist der Sinn allen Leidens und aller Treulosigkeit von Seiten der Deinen. Gott will dich immer tiefer eintauchen in sich selbst, will dich umwandeln und umtauchen in die göttliche Wesenheit. Ave Maria fünf mal.« In wieviel Obstler war der Pfarrer Obrist eingetaucht gewesen, als er diesen Schrieb schrieb – ähäämm: herunterfickte? Bzw. herunterbrunzelte. Aber eines gar nicht fernen Tages würde ihn schon wer von seiner Kanzel herunterzageln, von seiner Dings.

*

Draußen bitterte es kältlich. Der Stahlmagnat schritt fast waagrecht aus, aber man brauchte ihn nicht zu halten. Finster doch betäubend wandte er sich gen Pertisau und stieß etwas zwischen den Zähnen hervor, das sich anhörte wie: »Wir lassen uns durch zwei oder drei so blöde schmierlappige Titten nicht in Unruhe stürzen, geschweige denn zum Kochtopf machen. Wer bin ich denn? Der Stahl-Vic! Denn du, mein lieber Stahlwichser, darfst ja nicht vergessen, daß es da draußen im Lande Abermilliarden Spiegeleier bzw. Staatsbürger gibt, flexible und gute, gutmütige Gesellen der abertrotz niedlichen Denkungsart. Habet acht! Morgen aber erstrahle das ganze Land in seiner Firnenpracht, jawohl ...!«

Der Landeshauptmann von Innsbruck? Ob er es ahnte? Wie war der Name? Gerti?

Gerti!!!

Ob der Alte sie jetzt inmitten der Zwetschgenweibeln und Silberzapfen verrammelte? Aufgepeitscht durch Chianti, Cynar und Zyan? Der Vater die lebhafte – ähäämbrengerdeng: die leibhaftige Tochter? Zweimal bei des Magnaten Kunstversuchen hatte sie mir zugeunkt, zweimal ihr Auge mich geblitzt. Bzw. gerollt. Wär das keine Zukunft, eh? So eine Dings, so eine Ehe? Scho? So ein Mädel tät mir halt zu gern gefallen: Tolerant, Klasse Brust und bunt die Gesinnung von Jugend auf. Bis zu des Vaters Tod könnte ich den Reservewirt abgeben und mit dem Katzerl Karten spielen, dann aber die Dikdakttur antreten. Mitten im Karwendelkrach, im tosenden Unfug des Universums, im Urschleim der Kuckucksuhr der Umnachtung, der universalen Unholderei und der Übernahme des Unabhängigen Senders Freies Uganda ...

Ferne blinkeln Lichtlein auf. In den Gaststätten lebhafter Verkehr. Linkerhand im schwarzen Busch ein Wichtl grüßt den Hitlergruß. Das Rascheln des Radieschenblatts, ist es die Raupe am Rapunzelkraut? Im Grase aber hockt geduckt der Igel, waltend lauernd seines Wächteramts und sonder Gnade. Das Auge halb geschlossen, gleich als ob es schliefe, aber vollrohr ist es da –

Auch der Stahlmagnet – ähäm: Magnat ist jetzt recht schweigsam worden. Vielleicht plagt ihn der Durst, vielleicht schläft er im Laufen. Von meinen Heiratsplänen sag ich ihm natürlich nichts.

Diese schwarzbraun samten wunderbare Stille!

Ein dummer Hund

Jedermann kann nicht Papst sein.
(Flaubert)

Ein Hund war alt und dumm geworden, und es war alles ganz schlimm und bitterlich, da hatte der Hund, so alt und dumm er war, trotzdem eine Idee oder doch jedenfalls etwas, das einer Idee fast ähnlich sah. »Wenn ich schon so alt und dumm bin«, so sprach der Hund bei sich selber und lauschte benommen seiner Stimme, »so – wie soll ich sagen? – ja, so soll doch gerade dieses, dieser Mangel, dieses Fiasko, diese meine unleugbare Katastrophe vielleicht meine letzte, meine allerletzte große Chance sein und werden. Ich müßte einfach«, raunte der Hund halblaut vor sich hin, und es war, als ob vor den Hirnverwüstungen des Hundes die Balken seiner Hütte, in der er seit Jahren unerkannt von aller Welt lebte, sich in Schmerzen bogen, »ich müßte diese meine Dummheit einfach so rücksichtslos ausbeuten, daß – ja, daß es gerade deshalb zu einem letztendlich geruhsamen, ja vielleicht beschwingten und sogar lustvollen Lebensabend reichte. Ja. Jawohl!« rief der Hund fast begeistert, »das mache ich!«

Nach solchem raschen und trefflichen Entschluß ließ es der Hund freilich die nächsten Wochen und Monate über wieder langsamer angehen. Es fiel ihm auch das Denken bald noch schwerer, dieser ganze Riemen Wissenschaft und Aufklärung, Hegel, Horkheimer, was alles der Hund beim besten Willen nicht mehr packen konnte, und das wenige, was er früher gewußt und vielleicht sogar begriffen hatte, ging seinem Hirn auch immer mehr verloren und löste sich in zagen Dämmer auf – eines aber begriff der Hund immer weniger, eins am wenigsten – vor allem, allem voran, und was nun zu sagen ist, das vermögen arme Worte kaum zu flüstern, am allermeisten litt der Hund, so dumm er war, unter dem seinem Gefühl nach, und recht hatte er, intellektuell gar nicht mehr faßlichen, mit Hirnkraft gar nicht mehr perzeptiblen Gewürge und Gemache und Gehacke und Gewichse in der Welt, deren Echo, als wär's ein Stück von ihm, und wohl daher vor allem auch sein wahrhaft hingebender Griesgram, der aber gleichzeitig und allerdings eine geistesverletzend fürchterliche Ignoranz war, an sein Kleinhirn patschte, so daß der Hund, konfrontiert mit der Alternative, ob es wohl mehr an der Welt oder mehr an seinem Kopf liege, sich betont remis verhielt, beziehungsweise die theoretische Durchleuchtung dieser Frage auch zusehends mehr scheute, was natürlich umgekehrt seine ohnmächtige Desperation zerebraler Art noch schwärender, ja schwellender entfachte.

Dann wieder versuchte der Hund, diesen möglichen gesellschaftspolitischen Hintergrund seiner Misere ganz zu vergessen, leidenschaftlich lauschte er in sich und träumte wieder von einem neuen Leben jenseits aller Geistesschwäche. »Ach«, sann der Hund und kratzte sich am Ohr, »wie schön wäre es«, und schon schleckte er mit der gelben Zunge um und um sein Maul, »wie schön wär's doch, wenn plötzlich jemand vorbeikäme an meiner Hütte und mich in seine Dienste – nein, nicht in seine Dienste, sondern in seine« – der Hund kratzte sich verbissener am Ohr, ihm fiel das Wort »Pension« nicht mehr ein – »seine Dings nähme, ein Fürst oder auch nur ein edler Glasschleifer«, so der Hund, »so daß ich ausgesorgt hätte in seiner Obhut, unter seinen Fittichen, in seiner« – jetzt hatte er's! – »Pension Schöller, ach ja, aber was rede ich, da ist ja nicht die geringste Aussicht. Aber vielleicht, daß ich immerhin doch

Anschluß gewänne an einen anderen Hund, einen Kater oder auch nur einen Esel, mit dem ich dann eventuell zusammen Räuberbanden ausheben könnte und vielleicht sogar noch das Verdienstkreuz heimbrächte – oder daß wir doch zusammen in eins der nahen Bierzelte wandern würden, Bier trinken, Weiber kennenlernen, abschleppen und – was wollte ich eigentlich sagen?« horchte der Hund erschrocken auf, »ach so, ja, daß halt eins vorbeikäme und mich lieb gewänne, so, wie es jetzt ist, ist's ja schon gar zu dumm und traurig, ach, ich möcht' am liebsten sterben«, weinte der Hund plötzlich entschlossen los, dann merkte er aber, daß er selbst für den Freitod zu dumm sei, und er wußt' nicht, wie er's hätt' anstellen sollen, und also weinte er noch wilder auf, so daß die Lerchen der Gegend verwundert das Trillilieren sein ließen und die Bäche ihm seine Wasserfluten neideten.

Unterdessen strichen die Jahre übers Land und die Zeit spann ihre Fäden. Willy Brandt wurde von gemeinen Verrätern zum Rückzug gezwungen. Nixon und Ehrlichman taten über Watergate einen tiefen Fall, Adorno starb und die Linke wußte nicht wohin, im fernen Orient errichtete Arafat sein Schreckensregiment, in Amerika traten die Rollschuhe ihren Siegeszug an, in Brokdorf gärte es immer heftiger, Caroline heiratete den Makler Junot und Onassis' Tochter ließ sich wieder vom Russen scheiden. Aus all diesen Ereignissen aber wurde unser Hund nicht klüger und hellsichtiger, sondern leider nur immer doppelt dümmer und hilfloser seinen streunenden Hirnschwaden ausgeliefert, und konnte er bald gar nichts mehr begreifen.

Und versuchte es doch immer wieder. »Sollte ich mich wohl bei der Wehrmacht melden«, so dachte er wohl zuweilen, »dem Vaterland zu dienen, es vor dem Chinesen und der Finnlandisierung zu bewahren, und so gleichzeitig meinem Leben einen letzten späten und unverhofften Schliff geben?« sann der Hund und Hoffnung kräuselte abermals seine weh geknickte Seele, »einmal so eine Uniform, sei's das Gelb-Weiß der Dragoner, sei's das prächtige Pechschwarz der Lützowschen Jäger« (nein, der Vifste war er wirklich nicht, der Hund) – »dann könnt' ich beseligt sterben und eingehen in die Relativitätstheorie und ins Ohmsche Gesetz und in die Biochemie, doch was jaule ich da schon wieder zusammen?« schalt sich der Hund ärgerlich – »was soll die Biochemie für mich alten Esel respektive« – ein bißchen vornehm tat der Hund immer noch, es war, vergleichbar der Frankfurter Allgemeinen Zeitung, sein letzter Halt – »respektive Hund? Und ich für sie?« quengelte der Hund wahllos weiter, ließ schon wieder die Zähren übers eisgraue Fell perlen und schlief dann wieder ein wenig ein, indessen des Mondes schmalbleiche Scheibe über der Heide hochkurvte, »ach Gott, wenn ich nur schon mausetot respektive hundetot« (immer dasselbe bei diesem Hund!) »wäre, dann wär's auf einmal still«, träumte der Hund mit letzter Kraft, fuhr verschreckt aus dem Schlafe hoch und war nun eine Weile doch wieder sehr froh, daß es ihn noch gab in aller Schmach, bevor er wieder in sein altes Jammern und Wimmern und Kümmern verfiel, der Nachtwind selber hätt's nicht gräulicher vermocht.

So ging es Jahr auf Jahr, bis eines Tags der Liebe Gott wieder einmal auf Erden unter den Menschen wandelte, er klopfte bei Reichen und Armen an, aber niemand erkannte ihn und nahm ihn auf, sondern sie mußten, weißt du wohl, alle fernsehen, da fügte es sich aber, daß Unser Herr Gott an der Hütte des Hundes vorbeikam und um ein Nachtlager bat, er sei ein vagierender Minderbruder, log der Herr. »Selbstverständlich!« rief der Hund erfreut und er konnte es fast nicht glauben, daß bei ihm wer vorbeikam, er war richtig froh, daß sich bei ihm wieder ein bißchen was rührte, und er dachte in seinem Herzen, dieser Gast müsse ja noch ärmer und dümmer sein als er, der Hund, wenn er schon auf ihn, den Hund, zurückgriffe – und also bat er Unseren

Lieben Herrn in seine Hundehütte, in der es nun freilich recht eng wurde, aber der Liebe Gott machte sich ganz dünn, das konnte er, und so lagen sie denn die ganze Nacht eng aneinandergeschmiegt und teilten das Lager, und der Liebe Gott sah dem Hund geschmerzt und wie in Reue in die blöden Augen, der Hund aber schleckte dem Herrn den pelzigen Hals und die geschlitzten Ohren und er strich ihm über die Schenkel, welche eisiger waren als die der Schlange und rauh wie eine Raspel, sie umschlangen sich, Brust an Brust und Mund an Mund, und sie spürten wechselweise den Hauch ihrer Nüstern, und es war in ihm die Süßigkeit von roten Rosen, und zur Mitternacht erfüllten beider Augen, entzückt ineinandergekeilt, sich mit ewiger Sternenklarheit. Dann schliefen beide ein.

Am anderen Morgen erhob sich Unser Herr, machte sich reisefertig, dankte dem Hund und sagte, drei Wünsche könne er ihm, dem Hund, leider nicht freigeben, das haue in letzter Zeit nicht mehr hin – aber einen Tip könnte er, der Herr, dem Hund immerhin weitersagen. Er, der Hund, solle sich doch heute noch rüsten und nach Rom pilgern, dort sitze einer, der sich Papst nenne, zu dem solle eins kommen, wenn es mühselig und behämmert oder so ähnlich sei, der, habe er, der Liebe Gott, gehört, erquicke einen angeblich und er sei sogar berühmt dafür.

Da machte sich der Hund reisefertig und pilgerte nach Rom. Der Liebe Gott geleitete ihn noch ein Stückchen schnurgerade südwärts, damit der Hund sich mit der Richtung leichter tue, ab Göttingen lief der Hund alleine vorwärts, er überschritt Main und Donau und kam nach Österreich, dort übernachtete er heimlich im Schweinestall des Sporthotels Vötterl, es gefiel ihm da so gut, und er wurde immer froher, daß er fast meinte, er sei schon am Ziel, aber in der Frühe scheuchte ihn der Besitzer mit ein paar gräßlichen Flüchen weg, da lief und trottete der Hund weiter und hinauf in die Alpen, da ging es freilich arg steil hinan, aber vor lauter Vorfreude war der Hund recht gut beieinander, ohne abzusacken nahm er den Brenner, dann lief's fast beschwingt die Blütenwolken von Eisack und Etsch hinunter und hinein in die Poebene, dann mußte der Hund wieder mehr schnaufen, denn es ging wieder bergan, über manches Eidechslein hinweg nach Florenz hinauf, aber der Hund wußte, daß es nicht mehr gar zu weit sein konnte, nächtens vom warmen Zephir gestreichelt lief *sull' Arno d'argento* der Hund gleich zu und weiter – und endlich, am 49. Tag seiner Pilgerschaft erreichte der blöde Hund vollends die ewige Stadt, mit letzter Kraft schleppte er sich auf den Platz St. Peter, der Tag brach an, da läuteten die Glocken, hernieder strömten himmlische Gesänge, und Tausende standen herum und suchten Gnade und Erlösung. Kaum aber hatten sie den Hund erkannt, traten die Schweizergarden hervor und begrüßten ihn, jawohl, man habe schon auf ihn gewartet, und der Papst mache sich gerade schön und fertig für die Sonderaudienz, es sei sogar eine besondere Überraschung vorgesehen, und man sage jetzt auch sofort Bescheid.

Und dann kam der heraus, durch den sich Gott verkündigt, vor ihm all Volk in Staub sich niederließ, der Papst aber hatte nur Augen für den Hund, er segnete ihn und zog ihn sogar zärtlich am Schwanz und dann sagte der Papst, jawohl, er sehe oder ahne es schon, er, der Hund, sei der geeignete Nachfolger auf dem Throne Petri – er, der Hund, solle nämlich sofort die Nachfolge und das Management und alles hier übernehmen, der weiße Rauch in den sixtinischen Öfen werde schon vorbereitet, der Hund müsse vorher nur drei leichte Fragen beantworten, dann könne er aber sofort Papst werden und den bunten Rock anziehen.

Der Hund erstaunte sich sehr und war wie geblendet und traute kaum seinen Augen und Ohren, inzwischen hatten sich aber schon Tausende und Hunderttausende um den Papst und ihn versammelt, und viele Pilger warfen ihm, dem Hund, schon Kußhändchen und parfümierte Veilchen zu, und da erkannte der Hund, daß er nicht mehr auskonnte – und schon hub der Papst mit lauter Stimme an:

»Zum ersten: Wer ist der König der Juden?«

Fürchterlich hallte das Echo der Frage über den riesigen Platz St. Peter, dem Hund ward schwarz vor Augen vor Unwissen und Bangnis, er merkte sogleich, daß er null Ahnung hatte, doch mit einem Mal – um's Haar hätte er schon aus lauter Verlegenheit »Cassius Clay« gesagt – zuckte ein Blitz durch den Schwanz über den Magen in das Hirn des Hundes, und es war, als könnten Blitze selber reden:

»Du, mein Vater!« rief der Hund fest, »und sonst keiner! Du allein bist der König der Juden!«

»Bravo!« sagte der Papst sehr zufrieden und gab dem Hund einen aufmunternden Klaps, »nun aber sag mir, mein lieber Sohn, zum zweiten: Wer ist es, der den Wankelmotor erfunden hat?«

Der Hund, von seinem unverhofften Erfolg noch dümmer im Kopf als sonst, dachte einmal ist keinmal – vielleicht dachte er auch überhaupt nichts oder aber an die Bierzelte, in denen er als Papst ja Weiber noch und noch kennenlernen würde – und so oder so rief er jedenfalls mit lauter Stimme: »Auch du, mein Vater!«

»Klasse!« rief der Papst ganz stürmisch und klatschte sogar in die zierlichen, eleganten Hände, »doch nun die dritte, die schwerste Frage, dann will ich gern meinen Tiarastab oder was niederlegen und in deine Hand drükken. Alles klar, mein lieber Sohn, an dem ich mein Wohlgefallen habe? Dann, Sohn«, sagte der Papst jetzt wie müde und verzagt, »sage mir zum dritten: Wer hat damals 1970 in Mexiko beim 4:3 von Italien gegen Deutschland das vierte und entscheidende – pardon: Was ich vielmehr fragen wollte: Wer ist der Stellvertreter Gottes auf Erden? Wer?«

In diesem Augenblick sah der Hund wieder den Lieben

Gott vor sich, wie er am Morgen aufgestanden war und etwas von drei Wünschen gefaselt hatte, die er eigentlich ihm, dem Hund, habe erfüllen wollen – und da verwirrte sich im Hirn des Hundes vollends alles und jedes und es blieb nur der Gedanke übrig, daß alle guten Dinge drei seien – und da gab es für den Hund kein Halten mehr: »Zum dritten du, mein Vater!« bellte er feurig, »du bist der Stellgleiswär...!«

»Stop!« fuhr ihm der Papst in die Parade, straffte seinen Körper und setzte, nachdem er den Schweizergarden ein verstohlenes Zeichen gegeben hatte, ganz gemütlich zu einer längeren Rede an: »Mein Sohn, hat mich gefreut, dich kennenzulernen – und beinahe hätt's ja auch wirklich geklappt. Zweimal schien es, als hättest du wirklich das Zeug zum neuen Papst – aber an dieser dritten Frage scheitern sie alle, selbst die Dümmsten. Irgendwo fehlt ihnen dann doch die richtige Chuzpe, das richtige Draufgängertum – so auch dir, Kamerad Hund. ›Ich‹ hättest du einfach auf meine dritte Frage antworten sollen, denn mit der richtigen Beantwortung der dritten Frage wärst du ja wirklich Stellvertreter, also Papst, gewesen, du Dummer! Allerdings, hättest du tatsächlich ›Ich‹ gesagt, dann wäre natürlich wahrscheinlich deine Ernennung an der reziproken Demutsverweigerung gescheitert, an dieser Kausalität der coincidentia opposition oder wie...«

Hier stockte der Papst und wußte nicht recht, wie er es sagen sollte, denn er war letzten Endes (und drei, vier unter den Zaungästen mochten es erahnen) kein Haar klüger als der Hund – er riß sich aber am Zaumzeug und fuhr schallend fort: »So gehe denn heim, Hund, in dein Vaterland und künde deinem Volk, wie's zugeht in der Welt und wo der Pfeffer wächst und die Unfehlbarkeit daheim ist. Denn siehe, Kamerad Hund, nicht jeder, mit Flaubert zu reden, kann Papst sein. Dies ist die summa theologica canonica oder so ähnlich – jedenfalls, eh dieser Stab in meiner Hand jemals sich schmückt mit frischem Suppengrün, eher soll Gott Sebaoth meine sixtinischen Hetären ...«

Hier traten zwei Diakone und zwei Subdiakone auf den Papst zu, denn sie merkten wohl, daß er sich überanstrengt hatte – der Hund aber wurde von Schweizerwachen umringt und sofort unter einem ohrenbetäubenden Pfeifkonzert aus der Stadt, aus der, mit Pasolini zu reden, stupenda e miserabile città, gejagt.

Schamrot floh der Hund, auf der Höhe von Florenz schon wandelte sich die Scham in Zorn, und der Hund schwor sich, zuhause sofort in den Venusberg zu eilen, um sich dort, so zischelte er sich selber zu, »am Papst gütlich zu tun, aber ehrlich!« (so sprach der Hund fortwährend fälschlich zu sich selber, wahrscheinlich meinte er »rächen«, aber auch das gibt nicht viel mehr Sinn) – mit äußerster Mühe schon schleppte sich der Hund über das Po-Flach (er meinte »Po-Ebene«), erst in Brixen kühlte sein Zorn ein wenig und er wurde ruhiger, vor allem, als er wieder im Sporthotel Vötterl Logie fand – aber in den Venusberg wollte er noch immer oder wenigstens in ein Bierzelt, aber natürlich fand er weder das eine noch das andere, und endlich war er wieder daheim, legte sich sofort vollkommen erledigt vor seine Hütte und brütete die nächsten Tage über Gedanken von einer geradezu leuchtenden Gehirnlähmung mal Schwerflüssigkeit, ja, so kann man's sagen.

Und abermals strichen die Jahre übers Land. Das Regime von El Salvador brach auseinander, der Ajatollah bewirkte eine große Umwälzung seines Landes, Bloch und Dutschke starben, und immer wieder verbesserte das Fernsehen seine Programmstruktur. Der Russe marschierte gleichwohl in Afghanistan ein, der Kandidat Strauß rüstete unter Lärmen für den Endkampf, allerorten feierten die Bürger gewaltige und stupide, ja völlig wahnsinnige Feste, der Schmied mahlte und der Müller hämmerte scharf drauflos – der Hund aber lag vor seiner Hütte still und sann. Sann, wie alles gekommen war und wie es jetzt weitergehen sollte. Sann darüber, ob der Papst wirklich den Namen Flaubert schon einmal gehört haben mochte, sann, was er wohl mit »reziprok« gemeint haben könnte, sann darüber, warum Frau Venus nicht umgekehrt zu ihm, dem Hund, kam – und dann geriet der Hund wie gleitend ab ins Träumen, träumend schwärmte er von dem, was er alles gesehen hatte: Die keuschen Alpen, den Glanz von St. Peter, die kühnen Schweizerwachen – vor allem aber, seinen liebsten Traum träumte der Hund, wenn er sich immer wieder, und das Herz möcht' einem zerspringen, über den kühl im Silbermond schimmernden Arno schreiten sah.

Ach, was war das schön gewesen...

»Ob wohl der Liebe Gott noch einmal vorbeikommt?« erwog der Hund im Halbschlafe, »auf daß ich mich schön bedanken kann für seinen Tip – trotz allem! Wie möchte ich ihm das eisige Haar kraulen und die Wuschelbeine wärmen, wenn er sich abermals zu mir begäbe – was wären wir für ein Team in den Bierzelten beim Weiberaufreißen!«

Jedoch der Liebe Gott kam nicht mehr zu ihm, und so versträhnten und verstrüppten sich die Gedanken und Hirnregungen des Hundes immer üppiger, so daß es schon ganz ausgeschamt war. »Man müßte, man müßte«, so brütete er halblaut mit verklemmten Zähnen, »Theologie studieren, Lyrik, Logarithmen, Freiheit, Gleichheit, Henscheid. Komm, süßer Tod«, weinte er dann wieder jäh auf und der Speichel verrann in den Sand und bildete ein Bächlein, »Rucksack, Pressack, Eisack!« sprach er zu sich selber und freute sich sogar, »Hurleburlebutz und Dialektik. Wo du hingehst«, flüsterte er sänftigend sich zu, »da will auch ich sein, und sei's auch in den Tod! Nein, ich will leben!« heulte er nun wieder auf, er wußte nicht mehr recht, was er wollte, »Leben ist das höchste Gut des Lebens. Wer aber ausharrt bis zum Ende, der wird gerettet sein!« spekulierte er weiter, »man müßte an der Börse spekulieren oder auf

Mitleid, Mitleid, Fernsehen, Eintracht Frankfurt!« rief er lauter in zunehmendem Altersstarrsinn und großem Hirnschwurbel, und so hörte ihn wohl hie und da ein einsamer Wanderer in der sengenden Mittagshitze der Heide vor sich hinlärmen, und der Wandersmann, von Furcht gefoltert, beschleunigte seinen Schritt, »auf Aktien, Mitleid, Gnade und vor allem Riesentitten! Disco, Dialektik negativ und sorgenlos«, jetzt gab der Hund einfach keine Ruhe mehr, »man müßte – was war das? – einen Galanteriewarenkonzern gründen, den Wankelmotor. Heintje, Habermas ...«

Zuletzt wurde der dumme Hund aber wieder stiller, und die sanften Flügel der bleichsten Kopfverwehungen selber drückten ihm die Augen zu, schlummernd ward er Mond und Arno, silbern sah er in die Kühle, warm das *firmamento* drüber. Gottes Auge, seines Freundes.

Die Gage

Es ist wie es ist,
und es ist fürchterlich.
(Jahnn, Fluß ohne Ufer)

Also bitte natürlich, von Rechts wegen (aber was heißt schon Recht?) dürfte ich die folgende Geschichte gar nicht erzählen bzw. weitererzählen, denn mein Informant (der gleichzeitig einer der Hauptakteure ist!) hat sie mir vorgestern nur unter dem Siegel der allergrößten Verschwiegenheit gesteckt – und ich brächte ihn also in ziemliche Schwulitäten, wenn ich sie hier coram publico ausbreitete bzw. ausbreite – nun, was das angeht nebst evtl. juristischen Folgen (man hört und liest heute wieder vermehrt davon, gerade im belletristischen Genre!), so greife ich hier einfach zu einem kleinen und bewährten Kunstgriff und ändere die Namen ein bißchen, so daß nur der intime und sowieso Eingeweihte die wirklichen Personen voll erahnt und ich meinerseits aus dem Schneider bin – und übrigens auf der anderen Seite: Ich finde die Geschichte, wie ich sie neulich an der Theke gehört habe (apropos genau der gleichen Theke, an der sie auch begann!) einfach zu hübsch und interessant, als daß also ihre Kenntnis nur einem winzigen Zirkel vertraulich Eingeweihter vorbehalten bleiben sollte – ich vermute meinerseits allerdings andererseits, daß mein Kronzeuge sie inzwischen ja sowieso mindestens einem Dutzend weiterer Menschen unter dem Siegel der Verschwiegenheit weitergetratscht hat – kurzum, ich schreibe die Geschichte hier also auf und nieder, nachdem ich den gestrigen Tag über auch noch einiges nachrecherchiert und gecheckt habe, betone aber, was die Hauptsache angeht, hier schon mal und nochmals und für alle Fälle: Relata refero! Volle juridische Verantwortung für ihren Wahrheitsgehalt kann ich bei dieser Geschichte nicht übernehmen, noch will ich es! Vielleicht hat ja schon mein Informant, Rosenhag, etwas geschwindelt und stark pro domo referiert – er ist ja auch gewissermaßen der Triumphator bei der ganzen knalligen Affaire, die, um das hier schon klarzustellen, im wesentlichen ja auch nur eine ganz triviale Dreiecksgeschichte war bzw. vielleicht sogar noch immer ist, letztlich – allerdings schwört Rosenhag Stein und Bein, daß sich alles akkurat so abgespielt hat, und nach der inneren Logik der Dinge bzw. der damit befaßten Charaktere kann ich mir das auch sehr gut vorstellen, o ja – und übrigens: im ersten Teil der Geschichte war ich sogar nolens volens bzw. genauer: unwissentlich dabei und mit von der Partie und sozusagen fast integrierend involviert; im nachhinein bilde bzw. bildete ich mir sogar ein, die Dinge, die da kommen sollten, sogar ein bißchen nicht gerade als déjà vu, aber doch irgendwie als etwas sich nun nachgerade notwendig Vollziehendes vorausgeahnt zu haben, dochdoch; aber das mag Unsinn sein, denn genaugenommen hatte ich den Kneipenabend längst vergessen und ad acta gelegt – hätte ihn vergessen, wenn mir eben Rosenhag nicht vorgestern, nein, gestern war's erst, fast raunend – wie schwerblütig raunend! – diese ganzen Folgen mit ihren ebenso einleuchtenden wie überraschenden Facetten geschildert und – manchmal wie betreten stockend! – auseinandergelegt hätte.

Wo beginnen? Nun, selbstverständlich an der Theke des Pizza-Peter, unseres langjährigen Stammlokals im Stadtnorden – und wann? Voilà, wie immer so gegen zehn Uhr kamen die Unseren so allmählich zusammen bzw. eine Auswahl davon – es waren wohl so sechs, sieben Leute, die da wie jeden anderen Tag auch um den kugelrunden Ecktisch saßen, neuerdings sozusagen unter der Direktive eines lärmigen zugewanderten Schweizers namens Prosper Nebel, des angeblichen Chefredaktors einer angeblichen Schweizer Gartenfachzeitschrift, der hier seit kurzem gesellschaftlich das große Wort führt und den unermüdlichen Humoristen spielt – nach meiner Erinnerung bzw. Rekonstruktion aber standen (mag sein, um Nebel zu entgehen) gleichzeitig fünf Leute an der Theke, standen und lehnten und vertraten sich die Beine – es war der schiere Zufall, daß ich auch dabei war, denn meistens sitze ich viel lieber, um sicherer alles zu überschauen –; diese fünf Leute an der Theke aber waren Rosenhag, ich, die Musikstudentin Ott und eben das Ehepaar Pfeiffer, um das sich die Geschichte hauptsächlich dreht.

Lassen wir die Musikstudentin vorderhand beiseite. Ich weiß bzw. wußte, daß diese propere kleine Person mit Pferdeschwanz immer wieder mal und in Abständen sozusagen das Interesse Pfeiffers hervorrief bzw. -ruft, meiner Einschätzung nach kein elementares noch auch nur gravierendes – nein, im wesentlichen stand und steht Pfeiffer wohl schon immer hinter seiner Ehe mit Jutta Pfeiffer – seiner Oberstudienrätin, seiner »Frau Rat«, wie er gelegentlich, offenbar in Anspielung auf Goethe, zu schäkern pflegt. Ob sich die beiden wirklich lieben (bzw. je geliebt haben), das entzieht sich meiner Kenntnis – unleugbar aber ist, daß Pfeiffer schon immer wieder mal seine goldrandbebrillten ruhelosen Äuglein anderswohin schweifen läßt und darin nicht kleinlich ist, so zum Beispiel als sie, Jutta Pfeiffer, im Vorjahr einen neuntägigen Klassenausflug nach Canterbury machen mußte; gegenwärtig munkelt man auch etwas von einer gar nicht so verhohlenen Liaison Pfeiffers mit einer gewissen Mitzi Witlatschil – und, wichtig!, sie, die Pfeiffer, weiß derlei auch, sie läßt es zwar theoretisch-prinzipiell nicht durchgehen, kann (bzw. konnte!) aber letztlich nichts dagegen machen. Sondern beißt (bzw. biß!) ihr kleines Unglück mit Pfeiffer gleichsam verdrossen und melancholisch in sich hinein, ja sie läßt es sich gewissermaßen gern unausgesprochen anmerken, so als ob ihre leise Trauer über Pfeiffers Streiche ihr sozusagen einen spürbaren Hauch von Adel gäbe. Oder geben sollte. Jutta Pfeiffer ist schätzungsweise 35, Pfeiffer selbst dürfte auf die 43 gehen. Der Ehe entsprang auch ein Kind, Gabriel Boris Alexander, das heute sieben sein könnte und (das habe ich aber nur läuten gehört) schon in der zweiten Volksschulklasse sitzengeblieben ist.

Ich selber muß an der Theke wohl zu dieser Zeit primär mit Rosenhag geplaudert haben – um aber dies nicht zu vergessen: Jutta Pfeiffer ist eine keineswegs unhübsche Frau, sondern verfügt über etwas durchaus Anmutiges und Anmutendes – dochdoch, ich selber, hätte ich sie rechtzeitig kennengelernt bzw. wäre ich nicht durch meine eigene leidige Affaire mit dieser doofen Schnalle aus Bonn vollauf beschäftigt, ich selber wäre zuzeiten nicht abgeneigt gewesen – aber andererseits ist Jutta Pfeiffer meines Wissens auch vollrohr treu bzw. war es jedenfalls offensichtlich bis zu jenem Abend – und, um auch diese Prämisse noch rasch vorab zu klären: Frl. Ott ist zwar etwas jünger, indessen keineswegs hübscher als Frau Pfeiffer, eher im Gegenteil, sie neigt ein wenig zum Molligen, sicherlich die vielen kleinen Bierchen, die sie sich hier im Pizza-Peter mehr oder weniger täglich einpfeift; und dabei von den Wonnen und Strapazen der Chopinschen g-moll-Ballade schnattert, ich möchte nur wissen, wann sie die übt – und, um auch das noch hinter mich zu kriegen: Rosenhag seinerseits und Jutta Pfeiffer kennen/kannten sich zwar schon seit ungefähr vier Jahren (sagt er mir), waren aber, darauf leistet Rosenhag jeden Eid, vorher, vor diesem Abend, noch nie einander nähergerückt noch auch nur auf die Idee gekommen – ja, wenn ich Rosenhag hier korrekt wiedergebe: Er mochte bzw. mag Jutta Pfeiffer überhaupt nicht, sondern hält sie, sagt er selber, für eine ziemlich dumme Zicke. Ich persönlich erahne, die Tatsache, daß Frau Pfeiffer Oberstudienrätin für Englisch und Französisch (!) ist, dieser Fakt ist dem Esel Rosenhag zutiefst obskur, ja unheimlich! Denn Rosenhag ist mehr oder weniger – meines Wissens eher weniger – freiberuflicher Funkmann, in der Unterhaltungsabteilung, angeblich auf Reportagen und populäre Features angesetzt und spezialisiert – nennt sich aber unverbrüchlich »Redakteur«. Woran ich persönlich irgendwie nicht glaube ...

Allora, Pfeiffer war an diesem Abend früher als normal eingerückt, mit seiner Frau im Schlepp und übrigens ungewöhnlich aufgeräumt – und der Grund für Pfeiffers gute Laune stellte sich recht bald heraus, ja, es war, als ob Pfeiffer ihn gar nicht mehr zurück- und überhaupt an sich halten konnte. Dieser Grund war aber ganz eindeutig ein Telex, welches der Kaufmann (»Industriekaufmann« steht im Telefonbuch!) tagsüber erhalten hatte – und zwar, wie sich im Folgenden ergab, ein Telex von einem Saudi-Scheich aus Genf – bzw. um genau zu sein, war es so: Weil wiederum ich gelegentlich für Pfeiffer gewisse PR-Tätigkeiten verrichte, genau deshalb verfügte Pfeiffer über die gute Gelegenheit und den glücklichen Anlaß, nicht nur von dem brillanten Fernschreiben zu erzählen (das wäre vielleicht doch zu peinlich gewesen), sondern mir an der Theke das Fernschreiben – bzw. eine Kopie davon – gewissermaßen zur Auswertung und Weiterbearbeitung zu überreichen – d. h. ich laboriere gerade an einem Werbe-Emblem für Pfeiffers Firma, in diesem sind u. a. Pfeiffers wichtigste Kunden aufgeführt, in Form eines grafisch gestalteten Eichenbaums, und wenn ich nun Pfeiffers halb leidenschaftlich verwegenes, halb doch wohl über sich selbst verlegenes Gefasel richtig erinnere, überreichte er mir also den Telex-Schrieb sozusagen zur weiteren Auswertung. Was mich nun hier wiederum in die glückliche Lage versetzt, von dem Fernschreiben nicht nur so lala zu berichten, sondern es hier wortwörtlich zu zitieren. Was ich hiermit tue:

415802 pfeiffer d
attn: mr. reinhold pfeifer feb 08 1984
dear pfeifer,
with regards to the subjects we discussed in our last meeting in munich together with moellemann, teves, knapp and roesselmann, which are of greate interest of mine and would like to see you again on my next visit to europe for further discussion. I would also have to consult our mutual friends before our foreseen meeting.
best regards
salman bin mohammed bin khalid bin hethlain
200253 hazar sj
415802 pfeiffer d
200253 hazar sj

Also: Nicht daß dies Fernschreiben in meiner bzw. unserer eigentlichen Geschichte einen zentral-kausalen Stellenwert gehabt hätte – wichtig aber war es (und vielleicht sogar folgenreich!) zumindest insofern, als es für die frühe Heiterkeit, Ausgelassenheit, ja Euphorie Pfeiffers an diesem ganzen Abend verantwortlich zeichnete – ein blinkender Lichtfleck, dessen entsinne ich mich seltsamerweise, tanzte in diesem Stadium der Telex-Vorweiserei und Übergabe buchstäblich zehn Minuten lang und wie schäkernd Geld erjagend im Spiegel seiner Brille über dem vor kommerzieller Abenteuerlust lachend aufgerissenen Mund herum – dochdoch, ich kenne meinen Pfeiffer seit sechs gottverfluchten Jahren. Pfeiffer schien mehrfach vor Wonne geradezu zu beben und zu schaukeln – und sein hellbeiger, wie Rohseide schimmernder Business-Leinenanzug gleißte mit einem stark ins Violette phosphoreszierenden weißen Hemd darunter um die Wette, während Pfeiffer halb ernsthaft, halb mit komisch-fürwitzigem Understatement von allerlei Projekten mit dem Scheich unkte – um Autobremsen für den Orient ging es und um Plastikfabriken, deren Kauf der Scheich schon avisiert habe, und dann (ja, jetzt fällt's mir wieder ein) war auch noch fast donnernd vom Export von Germania-Bier die Rede – gleichzeitig bin ich mir allerdings auch relativ sicher, daß Pfeiffer das vom Scheich vergessene zweite »f« in seinem Namen sehr schmerzte; zumal ich Gründe zu der Annahme habe, daß Pfeiffer früher schon öfter und inständig über seinen Namen nachgebrütet hat, den er nämlich zuzeiten auch mit »Reinhold O. Pfeiffer« auf Geschäftspapiere u. dgl. drucken ließ; ehe er wieder warum auch immer zu »Reinhold Pfeiffer« zurückkehrte.

Ja, mindestens eine Stunde währte es, daß Pfeiffer nun mir, Rosenhag und vor allem auch Frl. Ott von der Bedeutung dieser Genfer Geschäftsverbindung mit dem Scheich redete – ich entsinne mich: der Scheich wurde dabei als Mann seiner, Pfeiffers, Generation hingestellt, er war in England erzogen worden; von einem irgendwie mit den Saudi-Projekten befaßten Zürcher Rechtsanwalt Tuille (oder ähnlich) ging dann einige Zeit die Rede und einem Kaufmann Wegener (auf diese Verbindung schien Pfeiffer fast noch stolzer als auf die Freundschaft mit dem Scheich) – wie herablassend witzelnd kam dann Pfeiffer auch noch (aber das schien mir ziemlich gekünstelt und getürkt) auf des Scheichs starkes Interesse an deutschen Frauen zu sprechen – und bei diesen seinen schmetternd lachenden Worten legte Pfeiffer, wie um Verständnis für das Faible des Scheichs zu mimen, den Arm kurz um die Taille von Frl. Ott – kurz: Eine ganze Stunde lang schien Pfeiffer wie überdreht und bedauerte vermutlich nur, daß er nicht auch noch die am Rundtisch sitzenden und Prosper Nebel lauschenden Figuren in seinen Deal mit dem Scheich und all den anderen Ehrenmännern einweihen konnte.

Das Telex lagerte derweil schon in meiner Brusttasche. Klar, daß der Sinn seiner Übergabe an mich nur darin bestand, von Scheich und Export und exotischen Connections zu gaukeln – Pfeiffer hätte mir die Kopie genausogut auf dem Klo oder drei Tage später übergeben können –, und übrigens hat er mich bisher dann tatsächlich nicht weiter angerufen, um mich mit relevanten Instruktionen zu versehen. In gewisser Weise, ja doch, muß man ihn sogar für die Frechheit bewundern, mich und die anderen an der Theke mit so leicht durchschaubaren Brillanterien übertölpeln zu wollen.

Irgendwann, sofern ich es recht erinnere, hatte Pfeiffer mit seinem Gemache und Getue sogar noch beim Wirt höchstpersönlich Erfolg: Wenn ich nicht sehr träume, gaben sich die beiden plötzlich wie glückwünschend die Hand und tranken augenzwinkernd einen Schnaps zusammen.

Und Frau Oberstudienrat Jutta Pfeiffer? Da funktioniert mein Gedächtnis nun wieder sehr viel besser. Während Pfeiffer sich gleichsam dauernd selbst hochleben ließ und allerdings auch genug anerkennende Blicke und Winke von Frl. Ott und mir erntete (Rosenhag schien mir eher abwesend), während alledem stand seine Frau eher teilnahmslos und vielleicht auch vorwurfsvoll brav neben ihm – sie schien das Telex auch schon längst zu kennen und überhaupt – ja, wie soll ich sagen? – ja: dauernd ausdrücken zu wollen, daß sie das Leben an der Seite Pfeiffers ohnehin als Zumutung empfinde. Ja, mir scheint, gerade Pfeiffers Telex-Lärm und Protzerei veranlaßte sie zu sanft ironischen, leicht wehen Blicken (ich sah sie meist nur im Profil), die ebenso analytisches Durchdringen wie einen furchtbaren Überdruß an Pfeiffer verrieten – vorausgesetzt, daß ich mir das im nachhinein nicht nur einrede. Und während dann Pfeiffers Berichte und Tiraden immer schweifender und festlicher wurden (ja, wieder liefert mir die Erinnerung das Bild, wie das bleiche Thekenlicht in Pfeiffers Brillengläsern funkelte und diese fast zum Schillern brachte!) – während Pfeiffer redete und redete und dann auch schon mal häufiger den Arm um Frl. Ott herumschwang und das Ohr weit zu ihr hinab an ihren Mund senkte, währenddessen stand Jutta Pfeiffer immer ein wenig starr und wie kummerbefrachtet und vor allem kummergewohnt fast wortlos nebenbei und strich hin und wieder (was sie immer tut) ihren grauen engen Rock glatt und zupfte ab und zu am schwarzen Kaschmirpullover.

Ich kenne Jutta Pfeiffer seit langem. Einerseits ist sie, was man eine taube Nuß nennen könnte, sofern man ihre nicht ganz zu leugnende, obzwar mattschläfrige Intelligenz mit ihren fast ein wenig bösartig gleichgültige Zügen bzw. Mienen verrechnet – ja, eine mattschläfrige, verdrossene, unwillige und gleichsam willig dem langsamen Eingeschläfertwerden entgegendämmernde Intelligenz ist es, die sie ab und zu sogar zu artikulieren bereit ist – aber ohne Frage ist auch etwas durchaus Attraktives an ihr und gerade an dieser wie kummergewohnten Interesselosigkeit – von ihrem schönen schlanken Körper und (vor allem!) von ihrem stramm proportionierten Hinterteil mal ganz zu schweigen, welches man unter dieser hohen Gestalt und biegsam schlanken Taille vielleicht gar nicht vermuten möchte – doch, alles, was recht ist, das muß der Neid ihr bzw. Pfeiffer lassen: Ein Blume, die, schon halb verwelkt und etwas zopfig geworden, noch immer gar zu sehr im Verborgenen blüht – ja, so könnte man es durchaus sagen.

Reinhold Pfeiffer ist übrigens etwas kleiner als diese hohe, schlanke und sehrsehr ansehnliche Frau. Er spricht sie meist mit »Herzchen« an – indessen sie, und das finde ich (auch über unsere Geschichte hinaus) bemerkenswert, nur »Pfeiffer« zu ihm sagt; jedenfalls in der Öffentlichkeit. Das gemeinsame Kind heißt, wie gesagt, Boris – und getrunken wurde übrigens an der Theke des Pizza-Peter mehrteils Calvados. Pfeiffer hatte nach meiner Schätzung schon vor Mitternacht mindestens fünf intus, dazu zweidrei Biere. Jutta Pfeiffer hatte sich wohl bis dahin zwei Calvados zum Mineralwasser genehmigt – Rosenhag, Frl. Ott und ich dürften an diesem Abend so jeder seine vier Bier und vier Calvados zusammengekriegt haben – nein, korrigiere: Frl. Ott trank die ganze Zeit über Grappa. Und Pfeiffer selbst schüttete, wie um seine freudvoll aufgepeitschten Sinne zu besänftigen, zwischendurch mal zwei Kaffee in sich hinein.

Am Rundtisch in der Ecke schien Prosper Nebel um diese Zeit tatsächlich Witze zu erzählen. Hart schlug seine Faust dabei begeistert mehrfach auf das Tischholz. Diese Schweizer ...

Rosenhag? Ja – wie ihn charakterisieren? Rosenhag ist, wie gesagt, ein allzeit heiterer Funkesel und zweifellos infantiler Charakter – er redet wenig und nur (wie geheimnisträgerisch!) halblaut, äugt meist ein bißchen schmierig – fast möchte ich sagen »schmiegsam« – vor sich hin. Fährt sich fast selbstverliebt ab und zu in die dunklen Kräusellokken und zieht an seinem Schnauzbart oder aber an seiner schlaufen- und taschenreichen rehbraunen Lederjacke (ja, auch diesmal, am fraglichen Abend, trug er sie, und sehr bewußt gleichfarbig waren die Stiefelchen gewählt!) – und meist lächelt Rosenhag sehr schweigsam, in einer Manier, die er selber vermutlich für verschlagen hält – nein, wenn ich ihn mit einem mot juste bezeichnen sollte (und ich habe keinen Grund zu lügen): Rosenhag ist schlicht und einfach der geborene Freizeitler, ein futuristischer und zugleich auch schon sehr aktueller Typus also, ständig bereit zu allem Schnickschnack an Unernst und Herumhängerei und eben Zeitvertreib, ein homo ludens infantilis oder so ähnlich also, und natürlich fallen da auch immer einige Frauen darauf rein und für ihn ab – kurz, ich glaube, selbst wenn Rosenhag von Geburt an zu härterer Gedankenarbeit erzogen worden wäre, sein Naturell hätte sich einfach gesträubt, und der Nichtsnutz hätte doch nie etwelchen eigenen Gedanken zu erzeugen vermocht – und genau dies nun wieder, meine ich, hängt durchaus irgendwie mit der Affaire zusammen, so wie ich sie eben dann von Rosenhag gesteckt gekriegt habe.

Nun bin ich allerdings der Überzeugung, daß sich jene Affaire selbst eine halbe Stunde nach Mitternacht noch immer nicht recht abzeichnete – wenn auch, a posteriori geurteilt, gleichsam jetzt mählich ihre Voraussetzungen evidenter wurden. Der Pizza-Peter hatte sich eher noch mehr gefüllt – irgendwann erwähnte Pfeiffer, wie nachkartend, noch, er habe sich damals mit dem Scheich sowie Knapp und Teves in irgendeinem Steigenberger Parkhotel zum Meeting getroffen, und da habe man dann auch tatsächlich dem Scheich eine Frau aus Tirol zugeführt – in diesem Augenblick, das sehe ich nun wieder fotografisch deutlich vor mir, kniff Jutta Pfeiffer mit einer leichten Drehung (zu mir und Rosenhag herum!) beide Augen zusammen und beugte dann den Kopf zurück, so als ob entweder Pfeiffers Schnurren oder aber die Zusammenrottung der deutsch-orientalischen Geschäftsleute (die mir persönlich viel Vergnügen machte!) ihr noch in der Vorstellung Magenschmerzen verursache und nicht mehr erträglich sei. Pfeiffer seinerseits schmauchte prunkend feixend ein Zigarillo zu Ende und verzehrte dann, wie um seine Verbundenheit mit dem simplen Volk zu versinnlichen, eine Fleischbulette – gleich darauf, die Linke lagerte in der Hosentasche, schlang sich die Rechte zum wiederholten Male um die Strickjackentaille von Frl. Ott – ja, insgesamt war das Interesse am Scheich wohl auch bei ihm jetzt ziemlich erlahmt und hatte zu Frl. Ott hinübergewechselt – schon wieder und fast kameradschaftlich bekam diese von seiner großen sommersprossigen Handpranke einen tapsigsexuellen Hieb auf den Buckel ab – und endlich, es muß kurz vor eins gewesen sein, zog Pfeiffer mit der Ott im Schlepp zu guter Letzt noch um und ließ sich am Gruppenrundtisch nieder – wagte aber, ich schaute genau hin, nicht, auch dort noch einmal sein Telex (evtl. das Original?) zu zeigen. Sondern spendierte sofort eine Runde Calvados, vor allem zu Nebels lauter und jäh fuchtelnder Freude, charmierte hin zur Ott, nicht ohne freilich den starken Rumpf auch immer wieder zu Lothar Klingenspiel, einem Großraumbüroausstatter, und Fickert-Rosa hinüber zu bäumen; und zahlte dann noch eine Runde – so quasi nach Art erfolgreicher Geschäftsleute, die den Tag zu nutzen gewußt hatten und jetzt großherzig auch das geringere Gesinde am Ertrag teilnehmen ließen. Ich bin aber davon überzeugt: Wäre Pfeiffer noch betrunkener gewesen, er hätte sich das Telex schnurstracks wieder von mir geben lassen, sich rücksichtslos noch einmal damit zu brüsten.

Zu uns drei Verbleibenden an die Theke gesellte sich jetzt noch ein gewisser Willi Schönen, ein hiesiger Rechtsbeistand, mit dem ich gerade im Zuge einer Haftpflichtsache zu schaffen habe, wir kamen ergo rasch und eifrig ins Gespräch, so daß – stelle ich mir vor – Rosenhag mehr oder weniger zwingend Jutta Pfeiffer ein wenig betreuen mußte und dabei – reime ich mir gleichfalls im nachhinein zusammen – auch seine braunen Schmalzaugen aus allen Löchern rollen ließ; das macht er Frauen gegenüber immer und sozusagen notorisch. Klar sehe ich aber jetzt wieder vor mir die gleichsam zermürbte Miene Jutta Pfeiffers, ihr gleich wie von Gram gebleichtes Profil mit den nervösen Wimpernausschlägen – ja, es war, als ob da wahrlich Schwindsucht à la Traviata bei ihr im Anzug wäre, so bleich, ja durchscheinend wirkten Stirn und Wangen – ein durchaus erotisierendes Bild (doch, da kann ich Rosenhag verstehen), das einzige, an das ich mich noch hundertprozentig erinnere (und dazu dieser schöne Hintern, der nackt direkt dem prachtvollen der Velázquezschen Venus gleichen muß!). Ganz gut weiß ich aber auch noch, daß Reinhold Pfeiffer plötzlich wieder an der Theke erschien und herummachte und dann vom Wirt einen Scheck über 1000 Mark

»cash« einlöste – das heißt, dies Wörtchen »cash« fiel immer wieder – er, Pfeiffer, komme nämlich morgen nicht mehr auf die Bank, weil wegen eines geänderten Termins sein Flieger umgebucht worden sei. Ja, richtig, und dann zog der Wirt offenbar auch gleich Pfeiffers und seiner Frau Zeche ab, und Pfeiffer ließ den etwas auffällig nachgezählten Rest von 940 Mark mit Pomp in seinem Jackett verschwinden. Und eilte an den Rundtisch zurück, um (ah! auch das fällt mir jetzt wieder ein, erstaunlich!) seine Rechte auf Frl. Otts zierlicher Schulter zur Ruhe zu legen – genau, Frl. Otts halblanges Braunhaar war zu etwas zwischen Pferdeschwanz und Schopf gebunden und ließ dabei von hinten (von der Theke aus) nicht nur den schönen weichen Hals sehen, sondern auch leicht abstehenden, vom Schopf nicht mit erfaßten Haarflaum. Sehr animierend. Ich wette aber, daß Pfeiffer diese Delikatesse gar nicht richtig mitbekam.

Andererseits muß ich doch sehr engagiert und benebelt mit Schönen geredet und gezankt haben, denn der sich nun langsam abzeichnenden und dann zügig ausgeführten Pointe des Abends entsinne ich mich erstaunlicherweise nur recht fragmentarisch – genauer, ich würde sie wohl m. E. so gut wie vergessen bzw. versäumt haben, hätte Rosenhag, der Schuft, sie mir nicht eben ziemlich exakt zwei Wochen später in allen Details und in etwas zu penetranter Verschmitztheit voll erzählt.

Alsdann, hier die Facts:

Es muß wohl gegen 1 Uhr 20 gewesen sein, daß Pfeiffer von seinem Erfolgsrausch und von Frl. Ott (ich hätte übrigens auch mal beinahe was mit ihr angefangen und war jedenfalls ziemlich erpicht auf sie!) gleichzeitig genug hatte, sicher hatte er inzwischen auch den Kragen ziemlich voll – jedenfalls muß er nun zum Aufbruch gerüstet haben, und jetzt hatte er sich wohl auch (wahrscheinlich war ich in diesem kitzligen, ja sensationellen Augenblick gerade auf dem Klo, sonst hätte ich mir den Eklat sicherlich nicht entgehen lassen) seiner Ehefrau Jutta wieder erinnert – er sei also (sagt Rosenhag, und das kann ich mir optisch sehr gut vorstellen) kurz und knapp und schon das Mäntelchen auf dem Leib zu Jutta an die Theke und habe sie herrisch, ja ruppig lapidar aufgefordert mit heimzukommen – und jetzt eben sei es, so Rosenhag, an der Theke zur Sensation gekommen dergestalt, daß Jutta Pfeiffer Pfeiffer zu verstehen gegeben habe, sie bleibe noch – nämlich bei Rosenhag! Fast lautlos, so Rosenhag, habe sie gesprochen – aber wie störrisch und sehr entschlossen. Verdutzt habe Pfeiffer einen Moment lang gestutzt – dann aber habe er »souverän« (Rosenhag) zu seiner Frau gesagt: gut, wie sie meine. Sie müsse wissen, was sie tue. »Schwungvoll« (Rosenhag) habe er sich noch seinen Schal übergeworfen, gleichzeitig ein Zigarillo entfacht, und dann sei er »wortlos grinsend« (Rosenhag) auch schon zur Tür hinaus.

Tatsächlich erinnerte ich mich später, damals Rosenhag und Jutta Pfeiffer allein an der Theke stehen gesehen zu haben – allein, viel war dabei nicht zu denken noch zu wittern, derlei geschieht bei den Unsrigen häufiger, daß Ehepaare kneipentechnisch ihre eigenen Wege gehen, Gott ja, sind ja selbständige Personen – und dennoch: In eben dieser letzten halben Stunde, schon vor Pfeiffers Aufbruchmahnung gegenüber seiner Frau, muß es zwischen Rosenhag und ihr »gefunkt« (Rosenhag) haben.

Rache? Die neue Frauenfreiheit? Ein Coup de foudre? Kaum. Aber lassen wir das dahingestellt. Der Rest jedenfalls ist insofern rasch erzählt, als ich selber nicht mehr dabei war und alles Wissen um die Dinge brühwarm Rosenhag verdanke, der halt wieder mal seine Schnauze nicht halten konnte – und das war gut so. Denn kurz: Jutta Pfeiffer ging mit Rosenhag nach Hause, in dessen Appartementwohnung, ließ sich von diesem »zweimal durchbumsen« (Rosenhag) – und blieb auch über Nacht. Am andern Morgen, immer nach Rosenhag, habe die Pfeiffer zuhause bei ihrem Alten bzw. in dessen Büro angerufen, sie, die Pfeiffer, sei bei Rosenhag, und er, Pfeiffer, solle Boris von der Schule abholen usw. – und sie bleibe nämlich auch noch heute bei Rosenhag. Darauf habe Pfeiffer, so Rosenhag, der es natürlich von Frau Pfeiffer haben muß, mächtig ins Telefon gelacht – und ihr zu dieser »Eroberung« (Rosenhag bzw. Pfeiffer) gratuliert. Er hoffe nur, habe Pfeiffer gesagt, daß sie, die Pfeiffer, sich dabei in ihrem Lebensstil nicht verschlechtere (die Pfeiffers wohnen in einem sehr schicken Jugendstilhaus, Rosenhags Appartement ist Teil einer schäbigen Mietskaserne) – denn der Funk müsse neuerdings auch sehr an Mitarbeitern und Honoraren sparen. Daraufhin nun (das hörte Rosenhag natürlich wieder wörtlich) habe Jutta zweimal ins Telefon gesagt, das hier, ihr Techtelmechtel mit Rosenhag, sei für sie ein »Lernprozeß« und insofern sehr wichtig – zu ihrer Entwicklung oder Reifung oder dergleichen. Nach einigem weiteren und zähen Hin und Her sei das Telefonat beendet worden – und er, Rosenhag, habe bei der Pfeiffer, die dann auch sehr geweint und ihn aber gleichzeitig mit einer Adhoc-Reise ins Elsaß schwer genervt habe, mehr aus Mitleid noch »zwei-, dreimal einen aufgelegt«.

Der Höhepunkt, Umschlag und Abschluß der Geschichte, Rosenhag rollte vielversprechend listig die braunen Augen, sei dann aber erst am nächsten Tag, am Vormittag, passiert. Es habe da nämlich plötzlich an der Tür geschellt, die Pfeiffer sei sofort zusammengezuckt – draußen aber habe der Geldtelegrammbote gestanden und habe Rosenhag 26.80 Mark ausbezahlt – und auf der Zahlungsanweisung habe gestanden: »Eine Stunde Vergütung 26.80 DM« – Absender: Pfeiffer, Postamt sowieso. Und keine Viertelstunde später, Rosenhag quiekte kurz auf, habe es erneut geschellt – diesmal sei es der Eilbriefträger gewesen, und dieser habe einen Eilbrief abgeliefert, diesen da –

Rosenhag zog bedenkenlos einen Brief aus seiner Jackett-Tasche, schmunzelte genußvoll und reichte den Brief mir zum Lesen. Ich muß diesmal aus dem Gedächtnis zitieren (eine Kopie hatte Rosenhag leider nicht bei sich) – kann mich aber in dieser Beziehung ziemlich auf mich verlassen, trotz meiner 42:

> Lieber Rosenhag, ich erlaube mir, für den Lernprozeß, den Sie meiner Frau gütigerweise angedeihen ließen, den heute durchschnittlichen Stundenlohn eines Facharbeiters zu überweisen, so wie ich ihn nach Rückfrage bei der Gewerkschaft Druck und Papier, der ich Sie aufgrund Ihrer funkischen Tätigkeit wohl zuschlagen darf, in Erfahrung gebracht habe. Ich gebe mich der Hoffnung hin, daß Ihre Bemühungen damit adäquat abgegolten sind und verbleibe mit verbindlichsten Empfehlungen
>
> Ihr Pfeiffer.

Jutta Pfeiffer, so der jetzt eine bedenkliche Schnute ziehende Rosenhag, habe sofort losgeheult und auch den 20-Mark-Schein zerreißen wollen – fast im gleichen Augenblick aber habe wieder das Telefon geschellt, es sei Pfeiffer gewesen, der zuhause oder in seinem Büro nach dem zweiten nächtlichen Ausbleiben seiner Frau wohl doch Muffensausen gekriegt habe – Pfeiffer habe dann in einem langen und offenbar äußerst unguten Telefonat seine Frau doch nach Hause gebeten, vor allem »wegen des Kindes« – zuerst, so Rosenhag, der es von Jutta Pfeiffer hat, habe Pfeiffer noch sehr energisch gesprochen, dann ziemlich bittend. Das habe, nach Rosenhags Einschätzung, den Ausschlag gegeben. Er, Pfeiffer, sei bereit, so angeblich Pfeiffer, das Vorgefallene zu vergessen. Zumal für heute abend Gäste ins Haus stünden und er morgen nach Zürich zum Rechtsanwalt müsse.

Die dumme Kuh – vollendete sehr behaglich seufzend Rosenhag und zündete sich gerissen eine Pfeife an, indessen die ersten Abendessensgäste in den Pizza-Peter drangen – die dumme Kuh sei schon während des Telefonats immer stiller und leiser geworden, dann habe sie nochmals geheult, dann habe sie ihm, Rosenhag, gesagt, sie müsse morgen ohnehin wieder in die Schule (die Pfeiffer unterrichtet kurzzeit), sie werde die beiden Nächte aber nicht vergessen usw. – und dann sei sie auch immer zappeliger geworden und nach etlichem Trara ab und aus dem Haus in ein Taxi – zu seiner Erleichterung, so Rosenhag, seine Beichte fast eilfertig und gleichzeitig wie relaxed hier beschließend.

Mir gefiel nicht, mit welch süffisanter, fast fieser Miene Rosenhag den letzten Teil referierte und dabei ungerührt in seinem Kaffee rührte. Nicht ohne erregte Freude, zugegeben, wollte ich trotzdem noch wissen, wo jetzt die 26.80 Mark seien; und noch erregter fast versuchte ich mir (heraus damit!) vorzustellen, wie Jutta Pfeiffer bei ihrer Hingabe an Rosenhag sich von diesem das sicherlich weiße (rosane?) seidene (batistene?) Sliphöschen vom knackigen Hintern abstreifen ließ; und, hingerissen von ihrer eigenen erotischen Attraktivität, die schlank-elastischen Schulterflügel (ich habe die Pfeiffer mal im Bikini gesehen) in die (vielleicht parfümiert perlmuttfarbenen?) Kissen von Rosenhags tütelig französischem(!) Bett drückte, aah! Oder hatte sie doch, wie ich fast vermute, eine dicke strickwollene Unterhose angehabt, durch die Rosenhag dann erst mal hindurch mußte? Ja, doch, ich wäre gern ein Mäuschen unterm Schandbett gewesen, ich wäre auch schon zufrieden damit gewesen, das Grammophon vom Nebenzimmer aus zu bedienen, zur Untermalung (und vielleicht trägt die Pfeiffer ja sogar unverhofft die sündhaftesten Winzigslips, auf jeden Fall in Weiß!) – genug, Rosenhag unternahm eine letzte Anstrengung, durchtrieben und gleichzeitig ein wenig umflort dreinzuschauen, und nuschelte wiederum wie raunend, die 26.80 Mark habe er der Pfeiffer natürlich wieder mitgegeben – den Brief habe er auch retour geben wollen, seufzte Rosenhag nun wie verschmitzt und bestellte eine Tasse Tee mit Milch, aber die Pfeifferin habe gesagt, den solle er, Rosenhag, »vorerst aufheben und später vernichten, wenn du willst, mein Schatz«, habe die Pfeiffer wortwörtlich gesagt.

Womit die Affaire Pfeiffer-Rosenhag dann wohl definitiv geendet hatte, wenn ich Rosenhags Auflachen und die dann folgenden Blicke ins Leere der Theken-Schnapsvorräte richtig deutete. Und tatsächlich kam gleich darauf eine Mamsell in den Pizza-Peter gehuscht, ein Mädchen, das Jutta Pfeiffer sogar ein bißchen ähnlich sah, Rosenhag sofort schnell und aufgeregt abschleckte und gleich darauf freilich wieder vehement abschwirrte. Hah!

Nochmals: Warum ich die Geschichte, trotz Rosenhags Schweigegebot, hier weitergebe und sogar zu Papier bringe? Weil ich sie 1. erregend und 2. schön finde. Und warum finde ich sie schön, ja hübsch? Nun, vielleicht hat mein Freund Eilemann, dem ich sie natürlich dann auch weitererzählt habe, nicht unrecht, wenn er die Geschichte so deutet: Es ist eine seltsam herzerfrischende Geschichte. Zwar verhalten sich alle drei Hauptakteure noch übers gewohnte Maß hinaus albern, töricht, ohne Anmut, ja in einem gewissen strengen Betracht widerwärtig – und alle drei, wie ich ergänzen darf, sind es ja wohl auch wirklich. Aber andererseits macht doch auch wieder jeder in dem Trio gute Figur: 1. Der flachsinnige Rosenhag, weil er, vor nichts zurückschreckend, immerhin sein Heu heimgebracht hat; 2. die schusselige Ehefrau Pfeiffer, die, durchaus nicht unkühn, eine der sicherlich rarer werdenden Gelegenheiten beim Schopf packt, sich ihre Fraulichkeit und im gleichen Atemzug ihre Emanzipation zu bestätigen (und dabei endlich auch mal einen neuen Schwanz kennenzulernen, hahaha!); 3. und endlich und nicht zuletzt freilich auch Pfeiffer selber mit der gewissermaßen apotheotischen Epiphanie seiner majestätischen, erhabenen, ja siderischen Knalldeppenhaftigkeit, dochdoch.

Wäre nicht der Anruf bei einer »Künstleragentur« u. U. noch bezaubernder gewesen? Nein, Eilemann hat abermals recht: der »Facharbeiter«-Tarif ist schon noch besser und gemeiner. Zwar hätte ich persönlich – und da gehen Eilemanns Ansicht und die meine etwas auseinander – es noch lieber gesehen (bzw. gehört), daß Pfeiffer seinen Geld- und Eilbrief-Schmäh noch etwas eskaliert und spezifiziert hätte, etwa dergestalt: »Eine halbe Stunde Theorie 12.20 DM, eine halbe Stunde Praxis 14.60 DM. Quelle: Sockeltarifliste DGB 1984« (nebenbei glaube ich nicht einmal, daß Rosenhags Leistungen 26.80 DM wert waren) – oder daß Pfeiffer (wenn schon, denn schon!) etwas in seinen Brief geschrieben hätte der Art: »Ich darf annehmen, daß Sie bei der mir seit neun Jahren bekannten Gelehrigkeit meiner Frau mit 1 Stunde ausgekommen sind. Die Unkosten für die dabei vermutlich notwendig gewordenen zwei Flaschen Schampus zu übernehmen, kann ich mich beim besten Willen nicht entschließen noch bereit erklären« –

– etc. pp. – eines aber finde ich bei der ganzen schönen Geschichte doch am allerschönsten und rechne es (Eilemann gibt mir hier recht, und das bestätigte am Telefon auch Hanno Rink) allen Beteiligten hoch an – vor allem der Einfallskraft und Energie Pfeiffers (die Scheich-Schule, haha!): Wunderschön finde ich, fast wundersam, daß die gute alte *Post* auch noch in den unselig dusseligen Kram mit eingeschaltet wurde – und sich auch einschalten ließ! Daß diese verschlafene und so unendlich gutmütige Behörde auch hier, wie täglich hunderttausendmal, noch gute Miene zum doofen Spiel machte und auch noch diesen leidenschaftlichen Scheißdreck perfekt und anstandslos beförderte und erledigte. Ein Hoch deshalb zum guten Ende auf die Post – evviva!

Der kleine Elefant

In seiner 1838 zu Bombay erschienenen Reise erzählt (Wilhelm Harris), daß, nachdem er den ersten Elefanten, welches ein weiblicher war, erlegt hatte und am folgenden Morgen das gefallene Tier aufsuchte, alle anderen Elefanten aus der Gegend geflohen waren: bloß das Junge des gefallenen hatte die Nacht bei der toten Mutter zugebracht, kam jetzt, alle Furcht vergessend, den Jägern mit den lebhaftesten und deutlichsten Bezeugungen seines trostlosen Jammers entgegen, und umschlang sie mit seinem kleinen Rüssel, um ihre Hülfe anzurufen. (Schopenhauer, Über die Grundlage der Moral)

Die Schüsse waren längst verhallt und der Pulverdampf hatte sich verzogen. Es dauerte aber noch eine ganze Weile, ehe der kleine Elefant in seiner Aufregung wahrnahm, daß seine am Boden neben dem Wasserloch liegende Mutter sich nicht mehr rührte. Sondern gleich als schliefe sie, hatte sie den massigen Leib auf die Seite gelegt, der Rüssel berührte mit seinem Ende fast den Tümpel. Der kleine Elefant ging endlich zögernd zur Mutter hin und berührte sie auffordernd mit seinem Rüssel. Der Leib der Mutter zeigte keine Regung. Allerlei Insekten und Kleinzeug umschwirrten den Kopf der Liegenden. Noch immer vom Nachhall der Schüsse benommen, ahnte der kleine Elefant, daß etwas geschehen sein mußte, das alles Bisherige und Vertraute bedrohte und änderte. Er dachte nach und fühlte, wie das Herz ihm schlug. Aufgewühlt schon ging er mehrmals um die Mutter herum und atmete heftig. Sein Herz pochte noch schneller, dann zog es plötzlich sich zusammen, als ob es sich verknote. Der kleine Elefant blieb stehen und fröstelte. Ratlos äugte er wieder zur Seite nach dem vertrauten Leib, dessen Augen aber noch immer geschlossen waren. Glutrot senkte sich die Sonne.

Der kleine Elefant äugte wieder nach der Mutter, dachte nach und schubste sie ein wenig mit dem Bein. Er bog seinen Kopf leicht zurück und stemmte dann die kleine rechte und noch fast zarte Beinsäule auf den liegenden Leib. Dieser rührte sich nicht mehr. Ein neuartiger heftiger Jammer kam den kleinen Elefanten an – dann trat ihm Schweiß rasch auf die Stirne. Die Sonne war verschwunden.

Die Dornen des Unterwuchses kitzelten den kleinen Elefanten an den Beinen. Zwei Meter vor ihm lag die Lache, die allen, der ganzen Herde, zur Erquickung gedient hatte. Nachdem sie alle gemächlich ihre Körper genäßt und getrunken hatten, waren plötzlich mehrere Lebewesen erschienen, dergleichen und so feindlich der kleine Elefant noch nie gesehen. Dann war der Knall geschehen. Dann waren alle weg. Seither lag die Mutter.

Schneller ward es dunkel. Im Herzen des kleinen Elefanten kräuselte die Bangnis gegen die Brutalität des gleichwohl nicht ablassenden Schmerzes an. Dem kleinen Elefanten war nicht klar, ob dies eine Wohltat oder ein noch böserer Streich war. Etwas Schlimmes, Abgefeimtes war passiert. Der kleine Elefant umschritt bedachtsam wiederum mehrmals die Mutter – so wich vorübergehend der Schmerz, freilich nur, um der noch böseren Angst Platz zu schaffen. Der kleine Elefant machte sich nochmals klar, daß an einen bloßen schweren Schlaf der Mutter längst nicht mehr zu denken war. Die neuen Lebewesen, deren sich der kleine Elefant jetzt wiederum erinnerte, viel kleiner waren sie gewesen als die Mutter. Die jetzt da ruhig vor ihm lag.

Der kleine Elefant blieb stehen, um zu lauschen. Dann lehnte er sich vor Schwäche ein wenig gegen den knorrigen

Stamm eines Jumblum-Baums. Das sehrende Weh – jetzt kam es wieder, sengend. Ein Luftzug stob auf, erstarb gleich wieder. Mit einemmal verspürte der kleine Elefant etwas Hunger, er hatte aber keine Lust, an den zarten Trieben der Bambusbüsche zu äsen. Die Qual am Herzen war zu mächtig, Verlegen dachte der kleine Elefant eine Weile nach. Alles war da. Gräser, Bambus, Wurzeln, Rinde. Lauter Lieblingsspeisen. Aber von gar nichts wollte der kleine Elefant jetzt kosten. Bevor die Mutter nicht erwachte.

Büsche warfen krause Schatten. Verdorrtes Reisig knisterte. Der kleine Elefant verspürte, wie ihm das Herz jetzt wieder schneller jagte und vernehmlicher klopfte, zager und auch freilich fast wie hoffnungsvoll – als wollte es aus seinem Käfig hüpfen. Die Finsternis war schon sehr fortgeschritten. Wieder ratlos zaghaft tappte der kleine Elefant ein wenig auf dem langen Speergras zu seinen Füßen herum. In seinem Bauch hörte er etwas rumpeln und kollern, aus seinem Munde schnurrten undeutliche Laute. Wie aus Verlegenheit scheuerte der kleine Elefant mit dem Rüssel an einem schartigen Baumstamm. Etwas raschelte im Laub. Der kleine Elefant erschrak. Nicht weil er Angst vor einer Maus oder dergleichen gehabt hätte. Sondern weil jetzt alles bedrohlich war. Für eine Weile wiegte sich der kleine Elefant bekümmert in dem schönen Gedanken, die Mutter fortzutragen, damit es wieder anders würde. Dann sah er ein, daß es vergeblich war. Nichts würde jetzt mehr anders werden. Nichts würde je mehr anders werden.

Ein schwaches Leuchten erhellte bald den Himmel und machte die Sterne erbleichen. Zwischen blassen Wolken erschien der Mond und beleuchtete des kleinen Elefanten Nachtwache. Der schiefergraue Felsen des Mutterkörpers war teils noch mit feuchtem Schlamm bedeckt. Im Mondlicht schimmerten die Stoßzähne. Der kleine Elefant versuchte, erst mit dem Rüssel, dann mit dem Stampfer, den Kot von der Mutter Leib zu wischen. In der Aufregung mißlang es, und er schämte sich und ringelte kummervoll das Schwänzchen.

Ein Laut, recht nah, kam auf, versiegte wieder. Der kleine Elefant roch neuerlich an der noch immer liegenden Mutter, betastete mit dem Rüssel sogar Schläfe und Wange. Die Aufregung wich jetzt wieder der großen Verlassenheit. Nichts antwortete dem Tasten. Der kleine Elefant versuchte nun, ohne rechten Glauben, wie früher an die mütterliche Brustdrüse zu gelangen; erschreckt von der Berührung, gab er es wieder auf. Zerknirscht versuchte er, Fassung zu gewinnen. Schlug seinen Rüssel zu Boden, es war ihm, als sinke sein Herzeleid dadurch etwas tiefer und schmerze nur noch mehr. Dann, um seine Verlassenheit zu vergessen, probierte er zu trompeten, er schaffte aber keinen Laut. Den kleinen Elefanten überkam das Empfinden, etwas kreisle in seinem Kopf und verkräusle und verknäule sich dabei immer peinigender. Sich niederlegend, preßte er seinen Körper vorsichtig an den Leib der Mutter, dabei entfuhr ihm ein leises Atemgrollen, vor dem er fast erschrak. Der kleine Elefant wollte brüllen. Wenn er es nicht vermochte, dann sollte wenigstens die Amme kommen und der Mutter helfen. Der kleine Elefant versuchte es mit einem Quietschlaut, einem von denen, mit denen er sonst immer die Mutter so heftig begrüßt hatte, wenn sie ihn vorübergehend allein gelassen. Die Mutter zeigte keine Regung. Im Urwald fauchte leises Grollen.

Der kleine Elefant vergaß des Schlafs. Umschritt den Leib der Mutter nun in anderer Richtung. Dann blieb er wieder stehen. Er schloß ein paarmal die Augen, hoffte derart auf Linderung seiner Pein und Wehen, aber die schon ferne Erinnerung an den Knall riß ihm die Augen wieder auf. Der kleine Elefant glaubte sich jetzt genauer zu entsinnen. Wie die Herde mit dem Knall in wilder Flucht davongetrampelt war, mit ihren Jungen, seinen Kameraden – und wie gleichzeitig die Mutter machtvoll stöhnend sank. Die

Mutter, mit der zusammen er sich am Wasserloch gekühlt hatte. Er hatte der Mutter sogar den Rüssel auf den weich fläzenden Rücken legen dürfen. Und dann hatte er von der Mutter auch abgeschaut, wie man mit dem Rüssel die Ohren ausputzen konnte...

Der Himmel stand pechschwarz. Die zage Erinnerungsfreude des kleinen Elefanten war wieder in wildes Weh umgeschlagen. Die Beine schienen dem kleinen Elefanten mit Gift genadelt. Gleichzeitig wie zerschmettert. Er schlug mit dem rechten nach hinten aus. Jetzt schien der Mond wieder sehr traulich hell ins Dickicht. Schmerz floß vorübergehend hinein in süße Mattigkeit. Die Mutter wich nicht von der Stelle. Vor Mattigkeit und Scham, so ganz allein zu sein, verbarg der kleine Elefant sich ein wenig hinter einem Felsenbrocken nah der Mutter. Im jetzt schwachgrauen Teppich des Dschungelbodens konnte er die reglosen Beinsäulen der Mutter sehen. Neugierig trat der kleine Elefant scheu wieder näher. Das Knacken der Zweige unter seinen Beinen schreckte ihn und kitzelte am Herzen. Vor der Mutter blieb der kleine Elefant stehen, sah über sie hinweg. Als ob er mit ihr, seine Anfechtungen zu vergessen, ein wenig schmolle. Er versuchte nachzudenken, welche Lehre in all dem verborgen sei. Im heller werdenden Sand bewegten sich zwei dunkle Dinge von jeweils vielleicht eineinhalb Zoll Länge. Ein paar Sekunden lang tröpfelte etwas klatschend von den Bäumen. Behutsam berührte und streichelte der kleine Elefant den Runzelleib der Mutter nun doch wieder mit dem Rüsselchen, dann tippte er mit seiner linken Fußspitze schmeichelnd und mehrfach an ihn. Es war ihm, als hätte die Mutter sich kurzzeitig in ihrem Liegen gerührt. Dem kleinen Elefanten zersprang das Herz vor Freude, er tippte und scharrte weiter wie ein Wilder, mit glühender Dankbarkeit erinnerte er sich des milden Wesens der Mutter, ihrer Freundlichkeit, ihrer Sanftmut, aber auch Gerechtigkeit, wenn er, der kleine Elefant, gutmütig und folgsam war – der kleine Elefant koste mit seinem aufgeregten Rüssel die Mutter an den Ohren und den Augen – indessen, die Lider der Mutter mit ihren starken schwarzen Wimpern blieben weiterhin geschlossen. Den kleinen Elefanten schüttelte es vor Eifer, er verspürte, wie ihm die Zuwendung der Mutter jetzt schon fehlte, ihr scharf wägender Verstand, ihre abschirmende Kraft, ihr hohes Wesen. Schon wollte der kleine Elefant ermatten und wieder ganz weinerlich werden, vor Gram schlug er mit dem Rüssel aus, als wolle er stellvertretend für die Mutter die mondbeglänzten Büsche schlagen, schon fühlte der kleine Elefant sich wiederum so unglücklich, daß er dafür gar keinen Namen wußte – da, einen Nu lang öffneten sich die Augen der Mutter, so jedenfalls wähnte der kleine Elefant und wollte schon vor jäher Freude sich aufbäumen, öffneten sich die Augen der Mutter, ihre kaffeebraune Iris schaute den kleinen Elefanten freundlich sorgend an und verabschiedete sich dann endgültig von ihm.

Atemlos stand der kleine Elefant und schaute auf die reglos starren Augen. Dann sah er seinen Irrtum ein. Aus Verlegenheit und Schwermut trabte er etwas von der Mutter weg. Scheu und vorsichtig spähte er durch Büsche hindurch. In einer nahen Waldschneise glühte etwas wie bengalisch. Doch da war auch nicht Hoffnung. Der kleine Elefant tapste zurück. Schüttelte mit den Zähnen an einem Baum. Von ferne war ein recht unentschiedenes Stöhnen zu vernehmen. Der Leib der Mutter lag sehr ruhig. Eher aus Zeitvertreib knabberte der kleine Elefant etwas an ihrem Zeh. Lautlos wimmernd dauerte er sich selber; sich etwas Bewegung zu verschaffen umkreisten seine kleinen Stampferbeine wiederum die Mutter. Der kleine Elefant verspürte Herzweh, Hunger, Heimweh nacheinander. Er tat sich machtvoll selber leid. Das tat ihm aber wohl. Dann wieder war es, als zögen sich ihm Stricke um das Herz, zu dessen endlicher Verknotigung. Unterhalb der kleinen

Stoßzähne loderte und fackelte etwas wie lichterloh, der kleine Elefant kam richtig außer Atem, und dann breitete sich plötzlich Entzücken wonnig weit über sein Herz hin aus. Der Mond begann zu sinken, spiegelte sich silbern in der Tränke. Die Sterne glommen wieder heller, und der kleine Elefant beschloß, für immer neben und bei der reglosen Mutter zu wachen und zu bleiben. An ihrer Brust vergehen wollte er.

Etwas rüttelte an den Bäumen, gleichsam warnend. Jetzt kam dem kleinen Elefanten doch wieder der flehentliche Einfall, die reglose Mutter aufzuheben, damit sie vielleicht anderswo – der kleine Elefant ließ seufzend den Gedanken wieder fahren. Er beugte sich prüfend nochmals über die Mutter, schnüffelte und betastete mit seinem Schnorchelrüsselchen ihre Haut. Dann schlug er den Rüssel nach hinten und steckte ihn endlich vor neuerlicher Verlegenheit in den Mund. Wußte nicht mehr, wohin mit sich. Der Wind fuhr sachte über seinen Rücken. Da erinnerte sich der kleine Elefant auf einmal deutlich, wie einst mit ihrem Rüssel die Mutter ihm einen Hang hinaufgeholfen hatte, immer wieder war er die Böschung heruntergekollert, die Mutter aber hatte ihren Rüssel fest um seinen Bauch geschlungen – endlich war er auf der Böschung gestanden. Stolz erfüllte den kleinen Elefanten, so wie ihn damals Stolz gebläht schon hatte. Stolz vermählte sich im kleinen Elefanten mit dem Schmerz. Er sah zur Seite nach der Mutter. Der Schmerz fauchte nun wie ratlos wieder heftiger. In den Schläfen und am Halse auch. Der kleine Elefant bedachte, ob er vielleicht Zweige über die Mutter breiten solle. Noch vor einigen Stunden, so glaubte er sich eisern zu erinnern, war ihm die Mutter mit faltig braungrünlich gekrümmtem Rüssel zärtlich zwischen die Hinterbeine gefahren, die Wonne der Tränke nochmals zu versüßen. Die beiden Stoßzähne hatte sie ihm leicht in die Ohrlappen gestoßen, ganzganz sachte, mütterlich, so zart konnte nur eine sein – der kleine Elefant schrak hoch. Er war ein bißchen eingeschlafen. Kaum erwacht, noch etwas benommen, da erwachten auch die Schmerzen wieder, stoben hoch sogleich. Die Mutter lag zur Rechten. Fast wohlig roch der kleine Elefant am kühlen feuchten Gras. Das Kühle fachte doch das Herzweh nochmals an. Das Herzweh däuchte den kleinen Elefanten bald wie das Schöne. Verblüfft noch im Verzagen glaubte er zu ahnen, daß dieser sein Schmerz inmitten der Welt- und Elefantengeschichte schon das Angemessene sei und Richtige.

Als er der Kühle und Grauheit des heraufziehenden Tags inne ward, dachte der kleine Elefant freilich wieder, vielleicht würde die warme runde Scheibe, die er kannte, alles wieder aufrichten, vor allem ja die Mutter. Morgennebelschwaden wallten aus dem feuchten Dschungel. Zartes gelbes Rosa hellte jetzt den Himmel. Der ferne Ruf erwachender Pfauen tönte durch den sich wärmenden Äther. Noch einmal ging der kleine Elefant um die tote Mutter herum, vorübergehend von der seufzenden Idee gefangen, daß man sie beschwören müsse. Und daß sie vielleicht durch einen nur gelinden Schlag schnellstens zu wecken sei. Der kleine Elefant trat zögerlich und ganz bedachtsam auf der Mutter Rüssel, vor Zuversicht schon fast hinsterbend. Die Mutter doch blieb reglos. Wie rasend kam jetzt auch die Sonne hoch.

Der kleine Elefant ersah, wie tiefrot ein Rasenstück vorm Leib der Mutter war. Schweren Herzens roch er mit Neugier an dem Blut. Ein Käfer lief darüber. Sehr zierlich aufrecht neben die Mutter stellte sich der kleine Elefant. Er spürte mäßigen Hunger. Verbrämt von sanft kauernder Herzensnot. Sehr sterben wollte er. Jetzt war guter Rat ganz teuer.

Am Horizonte tauchten schmale Lebewesen auf, standen plötzlich vor ihm. Aufrecht gehende waren es, eher hoch als breit. Der kleine Elefant erkannte sie sofort wieder und schrak wild zusammen. Schwang den Rüssel hin und her.

Dann aber traute er seiner wie von ungefähren Eingebung, daß diese Lebewesen vielleicht in der Lage waren, das Unglück, wenn schon nicht vollends zu beheben, so doch seine Schrecknis ein wenig zu mildern. Der kleine Elefant stand äußerst aufrecht. Jammer zuckte nochmals durch die Eingeweide, verschwägerte sich doch mit aller Zuversicht. Mit Mut und freilich ohne jede Hoffnung trippelte er schließlich los. Alle Furcht vergessend kam er den Jägern mit den lebhaftesten und deutlichsten Bezeugungen seines trostlosen Jammers entgegen, und umschlang sie mit seinem kleinen Rüssel, um ihre Hülfe anzurufen.

Die Wurstzurückgehlasserin

Wir wären eine katastrophale Planung, hätte uns jemand geplant.
(Rupert Riedl, Die Strategie der Genesis)

In dem Augenblick, als Mutter die zwei Paar Wiener bestellte: in einer Art Fulguration von Erkenntnis wußte ich a) genau, warum sie jetzt Wiener bestellte; und b) ebenso genau, was jetzt kommen mußte. Ich glaube, ich wußte c) überhaupt alles.

Das Ganze war zur Feier der Silbernen Hochzeit von Vater und Mutter. Die beiden hatten meine Frau und mich in ein Ausflugslokal auf dem Feldberggipfel eingeladen, ein leuchtender Frühherbsttag war aufgezogen – mein Vater, meine Frau und ich hatten sofort die Spezialität des Hauses geordert: Wildschweinschinken; als Mutter nicht ebenso schnell als vierte mitzog, ahnte ich schon die Hauptsache – und als sie schließlich und endlich wie tastend, säuerlich und kränkelnd leise die Wiener beim Kellner in Auftrag gab, war mir im Prinzip alles klar. Ihr sei gar nicht gut, lamentierte sie, kaum daß der Kellner weg war, sofort und schwächlich und mit dem schönsten ihrer Unglücks- und Katastrophenblicke los – deshalb die Wiener nur: etwas Leichtes, das den Magen nicht im Übermaße angreife.

Es war vollkommen klar, daß die Frau log und – auch und gerade an ihrem Freudentag! – bemitleidet werden wollte – aber, ich glaube, es dauerte dann doch noch zwei Sekunden, bevor mir sowohl Witterung als auch Erfahrung den noch weiter reichenden Grund für Mutters Renitenz einflüsterten. Es war die pure Perfidie: Sie hatte die Wiener nur und alleiniglich deshalb bestellt, um sich nachher über sie beschweren zu können – zu ihrem doppelten Genuß! Denn, natürlich, auch der Verzicht auf den erwartbar guten Wildschweinschinken war kalkulierter Genuß; hätte doch dessen Verzehr dem schwergewichtigen Tag einen gar zu sonnigen Anstrich gegeben, und eben den wollte Mutter nicht, sollte nichts von ihrer Macht abbröckeln, der Macht, die von ihrem gleichsam wehen Alter (ich glaube 57) abstrahlte – aber fast sicher bin ich, daß die Freude am Zurückgehenlassenkönnen der Wurst nebst all den erregenden und abermals erwartbaren Implikationen jenes andere Vergnügen noch weitaus überstrahlen sollte. Ein doppelter Himmelslohn gleichsam für den Verzicht auf den weit schmackhafteren Schinken.

Und genau so kam's denn auch. Das heißt, zuerst kamen unsere Wildschweinschinkenhappen an, wir drei Besteller langten kräftig zu und ließen's uns schmecken – und nicht für ausgeschlossen halte ich es im nachhinein, daß sich ein innerliches Lachen von tiefer Zufriedenheit in Mutters Augenfalten formierte und selbst noch ihre fetten Lippen kräuselte, kam doch gerade unsere gute Eßlaune den noch immer verdeckten Strategien der Mutter auf mehrfache Weise entgegen – jawohl, alle drei lobten wir immer wieder nachhaltig die Schinkenspeise, was hätten wir auch sonst groß reden sollen? – spätestens jetzt aber setzte Mutter wieder verschärft ihre Leidensmiene auf, jenen Blick ins Leere auch, halb zu Vater hin, halb zum Fenster und ins blaue Land hinaus – und da kamen auch schon ihre vier mickrig rosigen Würstchen – Mutter wartete noch ein paar Leidenssekunden ab, äugte weh erledigt auf die schmucklos unappetitlichen Dingerchen, griff zu Messer und Gabel (eigentlich hätte sie hier gut und gerne beides zu Boden fallen lassen können, um uns drei noch mehr in ihren Bann zu ziehen), ich schob mir herzhaft meinen letzten Wildschweinhappen in den Mund, und schon erreichte das erste abgesäbelte Stückchen Wiener den wie schmerzensreich nur leicht geöffneten von Mutter. Insgeheim und unauffällig paßte ich genau auf: Mutter schob den Bissen nur an die Lippen – mit zwei Fingern nahm sie ihn dann von der Gabel und legte ihn wieder auf den Teller zurück. Schüttelte sich leicht, starrte verstockt auf den Teller und murmelte, nein flüsterte, die Wurst sei verdorben. Man könne sie nicht essen, beim besten Willen nicht.

Es war wunderbar mit anzusehen, wie kunstvoll und schrecklos Mutter log. Freilich mußte sie, weil Vater neben ihr nicht aufgepaßt hatte und seinerseits zäh und froh an seinem Schinken weiterkaute, ihre Gaunerei noch zweimal wiederholen, und sodann – war ich nicht ganz sicher, ob Vater voll auf den Zauber reinfiel oder das Drecksspiel, zu beider tiefer Befriedigung, einfach mitmachte: so als ob derlei schon häufig durchgespielt und in allen Varianten erprobt worden sei. Möglich sogar, daß beides der Fall war, daß Vater begeistert mitspielte und in einer raren Art von Selbstbenebelung trotzdem Mutters Gemeinheiten abkaufte – jedenfalls mußte nun er seinerseits erst mal die Wurst kosten – ein Stückchen Wiener flog also mit heftigem und bereits wie zum Tode verdammten Schwung unter Vaters Schnauzbart, Vaters Mund knabberte und mahlte, mahlte und knabberte und ließ die Zähne hörbar werden – zu allem törichten Überfluß schnupperte nun Vaters alte Adlernase mehrfach und heftig mit ihren Flügeln (die Wurst war im Mund – die andere viel zu weit entfernt, als daß irgend etwas Beleidigendes zu schnuppern gewesen wäre) – und jetzt klaubte auch Vater die zermalmte Wurst wieder aus seinem Mund, griff den Klumpen mit Daumen, Zeigefinger und Mittelfinger, hielt ihn andeutend ein wenig gegen Mutter, dann gegens Tageslicht, dann zu mir und meiner Frau hin, jetzt legte er den Klumpen wie angeekelt auf seinen Teller zurück, schnipselte ihn mit der Gabel von den Wildschweinschinkenresten weg – und bestätigte schnaubend endlich seinerseits: Jawohl, die Wurst sei verdorben! Und kurz darauf hörte ich, meine sogar neuen Schuhe beäugend, das Ganze sei ein Skandal. Jawohl, ein Skandal!

Manchmal überlege ich, ob innerhalb meiner Elternschaft nicht letztendlich Vater der noch größere Tor ist. Schwer zu sagen. Jedenfalls, während Mutter nach meiner wiederum etwas kopfscheuen Beobachtung schon vollauf zufrieden mit ihrer Tat schien, mußten auf Geheiß des Vaters nun auch meine Frau und ich von der verdorbenen Wurst kosten. Gespannt, wie gefesselt und zugleich entfesselt harrte Vater auf unser Testergebnis – bei Mutter glaubte ich dagegen eine schon wieder eher ungläubig interessierte und, nicht zu vergessen, zugleich schmerzlich beleidigte Miene auszumachen. Natürlich war die Wurst nicht verdorben, was meine Frau und ich alsbald zum Ausdruck brachten. Meine Frau ist ein Schaf; sie ahnte nichts; sie fand die Wurst einfach gut – und bot sich sogar an, die Wurst ihrerseits zu Ende zu essen. Da aber – und dies nun fand ich wirklich überraschend und einfallsreich! – führte Mutter plötzlich ihrerseits nochmals ein Stückchen Wurst in ihren Mund, ja, diesmal wirklich hinein in ihn, sie schien an der Wurst sogar zu lecken und dann tatsächlich etwas zu zerkauen und bewegte sodann – unter Vaters gespanntem, ja fasziniertem Hornbrillenblick – schon nachgerade virtuos die Backenmuskeln hin und wieder und kniff endlich wie entseelt die Augen zusammen – jetzt schien es sie auch noch zu würgen (obschon sie m. W. noch gar keinen Brokken im Magen hatte) – und endlich, wie unter Aufbietung ihrer letzten Lebenskräfte und wie im allerspätesten Augenblick klaubte sie die halbzerquetschte Wurst wieder aus ihren Zähnen hervor. Warf sie auf den Teller zurück, säuberte die Finger ganz rasend an der Papierserviette, zerknüllte diese, legte das Knäuel über die Wiener und die Wienerreste – und warf schließlich ihren Oberkörper zurück. Wie erledigt, wie verkauft und doppelt verraten.

Von ihrem Sohn? Und ihrer Schwiegertochter? Hatte sie Entlarvung ihrer Hochzeitsjubiläumsfreuden gefürchtet und deshalb den zweiten Eßvorgang angestrengt? Oder gefiel ihr einfach das Spiel so gut? Genug, zumindest Vater war ja längst auf ihrer Seite – ja, täuschte ich mich nicht, sah auch er jetzt seinem Sohn und seiner Schwiegertochter wie durch einen scharfen Vorwurf hindurch mit aller herrischen Strenge in die Augen – und so beeilte ich mich denn, nun auch meinerseits zu versichern, ja, möglich sei es durchaus, daß die Wurst verdorben sei. Nur habe nicht jeder die Geschmacksnerven, nuschelte ich etwas bockig, diese Verdorbenheit sofort wahrzunehmen. Wozu mein Vater noch während meiner Rede heftig, zustimmend und zutiefst seinen Sohn billigend mit dem fast haarlosen Kopfe nickte. Mein Vater ist ein ziemlich dummer Hund.

Und meine Mutter eine ausgesprochen blöde Sau. Mit einer gewissen fraglosen Raffinesse freilich. Ich entsinne mich: schon zehn Minuten später beneidete ich sie sehr um diese. Man mag das Vergnügen, Anteilnahme zu erheischen, kindisch finden. Das Vergnügen, Würste als untauglich zu qualifizieren, grenzt dagegen schon an sublimere Bereiche; zumal zur Silberhochzeit und vor Zeugen. Das Vergnügen schließlich, einen Kellner zu quälen, hat wieder eher etwas Gesundes und hierzulande Bodenständiges:

Denn, klar, es kam, wie's kommen mußte. Vater – in diesem Punkt ist er zuverlässig und mit Mutter aufs beste zusammengespielt; selbst unterstellt, er durchschaute Mutters Gaunereien seinerseits gar nicht – Vater also rief laut und hektisch und dröhnend nach dem Kellner – der Kellner kam durch das noch immer vollkommen leere Ausflugslokal herbeigelaufen – Vater schwang den Oberkörper zu dem Armen herum, Vaterbrille und Kellnerbrille trafen sich in einem zutiefst feindlichen Niemandsland – und schon brüllte Vater los: Wie er, der Kellner, dazu komme, seinen Gästen verdorbene Wurst aufzufahren! Angemeldeten Gästen wohlgemerkt! Und: Weg mit der Wurst da!

Frischer Kartoffelfeuergeruch wehte durchs halboffene Fenster. Der Kellner, schläfrig verblüfft, verteidigte seine Wurst – und in diesem Augenblick, mit dem ersten Ton der Kellnerrede, sah Mutter nochmals vollkommen erledigt zum Fenster hinaus, holte ein Tempotaschentuch aus ihrem Täschchen und fuhr mit ihm über die Schläfe. Die Wurst, redete der Kellner, während ich abwechselnd Vaters rücksichtslos abrechnenden und Mutters klaglos anklagenden Blick beobachtete, die Wurst sei heute früh erst aus der Schlachterei gekommen, Dutzende von Pensionsgästen hätten sie schon zum Frühstück verzehrt usw. – die Herrschaften, mühte sich der Kellner zusammenfassend, müßten sich täuschen! Hilfesuchend sah der Kellner nun mich an – Vater aber geriet von da an vollends in Rage: Ob die Wurst verdorben und verschimmelt sei, schrie Vater so, daß wohl selbst Mutter leicht erschrak, diese Frage werde zweifellos noch immer am kompetentesten von ihm, dem Vater, und dieser Dame, er zeigte wild auf Mutter, entschieden! Und nicht von irgendwelchem Greisen- und Touristenpack! Er Kelleresel, so der Vater, er Esel solle zum mindesten die ekelhafte Wurst jetzt wieder abräumen und mitsichnehmen! Er Tölpel!

Und seinen schwachsinnigen Kindern zum Fraße vorwerfen, er Kellnerdrecksack, vollendete ich im Geist vergnügt des Vaters rauhe Rede. Ich hatte ihm zuletzt fast andächtig zugehört. Selbst Mutter schien von seinem Geschrei die letzten Sekunden über stark beeindruckt. Fast schon besorgt blickte sie zu ihm hoch.

Noch einmal und schon etwas bußfertiger suchte der Kellner sich zu verteidigen, abermals fuhr ihm der Vater in die Parade und in sein tatsächlich unbeholfenes Gesabber –

und dann fügte das schiere Glück etwas ganz Wunderbares: Die Tür flog auf und herein schoß erbarmungslos schwärmend und lärmend eine komplette Hundertschaft alter Menschen beiderlei Geschlechts, ganz offenbar ein Omnibus mit Senioren-Ausflüglern; der saubere Haufen besetzte innerhalb zweier Minuten krachend und flegelnd und rumpelnd sämtliche Tische und Stühle im Lokal und krähte dringend und mit den Armen fuhrwerkend nach Bedienung – und souverän nutzte mein Vater im entstandenen Kuddelmuddel die Chance, den Kellner ein letztes Mal eindringlich anzuherrschen und ihm inmitten seiner Rede 50 Mark hinzupfeffern – damit möge er sich trollen!

Und nun ab mit Ihnen in die Wüste! plärrte Vater grandios ihm nach.

Worauf er, sehr schnaubend und zuweilen, sich an ihm zu weiden, dem entschwindenden Kellner den Kopf nachschleudernd, stracks fortfuhr, seinen Wildschweinschinken zu verdrücken. Plötzlich fiel ihm da der Gedanke zu, doch wenigstens davon Mutter etwas abzugeben – dringlich schob er ihr sogar ein bißchen seinen Teller zu – jetzt aber vollbrachte Mutter ihr sicherlich schönstes, gegen sich selbst rücksichtslosestes und deshalb sogar rührendstes Kunststück. Sie biß sich sekundenlang wie wägend auf die Lippen – und lehnte ab. Murmelte etwas davon, ihr Magen vertrage die Aufregung nicht. Und deshalb, wenn ich es recht verstand, diesen Schinken schon gleich gar nicht.

Und äugte leidessatt zur Stubendecke.

Vater aber verfügte scharf sich aufs Klosett.

Ich mußte, während meine Frau und ich zu Ende aßen, sie wirklich bewundern. Sie war zum Ehejubiläum genau so widerlich, wie ich sie seit, meiner Rechnung nach, 29 Jahren kannte. Ich vermute, zu Vaters und Mutters Hochzeit war es ganz genauso dreckig und widerwärtig zugegangen – nur war ich vormaliger Bankert damals noch zu klein und dumm gewesen, dieses Doppeldreckstück von einem Elternpaar zu beobachten und zu analysieren. Diese beiden Arschgesichter!

Immerhin: Mutter gebührt die Krone. Ohne ihre Einfallskraft, mittels einer kleinen Wurst ihr Hochpläsir zu finden, ja so etwas wie ein Zipfelchen von Weltherrschaft zu erhaschen und an sich zu reißen, ohne Mutters Kühnheit, gedanklichen Schwung und Perfektion der Ausführung wäre dieser Brüllaffe von einem Vater ganz sicherlich zu doof gewesen, von sich aus etwas Zunder in sein brunzdummes Ehejubiläum zu bringen. Sie aber, mit seiner Hilfe freilich, hatte es geschafft. Um so endlich auch mir den Familienauflauf etwas pikanter und sogar erträglicher zu machen.

Gewiß, ich frage mich, ob Mutter nicht noch besser daran getan hätte, in diesem Deppenlokal eine Bouillabaisse à la Marseillaise mit Languste zu bestellen – um so Vaters Protestschreie hervorzulocken, falls sie die nicht hatten. Aber nach reiflicher Überlegung komme ich doch immer wieder zu der Überzeugung, daß ihr Gaunerstückchen mit der Wurst noch durchdachter war und ergiebiger; nämlich reicher an Entfaltungsmöglichkeiten und Facetten.

Zwanzig Minuten später wollte mein Vater beim Kellner nochmals zahlen. Mein Vater ist schon ein unfehlbar großer Rucksack. Mutter, schon frevlerisch weißgesichtig, machte ihn wie vor Leid hauchend und allerdings schleunigst darauf aufmerksam, daß dies ja schon erledigt sei.

Up up, Holzer, and away!

Das unerwartete Ende
der »Alten- und Weihnachtshilfe« 1984
der Frankfurter Rundschau

Airport Frankfurt, 11 Uhr 51. Noch 64 Minuten. Chefredakteur Werner Holzer sah ruckartig nach der elektronischen Uhr in der Frequent Traveller Lounge. Der Zeiger hüpfte auf 11 Uhr 52. Holzer schnaufte durch und befühlte zum wiederholten Male die geschwellte und zugleich wie zusammengekauerte, ja ausgetrocknete Brust. Doch, sie waren noch da, die Riesen. Und in 63 Minuten würde die Maschine der »Air Seychelles« von Frankfurt abheben. Um 12 Uhr 55. Um 0 Uhr 40 würde sie auf den Seychellen landen, und von dort ginge es direkt weiter mit der PAL, mit der Philippine Airlines, nach Manila. Und dort würde sich seine Spur verlieren ...

Holzer seufzte wieder – aber es war ein Seufzen voller Optimismus, Zuversicht. Was sollte noch groß passieren? Das Check-in hatte er schon hinter sich, seine Finger hatten nur unmerklich gezittert – und dies auch nur, weil er den Matchsack hatte zu Boden stellen müssen. Den Matchsack mit der – nein, nicht der »Rundschau«, sondern der FAZ obendrauf! Ja, er, Holzer, hatte alles genau bedacht. Wer würde schon unter den edlen Schriftzügen der FAZ ein Gepäck vermuten, das ausschließlich aus einem Kulturbeutelchen, einem Fläschchen Melissengeist und 900 000 Emmchen bestand?! Während die restlichen 100 000 gleichverteilt in den Sakko-Brusttaschen lagerten ...

Eine Million! 1 Mille – 1 Mio, wie die Kollegen von »Bild« zu schreiben pflegen ... Mein Gott! Holzer schauerte über seinem wie leeren Magen zusammen und gluk-kerte gleichzeitig lautlos auf: Was würden die »Bild«-Hyänen lärmen und schreien, wenn man es entdeckt hatte! Und – erst die eigene Zeitung selber?! Wer würde, als kommissarischer Chefredakteur, es auf sich nehmen, die Leser zu informieren, denen die bittere Wahrheit zu sagen: Daß der langjährige, hochgeachtete Chefredakteur keineswegs eines bekannt korrupten Springer-Blatts, sondern der »Frankfurter Rundschau«, die Chuzpe ge– –

Und dies – noch vor Weihnachten?! Erst – nachher?? Ob sie es doch schon entdeckt hatten? Zumindest etwas ahnten? Da er, Holzer, heute vormittag nicht in der Redaktion erschienen war? Aber er hatte ja noch vor zwei Stunden seine Sekretärin angerufen und sich beurlaubt wegen Magendrücken und –

Jetzt ganz lässig durch einen Duty-free-Shop schlendern: nein, besser gleich die Paßkontrolle. Letztlich konnte da nichts passieren. Seine Papiere waren einwandfrei. Und den Flughafen kannte er inzwischen wie seine Westentasche. Tagelang und penibelst hatte er, Holzer, den Terminal-Guide studiert, gedruckt in der gleichen Druckerei wie die FR – welch eine abgründige Ironie!

Eine Million! Und noch exakt eine Stunde, dann lag Germany hinter ihm! Und mit ihm mehr als zehn Jahre Maloche in diesem – Käseblatt!

Festen Schritts bewegte sich Holzer auf die Paß- und Zollkontrolle zu, den Matchsack leichthin schlenkernd. Holzer korrigierte sich. Nein, ein Käseblatt war es nicht gerade, seine FR, sondern immerhin eine Instanz aufrecht linksliberaler Ge... hm: Was hieß das eigentlich: »aufrecht linksliberal«? Mulmiges raschelte in Holzer. Im Hirn? Im Herzen? Gleichviel – Holzer spürte, wie sich von Minute zu Minute vermehrt moralische Kategorien zersetzten, lang- und wohlbewährte Begriffe sich in nichts auflösten: »aufrecht« – »links« – »liberal« – was ein Schmarren! Gemessen an den 1000 Tausendmarkscheinen und an dem fernen Nahziel eines Lebens in paradiesischer Freiheit, des Meeres und des blauen Himmels ...

Wie abgezirkelt reckte Holzers Linke den Reisepaß hoch, die Rechte hielt den Matchsack fest. Holzers Blick fiel auf die Aufmacherzeile der Konkurrenz: »Kohl: Weihnachten ein Fest der Brüderlichkeit«, schrieb die FAZ. Holzer hatte Mühe, nicht laut herauszulachen. Der Uniformierte reichte ihm den Paß retour. Nickte. Wie verstehend. Wußte er – alles? Und ließ – alles verstehen, heißt alles verzeihen – ihn hier trotzdem durch?

Holzer schüttelte kurz den Kopf aus. »Uff«, sprach es halblaut aus ihm. Er stand in der Transit-Halle. »Abflug – Departures«, wiesen wie strahlend nach links die Leuchttafeln. Noch vielleicht hundert Meter bis zum Gate B 47. War es nicht Wahnsinn, was er da –?

War's nicht echt Wahnsinn, was er da seit Wochen angeleiert und ausgeheckt hatte – nein, seit Jahren?!

Filmstreifen, junge und alte, verkreuzten sich vor Holzers innerer Leinwand. Noch einmal schrak er zusammen – dann, direkt wohlig, überzog sein Gesicht ein fast selbstgefälliges, breites Lächeln. Lächeln der Freude – der Genugtuung. »Ihre Traumreise beginnt«, las Holzer auf einem azurblauen Poster. Wackelten die Knie? Nein, jetzt quiekte gar ein Lachen in Holzers Eingeweiden, suchte Durchschlupf nach dem Munde. Hahaha! »Not gemeinsam lindern!« Das Motto, das ewig gleiche Motto der »Alten- und Weihnachtshilfe«-Spendenaktion der guten »Frankfurter Rundschau«. Holzer lächelte noch immer, spitzte den Mund, um nicht laut herauszuprusten. »Hilfe für Multiple-Sklerose-Kranke«, »Geld für Heiminsassen«, »Kohlen und Heizöl für Rentner« – ha! Haha! Nein, nicht Not gemeinsam lindern – sondern alleine – die Not des Werner Holzer lindern! Mit einer glatten Million, eingezahlt wie immer von Tausenden FR-Lesern treulich auf das Postscheckkonto Nr.

102 500-603! Holzer staunte ein wenig verstört, daß er die Nummer auswendig konnte. Nun, lange genug hatte er den Scheiß ja chefredaktionell betreut, und seit Monaten dachte er so exklusiv an diese Zauber-Postschecknummer, daß ...

»Scheiß«? Holzer tadelte sich sofort. »Scheiß« war sicher übertrieben; nicht korrekt. Noch am 24. 12. 1983 hatte er, Holzer, sich beim »lieben FR-Leser« bedankt – für dessen »Großherzigkeit«, haha! – markig hatte er (Holzer schmunzelte in sich hinein) dem »Gefühl der Beschämung« faselnd Ausdruck verliehen, ein Gefühl, das (ja, so ähnlich hatte er geschleimt) die Redaktion jedesmal beschleiche, sobald sie die Dankschreiben der Bespendeten erhalte, aus (Holzer erinnerte sich wortwörtlich) »Händen, die zu zittrig zum Schreiben« seien –– und dabei war er, Holzer, schon bzw. noch am 20. 12. 83 so fest entschlossen gewesen, diesmal aber wirklich zuzuschlagen und endlich mit der Kasse durchzugehen – zwölf Jahre Chefredakteurs-Fron waren auch wirklich genug! Diese ständigen und letztlich nichtigen, ja sinnlosen Analysen des Bonner Gewürges, dieses Geschreibsel über das Politikerpack, diese ewig und einen Tag brotlosen Appelle von wegen »Vernunft«, »Kritik«, »konstruktiv« und »Solidarität« – dieser alte abgestandene Blödsinn aus dem Wirrwarr-Schatzkästlein des weiland FR-Gründers und Herausgebers Karl Gerold, mein Gott, was ein hirnverbrannt-sentimentaler Quark, an den –

Karl Gerold! Fast ruhig, ja genießerisch stopfte Werner Holzer auf dem Rollsteig ein Pfeifchen, entfachte es. Schmunzelte erneut. Gerold ja war es, dem er hier – all sein Glück verdankte! Das Glück namens – Mindanao! Der Schnarchsack Karl Gerold hatte ja den ganzen sentimentalen Schmarren ins Leben gerufen – typisch für den alten Spinner und Lyriker und Leuteausnehmer – jawohl! Vor 33 – 34? 35? – Jahren mußte es gewesen sein – als dieser Mann, der noch nie einen ordentlichen deutschen Satz, geschweige denn Gedanken, zuwege gebracht hatte, der sich aber sowohl als Lyriker wie auch als Sozialgewissen der Nation mißverstand, die muffige Weihnachts-Dingsda inauguriert – initialisiert? – instupidisiert (Holzer kicherte lautlos über sein Wortspiel) hatte – indessen, vergnügt stieß Holzer Rauch aus dem Mund (ah, noch 49 Minuten nur!): Er, er, Werner Holzer, hatte die charakterliche Stärke aufgebracht, hatte durchgehalten. Zu warten, bis es sich echt rentierte; zu warten, bis die Million – komplett war!

Mein Gott! Eine Fuhre neuer Glücksschrecken fuhr durch Herz und Glieder. 790 786 Mark waren es gewesen, die 1982 zusammengekommen waren; 1983 dann deutliche 47 176 Mark schon wieder mehr (Holzer wunderte sich erneut, wie exakt er die Zahlen parat hatte), also: 837 962 Mark! Ja, jedes Jahr ein neuer Rekord, trotz Krise und Arbeitslosigkeit, die christliche Caritas wuchs, wuchs so blödsinnig, daß eigentlich selbst der Papst sich wundern müßte in dieser gottfernen Zeit – und er, Holzer, hatte eben die Witterung gehabt, 1983 doch noch einmal zuzuwarten, im Blatt von einem »Riesenerfolg« zu dröhnen – und gleichzeitig das Überschreiten der Million im Auge zu behalten; der Million, die nach Kohls bescheuertem Wirtschaftsaufschwung eigentlich kommen mußte, mußte! – und er, Holzer, sollte recht behalten! 1 001 237 DM waren es bis gestern gewesen, was 1984 rübergekommen war: aus den Börsen von Arm und Reich, Dick und Doof, noch 43 Minuten bis Buffalo und –

Stolz blähte Holzers Brust. Stolz und Genugtuung. »Satisfaction«, sprach es englisch aus dem Ex-Chefredakteur. Er sprang vom Rollsteig wie ein Twen. Im gleichen Augenblick schwindelte ihn – er drohte zu sinken. Ah! Ja! Wie gut, einen Melissengeist in Reserve zu haben! Holzer, fahrig, kramte im Matchsack. Hörte Scheine lautlos rascheln. Sound der Hoffnung, Taste of Joy! Das Fläschchen hoch zum Mund! Zack und ex und hopp! Ah, wie das geistlich brannte! Und sofort die letzten moralischen Barrieren hinwegfegte! Holzer lachte plötzlich so laut und brünstig, daß zwei vorbeiflatternde Lufthansa-Gänschen sich nach ihm umdrehten. Ihn keck-kokett bestarrten. Holzer hatte Mühe, nicht vor Glück und Satisfaction zu bersten. Schon in der nächsten Stunde könnten die beiden Hübschen ihm, Holzer, gehören, so er ihren verblüfft kullernden Augen seinen prallen Matchsack darbot, vom andern schmachtend prallen Sack zu schweigen ... oh, sweet tender love and yes, my darling –

»Liebe FR-Leser«, wie besessen vom Bösen quiekte es in Holzer, er blieb stehen und sprach sich halblaut glucksend den verschrobenen Schmäh vor, der eigentlich in drei Tagen, bedrückend genug, wieder im Blättchen stehen sollte: »Aus gänzlich beschämter Seele danke ich Ihnen once more für Ihre großherzig-saudumme Cooperation beim Flying-Holzer-Coup und ...«

Zwei Airport-Wachmänner kreuzten Holzer, besahen ihn kurz und wie zum Eingreifen entschlossen – doch dann passierten sie – nein, no danger und no sweat! Aber bitte keine billige Zyne! Holzer biß sich mißbilligend, strafend auf die Lippen. Zyne hinsichtlich der braven FR-Spender ... ach was! Nein, es war doch so: Fast 7 Millionen DM waren seit Kriegsende auf die Manier bei der FR zusammengekommen – nur recht und billig war es da, wenn der seit zehn Jahren dafür Verantwortliche mal rasch 1 Mio davon abzweigte! Was Barzel recht und Flick billig, das konnte man einem Holzer nach einem Dezennium Selbstaufopferung nicht bzw. kaum – – –

Ein riesiges Plakat – Palmen und blaues Meer – nahm Holzers Auge gefangen. Im Vordergrund eine Flasche Bacardi. Jaaaah! Bacardi trinken – fischen – leichte Kleidung – easy life – schöne Menschen – keine alten und kranken Krauter mehr – it's marvellous! 1 Mio war nicht der Teufel, aber für sweet Mindanao reichte es, reichte es ein Leben lang, a life of joy and fucking and and – –

Keine weitere Kontrolle? Na bravo. Beschwingt betrat

Werner Holzer Gate 47. Beschwingt und festen Schritts und sonder Wank. Ließ sich in den Sitz fallen. Richtete den Blick durchs Fensterglas ins Freie. Ah! Was ein blau strahlender Dezemberhimmel! Hell und blau und klar wie sein, Holzers, Entschluß, wie seine Zukunft. No Future? Hah! Fortüne winkte Holzer aus dem Blau! Urwaldinsel Mindanao! Wo keine Sau ihn finden würde!

Up up, Holzer, and away!!

1 Mio. Unglaublich. Dazu sein bißchen privat Erspartes. 9758 Mark. Heute morgen von der BfG abgeholt. Hatte der Kassier nicht ein bißi curious geguckt? Ach was. Der Arsch doch nicht. Der kuckte ewig blöde. Blöde wie alle festangestellten Angestellten, hah! –

Holzers Tempotaschentuch betupfte die jetzt wieder feuchte heiße Stirn. 1 001 237 Mark aufs Haar. Holzer grämte sich ein wenig, daß er die 1237 Mark in der FR-Kasse gelassen hatte. Pro forma. Bzw. wie zum Hohn. Ja – mit gleichsam nur symbolischen 1 000 000 Mark wollte er das Blatt verlassen. Abfindung, sonst nichts. Und wie raffiniert (das mußte sogar die Polizei ihm lassen, und sein Redaktionskollegium!) hatte er's angestellt! Den ganzen Geldberg – Kleingeld, Scheine, Schecks – hatte er gestern nachmittag in der Bank in Scheine wechseln lassen, in lauter Tausender, für Foto-Zwecke, damit's in der »Rundschau« fotogener aussah, der große Haufen. Hah! Wie er, Holzer, den Zaster – für den Fotografen! – in den eigens dafür eingebauten Safe hinterm Chefredakteursessel verschwinden ließ – und keiner, nicht der Fotograf, kein Kollege, kein Schwein, war auf den Trichter gekommen, darüber nachzugrübeln, ob das Geld in diesem doofen Safe denn auch wirklich – –!

Erregt stand Holzer auf, nahm wieder Platz. Befühlte froh den metallisch verläßlichen Safeschlüssel in der Hosentasche. Dochdoch, es war schon okay so. Den leeren Safe heute morgen offen den Blicken der Sekretärin feilzubieten, der Schlüssel wie zum Hohne fläzend auf dem Schreibtisch – es wäre zwar hübsch, aber zu gefährlich gewesen. Dochdochdoch.

Holzer zuckte zusammen. Ja, er war es: Hans Heigert. Rechts hinter seiner Schulter erkannte Holzer den Kollegen Chefredakteur von der »Süddeutschen« genau. Heigert – kein Zweifel. Nanu?! Zufall? Hoffentlich würde es ihm, Holzer, gelingen, den nicht begrüßen zu müssen! Diese Begegnung – erregt zupfte Holzer seinen Schnauz – wäre gar zu peinlich und ... andererseits, warte mal: Hatten die von der SZ nicht auch so eine smarte Weihnachts-PR-Aktion?! Altenhilfe – mit sehr ähnlichen Umsätzen!! Gott sei Dank: Heigert schien Holzer nicht wahrgenommen zu haben – wahrnehmen zu wollen?! Hatte dieser seriöse Dunkelmann etwa auch – Dreck am Stecken und – waren hier zwei auf die gleiche Idee – –?

Coolness forever. Werner Holzer biß sich verbissen auf die Zunge. Spürte, wie nochmals der Schweiß ihm aus den Poren strömte. Sah nach rechts oben. Verflucht! Noch immer 36 Minuten. Holzer schalt sich der Nachlässigkeit. Hätte er doch vorher – Zeit wäre ja genug gewesen – im Beauty-Shop sich von seinem schmucken Schnauzbärtchen getrennt! Nervöses Befingern beider Brusttaschen. Alles klar? Alles klar. Die Scheine knisterten ganz unüberhörbar. Und der Matchsack?! Wo war der Matchsack?? Ah, da stand er ja. Ruhig zu seinen Füßen. Verstohlen holte Holzer nochmals den Melissengeist aus dem Sack, nippte gierig, atmete durch – dann zwang er sich, die Augen schließend, zu freundlicheren Gedanken. Ob er sich dort in der neuen Heimat Mindanao wirklich eine Geliebte antäte? Schauerschönes Wogen des Glücks in Holzers Brust. O herzzerreißendes Versinken! Dann eine Explosion. Eine nur? Goddam! 27 Stück!!

Wie ihn wohl die Eingeborenen nennen würden? Don Agape? Nö, von Christentum hatten die Gott sei Dank keinen Dunst. Mr. Safebreaker? Es gelang Holzer, ein wenig und gleichwie versonnen zu schmunzeln. Mr. Selfhelp? Doc Wood? Big Massa Grabsch …?

»Save money on your journey to the Far East!« – ein Anschlag über der Sperre. Vor Schreck, wie ertappt, setzte Holzer seine Sonnenbrille auf – eben noch rechtzeitig, denn in diesem Moment kurvte schwungvoll wie in seinen vitalsten Tagen kein anderer in die Abflughalle als – Henri Nannen! Der alte Nannen – mitsamt einem kleinen prallen Koffer Handgepäck. Holzer überlief es siedend. Kannte er Nannen – kannte Nannen ihn?? Nannen sah sich siegessicher um – war in dem Köfferchen – der Erlös von »Jugend forscht«? Gedanken jagten sich in Holzer wie nichts Gutes. Wie gut, den Sporthut tief über der Stirn zu haben! Holzer zog ihn noch tiefer. Ja, genau, die Gelder von »Jugend forscht« mußten da drin sein oder irgend so einer Krebsbekämpfungskiste oder –

– doch was war das? Prunkend ausgestreckt bewegte sich da Nannens Rechte auf ihn, Holzer, zu – wollte sie ihm den Matchsack entreißen? – doch nein! Nannens Pranke sauste an ihm vorbei – und schon erhob sich drei Meter weiter links ein riesig dicker Schatten von einem Mann, schon strahlte das Gesicht des Mannes (Holzer äugte klammheimlich hoch) Nannen lachend an – und schon fuhr seine Rechte in die Nannens: Wim Thoelke! No doubt – Wim Thoelke. Im – hochsommerlichen eierschalenfarbenen Reiseanzug. Holzer sah glasig, aber sternenklar: Thoelke mit dem ganzen Geld der »Aktion Sorgenkind«!!

Verschwommenes raste jetzt torpedogleich durch Holzer. Nannen – Heigert – Thoelke – Seychellen. Nein, das war kein Zufall mehr. Reißend spürte Holzer gleichzeitig, wie rasend Neid ihn packte. An der Gurgel packte. Neid und Wut auf diese Banditen! Diese Kriminellen! Man mußte, ehe es zu spät war, die Flughafenpolizei –? Aber dann, Holzer ahnte, wie falsch er mit seinem Plan lag, würde man ja auch ihm den Garaus machen mit seiner lächerlichen Million, und er wäre mit dran – und alle Hoffnung, alles Sehnen wäre für die Katz gewesen und –

Holzer schloß die Augen. Hörte, wie Nannen und Thoelke offenbar noch im Stehen begeistert aufeinander einlärmten. Holzer hielt die Augen unter der Sonnenbrille krampfhaft fest geschlossen. »Hallo, Henri«, hörte er Thoelkes fleischige Stimme, und frevle Gier nach neuem Melissengeist übersäte Werner Holzer – »du auch auf die Seychellen? Was eine Überraschung, altes Haus!«

Holzer spürte, wie ihm noch speiübler wurde. Mit klammer Hand, schwerst bedrängt, hielt er die Schnur des Matchsacks. »Wußte ich's doch«, hörte er Henri Nannen brüllen, »daß du dabei bist, wenn es was zu ...«

Den Rest nahm Werner Holzers Ohr schon nicht mehr wahr. Etwas wie eine innere Stimme hatte vom Ex-Chef der »Rundschau« Besitz ergriffen. »Das nenne ich Chuzpe«, so raunte es umflort durch Holzers Hirn, »zusammen gut 10 Mio im Beutel – und dann so zu lärmen ...« Holzer schauderte in sich zusammen. »Cash as cash can«, murmelte jetzt etwas wie bewußtlos in seinem schweren und zugleich leeren Kopf – mitten hinein in die fernblassen Bilder von Meer und Sonne, Longdrinks und, ach, geliebten Frauen. Ob es bei Reisen nach Fernost so etwas wie eine Geldbeutelkontrolle gab? Respektive Brusttascheninspektion? Holzer fühlte sich verrucht. Sah, wie linkerhand Thoelke nun sogar ein Diplomatenköfferchen aufmachte und Nannen einen Blick auf die ergaunerten Scheine gewährte. Nannen lachte röhrend auf, tätschelte Thoelke an der Schulter. Heigert, hinter seiner, Holzers, Schulter – der hielt sich vorerst bedeckt. Las zäh in der SZ. Meer und Sommerwind – rauschende Küsse. Holzer fühlte, wie der Horror vacui durch seine alten Glieder kroch. Halt zu gewinnen, umklammerte seine vornübergebeugte Gestalt das kitzligkühle Fell des Matchsacks. Wie knisternd Feuer fühlte es sich plötzlich an. Mon Dieu. Wenn doch nur der Aufruf käme: »Wir bitten die Passagiere ...« Noch – 29 Minuten? Nur 17? Holzers Auge war zu tränend, als daß der Zeiger noch Iris und Netzhaut – –

»Fly, Holzer, fly!« Etwas brummte durch den Kopf. Holzer lächelte forciert, ja manieriert. Lehnte sich zurück, wie ergeben, ja aufgegeben. Lärm drang abermals von Nannen und von Thoelke her – teilten sie schon die Frauen, die Latifundien auf? Hausten sie zusammen auf Mindanao? Mit – Rainer Barzel als Butler? Gehörten die Philippinen eigentlich der NATO an? Quatschpardon äh: Interpol? Hatte er, Holzer, nicht erst neulich einen brisanten Leitartikel darüber zusammengeschmiert? –

»Sicherheit für Ihr Geld – mit der Swissair in die Schweiz.« Starr las es Holzer auf der Reklameseite seines Flugschein-Pockets. Nein, jetzt keine Umkehr mehr – jetzt war alles eins. Noch 24 Minuten. 124? Jetzt rüttelten sie im Chefredakteurssalon am verschlossenen Safe. Holzer lächelte zerquält. Sehrsehr ambiguisch. Thoelke, Nannen lachten. Apropos – das da drüben – war das nicht – Brauchitsch? Nee. Nur Hansi Rosenthal mit dem Kies der Glücksspirale. Oder was. Er, Holzer, sann Holzer leichthin schwerblütig verludert, er sollte sich mit Heigert und Rosenthal zusammentun. Zu dritt entfiel die Schande auf drei ... machte vieles leichter ... und ...

Ob Karl Gerold jetzt ihn, Holzer, sah? Direkt aus dem Jenseits? Willenlos saugte Holzer an dem Napf seines Melissengeists. Lüftete den Hut, zog ihn dann furchtsam bis zur Nase. Thoelke, Nannen lachten abermals und schaurig.

»Go, Staatsanwalt, go«, flüsterte es durch Holzer. Er spürte, wie seine bleiern klammen Knie ihm fröstelnd tremolierten.

Frau Killermann greift ein

Gott ist ein lauter Nichts, ihn rührt kein Nun noch Hier.
(Eco, Der Name der Rose)

Dort droben auf der reinen keuschen Erde sind wir zu Hause.
(Jean Paul, Das Kampaner Tal)

Nachdem ihr langjähriger Ehemann heimgegangen war, verlor Großmutter allmählich und jedenfalls teilweise die Übersicht. Nicht nur, daß sie ihn zwar häufig auf dem Friedhof besuchen ging, ihren Mann aber gleichzeitig immer wieder im Feld vermutete; ein Problem wurden vor allem die Semmeln. Mehrmals täglich verließ Großmutter die von ihr noch versorgte Parterrewohnung, schlurfte über die Straße, schob ihren nicht gar großen, molligen Körper in die kleine Kolonialwarenhandlung Hubmann und kaufte dort Semmeln. Bei vier, fünf Einkäufen am Tag kamen so oft an die zwanzig bis vierzig Semmeln zusammen. Darauf aufmerksam gemacht, konterte Großmutter, ihr Mann schicke von der Front weder Post noch Geld – man könne sie ja hier nicht verhungern lassen – und von den Semmeln könne sie auch Arme Ritter machen, immerhin. Derart versammelten sich in Großmutters Brotkasten sowie über verschiedene Wohnschränke und Kommoden hin verteilt nicht selten bis zu hundert, hundertzwanzig Semmeln, zum Teil steinharte und schon schimmelig gewordene. Trotzdem stellte Großmutter weitere Semmelkäufe keineswegs ein, und kaum wurden von Anverwandten einige Großvorräte

Semmeln in den Abfalleimer getan, schon kaufte Großmutter um so energischer nach. Um die Sache aus der Welt zu schaffen oder doch dem Problem möglichst vorzubeugen, wurde schon im März eine Frau Killermann bestellt und Großmutter über weite Strecken beigeordnet.

Es war nicht ganz eindeutig, ob Frau Killermann von gänzlich privater Seite vermittelt worden war oder irgendwie über den Umweg der Pfarrei – und am wenigsten klar war es sicherlich Großmutter, die sich aber auch nicht oder jedenfalls kaum wunderte, daß plötzlich andauernd eine große, feste, wuchtige Frau in ihrer Küche herumsaß, eine stattliche, sehr ruhige und schon deshalb fast ehrfurchtgebietende Frau. Die der Großmutter sogar irgendwie bekannt zu sein schien, die sie als Nachbarin im nächsten Haus einordnete, davon ging sie aus und behauptete es auch Frau Killermann gegenüber – in Wahrheit spricht aber alles dafür, daß Frau Killermann zwar in derselben Straße wie Großmutter wohnte, aber an deren entferntem Ende.

Ferner hieß es auch, daß Frau Killermanns vor Zeiten verstorbener Mann bei der Post gewesen sei.

Frau Killermann war unter Umständen nur 1,69 Meter hoch, mahnte aber gegen die wohl nur mehr 1,57 Meter der Großmutter äußerst ragend, hoheitlich und beschützerisch. Schon am Tag ihres Debuts hielt sie Großmutter umsichtig von mindestens drei Semmelkaufversuchen ab – beim letzten, gegen 17 Uhr, schien Großmutter zu resignieren, ja sie war es wohl auch zufrieden – und als sich Frau Killermann Schlag 18 Uhr verabschiedete, wollte zwar Großmutter mit ihr hinaus auf die Straße, um im letzten Moment doch noch im Laden vis-à-vis Semmeln zu kaufen; allein, Frau Killermann vereitelte es, indem sie vom Küchenfenster aus das Abschließen des Kolonialwarenladens beobachtete und abwartete – und dann erst, als die Gefahr vorüber, Großmutter definitiv verließ. Großmutter watschelte ihr bis zur Hoftüre nach und versicherte freundlich rosig lächelnd und leicht mit dem schneeig kugelrunden Kopfe wackelnd, das Kennenlernen und der Besuch hätten sie sehr gefreut. Und Frau Killermann solle nur zum Plaudern dann immer wiederkommen.

Machtvoll, ehern und nur leicht auf einen Stecken gestützt, schob Frau Killermann nach rechterhand ab. Großmutter sah ihr so lange nach, wie es ging, und schlurfelte dann emsig ins Haus zurück.

Am anderen Tag hatte Großmutter zwar schon morgens einmal Semmeln gekauft und den Bestand von etwa zehn auf achtzehn vermehrt – am Nachmittag indessen verhinderte Frau Killermann abermals das Gröbste und unterband wiederum hintereinanderweg drei bereits ins Auge gefaßte Semmelkaufversuche. Am folgenden Nachmittag unternahm Großmutter nur noch einen Anlauf – und schon am vierten Tag vergaß sie zum erstenmal der Semmeln ganz. Am fünften kam der Wunsch in Anwesenheit Frau Killermanns zwar zweimal wieder, kurz vor 18 Uhr und nachdem Großmutter gerade ihr Bier ausgetrunken hatte – er ging aber die nächsten Tage über abermals deutlich retour – und wurde im Verlauf der ersten zwei Wochen zwar nicht gerade zum Verschwinden gebracht, aber doch auf ein fast gewöhnliches Maß zurückgeschraubt. Zufrieden, ja sogar etwas selbstzufrieden sah Frau Killermann auf Großmutter hin und schmunzelte.

Frau Killermanns Aufenthalt in Großmutters Küche fand sehr beständig statt zwischen 14 und 18 Uhr. Ehe Frau Killermann samt Gehstecken jeweils bedachtsam anschob, ging Großmutter immer auf den Friedhof, ihren Mann besuchen – spätestens um 13 Uhr war sie dann wieder zuhause, und um 14 Uhr, kurz vor der Wiedereröffnung des Semmelladens, schrillte Frau Killermanns dreifaches Schellen. Anfangs lauschte Großmutter überrascht auf das Schellen und ging aber sogleich öffnen; viel spricht dafür, daß sie das Schellen aber dann sehr bald mit Frau Killermann in Verbindung zu bringen wußte. Frau Killermann schwang und wiegte sich jeweils bedächtig und fast lautlos in Großmutters Wohnung hinein, stellte ihren Stecken in die Regenschirmablage und nahm geruhsam schmunzelnd an der Stirnseite von Großmutters Küchentisch Platz. Im gleichen Augenblick, wie nervös beglückt, hub Großmutter an, die Vorbereitungen für das Kaffeekochen auf dem Gasherd zu treffen – watschelte aber auch gleichzeitig in ihre Speisekammer und brachte eine Flasche Bier an. Drittens klaubte sie aus einer Kommode Plätzchen – und endlich, meist gegen 15 Uhr, standen dann Kaffee, Bier und Plätzchen samt Tassen und Gläsern auf dem Tisch vor Großmutter und Frau Killermann. Frau Killermann schien die Kombination sogar zu behagen. Sie leerte meist erst ihren Schoppen Bier, verdrückte vier, fünf Plätzchen und trank dann Kaffee nach. Großmutter, aber vermutlich ziemlich grundlos und nur aus lauter freudiger Gastgebererregung, wählte meist irgend eine andere Abfolge und sah ein bißchen verzaubert auf Frau Killermann hin – und als es später langsam auf den Sommer zuging, kam zur einen Bierflasche nicht selten eine zweite dazu, aus dem Kasten in Großmutters Speisekammer.

Im allgemeinen noch vor Beginn dieses gemischten Nachmittagskaffees drehte Großmutter dann auch das Radio auf – und Frau Killermann reckte sofort immer ein wenig das linke Ohr zum Radiokasten hin. Meist eröffnete das Programm mit selten zu hörender sinfonischer oder Konzertmusik; dann folgte in der Regel Schulfunk; und das letzte Drittel des Beisammenseins war häufig mit Opern- und Operettenklängen angefüllt. Großmutter hörte nicht hin, Frau Killermann aber schien alles sehr und gleichermaßen zu gefallen und einzuleuchten. Ein Ohr schien sie gleichsam Großmutter zu leihen, das andere der Getragenheit der sinfonischen Klänge. Beide Augen aber ruhten sehr zufrieden auf der Großmutter.

Den Namen Frau Killermanns hatte Großmutter, obzwar sonst recht vergeßlich, schon vom ersten Male her behalten – scheint's kannte sie ihn doch bereits von früher her. Bald schien es auch, daß Großmutter sich schon vollständig auf die Regelmäßigkeit von Frau Killermanns Erscheinen am Nachmittag eingestellt und eingerichtet hatte – des werktätigen: Samstag und Sonntag pausierte Frau Killermann. Da wurde Großmutter von anderer Seite versorgt und manchmal auch mit dem Auto wo hingefahren.

In der ersten Zeit, im März, vertraute Großmutter Frau Killermann wiederholt an, sie müsse sich jetzt immer viel kümmern, weil ihr Mann sei ja in den Krieg, erst vor ein paar Wochen sei er eingezogen worden – und leider schreibe er so gar nicht, das sei nicht schön von ihm. Frau Killermann tröstete Großmutter mit bedachten Worten und schmunzelte bedeutsam. Aber weil sie, Frau Killermann, jetzt da sei, bestätigte Großmutter, sei es schon wieder besser, da brauche sie jetzt auch nicht mehr so zu verzagen. Frau Killermann nickte und verschränkte mit großer Gemütsruhe die Arme ineinander. Der Kaffee kam, Großmutter schob Frau Killermann den Plätzchenteller nahebei und trippelte sofort in die Speisekammer, um ein Bier zu holen für den Durst. Viel Märzensonne spitzte tänzelnd in die Küche.

Sie sei ja allerdings im Dorf aufgewachsen, teilte Großmutter Frau Killermann mit, faßte sich nachdenklich am Kinn und drehte, sich die Hände vorher am Küchenschurz abwischend, das Radio auf. Aber sie sei ja jetzt schon sehr lange in der Stadt da – sie, Frau Killermann, habe ihren, der Großmutter, Mann ja sicher noch gekannt, ein Bierbrauer sei er ihres, Großmutters, Wissens gewesen. Frau Killermann nickte steil bejahend. Großmutter schritt sofort ans Büffet und prüfte den Inhalt des Brotkastens. Es seien noch sieben Semmeln drin, beschied Großmutter leicht bewölkt Frau Killermann – das werde schon hoffentlich noch bis morgen langen. Frau Killermann nickte abermals und bestätigte es mit ein paar beruhigenden Worten. Großmutter seufzte trotzdem, überlegte etwas und setzte sich. Ob sie, fragte Großmutter Frau Killermann sehr eindringlich und beugte den Oberkörper zutraulich zu ihr hin, ob sie aus diesen Semmeln Arme Ritter machen solle. Sie brauche nur schnell die Semmeln kleinzuschneiden, dazu Eier, Milch und Mehl drüber geben und das Ganze in den Topf aufs Gas. In einer Stunde könnten die Armen Ritter fertig sein. Oder in eineinhalb.

Frau Killermann verwehrte Großmutter den Plan mit einem sehr ruhigen, freilich auch ehernen Schütteln ihres ein wenig kuhhaften Kopfes. Hielt die Arme überm dunkellila Kleid verschränkt und schloß für ein paar Sekunden auch die Augen.

Großmutter seufzte, stand auf, setzte sich wieder und schlürfte nun gleichfalls geschlossenen Augs ihren Kaffee aus. Dann trank sie einen Mundvoll Bier nach und schickte einen kleinen Rülpser hinterdrein. Frau Killermann schob ihrerseits ein Plätzchen in den Mund und nahm – trotz Großmutters wiederholter Aufforderung, auch Bier zu trinken – für heute ausschließlich mit Kaffee vorlieb. Weiterhin recht nervös spielte Großmutter mit dem Schlüselbund in ihrem Schürzenschoß – dann sah sie wieder neugierig zu Frau Killermann hin und hoch. Sie schien für eine halbe Minute vergessen zu haben, wer das sei – dann, zu ihrer Erleichterung, schien es ihr wieder einzufallen.

Das sei schön, sagte Großmutter sehr wohlauf, daß sie, Frau Killermann, sich jetzt so viel um sie, Großmutter, kümmere und sich ihr zuwende, solange der Mann aus dem Feld nicht schreibe. Frau Killermann bestätigte es mit starkem Nicken. Beide Frauen hatten nun die Arme traulich ineinander verschränkt, gleich darauf zog Großmutter ein wenig das weiße bestickte Tischtuch mit den Plätzchenkrümelchen zurecht.

Schien Großmutter Frau Killermann von Anfang an sehr zu mögen und gleichzeitig als ihre gewissermaßen zubestimmte Respektsperson anzuerkennen, eine Respektsperson ungeachtet der auch Großmutter sichtbaren Tatsache, daß Frau Killermann sogar ein paar Jahre jünger war als sie; so war umgekehrt Frau Killermanns Verhältnis zu Großmutter ganz offenbar von einem großen, breiten, ja geradezu massiven Wohlwollen bestimmt. Und breit und wuchtig schützend und zugleich wachend saß Frau Killermann auch stets ihre vier Stunden lang am Küchentisch, stemmte die Ellbogen gegen diesen und legte entweder die Hände oder die Arme ineinander. Oft wiegte dann Frau Killermann den Oberkörper etwas zurück, mit verschränkten Armen sah sie wachsam zu Großmutter hin oder auf den Brotkasten oder auf das andere Mobiliar und schmunzelte sehr behaglich. Tauchte Großmutter für kurze Zeit in der Speisekammer unter oder machte sich am Radio zu schaffen, so äugte Frau Killermann auch hin und wieder zur Entlastung wider die Zimmerdecke.

Das sei schön, fuhr Großmutter freundlich, beinahe schelmisch lächelnd fort, daß man sich jetzt auf die Art auch noch kennengelernt habe, sie sich und Frau Killermann. Man sei ja praktisch Nachbarn. Und der Mann im Haus fehle halt, klagte Großmutter etwas gedankenlos, legte den Schlüsselbund von der einen Hand in die andere und forderte Frau Killermann auf, die Plätzchen wegzuessen. Die alten Soldaten, ihres früheren Mannes Kameraden, wüßten vielleicht allerhand, was los sei – aber sie, Großmutter, kenne deren Anschrift nicht. Denn ihr Mann schreibe nicht, murrte Großmutter sich ereifernd – und ob sie deshalb in diesem Fall nicht doch noch besser Semmeln einkaufen gehen solle in dem Geschäft da gegenüber, für alle Fälle. Frau Killermann verweigerte es Großmutter mit dem zweimaligen Hinweis, in dem Brotkasten seien ja noch elf. Großmutter blieb im Zimmer stehen, horchte auf und legte eine Hand leicht auf Frau Killermanns Schulter – sichtbar freudig überrascht. Elf seien noch im Kasten? Frau Killermann nickte. Großmutter lehnte einen Zeigefinger an den Nasenflügel, machte kehrt und ging zum Büffet, sich zu überzeugen. Aus dem Radio erklang die vierte Sinfonie von Sibelius. Tatsächlich, die Brotkiste war rappelvoll. Großmutter, wie geblendet von der Kraft und Zuversicht der Semmeln, warf einen Blick der Dankbarkeit, ja der sehr rosigen Betörtheit auf Frau Killermann. Dann brauche sie, sagte Großmutter glücklich, ja heute gar nicht mehr einkaufen gehen, und morgen vielleicht auch noch nicht. Und sie, Frau Killermann, lockte Großmutter, könne dann ja auch noch etwas bleiben.

Frau Killermann strich sich über die sehr markante klobige Nase und bestätigte es ruhevoll. Ob sie noch Bier aus der Speisekammer holen solle, wollte Großmutter wissen und lächelte reizend zuvorkommend herberglich. Frau Killermann verneinte huldvoll dankend. Und schob nochmals ein Plätzchen nach. Glockenschlag 18 Uhr erhob sie sich zu voller Größe und schob wieder hinaus. Großmutter winkte sehr freundlich hinterdrein.

So ward April, und bald war Mai. Schon mit den ersten warmen Tagen wurden Großmutters Semmelkaufanstrengungen wieder energischer, und Frau Killermann hatte einige Mühe, Großmutter in Schach zu halten und der Sache ihren natürlichen Riegel vorzuschieben. Das freilich wiederum hatte ein paarmal zur Folge, daß Großmutter schon vormittags zweimal Semmeln kaufen ging – und dies führte seinerseits dahin, daß aus den viel zu vielen Semmeln Arme Ritter entstanden, eine ganze Pfanne voll, die nun drei Tage hintereinander, jeweils wieder aufgewärmt, Frau Killermann statt der gewohnten Plätzchen zu Bier und Kaffee angeboten wurden. Anstandslos verschmähte Frau Killermann auch die Armen Ritter nicht und mahlte sie gelassen mit dem Munde. Zufrieden schmunzelnd schob der Unterkiefer noch lange hin und wieder, indessen Großmutters rundlicher Körper schon wieder in die Speisekammer schlurfte, um wegen der großen Hitze noch ein drittes lauwarmes Bier nachzufassen.

Sehr schön sei das, sagte Großmutter und wischte rührig Schaum vom Mund, daß Frau Killermann heute wieder gekommen sei, man brauche ja auch eine Hinwendung und ein Interesse, wenn einem die Zeit nach dem Mann lang werde. Frau Killermann stimmte mit steil majestätischem Kopfnicken zu und verfolgte dann mit den geschlitzten grauen Augen eine dicke Fliege, wie sie von den Fenstergardinen auf den Tisch surrte, sich auf der blechernen Kaffeekanne für eine Weile zur Ruhe setzte, um dann im Kreis endlos um den Deckelrand zu wandern. Ein Slowfox drang beklommen aus dem Radio. Um 18 Uhr stemmte sich Frau Killermann mit den beiden Handflächen wieder vom Tisch hoch, gab Großmutter die Hand und suchte sehr lautlos, wie auf Sammetpfoten sich schiebend, rasch das Weite.

Zuweilen hielten die beiden Frauen sich auch derart bei Laune und die Stellung, daß sie sich die Blätter der Heimatzeitung teilten und drin lasen, meist zwischen 16 und 17 Uhr. So daß bis 18 Uhr nicht mehr gar zu lange war – und man sogar über das Gelesene sich hätte austauschen können, hätte Großmutter davon etwas behalten. Frau Killermann schien aber zu wissen, daß Großmutters Augen nur eifrig die Zeilen entlangstrichen – und obschon die Lippen das Gelesene mit einem winzigen Auf- und Niedervibrieren lautlos andächtig wiederholten, schien das doch eher wie die Pflichterfüllung eines Lästigen. Nämlich Großmutter teilte Frau Killermann nach Beendigung der Lektüre die Brille absetzend und etwas verzagt hohläugig mit, jetzt sei ihr Mann schon mindestens vierzehn Tage im Feld, auf dem Friedhof sei er aber gestern auch nicht gewesen – die anderen alten Soldaten kenne sie leider nicht – man müsse schon viel mitmachen. Frau Killermann gab es zu und trank gemessen ihre Neige Bier aus. Am Grab seien jetzt so schöne Tag- und Nachtschatten, fuhr sinnend Großmutter fort, aber das sei allerdings recht boshaft von ihrem Vater, daß er nicht schreibe und sie hier sitzenlasse. Ein paar Sekunden lang wurde Großmutter sogar sehr zornig, nahm die Brille ab und sah jäh hoch zur Wanduhr. Dann schlurfelte sie in die Speisekammer und kam bald mit einem Glas eingemachter Zwetschgen zurück. Ob sie, Frau Killermann, davon wolle, die Zwetschgen seien noch von daheim. Frau Killermann gebot der Sache Einhalt, indem sie schmunzelnd auf die Unverträglichkeit von Bier und Zwetschgen verwies und sich mit den Faustknöcheln dabei sogar ein bißchen gegen Bauch oder Magen tatschte. Großmutter blieb stehen und sah Frau Killermann groß und vorwurfsvoll ins Auge. Frau Killermann schob Großmutters Stuhl zurecht. Man habe noch vor kurzem ein so schönes Haushalten gehabt, parierte Großmutter nachgrollend und setzte sich, und dann ziehe dieser Mann in den Krieg! Zuerst zögen sie die Männer groß, erboste sie sich, dann schickten sie sie ins Feld und dann schössen sie sie ab wie die Spatzen, rief Großmutter fuchsteufelswild, legte ihren Schlüsselbund auf den Tisch und griff fast schmachtend Frau Killermanns rechten Unterarm. Ob das die Schlüssel zu ihrem Haus da seien, begehrte Großmutter zu wissen und deutete auf den Schlüsselbund. Gelassen bestätigte es Frau Killermann. Verhuschtes Nachmittagslicht fiel schäferfreundlich blond auf Großmutters weißgrauen Haarschopf und zeichnete wie sirrend auf ihm und über seinen Schattensträhnen einen hellgleißenden Halbmond. Frau Killermann wiegte leichthin ihren Kopf.

Sie müsse sich jetzt immer so viel kümmern, vertraute Großmutter Frau Killermann schmeichelnd an. Frau Killermann wies darauf hin, daß sie, Frau Killermann, ja jetzt hier und bei ihr, Großmutter, sei. Darüber, staunte Großmutter und setzte ihre Kaffeetasse ab, wundere sie sich auch schon die ganze Zeit. Aus dem Radiokasten kam schwirrig stark synkopierte Jazzmusik. Ob sie, Frau Killermann, versetzte Großmutter freundlich und lächelte sehr einladend bang, dann nicht gleich hierher ins Haus und diese Wohnung ziehen wolle. Einfühlsam schmunzelnd lehnte Frau Killermann ab. Sie wohne ja gleich hier in der Nähe. Sie schnuffelte, schien etwas Angebranntes zu riechen und schneuzte ihre Nase. Großmutter erhob sich vom Stuhl, prüfte, ob noch genug Semmeln im Kasten seien, und kletterte auf einen Stuhl, um die Wanduhr aufzuziehen, die allerdings noch ging. Sehr wächterhaft schaute Frau Killermann ihr zu. Morgen früh, kündete Großmutter doch wieder bekümmert an, kaufe sie gleich Semmeln. Dann seien welche da, wenn der Mann dann wieder komme.

Um den 20. Mai herum wunderte sich Großmutter Frau Killermann gegenüber wiederholt der schwer verständlichen Tatsache, daß der Postbus nach Dalking und Furth früher direkt vor ihrem Haus da gehalten habe – jetzt aber sei kein Halteschild mehr da. Und auch halte der Bus nicht gegenüber. Gelassen machte Frau Killermann Großmutter darauf aufmerksam, das Kaffeewasser koche, und nippte verhalten von ihrem Likör, den ihr Großmutter wohl eher aus Versehen und wie in übergroßem Beschäftigungsdrang heute hingestellt hatte. Großmutter fragte ihren Gast, ob sie heute schon Semmeln gekauft habe, damit später nichts sei. Frau Killermann bejahte nickend. Großmutter, sehr hohläugig, teilte Frau Killermann angelegentlich mit, eigentlich habe sie ja in Gleißenberg einen Stehausschank, da kämen immer die Männer nach der Kirche rein und verzehrten Limonade oder Schnaps. Und manchmal sogar einen Hering und Kartoffel. Frau Killermann nickte abermals und kratzte sich hinunterlangend am Fußknöchel. Man müsse halt schon viel durchmachen und mitmachen, faßte Großmutter seufzend zusammen, stellte die Kaffeekanne auf den Tisch, setzte die Brille ab und starrte nach der Wanduhr über dem Küchenbüffet. Überlegte stehend und prüfte dann den Semmelbestand. Obgleich acht Semmeln im Kasten waren, schien sie nicht zufrieden. Seufzte kopfschüttelnd und sah nach Frau Killermann. Frau Killermann saß breit und ehern und vierschrötig aufrecht einsatzbereit am Tisch und las aus einiger Entfernung die Überschriften in der Tageszeitung. Großmutter setzte sich zu ihr, schob zwei Likörgläser traut aneinander, seufzte, lächelte wund und sah dann Frau Killermann zuerst geschamig, dann sehr ernst und fest in die Augen. Das sei schön, sagte Großmutter mit viel Wärme, daß sie, Frau Killermann, heute wieder gekommen sei, so weither, aus Furth. Ihr, Großmutters, Mann, gehe nämlich schon eine Zeitlang ab – sie, Frau Killermann, habe ihn ja sicher noch gekannt. Frau Killermann nickte, schmunzelte behäbig und sah dann durch die Geranienstöcke hindurch ein wenig zum Fenster auf die Straße hinaus. Inständig klagend und auch etwas zürnend verwies Großmutter auf die ungute Entwicklung dergestalt, daß sie ihren Mann neulich geholt hätten – und dabei habe man gerade zuletzt hier so sauber gewohnt und alles und ein so schönes Haushalten gehabt mit sieben Hühnern und sogar ein paar Hasen im Hinterhof, und Holz für den Winter sei auch genug im Keller gewesen, das habe damals der Herr Metz mit dem Lastauto vors Haus gefahren, der Herr Metz, ein hübscher, ein sehr sauberer Mann!

Frau Killermann bestätigte es mit weichem Brummen.

Es sei eben allerdings auf nichts mehr Verlaß, meldete Großmutter nach einer Weile seufzend noch einmal Protest an – nicht einmal mehr auf die alten Soldaten, die könnten ihr doch Meldung machen! Frau Killermann beruhigte Großmutter murmelnd und schien dabei sogar ein wenig einzuschlummern. Großmutter bot Frau Killermann zwei Mark Trinkgeld, wenn sie nach nebenan gehe und für zehn Mark Semmeln hole. Öffnete ihr Geldbörslein und ließ den Inhalt, ein paar Scheine und viele Münzen auf den gedeckten Kaffeetisch fallen. Sofort klaubte Frau Killermann das Geld wieder in die Börse zurück und eröffnete Großmutter beinahe pompös, es seien noch für die ganze Woche Semmeln da. Schon, rief Großmutter leidenschaftlich, setzte sich auf den Stuhl und griff sich glutvoll Frau Killermanns rechten Beinschenkel mit der ausgespannten Hand, aber darum handele es sich ja! Sie, Großmutter, möchte ja ihre Rechnung bezahlen, wenn sie auf Besuch hier sei – bei Frau Killermann. Frau Killermann schüttelte wehrhaft wägend den Kopf und erläuterte Großmutter besänftigend, daß der Fall sich andersherum verhalte. Sie wolle nämlich allerdings nicht stören, faßte Großmutter herzhaft nach – ja, allerdings sei dies ihre Wohnung, sie kenne ja alles ganz genau: Ob ihr Mann vielleicht im Keller sei? Frau Killermann verneinte es fast salbungsvoll. Großmutter stand auf und schaltete das Radio aus. Frau Killermann schien die nächsten Minuten über wieder sacht zu dämmern. Als sie die Augen wieder aufschlug, lächelte ihr Großmutter hold und pfeilgrad ins Gesicht. Das sei schön, sagte Großmutter, daß sie, Frau Killermann, gekommen sei und daß sie sich beide so gut vertrügen – da gebe es auch andere Sorten! Und lächelte Frau Killermann weh und dankbar halboffenen Mundes an. Trotzdem schien sie jetzt wieder nachzugrübeln, wer Frau Killermann eigentlich sei und wer sie hierhergesetzt habe. Aus schamlos hohlem Geschoß heraus versenkte das güldene Grün der Großmutteraugen purpurmondig glühend und schon fast entseelt sich in die farblosen von Frau Killermann, welche aber gleichzeitig eine über den Tisch spazierende Ameise mit dem Daumen schon zerdrückte.

Am 28. Mai wurde Großmutter bettlägerig, am 29. stellte eine halbseitige Lähmung sich ein. Noch am 30. Mai saß Frau Killermann auf einem Stuhl an Großmutters hohem Bett. Großmutter lag etwas gekrümmt in ihm, den Kopf im Schmerz gestemmt ans Wandbrett. Dann riß sie ihn herum, in Richtung auf Frau Killermann. Ihr Angesicht war schneeig. Einerseits tue ihr alles weh, sagte Großmutter, dachte nach und sah verblümt bebenden Kinns zu Frau Killermann empor, andererseits sehe sie sehr schöne gelbe Kornfelder, ganz gelb und schön. Frau Killermann schmunzelte etwas gar protektoral, fast gönnerhaft. Ob der Vater schon wieder im Keller sei, wollte Großmutter aufhorchend wissen. Frau Killermann verneinte es kopfschüttelnd. Das Korn stehe schön und schaukle immer hin und wieder, erläuterte Großmutter stockend und etwas beschwert und wie befangen – aber da seien auch noch so allerhand andere Sachen im Kopf, so seltsame, Großmutter ächzte, zum Beispiel Luzie, die ihr den Bauch aufschlitzen wolle, dann der Schlieffenplan mit der Währungsreform. Großmutter stierte nachdenklich besorgt an Frau Killermann vorbei, Gram und Sorge verzerrten ihr Kugelantlitz zur düsteren Grimasse, und die Mundwinkel waberten ruhlos hin und wieder – und da sei dann vor allem auch noch Thomas mit dem Hammer, der ihr wegen der Wegzehr mit dem Hammer auf den Schädel haue. Großmutter stutzte, sah wieder neugierig scheu nach Frau Killermann und fragte, wo eigentlich deren kleines gelbes Katzerl sei. Frau Killermann erfaßte Großmutters Hand. Großmutters lieblich vorwurfsvolles Antlitz reckte nach dem sich von Frau Killermann und zerquälte sich zu einem Lächeln des Danks, hehr und herrlich schimmernd wie die Schöpfung selber. Dann wurde es wieder ernst. Ob sie, Frau Killermann, fragte Großmutter leise stöhnend wach, nicht nach nebenan gehen wolle, wegen Semmeln, einen Kaffee könne sie sich ja heute ausnahmsweise vorübergehend selber aufsetzen, und ein Schlieffenplan und das Bier seien hinten in der Poststation.

Frau Killermann hielt ruhig Großmutters gelbe feuchte Hand.

Nachdem Großmutter am 31. Mai heimgegangen war,

fand sich in ihrer Einkaufstasche in der Kommode ein Knäuel aus Tüchern, Socken und Wäsche. Mittendrin steckten vier alte angeschimmelte Semmeln. Zwei Semmeln fanden sich unterm Kopfkissen des Krankenbetts. Drei lagen noch im Brotkasten drin.

Frau Killermann half anschließend bei einer Frau Adlhoch aus und wurde – möglicherweise auf Empfehlung – gleichzeitig auch noch einer Frau Henselein zugeteilt. Nach beider Abgang verdingte sie sich noch bei einer Frau Heimerl für die Nachmittage.

Wieder ein Jahr später rückte dann auch Frau Killermann ein.

Wieser mein Name, Höhlenführer

Im Jahr 1967 ereignete sich plötzlich mitten im Hochsommer das Folgende:

Hermann Siddener, berufstätig, hatte für ein paar Tage frei bekommen und ging deshalb seinen Freund Josef Ekkart, derzeit untätig, an. Ekkart sagte Siddener, in Kürze werde Edi Maurer-Mattern anrufen, dem die Tagesgestaltung ebenfalls Mühen bereite, dies seit Jahren. Gleich darauf erfolgte Maurer-Matterns Anruf und die zugehörige, erwartbare Frage. Auch ein junger Bundeswehrleutnant sei hier – wo?, fragte Ekkart zurück; in der Eisdiele, sagte Maurer-Mattern –, der zu allem zur Verfügung stehe. Ob Teenager auch in der Eisdiele seien, wollte Ekkart noch erfahren. Warum?, fragte Maurer-Mattern, ja, zwölf. Wer alles?, so Ekkart. Gaby, Erni, Schönsteiner-Manuela, Karin, der Waldhaus-Trampel, Annerl, Heidi, Heida, Gudrun, der Schandfleck, Gräfin Charnady und der Kosak. Ach so, sagte Ekkart. Wir kommen dann hin. Warum wir?, fragte lauernd Maurer-Mattern. Der Hermann sei auch da, sagte Ekkart. Welcher Hermann? Auch das wurde geklärt.

Edi Maurer-Mattern beschmeichelte Siddener wie Ekkart beim Eintritt in die Eisdiele im Handumdrehen mit dem Bericht, daß auch die soeben eingetroffene Schankkellnerin Lieselotte Schieferl eine Gaudi mitmache. Schieferl erhob krähend den Einwand, sie müsse um 17 Uhr zurücksein, weil um 18 Uhr ihre Arbeit angehe. Da biß ihr Maurer-Mattern leicht ins Ohr, da lachte Schieferl erfreut auf und sagte: also!

Maurer-Mattern war inzwischen auch eingefallen, was und wohin. Er sagte nahezu wörtlich: »Hier in unserem Landkreis befindet sich eine euch allen unbekannte Höhle. Sie besitzt ein siebenfaches Echo und ist erst seit vier Wochen wieder in Betrieb. Durch Glücksumstand habe ich dies erfahren!« Bisher habe er ausnahmslos Gutes über die Höhle gehört, und ein Ausschank befinde sich, was er so wisse, auch dabei. Zu all dem brauchte Maurer-Mattern achtzehn Sätze, Rudimente nicht mitgezählt.

Hiermit fuhren Siddener, Ekkart, Maurer-Mattern, Schieferl und der namentlich nicht weiter bekannte Leutnant schnurstracks zur König Ludwig dem Zweiten Höhle. Als das Ziel fast schon erreicht war, wußte Maurer-Mattern plötzlich nicht mehr, wo sie liegt und ob es sie gibt. Nun lachten sie freilich alle ganz geschwind nicht mehr, sondern verloren einen Teil ihres guten Muts und drangen in Maurer-Mattern, er solle sich doch besinnen, bitte. So was könne doch nicht einfach kommen und wieder weg sein. Vor allem das Bundeswehrmensch, das es ja wohl von Haus auf mit der Ordnung und dem Klappen der Dinge hatte, fluchte, es habe ja seine knapp bemessene Freizeit nicht gestohlen. Du blöde Sau, fauchte Maurer-Mattern das Mensch an und faßte es fixierend streng ins Fadenkreuz, du kannst ja jederzeit heimgehen! Das Mensch hielt entgegen, das gehört dich, du saublöder Maurer-Mattern, einen Dreck an, und jetzt bleib ich extra. Hermann Siddener warf an dieser Stelle vergleichsweise blümerant ein, man wolle jetzt keinen Streit. Jedenfalls keinen persönlichen, verdeutlichte Ekkart. Blöde Sau, zitterte das Mensch noch eine Zeitlang nach.

Als alles gerade so schön lief, stand linkerhand, an der Einmündung eines Hühnersteiges in die Landstraße, ein weißes Schild, darauf war ein Pfeil und daneben stand geschrieben: »König Ludwig II. Höhle«. Der Zweier war nachträglich mit blauem Farbstift eingefügt worden. Und unter diesem Schild hing, an einem Zwirnsfaden, ein zweites, darauf stand: »Höhlenführer im Bau«.

Maurer-Mattern verspürte sofort und spürbar wieder einmal Boden unter den Füßen und sagte: Na also! Warum die Aufregung? Das habe er dick. Alles gehe immer irgendwie und gut. Laßt nur den alten Maurer-Mattern walten. Ein so ein Depp von Bundeswehr! Und frech! Schon immer bist du so gewesen, Meier, – ein Sonderling, ja: ein Einzelkind! Mit typischem Schubladendenken!

Der Leutnant Meier aber konnte in diesem Augenblick nimmer und sagte nur noch sich taghell erbosend wie verzweifelt: Maurer-Mattern-Blödaff!

Siddener stellte nun sein Fahrzeug am Straßenrand ab und alles ging und hopste nun den Hühnerpfad hinein, den das Schild gewiesen. Dann allerdings kamen sie an einen Waldrand und empfanden sofort dessen Lust, die Feuchte, die Moose und die Loreley, die aber war nicht da, und zu Bacharach am Rheine in der Drosselgaß freilich auch nicht. Wo immerhin war sie dann?

Wagemutig betraten die fünf Freunde gleichwohl den kühlen Tann und sogen hastig oder sogar gierig dessen herrlich hehre Luft ein. Vor soviel Gesundheit muß man ja rein dumm werden, dachte Josef Ekkart und gab dies an Siddener weiter, der es wahrscheinlich ungeprüft benickte. Was?, fragte Maurer-Mattern. Unser Freund Josef meint, sagte Siddener, daß man von des Waldes gesammelter Gesundheit rein blöd werden müsse. Ach so, sagte Maurer-Mattern, und der Leutnant Meier, welcher ein paar Sprünge vorausgeeilt war, drehte sich um und fragte, ob was sei? Nein nein, sagte Maurer-Mattern spitz und aber wieder ganz höflich, der Josef hat gerade nur einen Witz gerissen. Er meint, die Gesundheit tut uns allen gut. Da können wir dann nächtlings wieder viel trinken und gut saufen.

Zehn Minuten nach Eintritt in den Dom des Waldes war unseren Freunden noch immer kein Eremit entgegengekommen, aber der Weg machte jetzt plötzlich eine gewandte Biegung. Und gab sodann den Blick frei auf ein Häuschen, bzw. es war nämlich ein Hexenhaus, aber freilich keine Hexe da. Vor dem Häuschen allein standen verführerisch und ganz herzig Tische und Bänke. Auf den Tischen hinwiederum waren Gruppen von jeweils vier Bierfilzeln zu ihrerseits Häuschen aneinandergelehnt und dazwischen sehr einnehmend Feldblumen etlich ausgestreut. In der Mitte des Vorplatzes indessen stand ein besonders prächtiger Tisch mit einem großen Strauß allerdings hinreißender Blumengewächse darauf und ein Pappdeckelschild, das nun seinerseits die Aufschrift trug: »Willkommen meinen Gästen!« Es war einwandfrei die gleiche Schrift, welche vorhin auf das Schild »Höhlenführer im Bau« gemalt hatte. In den Ecken des Pappdeckels waren vier Stück Vergißmeinnicht mit drei Farbstiften untergebracht.

Da habe man es ja gut getroffen, murmelte Hermann Siddener gutgelaunt und freilich ahnungsschwer. Dagegen kicherte die Bedienung Schieferl ständig vor sich hin und ließ auch Siddener mit einem kitzelnden Grashalm nicht in Ruhe. Dieser sagte leis und doppelt entnervt, sie solle jetzt plötzlich aufhören.

Mit einemmal kam die Hexe aus dem Häuschen, es war dies aber ein großer, dürrer und vorsichtig geschätzte 58 Jahre alter Mann mit Rollkragenpullover und mit den herunterhängenden Augensäcken, die das Leid ja bestens kennen. Wir treffen diesen Typus vorwiegend in den manchesmal sehr traurigen Gestalten der Anstreicherpoliere an, so da fast alle aus mannigfaltigen Gründen mit dem Schicksal hadern und zu hadern haben. Auf dem Kopf trug der Mann eine goldbraune Schüttelmütze, in welche mit gelben Lettern »Höhlenführer« eingenäht war. Er schritt kernig und sogar schon elanvoll auf den sich vordrängelnden Josef Ekkart zu, griff ihn saftig in die Hand und rief sofort:

»Gott mit Ihnen! Wieser mein Name, Höhlenführer. Wo,

wenn Sie die Frage gestatten mir nachsichtig zuzugestehen, wo aber kommen die Herrschaften, jugendlich eher möchte ich sie bezeichnen, wo noch einmal kommen Sie denn, mit Verlaubnis, her? Ist's die nähere Heimat, ist's gar das Ausland?«

Maurer-Mattern, ziemlich geistesgegenwärtig, entgegnete eilfertig, aus Wanne-Eickel beliebe man zu kommen, fünf Mann hoch, wie er, der Höhlenführer, ja unverkennbar sehe, auf Durchreise sei man befindlich und begriffen nach dem sonnigen Süden, die blaue Blume zu gewinnen. Gehört habe man von den hohen Reizen der König Ludwig dem Zweiten Höhle, ansonsten freilich studiere man in Wanne-Eickel mehrteils Betriebswirtschaft, Werbepsychologie und Publizistik.

Sei ihm doch, versetzte Wieser ernst, neu, daß die Stadt Wanne-Eickel, ihre sonstigen Vorzüge ungeachtet noch beschadet, zu den Universitätsstädten aufgerückt. Der hohe Norden baue ja viel, gleichwohl, so Wieser sich ereifernd, sei ihm vorläufig gänzlich unbekannt...

Es handle sich, sprang Siddener konziliant in die Bresche, um sogenannte Universitätssatelliten, so eine Art Zweigstellen, Filialen, in diesem Fall der Universität von ah... ah... Wien, hieb Ekkart eher frech denn aggressiv dazwischen, doch Wieser faßte schon gedrückt zusammen, kaum jemand mehr überschaue und bewältige heute die riesenhaften Entwicklungen insbesondere auf dem Gebiete des Universitätsbaus und der zugehörigen neuartigen Universitätsstrukturen, am wenigsten aber wohl, meine Dame, meine Herren, es handele sich da um keine falsche Bescheidenheit, die Höhlenführer und verwandtes Gewerbe. Er bitte eindringlich darum, man möge es ihm gütig nachsehen, und er bitte kaum viel weniger darum, nun aber schon der Höhle näher zu treten, deren geschäftsmäßigen Verwalter vorzustellen er seit einigen Monden genießend die vertrauliche Gunst Herrn Speivogels, Seelburg, sich glücklich schätze. Den unausweichlichen Obulus, meine Herrschaften, Sie mögen sich an der Tafel über die aktuellen Tarife informieren, bitte er nach der Führung zu entrichten, wenn es gefällig und einigermaßen zumutbar sei.

Und führte Fräulein Schieferl und vier schnittige Burschen in die Höhle hinein, deren Eingang gleich hinter dem Hexenhaus lag. Im ersten ausgedehnteren Höhlenraum ließ Wieser seine Gäste Aufstellung nehmen, schaltete drei überaus fahle Scheinwerfer ein, bewegte sie eine Zeitlang fast dekorativ in alle Richtungen, bat um gesteigerte Aufmerksamkeit und hob an:

»Liebwerte Gäste aus Wanne-Eickel, ich habe die gewiß nicht alltägliche Ehre und z. T. sogar das innere Bedürfnis, Sie im Namen des Fremdenverkehrsvereins Seelburg, Lotter der gegenwärtige Vorsitzende, auf das erfreulichste und auch erfreuteste zu begrüßen. Sind Ihrer auch nur fünf, so werde ich immerhin zu Ihnen sprechen, als wären Sie zu Hunderten und Aberhunderten gekommen, wie wir sie Sonntag für Sonntag, ja annähernd Tag für Tag hier stehen und lauschen haben, so wie Sie jetzt hier lauschen. Noch im gleichen Atemzug danke ich Ihnen für das verbindliche Vertrauen, das Sie meiner Person als dem neu bestallten und schon etablierten Führer dieser Höhle entgegenzubringen nachsichtig genug waren, indem Sie mir sogleich in deren Tiefen gefolgt sind. Nun aber bitte ich Sie, liebwerte Herrschaften, alles Überirdische für zweiundzwanzig Minuten zu vergessen und Ihren ansprechenden Geist ganz auf die Geheimnisse der Unterwelt, wissenschaftlich richtiger gesprochen: des Erdinnern zu richten. Ich versichere Sie im voraus, daß edelster Lohn Ihnen zuteil werden wird. Herrschaften aus Wanne-Eickel! Sie befinden sich in der sogenannten König Ludwig dem Zweiten Höhle bei Seelburg, benannt nach dem auch Ihnen als Niederdeutschen sehr wohl bekannten und leider späterhin dem Wahnsinn anheimgefallenen Ludwig dem Zweiten, König von Bayern. In dessen insgesamt doch recht segensvolle Regierungsperiode entfiel neben anderem die Entdeckung der Höhle im Jahr 1879, hundert Jahre also nach dem fürchterlichen Ausbruch der großen Revolution. Ein Hündlein war es, welches eine festliche Jagdgesellschaft des Regenten auf die Spur der Höhle führte, weil es nämlich, so hurtig es auch sprang, abgängig blieb respektive schlagartig und spurlos entschwand, – und schließlich entdecken und völlig erschließen half. Sie, meine sehr lieben Gäste, werden, Ihrer Universitätsausbildung entsprechend, mit Gewißheit nach Größe und Ausdehnung der Höhle fragen. In diesem Punkt kann ich Sie versichern, daß sie sich aus zwei großen Komplexen zusammensetzt, die, Sie werden mir ohne Widerstand rechtgeben, in ihrer natürlichen Schönheit wetteifern. In beiden Fällen handelt es sich um sogenannte Tropfsteingebilde, und wenn wir, Herrschaften, über Tropfstein uns unterhalten, dann kann dies nur mehr in Jahrmillionen geschehen. Alles andere spräche der geologischen Wissenschaft Hohn, die sich nicht zuletzt mit unserer König Ludwig dem Zweiten Höhle immer wieder auseinandersetzen mußte, um diese auf den heutigen Stand der Wissenschaft zu bringen. Geblieben ist, meine Herrschaften aus dem fernen und m. W. vorwiegend protestantischen Wanne-Eickel, die Ehrfurcht vor Gottes unerfindlicher Größe, welche vollends zu erfassen und zu begreifen uns, wie mich dünkt, wohl für ewig versagt bleiben wird!«

Und jetzt bitte er, Wieser, die Köpfe einzuziehen und zunächst einmal weiterzugehen. Er, Wieser, werde dann jeweils mit den unvermeidlichen Sacherklärungen sorglich zur Hand gehen.

Wieser interpretierte sodann alle anfallenden Tropfsteingebilde als »Wald«, »Mutter mit Kind«, »einsamer Jüngling«, was alles die Herrschaften sinngemäß zugeben mußten. Das was von unten heraufwächst, sagte er, seien die Stalagmiten, was von oben kommt die Stalaktiten. Im Vertrauen, interessierte Herrschaften, er habe sich das letztlich so gemerkt, daß immer das, was runter hängt, Titten seien.

Und Wieser lachte sonnig.

Nach zehn Minuten erklärte er den ersten Höhlenkomplex für abgeschlossen und leitete in den anderen über, der dieselben Wunder bot, zusätzlich aber eine Wasserpfütze, die Wieser mit »Ludwigssee« auswies. Zum Abschluß seiner Führung ließ er noch den Nervenkitzel heraus dergestalt, daß unter dieser, der kleineren Höhle, womöglich noch eine zweite, große, angelegt sei, was natürlich noch unüberschaubare Konsequenzen für Seelburg und die gesamte Geologie hätte. Allerdings sei es bisher weder der Wissenschaft noch den zahlreichen und namhaften Einzelliebhabern der König Ludwig dem Zweiten Höhle gelungen, die Existenz einer solchen zweiten Höhle befriedigend nachzuweisen. Vielleicht, schloß Wieser etwas eilfertig, sei es wieder einem Hündlein vergönnt, sich ins Unbekannte vorzuwagen und die Aufgabe zu bewältigen.

An dieser Stelle sagte Siddener zu Maurer-Mattern, das wäre doch für ihn eine Aufgabe, Zeit hätte er ja. Maurer-Mattern gab leichthin maulend zurück, er, Siddener, brauche was zu sagen.

Alsbald bat Wieser wiederum ins Freie und schloß ungesäumt schon seine Höhle zu.

Die Gäste aus Wanne-Eickel pflanzten sich nun auf eine Geste Maurer-Matterns hin an einen der Biertische und freuten sich des gewissermaßen segensreich wiedergewonnenen Oberirdischen. Sofort aber trat Wieser auf den Tisch zu und erkundigte sich mit feiner Witterung, ob die Herrschaften auf ein Bier reflektierten. Die Herrschaften reflektierten, und Wieser trug sogleich sechs Flaschen herbei, deren eine er die Lider senkend wie sühnefertig zügig antrank. Alsdann kramte er in seiner Hosentasche nach einem Zehnerl, um sich von Siddener eine Zigarette zu kaufen, Gauloise sei seine Schwäche, sagte Wieser beinahe belustigt und recht durchtrieben. Nach zehn Minuten bat er die Gäste, ihn für eine kleine Weile zu beurlauben, er, der Höhlenführer, habe im Hausinnern noch zu tun.

Wahrscheinlich hat er eine Minderjährige drin, lockerte, kaum hatte sich Wieser dispensiert, Josef Ekkart grob die Spannung. Oder den Wuzzigaggl, so wesentlich beschwingter Maurer-Mattern. Sieben Echos habe die Höhle aber nicht gehabt, meckerte etwas giftig die Dame Schieferl, die sich womöglich mehr versprochen hatte. Ach was, parierte Edi Maurer-Mattern gutgelaunt.

Weil Wieser jetzt neuerdings wieder neuerlich um die norddeutschen Gäste herumschlich, lud ihn Siddener endgültig dazu ein, sich hinzuzugesellen und sich eine gute Flasche Bier zu gönnen. Wieser griff die definitive Einladung wachsam auf, nahm sehr manierlich am Tische Platz und teilte unverweilt mit, es sei der König Ludwig der Zweite bedauerlich genug ja auf Geheiß des Eisernen Kanzlers von Berlin ertränkt worden, seines, Wiesers, Wissen im Chiemsee. Oder wo. Wieser entfachte eine nachdenklich geschnorrte Zigarette und sah kurz und wie prüfend zum Firmament empor. Und kratzte sich versonnen an der Schläfe, der leis kichernden Schieferl nicht weiter achtend.

Edi Maurer-Mattern seinerseits war es, der nun abschwenkte, indem er aus Wieser Grund, Anlaß und Antrieb seiner hiesigen Höhlentätigkeit herauszuziehen sich anheischte. Wieser schwieg einen Augenblick lang, dachte sichtbar stark nach und hob dann annähernd beruhigend an:

»Ganz recht, ich verstehe schon. Zunächst aber werden mir meine Gäste die generöse Kordialität angedeihen lassen, sie hinfort mit ›junge Freunde‹ bezeichnen zu dürfen. Mich mahnt, das bis zu dieser Minute zu beobachtende vertrauensvolle Verhältnis läßt uns gewissermaßen über unseren Schatten springen und eine derartige gewiß sehr weitreichende Familiarität durchaus zu, so wenig sie mir in Anbetracht meines bescheidenen Bildungsbackgrounds eigentlich zustehen und gestattet sein möchte.«

An dieser Stelle stahl sich Wieser schon wieder so umsichtig wie diskret und gewandt eine von Hermann Siddeners Gauloisen und fuhr fort, jetzt vorzüglich an Edi Maurer-Mattern gerichtet:

»Mit vollem Recht fragen Sie...«

»Kannst du zu mir sagen«, warf Maurer-Mattern behende ein.

»Mit vollem Recht fragen Sie«, insistierte Wieser besänftigend, »nach meinem Weg zur leidlich besoldeten Position des Höhlenführers Seelburg. Ein Leidensweg – ein Kreuzweg. Im Frühjahr dieses Jahres trat der Herr Baron Speivogel von hier an mich mit dem Ansuchen heran, ich möchte doch um Gottes willen auf Grund meiner früheren Tätigkeit als Geschwaderkommandant der hiesigen Feuerwehr die Direktion und Führung seiner Höhle übernehmen, mit der es, meine Dame, meine Herren, nachträglich und im Vertrauen gesagt, allerenden nicht gut stand. Der alte, seit 1950 in Ruhestand befindliche Schulrat Gackel, mein verehrter Herr Vorgänger, näherte sich damals schon dem zehnten Dezennium seines insgesamt doch sehr ersprießlichen Lebens und konnte deshalb die anfallenden Aufgaben nachgerade mühvoll nur erfüllen, ich verweise Sie auf das ständige gebückte Vorwärtsschreiten, das der Bau der Höhle erheischt. Andererseits fiel es mir schon sehr lange hart an, mit 152 Mark Rente mich, meine so geliebte wie treue Gattin und deren Schwester, eine ledige Frauensperson aus Seelburg, leidig genug leidlich zu ernähren. Nachdem also Baron Waldvogel, mit der Bitte um Nachsicht: Baron Speivogel über ein kurzes in mich gedrungen war, sagte ich ihm endlich und endgültig zu und übernahm auch schon den Posten. Ich darf, junge Freunde, Sie heute versichern, daß, was den Baron, einen zurückgezogen lebenden, indessen rüstigen Witwer, betrifft, dieser seine Wahl nicht zu bereuen brauchte. Noch braucht. Es gelang mir in den drei–vier Monaten meines hiesigen Wirkens den Höhlenumsatz um nahezu 35 Prozent zu forcieren, den der ausgeschenkten Getränke gar um starke 50 Prozent!«

Heute kämen die Gäste bis von Frankreich, England, Italien, Spanien, Dänemark, Benelux, Schweiz und Polen her. Nur sein Herzenswunsch, so greinte Wieser etwas verzagt und zugleich einschläfernd, einen Mexikaner hier begrüßen zu dürfen, einen, dessen Landessprache er heute noch achtbar spreche, der sei ihm, Wieser, bisher mißgönnt gewesen.

Ob auch manchmal etwas besonderes los sei, erkundigte sich hier der Leutnant Meier, auf Wald und Mobiliar deutend, weißgott was Militärisches vielleicht im soldatischen Sinn.

Burschen sängen ab und an, versetzte nachdenklichst erwidernd Wieser. Zur Ziehharmonika, recht erbaulich, und einmal habe die katholische Pfarrjugend Lautermarkt es schon fast zu arg treibend auch ein Picknick veranstaltet. Hier, vor dem Haus, im Angesicht der Höhle!

Im übrigen, sofern die kurze Geschichte verstattet sei, kämen auch immer wieder teils bedenkliche, teils aber doch auch recht erquickliche Dinge hier vor, erwähnte Wieser. »Sie, meine sehr jungen Freunde, müssen wissen und werden es schon bemerkt haben, daß ich ein echter Spaßvogel bin und immer mit allerlei Lumpereien und Einfällen zur und bei der Hand. So schon am zweiten Tag meiner hiesigen Tätigkeit. Frägt mich da eine 35- bis 37jährige Dame aus Fritzlar, wie lange ich die Stellung in der Höhle schon bekleide. Ich, keck, wiewohl noch unsicher, entgegne sofort so schalkhaft wie listig: Meine Dame, vor kurzem waren es 16½ Jahre! – Halt so Krämpf! Höhö!«

Mit Wieser lachte die ganze Gesellschaft.

Ob er die ganze Arbeit alleine bewältige, wollte Schieferl,

gewissermaßen eine Kollegin, erfahren. Wieser erstattete sofort und mitteilend Auskunft dergestalt, an Sonntagen, wenn das anströmende Publikum in die Tausende gehe, unterstütze ihn gelegentlich eine Jungfrau aus Seelburg, Fräulein Meßmann, welche unter den bittersten Bedingungen aus Amerika reimmigriert sei, gegenwärtig ein vaterloses Kind austrage und im übrigen aber für ein Meinungserfragungsinstitut arbeite. »Allein, junge Freunde, falls Sie mir die Gefälligkeit erweisen, nicht zuletzt im Sinne des Herrn Gustav Edlen Speivogel in Ihrem weitgestreuten Familien- und Bekanntenkreis die König Ludwig dem Zweiten Höhle mit Nachdruck weiterzuempfehlen, dann weisen Sie etwaig anfallende Interessenten bitte sogleich an, rätlich nicht an Sonn- und Feiertagen zu erscheinen. Die Jungfrau, ungeachtet ihrer tüchtigen Auslandserfahrungen und ihrer allgemeinen Honettität, vermag die Höhle am Ende doch nicht so aktuell zu erläutern wie ich, und sogar ich selber finde ja nicht immer die Konditionen einer restlos befriedigenden Interpretation vor. Leider!«

Schon beim Stichwort Jungfrau hatte der Leutnant Meier aber angesetzt, einen Witz gleichfalls über eine Jungfrau los zu werden, an dessen Ende die Schieferl wie besessen aufjauchzte. Der Witz ließ eine Serie ähnlicher Gestalt folgen. Wieser lauschte zuvorkommend, fast unterwürfig und wohl auch recht aufmerksam, aber, wie es Ekkart schien, auch leis gelangweilt. Allerdings nur so lange, bis Maurer-Mattern den folgenden Witz vortrug:

Da sucht eine Witwe per Zeitungsinserat anständigen Rentner zwecks gemeinsamer Gestaltung des Lebensabends. Am nächsten Tag klopft's bei ihr, sie öffnet, und hereintritt ein ganz alter Mann, an dem aber schon gar nichts mehr ganz ist. Er geht auf Krücken, an den Armen hat er nur noch Stummeln, ein Auge fehlt, die Ohrläppchen hängen herunter. For Heaven's sake, ruft die Frau, und: Ja, gibt's denn so was! Der Krieg, der Krieg! Und frägt ihn schließlich zart, ob's wenigstens mit dem Sexuellen noch stimme. Frau!, sagt der Invalide, mit was glauben Sie, daß ich angeklopft hab?

»Au sakra«, entfuhr es Wieser wie nach schon fast allzu lang angestauter und um so süchtiger machender Verhaltung. Er saugte sodann so besinnlich wie leidenschaftlich an seiner Zigarette, sah kurz und recht lüstern nach Schieferl aus und sodann aber steil und aber wie wieder zugeknöpft zu den ruhig vorüberjagenden Wolken hoch – lachte noch einmal wie in jäher Erinnerung hart und etwas hüstelnd auf – und bat sodann, sich dazu ganz kommod an der Nase kratzend, in die vorübergehend wie unverhofft eingesetzte große Waldesstille hinein seine jungen Freunde, man möge es ihm nicht verargen, wenn er auch einmal einen Witz zum besten geben wolle. Einen Witz, den er schon mehrfach mit gutem Erfolg erzählt habe, was er hiermit vorausschicke.

Der Gäste keiner trug Bedenken. Unbeschwert goß Wieser Bier nach, bemächtigte sich einer weiteren Zigarette und begann:

»Bereits heitere Gesellschaft, ich habe die Gnade oder das Glück, wie Sie auch immer gemäß Ihren konfessionellen Präferenzen urteilen mögen, einen Freund zu besitzen, welcher schon mit mir die Schulbank drückte und welcher es nach den Kriegeswirren heute zum Ersten Bürgermeister der Stadt Linzing, sie möge etwa dreißigtausend Seelen zählen, gebracht hat. Eines Tages machte ich mich auf, ihn zu besuchen, und, siehe da, Schorsch erkannte mich auf Anhieb wieder und lud mich wie der Blitz für den Abend ein, an einem geselligen Beisammensein im gerade renovierten Ratskeller teilzuhaben. Als dort die Stimmung gegen Mitternacht ihren schier unübertrefflichen Höhepunkt erklommen hatte, stand Schorsch auf und bot fünf Flaschen Sekt demjenigen an, der eine historische Rede aus der guten alten Zeit vorzutragen vermöchte. Als aber keiner sich diese Aufgabe zutraute, wandte sich Schorsch an mich und sagte:

Hans, du warst schon immer ein Unterhaltungsmensch und Spaßvogel, Goddammit, du weißt doch gewißlich das Passende und Geeignete zum Vortrag zu bringen, laß uns nur bloß jetzt nicht im Stich! Hans! – Schorsch bat so eindringlich, daß ich, derart genötigt, mich von meinem Platze erhob und auswendig und fehlerfrei noch einmal jene berühmte Rede verlautbarte, welche der damalige Informationsminister Goebbels im Berliner Sportpalast an die deutsche Bevölkerung gerichtet hat!«

Und Wieser sprach, ganz sanfte Leidenschaft und des verstorbenen Ministers hysterisches Kläffen vollends meidend, für seine jungen Freunde abermals jene ganze Rede herunter, die jeder kennt. Ihren sagenumwobenen Höhepunkt trug er, nachdem er seine Stimme immer mehr wie tiefsinnend zurückgenommen hatte, gleichsam verzagt, fast schon tonlos vor. Zuletzt verharrte er für einige Sekunden in Schweigen. Der Wald rauschte immerfort.

»Es versteht sich«, schloß Wieser herzhaft und mit gutem Humor und nur vielleicht geringfügig übermüdet seinen Witz, »daß aus den versprochenen fünf Flaschen nicht nur zehn wurden, sondern approximativ zwanzig.«

Irgendwie war es den liebwerten Gästen auf einmal doch recht eigenwillig, ja unleidlich geworden, und sie wollten deshalb heim und bezahlen. Wieser brachte ziemlich zögerlich einen Abreißblock heran und warb stark herumdrucksend um Verständnis dafür, daß es ohne diesen ja auch wohl ginge. Er, Wieser, habe mit dem kargen Höhlenführergehalt ja nicht nur seine teure Ehefrau, sondern auch deren Schwägerin, eine ledige und recht kränkelnde Frauensperson aus Seelburg, zu versorgen und zu ihrer Linderung zu betreuen. Es sei denn, so sagte Wieser wie zaudernd und sogar ein bißchen weinerlich, die Herrschaften bestünden auf der Entgegennahme der Kontrollabschnitte. Es bestanden diese aber nicht, sondern gönnten dem Wieser seinen Zusatzrausch für fünf Mark, fällig heute abend und ohne die beiden Frauensleute. Alsgleich verabschiedeten sie sich vom Führer, der allen einzeln für den schönen und reichhaltigen Nachmittag beinahe wonnig dankte und endlich den Davonziehenden fest winkend nachrief, man möge doch im Bekannten- und Verwandtenkreis zügig für ihn werben, um Gotteswillen!

Ein halbes Jahr darauf erzählte Edi Maurer-Mattern in der Eisdiele und im Vollrausch einem zu Gast weilenden Fräulein aus St. Etienne, er, jawohl, liebe sie, und er besitze im übrigen hier in der Nähe auch eine Höhle mit siebenfachem Echo und einem gewissen Wieser dazu. Außerdem sei noch eine weitere Höhle mit achtfachem Echo darunter.

Beide entbiete er ihr, Evelyne, jederzeit zum Hochzeitsgeschenke feil, rief Edi Maurer-Mattern hoch entflammt und biß jener leis ins Ohr. Mädel, dich liebe ich, jawohl! Oui oui!

Im Puff von Paris

Wie der Haffmans Verlag einmal einen tollen Betriebsausflug machte

Eines Tages, es war im September 1983, hatte der junge Zürcher Verleger Gerd Haffmans plötzlich eine ausgezeichnete Idee. »Wißt ihr was, Männer«, rief er seinen Angestellten und jenen seiner Autoren zu, die gerade im Verlage anwesend waren, »jetzt ist unser blutjunger Verlag gerade ein Jahr alt und hat schon viele schöne Bücher gemacht und sich damit in die Annalen der deutschen Literaturgeschichte eingegraben. Und bei all dem ist natürlich das Vergnügen recht kurz gekommen – zu kurz! Jetzt, Männer, sollten wir uns endlich auch mal was Gutes gönnen! Ich habe da auch schon eine Idee. Wir fahren alle – Verlag und Autoren – mit unserem Kleinbus nach Paris und gönnen uns dort einen schönen Puffbesuch!«

»Au ja!« schrie sofort begeistert der Lektor Tommy Bodmer.

»Au fein!« echote fast gleichzeitig sein Ko-Lektor Fritz Senn.

»Prima«, hinkte der Hersteller Urs Jakob nur wenig nach, »das machen wir!«

»Das nimmt mir das Wort von der Zunge«, bestätigte auch ich, der ich zwecks Überprüfung meiner Schweizer Bankkonten gerade im Lektorat herumstand, »genau das ist es, was auch mir schon andauernd auf der Zunge liegt!«

»Na also«, summte der Verleger Haffmans ein wenig traumverloren, »da sehen Sie mal ...«

Nur die Ehefrau des Verlegers, die Geschäftsführerin Susanne Haffmans, schaute etwas »angesäuert« drein und warnte vor allerlei Geschlechtskrankheiten und der vielen Arbeit, die im Verlag anstünde usw. Als ihr aber dann der Verleger ein paarmal begütigend über die Schulter streifte und streichelte, machte auch sie gute Miene zum bösen Spiel – die Fahrt wurde genehmigt –, und schon setzte sich Frau Monica Iseli, die Sekretärin, an den Schreibtisch, um die Benachrichtigungen und Einladungen an die Autoren in alle Welt hinaus flattern zu lassen.

»Jawohl!« rief Haffmans laut, »alle vom Verlag und alle Autoren sollen mitfahren, damit es eine echte runde Sache wird!«

»Klasse!« rief wiederum der Lektor Bodmer und spuckte vor Vergnügen in weitem Bogen aus. »Einmal ins Puff von Paris – das wünsch ich mir schon seit meiner Zeit am Gymnasium in Zürich – und mein Onkel Alfred hätte auch nichts dagegen gehabt, nur meine Mutter war damals so ängstlich und ...«

»Frauen«, fuhr Gerd Haffmans hier etwas unsanft dazwischen und wandte sich mit bedauerndem Blick an Frau Haffmans und an Frau Monica Iseli, »Frauen müssen allerdings leider zuhause bleiben – Puff ist nun mal Männersache! Vor allem das berühmte Puff in Paris. Nein, keine Diskussionen! Pech gehabt!« fuhr er die beiden enttäuscht dreinschauenden Frauen an und zwinkerte Urs Jakob und mir listig zu. »Also, dann schreiben Sie mal, Frau Iseli: ›Sehr geehrte, liebe Autoren – Komma – neuer Absatz – hallo – Ausrufezeichen – nächste Woche wollen wir zum Verlagsjubiläum mit einer Fahrt nach Paris nebst dortigem Puffbesuch ...‹«

Gesagt – getan. Schon zehn Tage später war es soweit. Alle – alle waren sie zum Start in Zürich erschienen – selbst im letzten Augenblick noch unser Romancier Hans Wüllenweber, der sich am Telefon lange gewunden hatte: so leid es ihm täte, er müsse absagen, weil er an seinem dicken Roman weiterarbeiten müsse bzw. weil sein Ziehvater Karl

Kraus die Ausbeutung der Frau durch die Männerherrschaft ihm nicht durchgehen lasse bzw. weil auch schon sein, Wüllenwebers, anderes künstlerisches Über-Ich, Nietzsche, im Puff, mit einer Syphilis, auf den Bauch gefallen sei usw. usf. – jedenfalls war nun plötzlich auch trotzdem Hans Wüllenweber noch rechtzeitig eingetroffen, ungeachtet der sommerlichen Temperaturen eingehüllt in einen dicken wärmenden Mantel und mit einem weichen weißen Wollschal, der um die Schultern und auch mehrfach um den zarten Hals geschlungen war, sicherlich um die kostbare Rezitationsstimme zu schonen, so wie dies ja auch bei Opernsängern üblich ist.

»Find ich echt gut«, freute sich Haffmans und vertrat sich seltsam nervös die Beine, »daß Sie noch gekommen sind, Wüllenweber, daß Sie Ihrem Herzen einen Stoß ...«

»Stoß ...«, freute sich Bodmer gutgelaunt und ließ sich von Frau Iseli in die Reitschuhe helfen.

Wüllenweber unkte etwas fahrig herum, natürlich habe er eigentlich nicht fahren wollen, tausend Gründe sprächen an sich gegen die Reise – aber hinsichtlich der Fertigstellung seines Romans ›Schmerzgewächse‹ habe er sich nun nolens volens doch anders entschlossen, indem die dort angelegte Motivkette via die Fahrt stringenter zu gestalten sei, indem nämlich dieser Roman seinerseits auf Thomas Manns ›Faustus‹-Roman assoziativ bzw. motivkontrakomplementär anspiele, dieser wiederum eben das Nietzsche Puff-Erlebnis mit dem Esmeralda- und dem Beethoven-op. 111-Hintergrund reklamiere respektive revoziere usf., das er, Wüllenweber, wiederum im Sinne des Gelingens seines Romans tunlichst am eigenen Leibe erleiden müsse, um die – Wüllenweber zog den Schal noch fester und hüllender um den Hals – Dichte dieses quasi zitierenden binnenepischen Themenkonnexes –

»Schon gut«, tröstete der Verleger Haffmans, »das hört sich gut an, und eine kleine Hausapotheke haben wir neben dem Fahrersitz eingerichtet« – und bereits zum dritten Male ließ der Verleger abzählen, ob nun alle beieinander wären. Es stellte sich heraus, daß nun plötzlich Peter Rühmkorf fehlte, obwohl er soeben noch dagewesen war. Gerhard Mensching war es schließlich, der ihn in der Verlagstoilette entdeckte und den Kollegen, der noch um eine Spur bleicher als üblich wirkte, mit kräftiger Hand hoch in den VW-Kombi wuchtete, während zur gleichen Zeit Norbert Johannimloh, dem ich gerade meine Freude über das Gelingen der Fahrt auseinanderlegte, heimlich eine weiße Tablette in den offenen Mund warf. Fürchtete er Denunziation? Fürchtete er um seine geliebte Professorenstelle? Bangte ihm gar – vor dem Urerlebnis Weib, das unser aller harrte?

Nochmals kam Frau Iseli angehastet. Der neue Verlagsautor Wolfgang Hildesheimer habe soeben angerufen und sich beschwert, daß er nicht auch zu dieser Fahrt eingeladen worden sei – gerade er, dem es doch momentan darum gehe, neue Spuren von Mozarts Aufenthalt in Paris zu sichten.

»Nichts da!« beschied der Verleger Haffmans barsch, »der soll erst mal für den Verlag was leisten. Sein erstes Haffmans-Buch kommt erst in einem halben Jahr – und bevor Hildesheimer dem Verlag nicht Geld eingebracht hat, kommt er mir auch nicht mit. Außerdem – habt ihr nicht auch den Eindruck, Männer, daß es dem gar nicht um Mozart geht?«

Wie auch immer – gesteuert wurde der schmucke fahlgraue Verlags-VW-Bus von unserem Hersteller Urs Jakob; zu seinen Füßen, rechts von der Gangschaltung, stand auch bereits ein voller Kasten Bier, und schon tauchte Uve Schmidts unverwechselbarer, mit einem schwarzen Hut versehener Kopf nach einer der Flaschen und verschwand mit ihr im Businnern – und dann brummte bei bestem Wetter und freundlichstem Sonnenschein der Bus zur Stadt hinaus und Richtung Basel.

Die Stimmung war von Anfang an sehr gut und wurde gleich noch viel besser, als kurz vor der Autobahnabzweigung nach Bern der Verleger, der zusammen mit Lektor Bodmer hinter dem Fahrer saß, nach dem Busmikrophon griff, nochmals alle Autoren begrüßte und seiner Freude Ausdruck verlieh. Es sei ihm eine Freude, sagte Haffmans launig, freilich auch, was mir nicht entging, ein wenig hektisch, wie sich hier bei diesem Reiseunternehmen Literatur, Männervergnügen und nicht zuletzt auch Horizonterweiterung, ja Erkenntnistrieb wechselseitig ergänzten und aufs schönste die Waage hielten – und wenn, deutete der Verleger an, die Sache hinhaue und ein Erfolg werde, dann könne man ja auch an eine regelmäßige Einrichtung denken und darüber hinaus an eine Anthologie, die im Frühjahr im Haffmans Verlag erscheinen könne, damit die ausgefallene Dichtungszeit hintenrum trotzdem wieder reinkomme – und natürlich ohne Honorare. Außerdem, rief der Verleger in den Bus, betone er noch einmal, wie gut er es finde, daß keine Frauen mit von der Partie seien, das habe keinen Taug, und erst jetzt wisse er wieder nach langer Zeit, was die Worte »freier Mann« und »freier Atem« bedeuteten.

»Endlich mal keine Frauen!« griff ich quer durch den Bus krähend den Faden wohlgelaunt auf, während Uve Schmidt sich wieselflink das zweite Bier griff und sich, die Augen schließend, ein Fläschchen Stoonsdorfer aus seiner Hosentasche »nachpfiff«, wie er es nannte.

Jetzt erst, auf der Höhe von Pratteln, fiel mir auf, wie fein sich manche der Autoren gemacht hatten. Gerhard Mensching hatte ein zierliches, lilaweiß punktiertes Tüchlein um seinen unverkennbaren Lebemannhals geschwungen, Hermann Kinder trug seinen schwarzen Abituranzug, den er, wie er mir sagte, das letzte Mal zum Tanzkursabschlußkränzchen aus dem Schrank geholt hatte – und Fritz Senn wirkte mit seinem ebenso modernen wie mondänen Rollkragenpullover wie ein wiederauferstandener Graf Danilo.

Alle aber in die Schranken wies in dieser Beziehung unser Nachwuchsautor Bernd Eilert. Er glänzte in einem nagelneuen, feinen und dunkelgrauen Tuchanzug mit dem Hauch eines angedeuteten blauen Nadelstreifens; darunter befand sich auch noch eine exakt nach seiner schmalen Figur geschnittene Weste – wie man jetzt erst sah, nachdem Eilert den knielangen, auf Taille gearbeiteten und das Blau des Nadelstreifens wiederaufgreifenden Übergangsmantel sehr langsam und Aufmerksamkeit erzwingend abgelegt hatte. Das weiße Hemd mit dem überaus weichen Krägelchen war durch eine hübsch geblümte Krawatte in Rosa-Lindgrün-Tönen eng geschlossen. Tiefdunkelrote Stiefeletten und weiße Mohair-Fingerhandschuhe ergänzten den fast edlen Gesamteindruck, – und als Eilert dann sogar noch wie zufällig eine Großpackung Imtimtüchlein ›La Notte‹ aus seinem Diplomatenköfferchen klaubte, war des bewundernden »Hallohs« kein Ende. Indessen – in einem Fall hatte unser Jüngster sich verrechnet:

»Was willst du mit dem abgefackten Scheiß?« schrie Uve Schmidt so keß wie keck und sah Eilert bohrend an.

Die Tüchlein benutze er schon seit seinem siebten Lebensjahr, versetzte Eilert so kühn wie cool, um dann fast sensationell lässig fortzufahren: »Volupté oblige!« Und fast zu demonstrativ zog er sich für eine Weile hinter die Lektüre von ›Le Monde‹ zurück.

»Fictivité oblige«, echote ich ahnungsvoll summend, doch plötzlich fuhr mir der Schreck in die Glieder: Wenn das nur alles gut ging! Wenn da nur nicht eines Tages aufkam, was wir hier machten!

Und schon überfuhr der von Jakob schwungvoll gesteuerte Bus die französische Grenze bei Mühlhausen.

»Abzählen!« rief Jakob gutgelaunt durchs Busmikrophon, »noch alle Mann an Bord?«

»Au bord du Puff-Bus!« Das war wieder unverwechselbar die freche Schnarrstimme von Uve Schmidt.

Laut kicherte der junge Verleger Haffmans – es war nicht ganz klar, ob vor Vergnügen oder vielleicht doch innerer Erregung, ja tiefer Unsicherheit. Wie mochte, so schienen seine flatternden Züge zu sprechen, so schienen selbst seine noch hinter der Brille flackernden Augen zu bangen, – wie mochte dies Abenteuer, dies bisher gefährlichste Verlagsabenteuer, enden und sich auf die Frühjahrsproduktion auswirken ...

Ja, wir alle schienen plötzlich sehr erregt, und erst im Elsaß klang die innere Unruhe der meisten wieder etwas ab. Mensching machte ein kleines Nickerchen, und Robert Gernhardt betrachtete so versonnen seine silbergrauen und unendlich spitzen (!) Halbschuhe, als dächte er darüber nach, ob denn die weitschwingend grauschwarze Hose auch wirklich zu der laubbraunen Lederjacke passen möchte, von seinem giftgrünen Hemd mal ganz zu schweigen ...

Trotz – die Sonne war längst am Himmel hochgestiegen – mittäglich schwüler Wärme im Bus weigerte Hans Wüllenweber sich, seinen Wollschal, der ihm sehr ausdruckvoll um die ephebenhaft schmalen Schultern, welche den Proust-Fachmann verrieten, hing, von diesen zu nehmen – während etwa gleichzeitig, aus nicht ganz einsichtigen Gründen, Uve Schmidt umgekehrt seinen Oberkörper freizumachen begann und diesen kraulte – um endlich, zum stillen Augenschmerz vor allem von Eilert, seine extrem langen und gelblichen Fingernägel der Reihe nach in den Nabel zu bohren – ich kam, obwohl ich lange darüber nachdachte, nicht ganz auf den Sinn dieser Aktion ...

Seinen obligatorischen Hut hatte Schmidt dabei aufbelassen – ja, auf der Höhe von Colmar vereinbarte er mit unserem anderen eingefleischten Hutträger Tommy Bodmer, den Hut auch in Paris auf dem Höhepunkt der Freude aufzubehalten.

»Und erst wenn's uns kommt ...« japste Bodmer freudeglühend –

»... ziehen wir ihn zum Salut«, vollendete Schmidt, »zum Salut für Paris!«

Der Verleger Haffmans kicherte wieder fast gar zu hektisch.

»Parii, Pariiih«, murmelte erstmals der vorher so stille Peter Rühmkorf.

Der Bus raste nur so dahin. Man hatte die kürzeste Route gewählt – und das war gut so, denn zumindest Norbert Johannimloh, Haffmans und ich schienen es schon jetzt kaum mehr erwarten zu können, endlich die langersehnten Pforten zum Paradies zu überschreiten. Freilich, Hans Wüllenweber seinerseits begann jetzt doch wieder leise vor sich hin zu lamentieren, eigentlich sei ihm gar nicht wohl bei der Exkursion, eigentlich hätte er doch nicht fahren dürfen – seit einer Viertelstunde habe er »immer drohend-traumatischer« das Gefühl, daß ihm alle seine Hausgötter – Nietzsche, Freud, Thomas Mann, Gustav Mahler, Kraus, Joyce – andauernd strafend »über die Schulter schauten«; und bei diesen Worten zog Wüllenweber wie fröstelnd den Schal noch enger um den Hals.

»Aber deswegen«, säuselte Bernd Eilert nicht unmokant, »müssen Sie ja gerade nach Paris ins Puff fahren, um Ihr Trauma in Gestalt dieser Vaterfiguren endlich zu liquidieren und loszuwerden – dann erst sind Sie endlich ein freier Mann!«

»Eben«, tröstete der Verleger Haffmans etwas abwesend und dachte wohl mit Sorge und gemischten Gefühlen an die Vollendung des Wüllenweberschen Großromans.

»Und außerdem«, faßte ich mir ein Herz, »wenn Karl Kraus schon einer Ihrer Hausgötter ist – der war doch ... der ... der hatte doch ... « – ich kam ins Stottern und Schwitzen – »der hatte doch echt ein Herz für Nutten!«

»Und war doch«, assistierte, während Wüllenweber noch immer bedenklich den Rumpf wiegte, Mensching, »andauernd im Puff von Wien, oder? Der alte Weiberhengst!«

»Genau«, vollendete Robert Gernhardt und leckte besinnlich mit der sonst so gefürchteten spitzen Zunge das Kinn – man hätte es bedenkenlos ein Zungenlecken der besinnungslosen Lüsternheit nennen können ... und das tue ich denn hiermit auch.

Kurz vor Nancy kam es dann zwischen den »Joycianern« Wüllenweber und Senn zu einer Diskussion über das berühmte Puff-Kapitel im ›Ulysses‹ – ich hatte freilich den Eindruck, daß die beiden, die da von »Aktualisierung des Mythos« und »Circe-Kapitel« raunten, mit ihren Gedanken ganz woanders waren; und ich wurde in dieser Meinung bestätigt, als Lektor Bodmer Hermann Kinder mitteilte, keiner im Verlag habe sich so närrisch schon seit Wochen auf die Reise gefreut und auch theoretisch vorbereitet wie ausgerechnet der als »Feingeist« und »Lesemensch« ausgewiesene Fritz Senn, welcher auch als einziger im Verlag gewußt habe, daß man paradoxerweise gerade im Puff von Paris keine Pariser benötige, sondern es gehe auch so. Außerdem sei seines, Bodmers, Wissens, Senn Stammgast im Zürcher Club ›Massage for men‹ (Tel. 01/41 42 81).

»Aha!« freute sich diebisch der im Verlag etwas als »Damendichter« (gemeint: er schreibt alles nur, um bei den Damen einen Stein im Brett zu haben) verschriene R. Gernhardt, »das hört man gern!«

»Es ist wie Liebe und Tod«, versetzte Kinder tiefsinnig und etwas befremdlich zugleich, und wer, wie ich, genau hinhörte, der hörte genau, daß Kinder mit dieser Anspielung auf den Titel seines letzten im Haffmans Verlag erschienenen Buches anspielte, dessen kunstvoller Titel ›Liebe und Tod‹ gelautet hatte ....

»Tod und Teufel!« hörte man vorne beim Fahrer und am Bierkasten Uve Schmidt toben, »der halbe Kasten schon leergesoffen – immer dieser Rühmkorf!«

Doch der Angesprochene, Freund jeden Schabernacks und irdischen Vergnügens, widersprach nicht mal, sondern machte gute Miene zum bösen Spiel, zog plötzlich Sues Roman ›Die Geheimnisse von Paris‹ aus seinem Matchsack und begann sogar darin zu lesen. Wie zur Antwort und um ihn zu übertrumpfen, holte nun seinerseits das Schlitzohr Mensching Zolas ›Der Bauch von Paris‹ hervor, ein Exemplar, in dem, wie mir keineswegs entging, allerdings auch jede Menge kleiner Aktfotos lagen ...

Plötzlich wurde mir von all dem immer wärmer und frühlingsberauschter zumute, und also begann ich zuerst leise, dann zunehmend heller das Lied ›Aus grauer Städte Mauern‹ anzustimmen – andere fielen ein, und schon hallte es im Gruppenlied durch den Bus. »Ziehn wir in den Wald der Welt«, parodierte Fritz Senn feinsinnig – und er meinte wohl, wie mir der versierte Bodmer bedeutete, mit dem »Wald der Welt« nichts anderes als das berühmte Venuswäldchen!

Sichtlich gut aufgelegt gingen nun die alten Freunde Eilert und Gernhardt dazu über, kleine Zweizeiler anzüglichen Charakters zu fabrizieren, also Eilert begann zum Beispiel »Paris liegt an der Seine«, Gernhardt vollendete formvollendet »Im Puff hat's nicht nur Weine«. – »Ah, seht mal«, rief Gernhardt in das brausende Gelächter hinein, »wer uns da überholt!« Es war ein Stuttgarter Mercedes, – zuerst verstanden wir nicht, was daran seltsam war – und dann war es wieder der wache Eilert, der den Witz als erster begriff. Tatsächlich! »S – EX«, stand auf der Kennzeichentafel!!

Und als wir dann kurz darauf umgekehrt einen Lastwagen der Straßburger Baufirma »Vögele« überholten, da war nicht nur des Kicherns fast kein Ende mehr – es schien uns allen wie ein gutes Omen, ja, als ob diese Fahrt geradezu hätte sein müssen!!!

Nur Haffmans bekam es jetzt plötzlich doch wieder irgendwie mit der Angst zu tun und ließ deshalb wohl schon wieder abzählen.

»Nr. 1 Senn«, rief Fritz Senn laut.

»Nr. 2 Bodmer«, konterte Bodmer gickernd – usw., jedenfalls als die Reihe schließlich an »Nr. 15 Haffmans« selber kam, schämte sich der Verleger anscheinend wegen seiner Nervosität so sehr, daß er rücksichtslos dazu überging, über das Busmikrophon Witze zu erzählen, solche, die meist im Puff spielten und im wesentlichen die Harmlosigkeit des Puffs darstellen sollten – kurz, das Ganze wurde bald so peinlich, daß selbst ein so toleranter Mensch wie unser Fahrer Urs Jakob es nicht mehr anhören konnte und dem »Chef« kurzentschlossen das Mikrophon entriß und es in die Halterung knallte.

Dankbar lachte der leicht zufriedenzustellende Gernhardt, während Eilert seinerseits wie zufällig aus seinem Koffer ein neues Dreierpack Unterhosen in Himmelblau, Dunkelblau und Softvanille klaubte, es wie wägend betrachtete und streichelte und dann wieder im Koffer verschwinden ließ.

Überhaupt, je näher wir Paris rückten, desto klarer trat nach meinem Eindruck wieder die Aufregung, ja Aufgewühltheit aller Teilnehmer zutage. Und dann endlich, kurz nach der Einfahrt (!) in die Autobahn Metz–Paris, kam endlich die volle und traurige Wahrheit ans Tageslicht der schon ein wenig sinkenden Sonne. Einer nach dem anderen mußte nämlich zugeben, daß er in seinem Leben noch nie im Puff gewesen war! Hah! Das hatte keiner erwartet! Das heißt, Uve Schmidt wollte zwar glauben machen, er sei schon »x-mal« im Puff gewesen, »vor allem in Innsbruck« – aber dann stellte sich heraus, daß Schmidt nicht einmal genau wußte, wo Innsbruck lag – jetzt versuchte sich der Ertappte darauf hinauszureden, daß er »freilich natürlich mit den Nutten lieber einen gezwitschert habe, das ist sozialer Humus, das ist echt geiler!« – aber dann ergab sich, daß auch dies nicht stimmte, sondern Schmidt mußte zugeben, daß er lediglich im Frankfurter Eppsteiner Eck häufig mit einer noch dazu ehemaligen (!) Nutte zusammengehockt war –

– und kurz, alles wäre noch viel peinlicher und schon unerträglich geworden, wenn es eben das Glück nicht gefügt hätte, daß wir alle – alle! – noch nie im Puff gewesen waren, zum Teil wegen Angst, zum Teil wegen Sparsamkeit (Johannimloh, der drei Kinder hat, und ich) – –

»Um so besser«, beeilte sich also Verleger Haffmans rasch zu versichern, »daß wir also jetzt gemeinsam hinfahren, da braucht sich keiner zu schämen – und wenn wir alle gut dichthalten, dann braucht es auch niemand zu erfahren. Und das«, faselte Haffmans recht seltsam, ja unglücklich und wie unter Zwang weiter, »ist ja überhaupt letzten Endes über die plane Produktion von Büchern hinaus der übergeordnete Sinn eines Verlags jenseits der ja doch bekannten repressiven Literatenneurosen und ...«

»Schwanzvergleich!« brüllte Uve Schmidt plötzlich übermütig dazwischen und machte auch schon Anstalten, an seinem Hosenladen den Reißverschluß herunterzuziehen. Natürlich traute sich dann keiner, der Aufforderung wirklich nachzukommen, auch Schmidt nicht – aber es war doch, als wäre ein Stück Eis gebrochen, als wäre eine schwere Last von uns genommen ... und noch nach Minuten nestelte zum Beispiel Robert (»Graf Bobby«) Gernhardt wie unbewußt, ja bewußtlos an seinem Genital herum, lautlos zäh ins Leere pfeifend. Erst jetzt fiel mir auf, wie überaus prall, ja strotzend Gernhardts »Männlichkeit« die Hose wölbte, ja fast schon zum Platzen brachte!

»So eine Parisreise, um Gotteswillen«, ließ sich jetzt unser neuer Verlags-Westernautor Al Strong, der seit Basel eingenickt gewesen war, plötzlich vernehmen und nahm aus der Hand des Lektors Bodmer grüßend eine Bierflasche entgegen, »ist ein echtes Gemeinschaftserlebnis, for heaven's sake. Meine Frau, my honey, weiß nichts davon, sorry, sagt ihr nichts, sie würd's seelisch nicht verkraften, she is a little lamb and ...«

»No sweat«, tröstete ich und beobachtete, wie Hermann Kinder die bisher weich übereinander geschlagenen Beine lüftete, worauf sich seine bisher purpurne Kopffarbe ins eher entspannt Milchige entfärbte und entkrampfte.

Vorne erzählte jetzt offenbar der Fahrer Jakob dem Verleger Haffmans schon wieder schweinische Witze, denn der »Chef« schlug sich mehrfach auf die Schenkel, schüttelte sich wie überwältigt vor Lachen und hatte Tränen in den Augen, was man sogar durch die Brille hindurch sah. Hinter mir quälten sich Wüllenweber und Johannimloh durch eine meines Erachtens recht müde und fast pflichtschuldige Diskussion über bürgerliche Ehe und Prostitution, in die sich nun auch Al Strong mischte, der darauf bestand, daß erst Hemingway diesen Dualismus, diese Antinomie endgültig überwunden habe, so wie Hemingway auch den Gegensatz von Kapitalismus und Kommunismus überwunden habe – und so wie Hemingway eben in allem sein, Strongs, Vorbild sei.

»Aber vollrohr!« sagte in diesem Augenblick Johannimloh vor sich hin.

Dagegen sah man Fritz Senn jetzt eifrig in einem Heft Reader's Digest lesen. Ich spitzte behutsam hinein und erkannte, daß es sich um einen Essay ›Warum sich in Paris Frauen für viel Geld verkaufen‹ handelte – gezeichnet war der Text mit »Gérard Zwang«, jaja, da mochte es sich um eine neue Arbeit meines alten Freundes Gerhard Zwerenz handeln, welche dieser, um dem Joch der deutschen Zensur zu entgehen, wieder mal geschickt unter Pseudonym ins Ausland geschleust hatte; ja, fiel es mir siedendheiß aufs Herz, schmachtete der alte Aufklärer vielleicht gar schon, verfolgt von den bundesdeutschen Bütteln, im Exil?

Etwa hundert Kilometer vor Paris schlug ich zur Entspannung ein kleines Kartenspiel vor, drang damit aber nur bei Al Strong durch – alle anderen, so wurde mir klar, waren entweder zu aufgeregt oder einfach zu dumm dazu. Schwer mitgenommen wirkte, trotz tadelloser äußerer Haltung, jetzt vor allem Bernd Eilert. Immer wieder und fast zu ostentativ betupfte er schon jetzt die Schläfe mit seinen offenbar parfümdurchtränkten Intimtüchlein. Scheinbar angesogen durch das dauernde Gekichere und Gegackere zwischen dem Fahrer Jakob und dem Verleger Haffmans zwängte sich jetzt auch Uve Schmidt nach vorne zum Fahrersitz – dann entnahm er aber lediglich dem Bierkasten eine weitere Flasche, öffnete sie mit den Zähnen, beugte den Körper nach hinten und ließ »es laufen«. Weil ich sah, daß der Kasten langsam »zur Neige« ging, »sicherte« auch ich mir noch schnell die fünfte »Halbe« und sah, wie jetzt auch Rühmkorf fast wankend eine Flasche holen ging – er schien kurz vor dem Zusammenbruch und war bleich wie eine Leiche aus Espenlaub. Gut, daß der umsichtige Lektor Bodmer plötzlich »Pinkelpause!« in den Bus hineinkrähte.

»Und Schwanzvergleich!« scherzte der unermüdliche Uve Schmidt unverdrossen.

»Schmiede, mein Hammer, ein hartes Schwert«, sang ich leise und offenbar ganz unbewußt vor mich hin, als der Bus längst wieder angefahren war. Die Gegend wurde herbstlicher, französischer, ja fast schon pariserischer. Gerhard Mensching erzählte jetzt seinerseits Peter Rühmkorf ein paar saftige Akademiker-Schweinigeleien, die sich meist um das Sexualleben der modernen deutschen Professoren mit ihren sexy Studentinnen drehten – und mit letzter Kraft schrieb sich Rühmkorf die Pointen jeweils in sein Notizbüchlein, hauchend, daß er das alles nächstens dem Anhang seines berühmt-berüchtigten Buchs ›Über das Volksvermögen‹ beigeben wolle. Fast gleichzeitig war es in der Sitzreihe 2 zu einer fast heftigen Auseinandersetzung zwischen Hermann Kinder und Uve Schmidt gekommen:

»Wenn nach Adorno das Ganze das Unwahre ist«, holte

Kinder soeben weit aus, »dann tut der, der seine Frau liebt, gut daran, sie nicht zu penetrieren!«

»Ach was«, parierte Schmidt emphatisch, »wer seine Alte liebt, der bürstet sie auch! Alles andere ist von gestern!« Er nahm einen Schluck und sah Kinder fast vernichtend an.

Gerd Haffmans erahnte wohl die Gefahr des Zwists kurz vor dem Erreichen des »großen Zieles«, eilte hinzu und suchte zu vermitteln. »Männer«, sagte er, »ich liebe meine Frau – und sie hat mir doch erlaubt, ins Puff zu gehen, bzw. weil ich sie liebe, möchte ich sie« – ab hier schien sich der Verleger zu verhaspeln – »zuhause in Zürich nicht als bürgerliche Prostituierte mißbrauchen ... obgleich ich gewiß nichts gegen Prostituierte habe, im Gegenteil, schon meine Mutter ... bzw. was meine Frau betrifft, die Sache war doch einfach die, daß irgend jemand halt im Verlag bleiben mußte, um die eintreffenden Manuskripte pfleglich und verantwortungsvoll ...«

»Typisch Mann«, polemisierte ich, einer Eingebung gehorchend, scharfzüngig.

»Exakt«, mischte sich mit letzter Kraft Rühmkorf ein.

»Ach was«, intervenierte Uve Schmidt hier sottisenstark, »während du, Rühmi, hier dumpf rumflippst und blöd rumgeilst, verdient deine Eheschnalle zuhause doch auch als Senatorin die Kohlen, und von deinen Kurzgedichten kannst du doch sowieso nicht leben und sterben und ...«

»Und du«, parierte Rühmkorf kurzzeitig wiedererstarkt mit elegantem Floretthieb, »hast deine Frau nicht mal halten können – ha, ich weiß es doch aus deinen Büchern!«

»Du Arsch«, wehrte sich Schmidt, wurde aber dann doch knallrot unterm Hut und schämte sich sehr.

Wie in übergroßer Drangsal, wie um seinem Ziele möglichst schnell nahezukommen, fuhr der kleine VW-Bus jetzt schon mehr als 140 – und das Opfer war der ohnehin moralisch angeschlagene Uve Schmidt. In einer leichten

Linkskurve fiel er prompt auf Bernd Eilert und besabberte mit großen Niedertracht dessen feinen Anzug mit einigen schaumigen Spritzern aus der offenen Bierflasche. Im entstandenen Gedrängel wurde auch ein Stück von Eilerts feiner sandfarbener Unterhose mit dem Cancan-Tänzerinnen-Muster sichtbar.

»Tut mir leid, mein Junge!« rief Schmidt ungebrochen fröhlich.

Eilert beschwerte sich, der Anzug habe 978 Mark gekostet und sei so fein, daß er praktisch nicht zu reinigen sei – er traf aber bei Schmidt gerade auf »den Rechten«:

»Was willst du denn, du schwuler Kacker, sei froh, daß ich ihn dir nicht vollrohr vollgekotzt habe, du Schwerarsch!«

Alle im Bus lachten laut, Eilert wurde abwechselnd grün und rot, aber bald war die »Affaire« vergessen, alles beruhigte sich wieder. Tommy Bodmer legte ins eigens mitgebrachte Bus-Tonbandgerät seine Lieblingskassette ein – Volksmusik aus dem Entlebuch –, und dann zeigte er Norbert Johannimloh stolz seine gestern gekauften seidigen Pantalons ouverts, die, erklärte er dem Schriftsteller, den Vorteil hätten, daß er, Bodmer, sich im Puff nicht ganz nackig ausziehen müsse ...

Gerhard Mensching war es, der die nächsten Minuten über das Auftritts-Couplet aus Offenbachs ›La vie parisienne‹ vor sich hin trällerte: »Jetzt hol ich alles, alles, alles, alles nach ...« Wohingegen ich meinerseits bedauerte, daß Harry Rowohlt nicht mitfahren habe dürfen – er tue doch nichts lieber als in Paris Austern essen. Doch Haffmans bestand darauf: erst beim nächsten Male seien die Verlagsübersetzer dran – diesmal habe das Geld nur für die Autoren gereicht.

Etwa 40 km vor Paris kam es erneut zum Eklat. Al Strong seufzte glücklich, für ihn gehe mit diesem »Trip to Paris« ein Lebenstraum in Erfüllung: er habe doch schon immer mal an den Ort seiner Jugendidole fahren wollen – Camus,

Sartre, Strindberg, Tolstoi, Hemingway – da aber unterlief R. Gernhardt der grobe Fehler, darauf zu verweisen, daß er seinerseits schon mal sogar ein Gedicht auf Paris gemacht habe.

»Olala«, unkte Strong achtlos.

»Jawohl«, bestätigte Gernhardt, verführt von Eitelkeit, und begann, Teile des Gedichts auswendig aufzusagen:

»Oja! ... Auf dem Mongmatter
Traf ich den Dichter Schang Poll Satter«

– doch dabei, während des Vortrags, strich sich der Verfasser des Gedichts überaus wohlgefällig und schon gar zu spektakulär über den beneidenswert prallen Sack unter der Hose – und schon war es passiert:

»Hör mal!« rief der unerschrockene Uve Schmidt und deutete auf Gernhardts Männlichkeit, »du willst uns doch nicht weismachen, Kerl, daß das alles Natur und Sack ist! Oder? Da stimmt doch was nicht! So einen dicken Sack hat doch kein Mensch! Nicht mal ein Neger!«

Gernhardt errötete etwas, bestätigte aber mit fester Stimme, der nur ein leises, fast unterirdisches Zittern beigemischt war: dochdoch, dies sei alles Natur, mit anderen Worten: Sack!

»Nevermore!« schrie jetzt auch, fast allzu fein auf Poe anspielend, Al Strong leis und verächtlich auf.

»Unglaublich«, ächzte ich, schwankend noch zwischen Glaube und unleugbarer Skepsis.

»Doch«, verteidigte sich Gernhardt hartnäckig, gerade in den letzten Jahren und mit langsam zunehmendem Ruhm sei dieser Sack erstaunlich gewachsen, japste er etwas beengt – zu seiner Freude und zugleich zu seinem Schreck, zu seinem freudigen Schreck gewissermaßen, auch er, Gernhardt, sehe den Segen für ein wahres Wunder an usf. – aber in diesem Augenblick hatten die Professoren Mensching und Johannimloh den »Kollegen« schon an den Armen gepackt und in den Polizeigriff genommen – und niemand anderer als Uve Schmidt öffnete nun unter Al Strongs fortwährendem Schimpfen und Eilerts behutsam genüßlichem Lächeln des nun doch sehr strampelnden Gernhardts Hosentürl – und heraus quoll und purzelte sofort was? Genau! Ein Knäuel von etwa sieben alten Taschentüchern, zusammengehalten und vermengt mit viel zusammengeknautschtem Klorollenpapier – und am Ende fielen sogar noch zwei Tennisbälle auf den Boden.

»Entlarvt!« schrie Mensching sehr zufrieden.

»Na also, das also war des Rätsels Kern«, setzte Schmidt schon fast selig nach.

»Des Pudels Kern«, besserte augenblicks der metaphernmächtige Hans Wüllenweber – Gernhardt aber war in den letzten Sekunden puterrot geworden und versuchte etwas von wegen »böser Streich, den mir wer gespielt haben muß« zu faseln – versteht sich, daß er trotzdem die nächsten 20 km über der Blamierte und das Zentrum des Spottes war. Wieder mal hatte den ›Ich Ich Ich‹-Autor seine bekannte Ruhm-, Glück- und Glanz-Sucht auf die schiefe Bahn gelenkt.

»Never mind«, erbarmte sich schließlich der gutmütige Al Strong seiner und klopfte ihm auf den Rücken, »ich bin heute auch praktisch impotent, mach dir nichts draus, kann jedem passieren – ich geh ins Puff heut praktisch nur mehr wegen Romanstudien, ach, die Literatur ist heut praktisch mein einziger Hit pardon: Halt ... by gosh ...«

Eingezogenen Kopfs, aber dankbar und recht versonnen nickte Gernhardt. Ob ihm das Ganze eine Lehre sein würde?

Immer schneller raste der Bus dahin, immer liebevoller streichelten Hermann Kinders Hände nun die Tube seiner Gleitsalbe – und immer hektischer, ja buchstäblich fahriger kicherte der Verleger Haffmans über des Fahrers Jakob neue ins Ohr geflüsterte Witzsalve. Plötzlich aber – die ersten Vorstädte der großen Stadt Paris tauchten schon gespenstisch drohend am Horizont der gesunkenen Sonne auf – ergriff Haffmans wieder das Mikrophon und teilte mit, der Verlag habe heute mal die Spendierhosen angezogen und zahle pro Mann und Puffbesuch 1 Mark aus eigener Kasse dazu. Murren mischte sich in den matten Beifall – und dann sah ich genau, wie sich Haffmans von Fritz Senn per Handschlag 15 Mark lieh, ehe er durch den Bus ging, um jedem Mitarbeiter sein Markstück in die Hand zu drükken. Vor offenbarer Aufregung waren seine Brillengläser beschlagen, bzw. ich frage mich noch jetzt: vor Aufregung? Angst vor dem drohenden Loch in der Kasse? oder doch vielmehr von Vor-Geschlechtslust, welche in ihm toben mochte? –

Auf einmal aber bemerkte ich, daß jetzt auch mein Hosentürl offenstand – es mußte vor Erregung meinerseits ganz einfach aufgesprungen sein. Und gleichzeitig nahm ich wahr, daß ich es nun tatsächlich nicht mehr aushalten konnte – und also schlich ich mich behut- und bedachtsam in die letzte und leere Busreihe, zog meine Vorlage (Unterwäsche aus dem Neckermann-Katalog) aus der Brusttasche und begann zuerst ängstlich, dann immer leidenschaftlicher zu wichsen. Ah, wie gut das tat! Oh, wie ward mir wunderbar! Wie schön würde es da erst in Paris werden, auf all den geilen Grisetten und Midinetten und Momptis und Mimis und Musetten – ah, ah, ah! Hoffentlich stand dann aber auch mein Hammer, mein Held, wieder pünktlich!

Hahahahaha! Oooh! Üüüüüüh! Und schon rauschte mein kostbares Sperma in den Bus-Aschenbecher! Aah!

Zum Glück hatte niemand etwas bemerkt. »Paris bleibt Paris«, sagte soeben Norbert Johannimloh ahnungslos zu Eilert – und dieser nickte so steil, als ob ihm die Halsmuskel den Dienst versagten vor der unerhörten Herausforderung, die – auch! – in diesem Satze lag. Schon hatte der Bus die Autobahn verlassen und kurvte wie Samenfäden durch die grauen Vorstädte.

»Fickenficken!« schrie der Verleger Haffmans plötzlich

und wie unwillkürlich und verriet sich derart abermals – es war völlig klar, daß er von jetzt ab an überhaupt nichts anderes mehr denken konnte – indessen Bernd Eilert nun immer bohemehafter und salonmäßiger und zugleich keusch-kafkaesker dreinzublinzeln versuchte. Der vollends ruhmsüchtige Robert Gernhardt aber schien schon wieder Oberwasser zu spüren und kündete so laut, daß es möglichst alle hören sollten, »sieben Nummern – aber immer« an.

Immer klammer aber hielt Hans Wüllenweber sein mitgebrachtes Reitpeitschchen fest.

Bevor wir ins Puff fuhren, hatte der Verleger Haffmans noch eine Überraschung vorbereitet: Einen Besuch nämlich im Atelier unseres Verlagsautors Félicien Rops, jenes bekannten Spezialisten für den »weiblichen Körper«, in dessen Atelier auch tatsächlich soeben ein splitterfasernacktes Modell stand und, diese betrachtend, mit beiden Händen beide Brüste hielt. Rops klärte uns über die Hintergründe auf. »Ich versuche, den Akt unserer Epoche zu schaffen«, flüsterte der Meister lächelnd, während meine Hand schon wieder vor Bezauberung durch das ewige Mysterium Weib in die weite Hosentasche tauchte, »den Akt der Frau unserer Zeit, und das schaffe ich auch so allmählich. In dieser Arbeit fühle ich mich wohl, denn meine Nuditäten sind so frank und frei. Und nun Glückauf, Messieurs: Bon voyage au Puff!«

Als wir kurz danach am Place Pigalle wieder aus dem Bus kletterten, stellte sich heraus, daß Peter Rühmkorf so am Ende seiner Kräfte war, daß der starke Uve Schmidt und Bodmer ihn stützen, ja halb tragen mußten – ja, hätte Senn dem Überforderten nicht fast gewaltsam ein Fläschchen Klosterfrau Melissengeist zwischen die Zähne geklemmt und ihn gleichzeitig mit Eau de Cologne bespritzt – vielleicht wäre der sensible »Lyriker« doch noch im letzten Moment abgesprungen, ja ab- und buchstäblich hingefallen.

Doch dann war es soweit. Schon leuchteten und flimmerten die bunten und flirrenden Lichtketten und Leuchtgirlanden von Montmartre und Maxim und Chez Margot, ein letztes Mal ließ der Verleger abzählen, Bernd Eilert streifte seine Glamour-Fingerhandschuhe ab – und schon marschierten wir im Gänsemarsch – an der Spitze jetzt völlig überraschend Hans Wüllenweber und der scheinbar so kränkliche Peter Rühmkorf – alle Mann hoch endlich, endlich ins Puff von Paris.

Als wir uns zwei Stunden später wieder versammelten, machten zwar die meisten Teilnehmer einen »recht erschöpften«(!) Eindruck, aber die Abzählprobe fiel immerhin zufriedenstellend aus. Freilich ergab es sich jetzt, daß Jakob und Bodmer im Puff vereinbart hatten, anschließend mal fünfe gerade sein zu lassen und jetzt auch noch schnell in die Peep-Show vis-à-vis zu gehen. Dazu wollten sie auch den Verleger Haffmans mitnehmen, damit der das auch mal kennenlerne – und die anderen sollten eben einstweilen in Edith Piafs Stammlokal ›Gustave Flaubert‹ warten und einen Pernod, einen Schluck Beaujolais oder einen Café au lait trinken. Ich sah genau, wie Haffmans sofort der Speichel der Lust aus den Mundwinkeln tropfte, ja wie er vor einmal wachgerüttelter Begierde schlotterte – aber auch vor Angst. Er schwanke und schwanke, stotterte er endlich, seine Frau, die strenge Verlegerin, habe ihm zwar in diesem einen Fall den Puffbesuch gestattet – aber von zusätzlicher Peep-Show sei keine Rede gewesen.

»Wir verraten nichts«, versicherte Jakob und zwinkerte Bodmer innigst zu.

»Und kosten würde das – schon wieder zwei Fränkli?« frug Haffmans zitternd, schien aber schon am Ende seiner Widerstandskräfte und ruckelte gleichzeitig am Kinn und an den Eiern herum.

»Die zwei Fränkli bzw. 5 Francs sind aber gut angelegt«, erklärte ihm Jakob begütigend, »weil Peep ist viel geiler noch als Puff, vor allem, wenn man ein Bier oder einen Schnaps dazu trinkt. In meiner Heimat, im Appenzellerland, nennen wir das den ›Stützlisex‹ – das Schönste, was es überhaupt gibt ...«

Schon gab Haffmans nach und lief, ja hechtete gewissermaßen somnambulisch hinter Bodmer und Jakob her, auf die Peep-Pforte zu.

Kein Fleck war an Bernd Eilerts Nadelstreifenanzug zu entdecken, als wir das Bistro ›Gustave Flaubert‹ betraten – er hatte also den Anzug bei den »Damen der Demimonde« tatsächlich ausgezogen und sich seiner entledigt! Das hätte ich nicht gedacht. Durch eine Fehlbestellung tranken wir nun alle Coca Cola – und kurz darauf kamen auch Jakob, Bodmer und Haffmans wieder – und ihm, dem letzteren, sah man das »böse Gewissen« weißgott schon unter der Türe an.

»Und ihr verratet mich auch wirklich nicht«, ächzte er bleich und würgend tonlos, »ich meine, im Sinne der Loyalität wäre ich sehr dankbar ... und ... ich meine, was ich sehen wollte, habe ich gesehen, es ist wie mit einem schlechten Manuskript, man kann es ja nur schlecht finden, wenn man es vorher gelesen und ...«

»Schon gut«, klopfte ihm Jakob aufmunternd auf den Rücken.

»Ansonsten war's natürlich hochinteressant«, Haffmans schien wieder etwas Haltung zu gewinnen und Mut zu schöpfen, »ja eigentlich auch richtig prima ...«

»So glad«, freute sich Al Strong leise und summte vornehm genießerisch vor sich hin.

»Schwanzvergleich!« schrie der unermüdliche Uve Schmidt rauh und kauzig und ein drittes Mal, aber mehr doch wohl »im Spaß«, als wir endlich wenig später wieder im Bus versammelt waren. Aber jetzt waren wohl alle »zu groggy« (Strong) dazu. Nacht lag über dem schon schlafenden Paris, la nuit, wie der Franzose sagt – und über der

Busreisegruppe lagerte etwas wie eine »große Besinnlichkeit« (Senn) – bis plötzlich und völlig unverhofft die bekannte, sonst eher zarte, jetzt aber erstaunlich kräftige und sonore Stimme von Hans Wüllenweber durch den Bus erscholl:

»Wenn das unser Verlagsautor, der selige Arno Schmidt auch noch hätte erleben dürfen!« rief Wüllenweber in die dämmernde Runde hinein – ich hatte sofort das Gefühl, würde Jakob jetzt die Busbeleuchtung einschalten, Wüllenwebers Kopf schillerte und phosphoreszierte in allen Farben der Scham, der Scham über einen furchtbaren Fauxpas, den grausamsten unter den so zahllosen Fauxpas dieser Reise. Ausgerechnet er – ausgerechnet Wüllenweber hatte sich vollends und restlos verraten. Indessen, Haffmans, der freilich auch selber genug Dreck am Stecken hatte, ließ auch noch diesen Ausrutscher durchgehen, machte gute Miene zum bösen Spiel (soweit ich es im Busfinstern sehen konnte) – und endlich, bei einem neuen, in der Autobahnraststätte Metz »organisierten« Kasten Bier »kletterte« die »Stimmung« rasch wieder »in die Höhe« – und schon in den Wäldereien des Elsaß, die Uhr zeigte längst nach Mitternacht, kam es sogar noch zu einem spaßigen »Wettfurzen« zwischen Uve Schmidt und mir – d. h. wir drückten und drückten, was wir konnten, und bei jedem gelungenen Knaller lachte der ganze Bus, und Bernd Eilert verkündete jeweils »7:5 für Schmidt« usw. – und endlich an der »eidgenössischen« Grenze, der Tag begann soeben zu tagen, faßte Hermann Kinder unser alle Gefühle noch einmal treffsicher so zusammen: »Paris bleibt eben doch Paris!«

»Es gibt nur ein Paris«, gab ihm Hans Wüllenweber seufzend und zugleich die Melodie summend recht, auch wenn unser »Spaßvogel« Uve Schmidt hier scherzhaft korrigierte: »Ick bin ein Berliner!«

»Wenn nur«, stöhnte Haffmans schon wieder etwas gedrückter, »wenn nur meine Frau nichts von der Peeperei erfährt – Henscheid, eine Bitte, erwähnen Sie's nicht in Ihrem Fahrtbericht ... sie liest ihn nämlich ganz genau ... hier haben Sie ein Fränkli ...«

»Sowieso«, beruhigte ich den Verleger schmunzelnd.

»Und wenn nichts rauskommt, Männer«, fuhr Haffmans wieder mutiger fort, »und die Auflagen des Verlags weiter steigen, dann kann«, Haffmans zögerte kunstvoll, »dann könnte man ja natürlich auch eines Tags eine entsprechende Fahrt ins Fernöstliche ins Auge fassen, ins Puff von Bangkok zum Beispiel – mit Abstecher nach Manila!«

»Au fein!« entfuhr es Bodmer.

»Abstecher, hahaha!« freute sich Gernhardt sehr.

Alle waren es einverstanden – und keine Stunde später traf der Bus wieder wohlbehalten in Zürich ein, wo wir im trüben neblichten Morgengrauen – bleich und übermüdet, aber glücklich – aus ihm kletterten, um die neue literarische Saison zu eröffnen und die entsprechenden »Seller« vorzubereiten.

Wie sehr es aber allen gefallen hat, das mochte der bestätigt finden, der sah, wie uns allen vor Wohlgefallen die tiefste Zufriedenheit in jene Gesichter geschrieben stand, die da mit glücklicher Miene gefällig vor sich hin lächelten – müde aber zufrieden und wohlgefällig. Und ein Wunsch schien noch einmal unausgesprochen im Raum und über dem Ganzen in allen Augen zu stehen und über dem bereits geschäftig werdenden Zürich zu schweben: Solche »Ausflüge« sollte der Haffmans Verlag öfter mal machen ...!

Zornheim

Hommage an Ror Wolf

Wer einmal in Zornheim ansässig wurde, verläßt die Ortschaft so leicht nicht wieder. Wer, der allgemeinen Lebensnot zu wehren, den Ausbruch riskiert und auf sich nimmt, der ist meist ja schon geliefert. Zwar vernimmt man immer wieder und immer noch von einzelnen störrischen Absetzbewegungen im Rahmen der geltenden Gewerbe- und Niederlassungsfreiheit, allein, nimmt man alles in allem, ist da sehr wenig mehr zu hoffen.

Die Gefährlichkeit der großen Ebene rund um Zornheim ist zu bekannt, als daß sie hier auch nur ausgesprochen werden müßte. Ausreiß- oder auch sogannte Umzugsbemühungen in den Norden oder auch Westen scheitern in aller Regel selbst dann, wenn vorab ein genaues Studium des Straßen- und des Wegenetzes erfolgte. Wer sich dennoch anheischig macht, die Ansiedlung hinter sich zu lassen, verliert meist schnell allen Grund und Boden unter den Füßen. Ausreisen enden im allgemeinen mit schwersten Abwürfen, Stauungen und sonstigen Havarien, zumindest aber mit allerlei Mißbildungen und Blechschäden samt der Folge ortspolizeilicher Vernehmungen. Wer in Zornheim eine Wohnung bewohnt, hat zwar mit größtmöglichen Einschränkungen und Beschneidungen zu rechnen. Er merkt rasch, daß, sobald er den Finger in eine Wand steckt, sofort ein Loch entsteht mit allen Konsequenzen. Vor Schreck, Ernüchterung und Wut stürzen Betroffene nicht selten im Anschluß die Stiegentreppe hinunter, um sich am Ende des erwartungsgemäßen Vorgangs beide Beine zu brechen. Die Folgen sind oft Krankenhaus, Sanatorium, Frühinvalidität. Allein, es nützt ja nichts. Eine Flucht ist nichtsdestoweniger kaum anzuraten. Der erosionsartige Charakter der Landschaftsformation spricht ebensosehr dagegen wie auch der der Ortschaft.

Zornheim, im Zentrum der überaus gefährlichen Ebene in der westlichen Landesmitte gelegen, im Norden anknüpfend an den großen Ballungsraum, im Süden hin gegen Frankreich geneigt, mahnt auf den ersten Blick wie zum Bleiben und Verweilen einladend; indessen, schon der zweite und nachdenklichere legt alle städtischen und in der Folge gesellschaftspolitischen Blößen dem angstvoll aufgerissenen Auge offen und bestimmt das Gemüt zur sofortigen Absetz- und Umkehrbewegung. Westlich schwere Dünste, im Osten Nebel löchrig und voll Mißmut schwärend. Allerdings ist es dann eben die Ebene selber, die, scheinbar dem Fluchtwunsch entgegenkommend, bald allen Hoffnungen ein rasches Ende macht. Denn in der Tat, so groß die Not und die Verworfenheit in Zornheim, die wahrhaft abgründige Abschüssigkeit der zahllosen Gefahrenherde rund um Zornheim sowie der anliegenden Ortschaften und Weiler samt ihren scheinbar helfenden Trassierungen, Beschilderungen und allgemeinen Vorschriften ist die ja noch viel größere.

Noch unterdessen in Zornheim der ortsübliche widerwärtige Lärm tost, die Bosheit schwelt und in den Hecken unermeßliche Hitze schwärt, führt die Begierde, all dem zu entkommen, unweigerlich zur vollständigen Niederlage samt der Rückzugsschmach.

Gewiß, theoretisch könnte der ausbruchswillige Zornheimer die Ballungszone im Norden, könnte er Mainz und Wiesbaden etwa über die Autobahnanschlußstelle Essenheim und Nieder-Olm erreichen oder doch anzustreben versuchen; glückt es ihm, ist er in Freiheit. Doch sprechen die verwirrenden, ja zutiefst verstörenden Weggabelungen und Kurvenauffahrten bei Sörgenloch bzw. Harxheim-Ebersheim entschieden dagegen und eine insgesamt sehr klare Sprache. Zumal die normale Umleitung über Udenheim und Saulheim fast immer in die großen Mittagsstaus und Kurvenhäufungen bei Vendersheim führt und so dem Unternehmen ein sehr baldiges Ende bereitet.

Unschwer zu finden, von Zornheim aus gesehen, zwar ist andererseits südlich die Bundesstraße von Gau-Bickelheim nach Oppenheim und weiter. Und doch: Bei der großen und selbst bei klaren Himmelsverhältnissen vollends unüberblickbaren Kreuzung zwischen Schornsheim und Undesheim ist es meist schon wieder aus. Hoffnungsraubender freilich noch das übereilte Ausweichen auf den sogar geteerten Feldweg Hahnheim–Weinolsheim. Und nur auf den ersten Anschein hin vielversprechend die Route über Ebersheim, vorbei am südlichen Einzugsgebiet der Ausfallstraße nach Bodenheim. Schon winken lockend Flörsheim, Hochheim, Raunheim, Bischofsheim, ja selbst Rüsselsheim von ferne – allein, nicht allein die schweren Barrikaden kurz vor der großen, ja rettenden Einfahrt nach Bodenheim machen alle Zuversicht sofort zunichte: Schon die große Ampel an der Eisenbahnüberführung Gau-Bischofsheim rechts vom großen Geschütz hinter dem alten Wehrmachtsbunker bringt den an sich nicht schlecht angelegten Versuch zum schleunigen Erliegen.

Zum Scheitern verurteilt sein dürften allerdings auch mutige Ausfahrtunternehmungen, welche die großen Metropolen des Rhein-Main-Distrikts über Lörzweiler–Nakkenheim bzw. Mommenheim–Nierstein anzusteuern sich unterstehen. Führte nicht schon eine Behelfsausfahrt wie die von Mommenheim restlos ins Irre: die üblen Schotterstraßen rund um Nackenheim dürften der gutgemeinten Sache ebenso den Todesstoß versetzen wie auf der anderen Seite randalierende Mopedfahrer hinter der großen Linksrechtsbiegung. Gefahr dräut auch von der sogenannten Nackenheimer Schleife. Währenddessen ein jeder Versuch, die Fluchtzielkette Frankfurt–Wiesbaden–Mainz über den weit nach Süden ausschwingenden, ja ausschlingernden Umweg Alzey–Worms anzustreben, schon auf der Höhe von Hahnheim oder dann spätestens Udenheim an der fraglos absichtlichen Planlosigkeit und Richtungslosigkeit der sogenannten ausgebauten Zufahrtsstraßen zum Platzen verdammt sein sollte.

Schwingt der Zornheimer sich nun allerdings dazu auf, etwa Wiesbaden direkt anzugehen, so schwindet abermals und aus nun umgekehrten Gründen sein Planziel sehr bald aus seinen eigenen Augen. Denn erreicht er auf diese Weise Saulheim, so hat er zwar schon viel erreicht, nämlich eine dicke Bundesstraße und einen Eisenbahn-Bahnhof zugleich. Und trotzdem dürfte er die ohnehin und zu Recht gefürchtete Region Sulzheim–Wallertheim–Spiesheim kaum und allenfalls im Traum zu sehen kriegen – vom vielversprechenden, ja alles verheißenden Autobahnkreuz Beindersheim östlich von Worms hier ganz zu schweigen. Und die dort üblichen schweren Tiefdruck- und Gewitterzonen noch gar nicht mal in Rechnung gestellt. Noch während zuhause in Zornheim kreischend die Alarmsirene heult, fährt der Ausreisewillige besser über die große und nicht ungefährliche Haarnadelkurve bei Rommersheim wieder klammheimlich nach Zornheim still zurück.

In Zornheim selbst geht einstweilen alles seinen Gang. Hunde streunen, Männer wenden sich verstockt von Frauen ab. Viel Unheil bis hin zum Terror erlebt man durch Jugendliche beim öffentlichen Telefonieren. Nicht selten fällt ein Blumenstock zu Grund. Und zerschellt entzwei zu Brei.

Man sieht gleichwohl: Die Lage der Ausreisenden oder sei's Ausreißenden ist so gut wie aussichtslos. Eine theoretisch ja durchaus denkbare Route mit den spiralförmig ineinander greifenden Koordinaten Hahnheim, Undenheim und Weinoldsheim bzw. den Tangentialen Uelversheim, Ludwigshöhe, Hangen–Wahlheim und Dorn–Dürkheim ist wohl theoretisch denkbar, aber in Anbetracht der abschließenden und wahrhaft malstromartigen Unfallträchtigkeit der großen Ellipse hinter Mettenheim–Bechtheim nur schwerlich anzuraten – manch Zornheimer, gewitzt, vermag im Krankenhaus ein Lied davon zu singen.

Wohingegen das gezielte Anstreben des vermeintlich rettenden Autobahnkreuzes Hechtsheim direkt südlich von Mainz-Bretzenheim sich schon wegen dessen irreführerisch tückestarker Autobahnbeschilderung nebst unentrinnbarer Fahrspurzwangseinweisung als mehr oder weniger gänzlich aussichtslos herauskristallisiert und den eventuellen Flüchtenden schnurstracks wie unrühmlich über Klein-Winterheim, Ober-Olm, Essenheim und Nieder-Olm abermals in den hohnvoll lachenden und schlingenden Rachen Zornheims zurückspediert.

Indessen eine Fluchtunternehmung über die Stationen Hessenaue, Geinsheim, Nackenheim, Groß-Gerau nicht allein an der berühmtberüchtigten Rücksichts-, ja Schonungslosigkeit der Groß-Gerauer Autofahrer zuschanden wird, sondern schon vorher und in den überwiegenden Fällen auf der Höhe von Bensheimerhof-Leeheim, dort wo inmitten der großen Senke, der sogenannten Lipidsenke von Leeheim, die parabelartige Hyperbelform der zu beschreitenden Fahrrinne wegen der Brüchigkeit der überalterten Mittelnaht den Aushäusigen nicht selten direkt in die Sankas des Roten Kreuzes und in der weiteren Folge in die Heil- und Pflegeanstalt Köppern (Taunus) weiterträgt; wo ihm der Rest gegeben wird.

Unschwer zu erkennen: Auch wenn die bisher noch nicht erwähnte und meist durch Bundeswehr verrammelte Route Guntersblum, Gimbsheim, Biebesheim etliche trügerische Hoffnung träufelt: nichts geht mehr und bis auf weiteres.

Als brandgefährlich erweist sich in diesem Zusammenhang übrigens auch bei fast allen Ausbruchsanstrengungen schon die langgezogene S-Kurve bei Bechtheim; kaum minder beschwerlich die äußerst schmale Brücke hinter Gundheim. Auspuffrohre werden schlechthin hinweggerissen; zumal bei starkem Ostwind. Wenig frommt dem Zornheimer gleichwohl die ins Auge gefaßte Rheinüberquerung bei Oppenheim oder anderswo, welche endlich alles Übel und alle Pein hinter sich lassen möchte. Denn wohl weiß der geschulte Zornheimer um die bedeutenden Gefahrenherde durch die Rheinschleife am Kühkopf. Doch mag er sie auch überwinden, so holt das Schicksal spätestens an der überaus flachen, ja brettebenen Gefahrenstelle bei Leeheim ihn schmatzend wieder ein. Aus- und Umzugsbemühungen nach Wiesbaden-Biebrich scheitern deshalb im Normalfall selbst dann, wenn der Betreffende früher schon mal in Frankfurt, ja sogar in Mainz-Lerchenberg ansässig gewesen war.

Zornheim ist eine Brutstätte, ja ein Wespennest voller Schikane, Drangsalierungen und Rechtsverdrehungen. Nicht lädt die Ortschaft zum Verweilen ein, gar zum unentwegten Siedeln. In der Ortsmitte schmachten Nichtsnutze, Eckensteher, Freigestellte. Dachdecker hat es kaum, noch Zimmerleute. In den Ställen brüllt ein bißchen Vieh. Nicht besser sieht es in den Wollwebereien und Kürschnereien aus. Es ist eine Schande.

Katzen trotzen Hunden. In Zornheim ist es so, daß Katzen wie Hunde häufig aus Rentnerhand angeschossen werden, um dann über zahllose Umwege schließlich in der Renault-Werkstatt zu landen. Das Rammen von Fahrzeugen mit der Folge von Unfallflucht ist in Zornheim an der Tagesordnung. Oft zerstiebt hier alle Zuversicht. Allein, schon auf der Höhe von Mommenheim wird das Gros der Absetzwilligen durch Nebelschlieren abgefangen. Auch jenseits von Selzen ist wenig Hoffnung, aber noch minder ist an ein erträgliches Überleben im nahen Dolgesheim zu denken, wo abwechselnd Schnee und Regen auf die große Ebene herniederrieseln. Sowie 17jährige Türkinnen oftmals spurlos verschwinden und verderben.

Groß aber werden Not und Ernüchterung bis hin zum Katzenjammer erst recht, sucht der fluchtentschlossene Zornheimer über Kerzenheim, Ramsen, Neuhemsbach, Schweisweiler, Alsenborn und Albisheim (Pfrimm) sein Heil. Genausogut könnte er dann auch über die schmerzhafte Serpentine Gauersheim, Morschheim, Mauchenheim sich vorantasten, oder aber, eingetaucht in tückische Miasmen, via Ingelsheim die Freiheit zu erspähen meinen. Hie wie dort folgen Rückschläge in Form von meist freiwilligen Rückführungen häufigst auf dem Fuß. Die Rückreise führt über Offenheim, Erbes-Büdesheim, Nacken- und Spiesheim stets zurück nach Sörgenloch und endlich Zornheim.

In Zornheim ist die Lage heute die, daß Aus- und Umzüge im Regelfall von den Behörden nur erlaubt werden nach Göllheim, Quirnheim und eventuell Kirchheimbolanden. Sowie natürlich nach Hettenleidelheim. Natürlichnatürlich. Hettenleidelheim ist so gut wie immer und ohne weiteren Papierkrieg drin.

Rund um Zornheim in der großen Ebene erkennt man unschwer als lästige Zeugen des praktisch ganzjährigen Winters große Mengen Eis- und Schneeschollen lagern; sowie eimerweise Splitt. Vor allem in den überaus befremdlichen Erdspaltungen hinterm großen Weiherloch. Die Bevölkerung ist restlos bedient.

Manche Bedenken in und um Zornheim herum werden auch durch allerhand Smogalarme ausgelöst. Indessen scheint es so, daß sich die Ortschaft auf ihre eigenen Messungen verläßt. Die Schadstoffkonzentration ist weiters nicht bekannt, festgestellt wurde jedoch, daß man heute bei 87 Dezibel Lärmentfaltung steht. Rentner und Jugendliche tragen das ihre dazu bei. Sowie von fern klagend der Steinkauz.

Der Parkplatzmangel ist kein Phantom. Sondern heute längst enorm. Zwar gelang es der Zornheimer Behörde, den früheren Schuttplatz zur Ablagerung von Bauschutt, Erdaushub und Gartenabfällen zu bewahren. Aber das Aufnahmevermögen (Kapazität) dürfte bald ja schon erschöpft sein. Jetzt hofft man inmitten der großen Ebene auf ein Gelände in der Form eines Hügels.

Ausreißunternehmungen über Monzernheim, Heßloch und Mettenheim fruchten wenig. Blechschäden durch die fallenden Hageleinschläge im Wegekreisel Wintersheim sind die erste, über Jahre hinweg geschiente Arme und Beine die fernere Folge. Mehrere Männer berichten darüber ausführlich. Genaueres vor allem einer.

Hilferufe hört man oft aus Schreinereien. In der Gaststätte überwiegt der Gassenschenkenverkauf. Erst neulich wieder wurde ein Rauhhaardackel überfahren und sofort getötet und glatt kaltgemacht.

Das Festbier verfügt über 13 Prozent Stammwürze, viel Ärger aber schafft zumeist die Abfallbeseitigung. Düstere Perspektiven hört man aus dem nahen Forstamt. Hinzu tritt das durch den Wegfall des optimalen Ausgleichs- und Reinigungssystems bedingte Absterben von Pflanzen und Tierarten; sonstige negative Veränderungen des durchwegs flachen Landschaftsbildes gar nicht ferner zu erwähnen. Vor dem Sportheim Richtung Harxheim besteht ein Parkplatz. Das alte Treppchen wird zur Zeit erneuert.

Hasen fallen vom Balkon nebst Häsinnen. Nebenbuhler werden weggerichtet. Die Herbergen von Zornheim haben geschlossen. Es gibt sie praktisch nicht. Trotzdem und gerade deswegen wehrt sich Zornheim gegen den Abzug seiner noch vorhandenen Menschen. Und sei's der nur zufällig und vermeintlich vorübergehend nach Zornheim geschneiten und dort dann hilflos hängengebliebenen.

Auch fehlen öffentliche Frauenhäuser unter den ortsüblichen pflaumenblau verquollenen Wolkenknäueln, die ihre Schatten auf die große Ebene werfen und jetzt langsam anheben, vollends kolkrabenschwarz zu werden. Oft sind plündernde Hausierer mit Behindertenware gleichwohl unterwegs und haben Glück, der marodierenden Polizei selten ins Garn zu gehen. Dann wieder fordert ein Sohn zum Wochenende Polizeischutz an. Der Vater sei mal wieder fürchterlich. Er gebe die FS-Zeitschrift nicht her. Seither tobt der Streit.

Ein weiterer Ausbruchsversuch also über Enzheim und Gundersheim? Pah! Wenn man das schon hört! Die Wegelagereien von Gau-Heppenheim sowie Gau-Köngernheim haben den Flüchtenden spätestens an der berüchtigten Straßen- und Bahngabelung Biebelheim/Framersheim/Frettenheim geschnappt. Geschnappt und am Schlawittchen. Vor des braunen Bibers scharfen Zähnen überdies zu kuschen.

Geräusche, welche letzten Endes der nahen Bahn zugehören mögen, klingen sehr, sehr fern. Männer stehn am Fenster, lassen die Asche steil abtropfen. Pilzer, Pelzer, Nobo ihre Namen. Zum Teil sogar Graf Bobo.

Speiübel aber wird dem Blick, richtet das Ohr sich fernhin lauschend in Richtung Friesen- oder gar Oggersheim. Kein Ton ist mehr zu hören, nicht ein Mucks. Sehr still ist's auf der Welt. Wer weiß, die Tränen rinnen hinauf zum Himmelszelt.

Nein, auch in südlicher Richtung sieht man nichts. Nicht mal einen ohnehin unüberklimmbaren Berg. In westlicher noch weniger. Das macht Zornheims große Fesselkraft.

Wenige kamen an, kaum einer mehr zurück.

Die große Ebene rund um Zornheim ist mit einer feinen, sehr dünnen und äußerst leicht splitternden Eisschicht überdacht und überzogen. Wer sie betritt, verfällt dem Blutzoll. Dazu gesellen sich allerlei Grenzverwehungen, Gemütsüberlastungen und große Scham, mühelos am Wegrand lagernd. An eine Entfernung vorbei am eisernen Grabkreuz hinter der sogenannten Schnecke nach Rüsselsheim oder sei's Kaiserslautern ist unter diesen Umständen natürlich nicht zu denken. Auch der ehedem so geschätzte Besuch des Trainings der Mannschaft im fernen Riederwald entfällt.

Post ist die schier einzige Verbindung, die noch weitest klappt. Die dem Zornheimer noch bleibt. Ins Glockengeläut hinein blinkt zart und nah der Silberberg (211 m), die einzige Irregularität der großen Ebene und des Territoriums. Vor allem aber die unermeßliche Weite zwischen Mommenheim und Laubenheim birgt Fährnisse sonder Zahl. Hausschwämme und Überschwemmungen. Gut beraten ist der Zornheimer deshalb, auch die Region um Saulheim und Gau-Obernheim strikt zu meiden.

Tagelang freilich war kürzlich das Nilpferd Nero Tagesgespräch von Zornheim. Die Polizei wurde am Donnerstagabend verständigt, daß Nero auf der Straße wandle. Die Polizei fand aber das Nilpferd dann doch noch immer in der Selz vor. Der Wärter übernachtete neben dem Nilpferd und bewachte es. Nachbarn und der Wärter versicherten, daß Nero die Selz noch nicht verlassen hatte. Das Nilpferd ist sehr zahm. Heute abend können die Kinder auf dem Nilpferd zum Zirkus Probst reiten, anschließend in Mommenheim, Dexheim, später Weißenburg. Die Polizei nimmt an, daß der Anruf, daß Nero auf der Straße läuft, ein übler Scherz war. Das Nilpferd war am Donnerstagnachmittag aus der Selz gekommen. Der Zirkus hatte Vorstellung, es konnte niemand kommen. Als die Helfer nach der Vorstellung zur Wiese rasten, war das Nilpferd wieder in der Selz und übernachtete darin bei Mondenlicht und Schneegeriesel. Der Wächter wachte am Ufer.

Insgesamt aber läßt die Zornheimer Polizei nichts anbrennen. Aufgebaut und errichtet wurden zuletzt auch Straßensperren nach Schwabsburg und nach Dienheim. Vorerst noch freigestellt entbehrt andererseits die Route über Hangen–Wahlheim nach Gimbsheim nicht der Ohnmacht noch der Heimsuchung. Maschinengewehre nützen wenig. Anzeige wird sofort erstattet. Wer einmal mit der Zornheimer Polizei zu schaffen hatte, läßt es später wieder lieber.

Das Aufkommen von Westwinden, die ab und an durch Zornheim streichen, vermag eine gewisse Entlastung kraft Erleichterung aufkommen und entstehen zu lassen. Indes, viel ist es nicht. Gesperrt die Ausfahrt Ebersheim, der Weg nach Vendersheim beschnitten. Starr schweift der Blick nordöstlich, in Richtung Waldstadion. Aber das hilft auch nicht mehr viel.

Ungleich Venedig ist Zornheim nicht auf Holz gebaut. Sondern auf Eis und Mehl und Schwamm. An diesen nagen geschätzte hunderttausend Ratten sowie eine Mio Würmer. Schon durch diese, aber auch durch die allgemeinen Umstände und Gegebenheiten sind Fortkommversuche fast immer, ja stets und jederzeit zum Verhungern verurteilt und zum Ausbluten verdammt. Sie enden wo nicht meist tödlich, so doch jederzeit in Zornheim-Nord.

Große Wut

Lehrerin Penny: Was hast du mit
Penny gemacht?
Gorillamädchen Koko: Beißen. Leidtun beißen.
Falsch beißen.
Penny: Warum beißen?
Koko: Weil wütend.
Penny: Warum wütend?
Koko: Nicht wissen.
(Francine Patterson, Conversations With
a Gorilla, 1978)

Oskar freute sich auf den Besuch von Gustav. Heute abend wollte er kommen, Gustav, sein, Oskars, bester Freund. Oskar freute sich sehr. Das Herz pochte ihm kräftig, fast ungestüm, doch, es schlug ihm so richtig das Herz vor Freude und Vergnügen.

Sein bester Freund? War Gustav das denn wirklich? Gleichsam um die Kribbeligkeit seiner Vorfreude etwas zu mäßigen und sich zu beruhigen, hatte Oskar sich ans Fenster gestellt und sah aufs Dach des Nachbarhauses, auf das Dächerheer der Stadt. Vorfrühlingssonne ließ die Ziegel blinken, Licht und Schatten spendeten so etwas wie prikkelnde Verheißung. Gewiß hing das auch mit Gustavs Eintreffen zusammen. Seines besten Freundes? War er es? Bester Freund, zweitbester, drittbester – wer konnte das so genau sagen. Er, Oskar, freute sich, das stand mal fest. So gegen fünf Uhr abends wollte Gustav kommen, wollte Gustav zuerst bei ihm, Oskar, vorbeikommen. Da wollten sie dann, sofern noch Zeit genug war, zuerst einmal zusammen, zu zweit, einen kleinen Spaziergang machen, einen Auslauf, wie es Gustav immer nannte. Dann, so gegen acht Uhr abends, würden sie voraussichtlich Charly und Alfred treffen, um den Abend schließlich zu viert gemeinsam zu verbringen.

Oskar freute sich sehr darauf.

Er freute sich, wie er jetzt schon einige Male verspürt hatte, fast übertrieben darauf. Und warum auch nicht. Oskar freute sich, weil heute Samstag war und weil Oskar die Samstage, so wie die meisten Menschen, ein wenig fürchtete, ja – warum es leugnen? – in letzter Zeit schon beinahe haßte. Die Samstagabende auch – richtig, diese auch – mehr aber noch die Samstagnachmittage. Schrecklich waren sie, diese Samstagnachmittage, enervierend, entkräftend. Man war eben nun einmal nicht mehr zwanzig, um mit irgendwelchen Freundinnen verliebt oder schon gierig durch Wald und Feld zu streifen; aber auch die späteren Rituale der Dreißigjährigen, diese Gruppenwanderungen mit schließlicher und möglichst baldiger Einkehr in irgendwelche Dorfwirtshäuser oder Waldschenken – sie waren Vergangenheit. Tempi passati. Je nun. Oskar nickte und lächelte, lächelte sich gleichsam selber zu. Er, Oskar, war jetzt 37, damit hatte es sich, all das ging von einem bestimmten Lebensalter ab wohl nicht mehr an, diese verlängerten und gestreckten und etwas krampfigen Jugendrituale. Oskar wippte sachte mit dem Kopf. Blinzelte in den blaßblauen Himmel. Und das war gut so, daß all das passé war. Oskar nickte wieder, diesmal steil.

Gustav – der war wohl schon über 40, richtig, den 40. hatte man hier ja zusammen gefeiert, vor – Oskar rechnete flink nach – vor knapp einem Jahr. Oskar wunderte sich nicht wenig. Dann war Gustav ja schon 41 – und seiner Erinnerung nach seit fast einem Jahr schon nicht mehr hier, nicht mehr zu Besuch hier gewesen! Um so schöner, daß er heute wiederkam, daß es wieder mal mit ihnen beiden klappte!

Lächelnd formte Oskar eine kleine, gleichwie amüsierte

Schnute und klapperte mit den Wimpern, weniger belustigt, als sich absichtsvoll belustigend. Na schön, irgendwas war da zuletzt zweifellos passiert, daß Gustav sich so rar gemacht hatte, weißgott. Früher, ja, da war Gustav häufig zu den Wochenenden angerückt, zeitweise jedes Wochenende, doch, er, Oskar, entsann sich ganz genau. Später, so vor drei oder fünf Jahren, war Gustav dann noch immer jedes dritte oder vierte Wochenende gekommen. Zuletzt aber – doch, kaum glaublich, aber es war schon wahr – war Gustav fast ein Jahr lang, seit Ostern, nicht mehr hier und zu Besuch gewesen – hier in seiner wenn nicht Heimat- so doch Schulstadt. Der Stadt seiner, Gustavs, Schul- und insofern Jugendjahre – der Stadt, die, im Zeitlichen partiell sich überlappend, partiell verspätet, auch die Oskars, seiner, Schul- und Jugendjahre war. Oskar seufzte, schnaufte durch. Wie sehr hatte er sich gefreut! Wie sehr hatte es ihn gestern gefreut, wie hatte ihn, um ganz aufrichtig zu sein, fast Entzücken gestreift, als Gustavs Anruf ihn gestern spätabends erreicht hatte, der Anruf mit der Ankündigung, zum Wochenende würde er, Gustav, so nichts etwa dagegen spräche, wieder mal gern in Seelburg aufkreuzen. Um einen Tag lang ungefähr zu bleiben. Vom späten Samstagnachmittag bis Sonntagnachmittag, na vielleicht auch -abend.

Entzücken ihn gestreift? Wie mit einem Zauberstab berührt, besserte sich Oskar. Oskar lächelte sanft, gleichsam besserwisserisch. Doch, wie mit einem elektrischen Zauberstab berührt hatte es ihn, Oskar. Elektrisch hier gleich euphorisch. Euphorisierend kitzlig. So konnte man es sagen. Da gab es keinen Zweifel. Warum es schamhaft leugnen?

Oskar schmunzelte. Schmunzelte wie heimlich.

Zwei Uhr war's erst, ein recht milder, sogar ein bißchen übersonnter Samstagnachmittag. Oskar verspürte, daß er momentan nicht recht wußte, wohin mit sich, daß er sich irgendwie die Zeit vertreiben mußte bis zum Eintreffen von Gustav. Zwei, drei Stunden noch. Na, eher drei oder vier.

Gustav war nicht der Pünktlichste – der pflegte gern sich zu verspäten, mit einer gewissen Absicht sogar sich zu verspäten. Oskar spitzte so schmunzelnd wie nachdenklich die Lippen. Eine Art Programm von Gustav, ein kleines listiges Späßchen sozusagen der Welt gegenüber, diese Verspäterei – fast etwas wie Ranküne. Ratlosigkeit mimend, zuckte Oskar flüchtig mit den Schultern. Sicher, dieses fast programmatische Zuspätkommen Gustavs hatte ihn, Oskar, auch schon oftmals ziemlich geärgert, war als Späßchen ja durchaus auf seinen Schultern abgeladen worden – er, Oskar, war meist der Dumme, der Angeschmierte gewesen. Nochmals und abwägend spitzte Oskar seine Lippen. Legte wiederum nachdenklich und zugleich amüsiert den Zeigefinger an den Mund und lächelte. Lächelnd verzieh Oskar Gustav. Und entschloß sich dann recht plötzlich – sich die Zeit zu vertreiben – zu einem Spaziergang. Zu einem vorgezogenen kleinen Auslauf solo also.

Im grasgrünen Anorak, verpackt unter seine Lieblingsschirmmütze, die braune aus Cord, schritt Oskar guter Dinge aus. Noch einmal, schon wieder freute Oskar sich auf den heutigen Abend – freundlich wärmend, lustig kitzelnd schien ihm die Aprilsonne mitten ins Gesicht. Er freute sich auf die Freunde, und er freute sich – natürlich und vor allem – auf Freund Gustav. Auf Gustav, seinen Freund, mit dem er sich besonders gut verstand, seit weißgott ewig vielen Jahren. Tatsächlich, Gustav hatte in der Zwischenzeit die 40 überschritten – er aber, Oskar, würde ja bald folgen, schmunzelte Oskar recht vergnügt und sehr gemütlich. Seit mindestens fünfundzwanzig Jahren – jawohl! – kannte man sich, in gewisser Weise schon seit dreißig. Aber eigentlich war diese Freundschaft, so fand Oskar, erst so in den letzten sieben Jahren richtig gewachsen, aufgeblüht – hatte sich nach zagen und eher zufälligen Anfängen sozusagen erst gesättigt und gekräftigt. Doch, da gab es einfach nichts zu deuteln, dachte Oskar und schritt kraftvoll aus.

Um so schmerzlicher, natürlich, sicherlich, war es ihn, Oskar, angekommen, daß Gustav zuletzt sich nicht mehr hatte blicken lassen. Daß die Freundschaft, die Beziehung, wie von selber, wie ohne jeden Grund ganz plötzlich eingeschlafen war. War alles, war der Grund nur eine Art – Koketterie von Gustav gewesen? Eine Art Balzweise, die – Eifersucht wecken sollte? Hm, doch, derlei war Gustav durchaus zuzutrauen, das lag durchaus in seinem etwas merkwürdigen, seinem reichlich skurrilen Charakter, dachte Oskar und schmunzelte weniger unwillkürlich als wiederum gemimt. Seinem pädagogischen Charakter auch, besserte Oskar nach. Doch, Oskar wußte, daß Gustav ja ganz genau wußte, wie sehr er, Oskar, ihn, Gustav, mochte und schätzte, zeitweise fast verehrte – wie sehr und dringlich er, Oskar, auf seine, Gustavs, Zuneigung oder auch nur Anwesenheit ja durchaus angewiesen, mitunter fast versessen war – wie unleugbar ihn, Oskar, sonst die Trennung und Vernachlässigung über eine gebührliche Frist hinaus quälte, ihm als richtiggehender Entzugsschmerz wehe tat. Ja doch, Oskar wußte das, daß Gustav eben dies auch wußte. Oskar lächelte, gleichsam geschmerzt und auch wie heimlich. Ach was, klar, derlei kleine Unarten, Scherzchen, Spielchen, Sottisen nahm Oskar Gustav keineswegs ja krumm – meine Güte, das waren vielmehr lang eingespielte Neckereien, was sich liebte, das neckte sich eben – Neckereien und Turteleien waren das, ganz wie bei Ehepaaren, Liebeleien, die den Reiz ja nur erhöhten und am Flammen oder Züngeln hielten. Flott schritt Oskar aus, beschleunigte maßvoll das Tempo.

Krummer nahm er, Oskar, Gustav schon, wie dieser, oft gleichsam unter Zwang und Bann, immer und allzeit ein bißchen zu sehr und zu betont der Dominierende war – bzw. wie er, durchaus ja nicht immer überzeugend, partout den Dominierenden vorstellen wollte, ja schon mußte! Oskar räusperte sich. Weniger dann, wenn sie beide,

Gustav und Oskar, alleine, sondern vielmehr, sobald dritte, vierte mit von der Partie waren. Ja, unleugbar, da war es dann auch, daß Oskar nicht selten Gustavs spitze Zunge so richtig fürchtete, seinen schnellen und wachen Verstand, den durchaus eigenwilligen und meist durchschlagenden rhetorischen Witz. Neinnein, da handelte es sich dann oft durchaus um keine Neckereien mehr, bei dem, was Gustav da zuweilen inszenierte; inszenierte wie aus langer Hand vorbereitet und sehr unverfroren und freilich zugegeben durchaus virtuos durchtrieben! – nein, was Gustav da oft sich leistete, das war, Oskar wackelte tadelnd mit dem Kopf, manchmal schon recht aggressiv, ja bösartig. Ein zumindest etwas dümmliches hegemoniales Gehabe, jawohl. Gustavs unleugbares Manko.

Ach so, ja, richtig: Anna wollte oder sollte heute abend auch mitkommen und irgendwann zu den vier Freunden stoßen – jetzt fiel es Oskar wieder ein. Das hatte ihm Gustav gestern abend am Telefon auch noch gesagt. Er, Gustav, wolle sich selber darum kümmern, um die Verständigung von Anna oder vielmehr »Anne«, wie sie sich wohl seit kurzem aus nicht recht plausiblen Gründen nannte und wie sie auch genannt werden wollte. Hm, richtig, und war es nicht gerade Gustav, der diesem reichlich sinnlosen Wunsch offenbar völlig widerstandslos, instinktlos auch entgegenkam, indem er – indessen Oskar sich am Telefon sozusagen heimlich penetrant geweigert hatte – gestern beim Ferngespräch immerzu und immer wieder von dieser »Anne« und nichts als »Anne« geredet und gedröhnt hatte! Fast als ob er wegen der nach Seelburg käme!

Wieder räusperte sich Oskar, ein bißchen theatralisch und wie aus der Ferne Gustav strafend. Nein, der Geschmacksicherste, der Distinguierteste, der Geistreichste war sein Freund Gustav, seiner fraglosen Vorzüge ungeachtet, keineswegs, jedenfalls nicht immer, dachte Oskar etwas zürnend, ja beinahe schon enttäuscht. Nein, durchaus nicht. Auch wenn Gustav sich selber das vielleicht fest einbildete. Neinnein, der Zarteste – war er leider nicht. Siehe Anne heute abend. Unmerklich ihm selber schritt Oskar wieder ein wenig heftiger aus, den Rumpf fest vorgebeugt, den Blick in die schmale Teerstraße versenkt. Nein, da täuschte er sich sehr über sich selber, der Gustav, wenn er sich für zart hielt, dachte Oskar grimmiger.

Und außerdem – warum es länger verschweigen – nahm er, Oskar, seinem Freund Gustav – doch, von einer Freundschaft konnte man durchaus und noch immer sehr wohl sprechen – nahm er seinem Freund Gustav auch durchaus nicht wenig übel, daß und vor allem wie – wie unbedenklich dieser Gustav immerzu und bei allen Gelegenheiten die Regie an sich riß – als ob er's nötig hätte! Die Regie, jawohl, sich untern Nagel riß, sei's im kleinen Miteinander, sei's in umfänglicherer Gesellschaft. Damit schadete er, Gustav, sich ja doch nur selber! Machte sich genaueren Beobachtern so durchschaubar, so spielend leicht auch ausdeutbar! Aber kannte er, Oskar, Gustavs – Seele denn wirklich? Selbst nach all den Jahren? Mußte Gustav nicht vielleicht so handeln? Rumorte da nicht in seinem Freund einfach ein recht dümmlicher Drang, ein gänzlich unnötiger und aber unbändiger Drang und Überdrang zur – Selbstgefälligkeit? Und: Selbstgerechtigkeit! Und vor allem zum – Geliebtwerden? Eben! Und freilich wollte Gustav nicht nur von einem oder von einigen wenigen geliebt werden, schmollte Oskar, sondern von möglichst vielen – wie ein ganz billiger Casanova letzhinnig von allen! Von allen, ja, wollte er geliebt, gehegt, umschwärmt, bewundert und gehätschelt werden, dieser große Narr!

Etwas ungehalten über sich selber und seinen übertriebenen Ärger verlangsamte Oskar sofort seine Schritte und zwang sich zu freundlicheren Gedanken. Immerhin, in drei, vier Stunden sollte und wollte Gustav bei ihm, Oskar, eintreffen – was sollte es da taugen, sich vorab mit allerlei finsteren und auch sicherlich objektiv unsachlichen Gefühlen zu belasten, mit schmerzlichen Empfindungen? Mit Gustav sozusagen aus dem Stand zu zürnen? Und gleichzeitig mit einjähriger Verspätung. Zumal ja doch immerhin feststand, zumal ja wohl hundertfach bewiesen war, daß Gustav es gut mit ihm, Oskar, meinte; daß er seinen, Oskars, Rat ebenso schätzte wie schon seine pure Präsenz. Dutzendfach war das in den vergangenen Jahren bestätigt und beglaubigt worden. Zum Beispiel ja doch erst im vorvergangenen Spätherbst, bei einer gemeinsamen und sozusagen spontanen Autoreise nach Malmedy und Brügge. Einer Schnapsidee war die Fahrt entsprungen, eine Schnapsfahrt war das Ganze gleichsam auch gewesen. Geboren aus dem Geist der Eintracht, des langjährig gewachsenen fast wortlosen Verstehens, der nicht weiter erklärungsbedürftigen Sympathie. Der wechselseitigen Sympathie. Einerseits. Andererseits ganz schön ungerecht und spitz war Gustav damals plötzlich auf der Heimfahrt geworden, hinter seinem Steuerrad, zwischen Leiden und der Aachener Grenze. Er, Oskar, er war richtig platt gewesen. Richtig beleidigend, ausfällig war Gustav geworden. Zuvor: die personifizierte Reizendheit, Courtoisie. Und das Ganze wegen nichts und wieder nichts. Wegen einer eher unbeabsichtigten Anspielung seitens seiner, Oskars! Nicht wegen Anne, sondern – Gina. Irgendeiner Jugendliebe. Einer offensichtlich nicht verdauten Jugendleidenschaft oder dergleichen. Ja freilich. Typisch Gustav, dachte Oskar, hatte er ja wohl auch damals schon gedacht. Auf der Hinfahrt die reine Zünftigkeit, die hingegossene Gentilität – auf der Rückfahrt, nachdem eigentlich alles schon bestens gelaufen, mußte dieser Gustav aus einer offenkundig puren Laune heraus plötzlich den Unleidlichen, das Ekel bringen. Heimlich mußte Oskar lachen, gerade in der Erinnerung. Na, so war er halt, sein Gustav. Ständig voll der Kapriolen, ständig voll Kapricen. So eben, zugegeben, mochte er, Oskar, seinen Gustav. Voll d'accord. Ein paar Pikanterien an der Grenze freilich zur Sottise und manchmal auch zur üblen Nachrede – na, sie gehörten halt einfach dazu, sie bestätigten Gustav eben seine Überlegenheit, waren ihm Lebenselixier, das er haltum brauchte. Wennschon. Das er brauchte, möglicherweise um die Niederlage seiner Scheidung von Carola zu verschmerzen, die von Gustav wohl noch immer als solche empfundene und gewertete Niederlage – auch wenn sie mitnichten eine war, bedachte Oskar leicht belustigt. Ja, seltsam genug, verstand und mißverstand Gustav, der sonst so Überlegene, Souveräne, diese Scheidung keineswegs als das Selbstverständlichste von der Welt, als das jedenfalls Normalste. Sondern als glatte Lebensniederlage. Als vitale, als seelische, als biografische Lebensniederlage, nicht zu leugnen.

Seltsam, seltsam, dachte Oskar. Und schmunzelte, die Beine rührend, behaglich, schon fast gönnerisch.

Sodann formierten seine Lippen wieder ein Schnuffelchen der Bedenklichkeit. Denn andererseits und alle sonstigen Vorzüge Gustavs durchaus wohl bedacht – einmal mußte es heraus, einmal mußte es zur Sprache kommen: Gar nicht, nein überhaupt nicht gefiel Oskar Gustavs gelegentliche Technik, seine Strategie auch, ihn, Oskar, in Gesellschaft immer wieder mal schlecht aussehen zu lassen – nicht nur zu zweit im Auto. Ihn, Oskar, nicht ohne gezielte Ränke auflaufen zu lassen – um so, abseh- und fast berechenbar, Lorbeeren des Beifalls aufs eigene Haupt zu heften. Strategie? Technik? Das auch, aber nicht nur. Nein, etwas Angeborenes, charakterliche Heimtücke war es bald schon, was Gustav da immer wieder mal ganz offensichtlich bewegte – fest nahm Oskar sich vor, das, eben das, Gustav gelegentlich mal klipp und klar zu sagen, in aller Kameradschaft, Freundschaft, Intimität. In einer ruhigen Minute, wenn nicht heute – da waren sicherlich immer zu viele Leute dabei –, so doch nächstens. Noch in diesem Sommer. Spätestens. Jawohl, das mußte sehr wohl sein, diese Aussprache.

Oskar nahm wiederum wahr, was ihn als Gefühl vorhin schon angeflogen hatte: Daß ihn grämte, wie Gustav überhaupt wegen des heutigen Treffens mit ihm, Oskar, verfahren war. Gestern spätabends, quasi im allerletzten Augenblick erst hatte er, Gustav, ihn, Oskar, deshalb angerufen und ihn schon gar zu selbstverständlich und keinen Widerspruch gestattend zur weiteren Vorbereitung dieses Zweier- und dann Vierer- bzw. Fünfertreffs bestimmt – gerade als ob er, Oskar, gerade darauf gewartet, darauf gelauert hätte! Und nun, wie ein von seinem Unglück auch noch begeisterter Büßer, schleunigst zu Kreuze kröche! Jetzt, im Nachfassen sozusagen, nahm Oskar Gustav ja auch durchaus übel, daß er, Gustav, ihn, Oskar, wegen all der Umstände nicht wenigstens noch ein zweites Mal angerufen hatte, heute mittag zum Beispiel. Um den Besuch definitiv zu bestätigen, um sich nach dem Stand der Vorbereitungen zu erkundigen, einfach um ihm, Oskar, ein Signal der Wärme, der Vertraulichkeit zu geben. Denn war es nicht andersherum richtiggehend erniedrigend, zumindest kränkend, wenn er, Gustav, bei der Gelegenheit – und nicht zum erstenmal, so entsann sich Oskar sehr wohl – ihn, Oskar, dazu bestimmte, im »Anuschka«-Hotel wegen eines Zimmers anzurufen, er selber, Gustav, habe nämlich die Nummer verlegt! Was nicht gar! Was ein kurioses, was ein feinst gesponnenes Ränkespiel jenseits der plausiblen Zumutbarkeit, jenseits der Freundschaft. Das Ganze hatte doch Methode! Das Ganze war doch nur eine ausgefeilte – und in ihrer scheinbaren Unverdächtigkeit durchaus raffinierte Methode, ihn, den begriffsstutzigen Oskar, niederzuhalten, wenn nicht niederzumachen! Seitens Gustavs eine ebenso erbärmliche wie richtiggehend coole und abgebrühte Manier, ihm, Oskar, seine Lakaienstellung, seine lebenslange Domestikenstellung und -funktion gar nicht zimperlich, sondern mehr als überdeutlich, ja geradezu erbittert zu signalisieren, sie ihn spüren zu lassen! Und er, Oskar, hielt bei solchen Impertinenzen, bei solchen durchaus prononcierten Lümmelhaftigkeiten auch noch immer wieder brav und treu den dicken Kopf hin!

In Verbitterung, ihm selber längst merklich, schritt Oskar vorwärts und stieß eine leergetrunkene weggeworfene Colabüchse auf dem Straßenteer vor sich her. Von links nach rechts, von rechts nach links an den Straßenrand. Hah, dieser Gustav. Gern hätte Oskar jetzt eine Zigarette geraucht, aber er hatte sich vor acht Wochen, vor 54 Tagen genau, das Rauchen mühevoll genug verboten und war auch schon ein bißchen so richtig entwöhnt, nein, jetzt wollte er nicht schon wieder schwach werden, jetzt erst recht nicht. Obschon ihm noch im gleichen Moment eine böse, bösartige Erinnerung zuzusetzen begann. Die Erinnerung nämlich, wie durchaus unschön, undelikat es gewesen war, als Gustav ihm, Oskar, seinerzeit ständig, unwirsch, ja richtig grob über den Mund gefahren war – da nämlich, als umgekehrt Oskar, er, es zum ersten Mal gewagt hatte, seinerseits Gustav gegenüber seine gescheiterte Ehe in Erwähnung un l ins Spiel zu bringen – wie mißlich, wie mißfällig wort- und also fast ehrabschneiderisch da Gustav sofort reagiert hatte. Jawohl, er, Oskar, hatte eines Tags vor vielleicht jetzt zwei Jahren dazu angesetzt, von seiner vor inzwischen sechs, sieben Jahren zu Ende gegangenen Ehe zu reden; von dieser tatsächlich katastrophal geendeten Ehe zu sprechen, von leis nachwirkendem Kummer gepeinigt; ihm, Oskar, war eben etwas nach Sentimentalität und Wärme und Wehmut zumute gewesen und also auch um die Mitteilung dieser Wehmut zu tun – wie grob aber, wie roh und gefühllos hatte ihm da Gustav sofort jedes weitere Wort verwehrt, hatte abrupt Thema und Ton gewechselt! Als ob diese Ehe etwas durchaus Minderwertiges, als ob auch nur ihr Eingedenken etwas schwer erträglich Dummes, jedenfalls Mißhelliges wäre!

Was nicht stimmte, was einfach nicht wahr war! Oskar

ballte beide Fäuste in den Hosentaschen und schritt so starr dahin, wie es in seiner Brust jetzt gänzlich paradox wild auf- und niederzuwogen begann. Hah! Diese Ehe mit Lina, sie war zumindest genauso wertvoll oder jedenfalls vielversprechend gewesen wie die Gustavs mit – mit – wie hieß die Gans noch mal? Mit – Carola! Die nämlich war es doch, die vielmehr – und von Anfang an! – reichlich seltsam, richtig obskur abgelaufen, abgespult worden war! Nach seiner, Oskars, Meinung schon von der Brautzeit an! Er, Oskar, hatte es letztlich schon beim ersten Ansehen gewußt, beim ersten Blick auf Carola, auf diese Henne, diese aufgeputzte – Pute! Hah! Was eine miserable Ehe von der ersten Sekunde an! Primae noctis, hahaha! Und er, Oskar, hatte nicht mal warnen dürfen! Sondern Freund Gustav hatte bei ihm, Oskar, für Carola richtig um Aufmerksamkeit geheischt, um Wertschätzung, wo nicht gar Verehrung. Dieser Kuh! Typisch Gustav! Warum hatte er erst gestern angerufen? Was sollte heute abend um alles in der Welt diese – Anne bedeuten und sich dazwischendrängeln?! Das schaffte doch nur neue Unerquicklichkeiten!!

Oskar verspürte, daß er mit seinen Gedanken und Selbstgesprächen ein bißchen durcheinander geraten war, daß sein erster leiser Groll ihn zuletzt gegenüber Gustav richtiggehend ungerecht gemacht, daß er eben deshalb sozusagen im trüben gefischt hatte. Genau das aber – tat eben auch Gustav, und leider oft, ja fast immerzu! Zum Beispiel, wenn er, Oskar, daran dachte, wie Gustav ihn einst, es mußte vor fünf oder acht Jahren gewesen sein, zu einem Stammtisch mitgenommen, zu einer Art Stammtisch von fünf oder sechs Weintrinkern verschleppt hatte – nachdem man beidesamt nach einem sehr wohlgelungenen Abend eigentlich schon auf dem Weg zum Taxi gewesen war. Verschleppt, jawohl verschleppt, eindeutig nur zu dem Ziel, ihn, Oskar, dort an jenem Stammtisch madig zu machen, niederzubürsten, ihn ganz windig vorzuführen! Mit voller

Absicht! Und übrigens, er, Oskar erinnerte sich ganz genau und zu Gustavs Nachteil nur allzu gut der ebenso platten und durchsichtigen wie andererseits auch wieder hochraffinierten Strategien und Taktiken – solcher nämlich, die ungeachtet ihrer schieren Billigkeit, ja schon Schmählichkeit, den tauben Weintrinkern sehr wohl eingeleuchtet hatten, ja die ihnen – um zwei Uhr früh! – als wahre Gipfelkreuze an prachtvoll heiterer Beschwingtheit und geistvoller Abendunterhaltung erschienen waren, erscheinen mußten! Als Highlights, als sozusagen Sternstunden der Weintrinkerkultur, als Alpha und Omega an Pfiff, Humor, Verschmitztheit! Wie hatte vor allem dieser alte Ex-Bürgermeister mit der roten dicken Saufnase gewiehert und geröhrt! Gerade über Gustavs abgestandenste, schon bestürzend jämmerliche Redensarten, Witze, Hanswurstereien! Oskar, wieder in kleiner Hitze und also seine Schritte verbissen beschleunigend, spürte, wie er sich in der Erinnerung fast mehr grämte und erboste, als ihm die Sache seinerzeit, vor x Jahren, zu schaffen gemacht hatte. Etwas atemlos entsann er sich jetzt auch ganz genau des Vehikels, dessen sich Gustav damals bedient hatte, ihm, Oskar, jene Abfuhr zu erteilen – nämlich, ungelogen, fast nicht zu glauben: Seines, Oskars, Gesichts! Das nämlich – jetzt strömte Oskars Erinnerung noch viel breiter, und die Bilder wurden plastischer – in der Folge von Müdigkeit und Halbschläfrigkeit und wohl auch vom genossenen Wein etwas aus der Façon geraten sein mußte, in Form vor allem gleichsam herabhängender Augen bzw. Augenpartien und einer zusätzlichen Backenschwellung, einer nicht leicht erklärbaren, durch keinerlei Wunde verursachten Backenschwellung – und eben darüber, jawohl, hatte sich Gustav damals um drei Uhr früh rücksichtslos, hemmungslos, ja schon richtig frohlockend hergemacht, absolut verwerflich und ekelhaft hatte er auf ihn eingesäbelt, ihn immer uferloser zu verletzen – so, als ob er, Gustav, einen Idioten und Tippelbruder, eben ihn, Oskar, von der Gasse aufgeklaubt und hier hereingeschleppt hätte, ihn hier vorzuführen, zum Tagesausklang! Zum Gaudium, zur allgemeinen Belustigung der Weinnasen, die über diesen nicht mehr verhofften Gast mit seinen ebenso verfänglichen wie verwegenen Scherzen minutenlang, eine halbe Stunde lang richtiggehend gewiehert und geschrien hatten.

Gütiger Gott! Im Gehen biß sich Oskar auf die Lippe. Er fühlte sich elend. Wie betäubt. Als er, Oskar, damals zu seiner möglichst lockeren Verteidigung, das ebenso klebrige wie flackrige und zwittrige Spielchen Gustavs gutmütig mitgespielt hatte, dergestalt, daß er beide Augen schloß, sich wie geschlagen zurücklehnte und so den Schlummernden spielte: Da, na da war diese miserable Weintrinkerhorde – und Gustav leider allen noch voran! – natürlich erst recht über ihn hergefallen, wiehernd und dröhnend und rätselnd, wem, welchem Tier er, Oskar, nun am ehesten gleichen möchte! Einem Orang-Utan? Einem Ameisenbären, einem Biber? Ha, diese Esel! Diese Quadratdummköpfe, stöhnte Oskar auf im Selbstgespräch und verspürte sehr genau, wie gleichzeitig zu seiner Niedergeschlagenheit der Zorn ihm nadelnd und fast juckend nun noch böser über Hals und Arm und Schulter kroch, während das Herz ihm, wie halbtrunken, gleichzeitig in der Folge eines leichten Straßenanstiegs richtiggehend ins Dampfen und ins Keuchen gekommen war, und zu allem Überfluß jetzt auch noch ein Ziehen im Bein spürbar wurde, in den beiden Oberschenkeln, etwas wie ein kleiner, flüchtiger Krampf, ein Starrkrampf. Diese Esel, diese ungezogenen Tölpel!

Oskar runzelte die Stirn. Und es war im übrigen ja keineswegs das erstemal gewesen, daß Gustav ihn, Oskar, derart niederträchtig vorgeführt hatte, daß er ihn derart kläglich hatte aussehen lassen. Sondern er, Oskar, hätte von Rechts wegen gewarnt sein müssen. Rücksichtlich Gustavs Gebaren, seines selbstherrlichen. Neinnein, mitnichten gutmütig, drollig oder dergleichen! Sondern gemein, fies, fast hinterhältig war es oft! Unehrenhaft, genau genommen. Sicher, gut, Gustav mochte Oskar, ihn. Daran gab es nichts zu rütteln, gab es nichts zu deuteln. An dieser langjährig gewachsenen Zuneigung, grundsätzlichen Konkordanz gab es keine Zweifel – für sie gab es Beweise, alles andere war abwegig, war Verleumdung. Gut. Was also, noch einmal, bewog Gustav, ihn, Oskar, immer wieder mal vor Fremden auflaufen zu lassen, ihn vorzuführen gegenüber Dritten, ihn als den Dummen auszuspielen? Eine spezifische charakterliche Disposition? Das mochte ja wieder heiter werden heute abend! Als ob er, Oskar, halt etwas zurückgeblieben wäre, so behandelte ihn Gustav nur allzu oft. Und verschonte ihn nicht und ließ ihn zappeln!

Aber er würde diesmal auf der Hut sein, heute abend! Oskar schlug die Zähne aufeinander. Und sich schwerlich noch einmal vorführen lassen. Und abermals den kürzeren ziehen. Sondern notfalls Gustav kühn die Stirne bieten. Auch und gerade, wenn Anne mit dabei sein sollte! Vor allem sobald Frauen anwesend waren, glaubte Gustav zu solchen rüden Methoden aus seiner Klamotten-, aus seiner Trickkiste greifen zu müssen. Mein Gott, wie war das Ganze doch unter seinem, Gustavs, Niveau! Anne also. Sie würde also heute abend zusammen mit Charly und Alfred das Publikum abgeben. Charly und Alfred waren gutmütige, harmlose Naturen – für sich genommen nicht zu fürchten. Und auch für Gustav allenfalls ja Dekor, Enzym. Die Gefahr, sie ging von – Anne aus! Genau! Waren Weiber, waren Pflaumen da – dann gab es für Gustav meist kein Halten, dann gab es kein Pardon mehr. Da war dann Gustav jeder noch so finstere Lacher recht! Verflucht!

Oskar, längst außerstande, seine Gedanken gegebenenfalls in eine andere Richtung und Thematik zu manövrieren, bewog sich, überredete sich mit einiger angestrengten Überwindung dazu, diese seine Gedanken und Erinnerungen gerechtigkeitshalber wenigstens ins Freundlichere umzufärben, ein ausgeglicheneres, gerechteres Bild Gustavs anzusteuern, ein weniger negatives als das zuletzt gedrechselte, das ihm, Oskar, ja doch zum Teil nur seine Verstocktheit aufgeschwatzt hatte. Was ließ sich zu Gustavs Gunsten vorbringen? Sicherlich genug. Gewiß war Gustav ein Star mit allerlei Starallüren, war es immer schon gewesen, schon zur Pennalzeit. Aber Gustav war eben trotzdem nicht zufällig sein, Oskars, bester oder doch zweitbester Freund geworden, aber nein doch! Mein Gott, nein, Gustav mangelte es nicht an Qualitäten. Sein, Gustavs, Charme, sein Witz, seine ganz spezielle, unverwechselbare ironische Verve und Rhetorik, seine leicht spiegelfechterische – wer einmal ein gewisses Gespür dafür entwickelt hatte, auch für den mitunter halt recht galligen Humor, der war dem glatt verfallen. Ausgeliefert? Glatt verfallen. Auch und gerade dann, wenn dieser Charme wie kindlich, wie knuddelig unbeholfen, fast plump manchmal daherkam.

Wie es zum Beispiel Gustav neulich – beziehungsweise vor: hm, ja, zwei Jahren – verstanden hatte, seine eigenen und akuten Mängel beim Aussprechen von Fremdwörtern, Anglizismen, Amerikanismen mit dem überwältigend niedlichen und komischen Argument zu begründen und zu entschuldigen, er sei physiologisch zu weich, nämlich sozusagen am ganzen Körper zu gut gepolstert für die härteren Teile des Englischen – das war schon große Klasse gewesen! Wie drollig Gustav mit gleichsam kindlichem Augenaufschlag um Nachsicht gebeten hatte, wie er weiter ausgeführt hatte, schon seit seiner Kindheit bringe er wegen einer dentalen Mißbildung immer weiche und harte Konsonanten durcheinander – bzw. einfacher: alles gerate ihm weich, jedes T zu einem D – wegen dieses Makels – »physikalisch-ethnologisch-charakterologischen Makels«, hatte Gustav gesagt und über dem ausbrechenden Gelächter selber behaglich schmunzeln müssen – wegen dieses »charagderologischen« Mangels und Makels leide er eh schon genug an sich selber und erheische also die Nachsicht aller anwesenden Ladies und Gentlemen – na, bei »Ladies und Gentlemen« habe er wenigstens gottseidank keine großen Schwierigkeiten, so hatte Gustav unter stetem Lachapplaus weiter ausgeführt – obschon das t in »Gentlemen« sicherlich ein Grenzfall sei, nämlich es sei so gerade noch gestattet, es weich wie d auszusprechen. Diese Skala von T zu D, hatte Gustav weiter expliziert und, einmal in Fahrt, keine Ruhe mehr gegeben, die habe ihm schon immer, schon in der Schule, Mühe bereitet und Troubles gemacht – da, schon wieder: »Droubles« sage er statt »Troubles«!

Klar, daß ihm, Gustav, da, im sonnigen Augustiner-Biergarten in München, sozusagen alle Herzen zugeflogen waren für diese durchaus inspirierte, wenn auch – wie wohl nur er, Oskar, wußte, und ein bißchen hatte es ihm deshalb damals schon mißfallen – andererseits auch durchaus nur routinierte und sehr cool kalkulierte Demonstration von kindlicher Tappichkeit, diese Transformation von Makel und Tappichkeit in heiteren Charme. Wäre ihm, Oskar, Ähnliches passiert, wie hilflos hätte er ausgesehen, wie unfähig, die Malaise zu parieren, in einen Charmeerfolg gar zu verwandeln! Und nicht zuletzt Gustav wäre es sicherlich gewesen, der da strafend, rächend, wie eine Furie über ihn hergefallen, in Hohn und Spott ihn, Oskar, eingetaucht ja sofort hätte. Oskar stutzte. Wirklich? War sein Freund Gustav wirklich ein derart – obskurantistisch hemmungsloser Sadist? Setzte ihm, Oskar, da die Erinnerung nicht einfach einen Floh ins Ohr? Setzte ihm das Laufen zusätzlich derart zu? Die Vorfreude nämlich auf – eben Gustav? Oskar grinste, griente heimlich. Das Grienen milderte, versüßte ein bißchen den Grimm, den Oskar durch den schweren Kopf noch immer schwären spürte. Was ihm doch dieser Gustav noch aus der Ferne zusetzte! Aus der Ferne – doch immerhin schon anreisend. Längst mußte er

Würzburg passiert schon haben, gegen Nürnberg sich schon hin bewegen. Doch, Autoraststation Frauenaurach, das könnte hinkommen im Moment.

Gustav. Ja, doch, wie alle Welt, so war auch Gustav leider, leider gar zu heftig und ungehemmt auf Beifall, auf Erfolg aus. Auf schnelle, nicht selten billige Erfolgserlebnisse. Den eigenen Glanz zu steigern. Auch und gerade Gustav – bei all seiner partiell subtilen und sublimen Lebensart, seiner spezifischen, etwas labilen, aber doch vor allem generösen Charakterstruktur – auch und gerade Gustav, da gab es für Oskar leider Gottes kein Ableugnen, kein Wegsehen, war unstreitig auf Erfolg, verdächtig raschen Applaus aus. Oft billigen. Erbittert nickte Oskar. Er konnte es nicht billigen. Bestenfalls es Gustav nachsehen. Wie selbstgerecht, wie selbstgefällig Gustav oftmals war! Gustav mit seiner hierorts weltbekannten und oft ebenso feigen wie feilen Taktik, einerseits seine, Oskars, Schwächen ohne Rücksicht profitabel auszuschlachten und abzustrafen – und andererseits und paradox genug: Ihn, Oskar, auch und gerade dann – und immer vor Dritten! – auf- und besserwisserisch leerlaufen zu lassen, wenn er, Oskar, ihm, Gustav, sachlich oder argumentativ durchaus das Wasser zu reichen vermochte, ihm in der Sache sogar deutlich überlegen war. Frech wie Oskar war da Gustav nicht selten, dachte Oskar und schmunzelte vorübergehend richtig erleichtert über seinen eher zufällig entsprungenen Wortwitz. Freilich, eine Art Beklemmung, so etwas wie eine schmerzhafte Engung in der Luftröhre machte mit Oskar gleich drauf wieder Ernst, keine zehn Sekunden später. Auch und gerade dann, wenn, nach Oskars Eindruck, ihrer beider, Gustavs und Oskars, Freundschaft besonders warm und harmonisch blühte – gerade dann schien Gustav ja immer der Haber zu stechen, eben wider ihn, Oskar, wider dieser Harmonie! Aufgestachelt von einem inneren Dämon der Zerstörung und der heillosen Zerstörungswut, ging dann und gerade dann Gustav ja allzeit in die vollen des von ihm dann selbst entfachten Kampfgetümmels, mit Gift und richtiggehend gelber Galle! Den Feind mit Mann und Maus zu packen. Und Kind und Kegel. Und möglichst immerzu vor Zeugen, hah! Vor Publikum – als evidentem Stimulans!

Oskar strich sich über beide feuchten Schläfen. Warum, so überlegte er in erneut aufwallender Hitze, die Hitze, sie kribbelte wie feinste Nadelpiekse in den Armen und, seltsam genug, auch in den beiden Waden – warum aber besuchte er, Gustav, ihn, Oskar, dann überhaupt noch, wenn er doch nichts als Tücke, Häme, Infamie bezweckte, wenn er doch nichts als Zwietracht unterm argen Herzen barg?! Um ihn, Oskar, aus unbekannten Gründen piesackend weiter zu peinigen, zu strafen? Um dem eigenen, Gustavs, Drang Genüge zu tun, andere öffentlich vorzuführen – und er, Oskar, war eben alleweil der Geeignetste dafür, der Bravste, Unwiderspenstigste? Um ihn, Oskar, für eine – unbekannte – Jugendsünde zu strafen, für sie ihn zu demontieren? Oder war es doch schlicht und einfach und sadistisch Freude am Drill, am Piesacken und am Quälen an sich?

Und warum, so überlegte Oskar etwas ungeordnet und befangen, wie in Hast schon, weiter, warum, wieso kam Gustav heute überhaupt erst gegen 18 Uhr zu ihm – und nicht, was jederzeit möglich gewesen wäre, schon um 15 Uhr?! Um 18 Uhr cum tempore einer halben Stunde würde er wohl eintreffen, Gustav – schon um 20 Uhr wollte man sodann zu den beiden anderen stoßen. Wußte, bedachte Gustav nicht ganz kühl und cool, wie sehr, wie innig er, Oskar, sich auf diesen heutigen Abend freute – und folterte ihn also eben deshalb noch mit ein paar Stunden Wartezeit und Karenzzeit – über Gebühr und ohne jede Not?! Hah! Aufbrausend knirschte Oskar richtig mit den Zähnen. Klar – hatte Gustav all dies wohl berechnet und taxiert! Daß und wie ihn, Oskar, die absehbare Langeweile des

Samstagnachmittags nerven, schon fast entnerven würde. Daß mithin die Freude auf den Abend ihn, Oskar, zu bereits wahnsinnigen Hoffnungen und Visionen trieb und beflügelte – Hoffnungen, welche er, Gustav, dann um so ungehemmter, lässiger, abermals sadistischer wiederum zerschellen, zersplittern lassen konnte, hah! Mit denen er zumindest nach Belieben spielen und tändeln konnte – und das auch wahrlich weidlich tat! Nach dem Motto: Zuckerbrot und Peitsche! Jawohl! Genauso war es doch, verflucht! Und zugenäht! Und schon seit Jahren! Und er, Oskar, hatte es zwar allezeit gewußt, hatte sich aber letztlich nicht aufzumucken getraut!

Gustav ja nicht zu verletzen, ihn nicht zu verlieren.

Oskar wischte sich mit dem Handballen über die Stirn. Das Waldstück verlassend, verlangsamte er wiederum mit Bedacht sein Gehtempo – und begann sich die Worte zurechtzulegen, die er Gustav diesbezüglich heute abend, spätestens morgen Mittag sagen würde. Sagen wollte, sagen mußte. Oh, ja, endlich einmal mußte er, Oskar, Zähne zeigen und in den Angriff übergehen, in die Opposition, in die wahre Rebellion! Nur so war Gustav beizukommen, so nur Respekt ihm abzugewinnen. Nur so war er, Oskar, künftig gefeit! Ein bißchen gleichwohl mußte Oskar, etliche Baumwurzeln überkletternd, schmunzeln über die vertrackte Lage, in die er sich da unversehens manövriert. In eine Erregung nämlich, die, so naturhaft, naturgewachsen echt sie zuletzt im Selbstgespräch ausgebrochen war, selbstverständlich auch ihr – Albernes, ihr Lächerliches hatte, das wußte Oskar nur zu gut ja und sagte es zu sich selber. Aber, um nicht abzuschweifen: Es mußte sein, diesmal, dachte Oskar, mußte es sein, nein, heute abend oder morgen war der Mann, die Abrechnung fällig. Seine Monomanie, seine Egozentrik, seine Indolenz wollte er, Oskar, Gustav ohne falsche Rücksicht scheuklappenlos vorhalten, seine Indezenz auch, seine Indignität. Jawohl, auf alle seine Unarten wollte er ihn sine cura bzw. sine ira et studio, aber gewissenhaft stoßen, ganz ruhig und ganz kaltblütig.

Freilich, schon im nächsten Augenblick wußte Oskar, sah es klar voraus: Daß und wie Gustav ihm da das Wort abschneiden, die Linie abbrechen, den Schwung aus der Sache nehmen würde. Mit einer gewissen und nur ihm eigenen rhetorischen Technik nämlich, mit routinierter Taktik, mit billigen Tricks, die, wie schon gesagt, es auch nicht verschmähten, mit schierer Grobheit und Unhöflichkeit den Gegner ins Leere laufen und preschen zu lassen – etwa durch bloßes Wechseln des Themas – wie damals in Kufstein – 1980, nein: 1978 war es gewesen – ach was, Quatsch, nein: 1977 in Busseto. Als er, Oskar, damals im »Due Foscari«, sehr spät abends und ein bißchen arg weinselig in seinen Erinnerungen an Lina hatte kramen wollen – und Amico Gustavo hatte es ihm wieder mal versagt. Hah! Mein Gott, was wäre schon dabei gewesen, hätte er, Gustav, sich diese kleine Elegie und verwaschene Exaltation eine halbe Stunde lang angehört – aber nein: Sogar mit einem gewissen und unleugbaren Charme war er ihm, Oskar, da in die Parade gefahren, hatte ihm, dem davon ganz Perplexen, sturheil das Wort abgeschnitten, nein, richtig wie das Seil eines Rettungsankers abgerissen, ihn, Oskar, von der Gesprächsführung abgenabelt – indem er plötzlich einfach nach Albert Wurm gefragt und sodann irgendeinen uralten Hut aus den sechziger Jahren aus dem Zylinder gezaubert hatte, diese – Bêtise, diese Bestie, dieser – dieser fiese Schuft!

Halb betäubt von seinem immerwährenden lautlosen Schimpfen, die Lippen im Schmollen oder Klagen leis bewegend, betrat Oskar zügig und entschlossen ein neues kleines Waldstück. Durch die Bäume, durch die unbelaubten, noch nicht wieder begrünten Zweige hindurch sah er die überaus bleiche Sonne kühl schon sinken. Vorübergehend wieder leidlich beruhigt schritt Oskar gut voran, meist süßsauer und wohl ziemlich verbissen lächelnd. Die Erinnerung überkam ihn und wölbte und hüllte ihn jetzt ein, daß und wie Gustav schon am nächsten Abend, zurückgekehrt nach Seelburg, auch gleich noch den dicken Erwin attakkiert und rhetorisch niedergemacht hatte – verdientermaßen, sagte sich Oskar und nickte belustigt mit dem abkühlenden Kopf, hochverdient!

Erwin, dieses dicke, feiste, selbstzufriedene Elend von einem Siemensingenieur! Aber – apropos: Hatte es denn dann andererseits wiederum sein müssen, daß, keine zwei Wochen später, im Zuge eines Gartenfestes bei Winni, Gustav auch ihn, Oskar, wegen Molligkeit, wegen Dicklichkeit veräppelt, ach was: richtiggehend bloßgestellt hatte?! Von wegen »Dicklichkeit«! Als »fettes Schmalz« hatte Gustav vor aller Ohren ihn, Oskar, betitelt! Mir nichts, dir nichts, vor mindestens fünf Paar Ohren – und so laut und durchdringend wie nur möglich! Mit seiner äußerst scharfen Stentorstimme! Diese selten dumme Sau!

Und, jawohl, genau die gleiche, armselig krumme und kränkende Tour hatte Gustav sich ja auch 1980 schon geleistet und herausgenommen, damals, auf einer Fahrt nach Verona, in Kastelruth, beim gemütlichen Rotweinabend auf der Pizza-Alm, hah! Und tatsächlich hatte er, Oskar, eben daraufhin in den folgenden Wochen tüchtig und mit Erfolg abgespeckt, war über Monate hinweg fast auf seinem Idealgewicht verblieben – und alles letzten Endes wegen Gustav, Gustav zuliebe, um des lieben Friedens willen. Bzw. um Gustavs geschmeidig scharfem und mitunter sehr taktlosem Mundwerk zu entgehen! Und erst seit einem halben Jahr, Oskar mußte heimlich grinsen, mußte richtig knifflig grinsen, hatte er als Folge letztlich der langen Absenz von Gustav wieder etwas zuviel Fleisch angesetzt, keineswegs allzu übermäßig üppig oder gar unappetitlich – aber bedeutete dies nicht schon wieder ganz schön Gefahr für heute abend?! Mit Gustav war auf diesem Feld, dem der körperlichen Schwächen und Gebresten anderer, nicht zu spaßen, war da gar nicht gut Kirschen essen, ob da nicht schon wieder ein Affront drohte am heutigen Abend, eine neue böse Abreibung?

Durfte aber ein Freund, der möglicherweise beste Freund, das? Oskar blieb stehen, sich einen Kaugummi in den Mund zu stecken. Durfte Gustav, auch wenn er seinen aggressiven Tag hatte, sich so weit hinreißen lassen, dem Freund wegen derlei und ausgerechnet unverschuldeten physischen Schwächen auf die Pelle zu rücken? Fest nahm sich Oskar vor, seinem Gustav heute abend auch diesbezüglich ordentlich die Meinung zu sagen, ihm den struppigen Kopf zu waschen – am gescheitesten im Privatissimum, noch ehe man auf die beiden anderen traf. Und namentlich diese Anne. Was sollte, wollte eigentlich diese Anne? Recht eigentlich unbefugt und mithin höchst verfänglich hatte Gustav sie bestellt, einfach dazugeordert! Und sollte heute keine Zeit und Gelegenheit sein, spätestens morgen, nach dem Frühstück, würde sich – und zwar ohne diese Anne! – sicherlich ein Spaziergang anschließen, da würde Oskar seinem Gustav in aller Unbefangenheit schwer die Meinung geigen. Die ungeschminkte Meinung pfeifen. Und sei's, daß er, Oskar, um diese Rücksprache expressis verbis bitten müßte; und sei's, daß ihn eben deshalb der geläufige Spott, die mißgünstige Ironie von Gustav schon vorab knebelte und träfe! Oskar realisierte, wie ihm die schon fast mundfertigen Worte, mit denen er Gustav definitiv an die Kandare nehmen wollte, durch das zuletzt wieder sehr aufgewühlte Hirn schwabbelten und walkten – wie Mehltau lagerte jetzt juckrig etwas auch auf seiner heißen Haut, etwas wie Semmelbrösel auch und unleidlich kitzelnd. Gleichviel, sollte Gustav heute abend also wiederum ausfällig werden wegen der fünf oder zehn überflüssigen Pfunde – Pfunde, die sich eindeutig ja auch nur dem äußerst beschwerlichen Rauchentzug dankten – dann, dann, dann – na, dann würde aber was passieren! Zu gewärtigen, zu befürchten war es zweifellos. Das war kein Argwohn. Sondern Kenntnis Gustavs. Dieses Rohlings! Der sich Dritten gegenüber oft als Gourmet ausgab, als Geschmäckler, auch als Snob! Und der doch nichts als ein Rohling, Fiesling war!

Zähneknirschend schnaubte Oskar zornig durch die Nase und wischte sich das Wasser aus den Augen. Nein, es waren dies ja keine Tränen, sondern Schweiß vom Laufen, vermischt werweiß mit Feuchtigkeit der frischen Luft. Das Frechste aber nämlich war, daß Gustav, gemessen an ihrer beider Körpergröße, ja sogar der durchaus, der eindeutig »Fettere« war, schon immerfort gewesen war! Gar kein Zweifel! Gemessen an seinen nur 168, höchstens 169 Zentimetern war Gustav ja fraglos viel »fetter« als er, Oskar, mit seinen 181 Zentimetern Gardemaß! Typisch Gustav, diese Chuzpe, diese Extravaganz – Angriff als die kopfüber bzw. halsüberkopf beste Verteidigung, Frechheit siegt, wo sie einen eigenen Schimpf beargwöhnen, fürchten muß, da kommt sie rasch dem flugs zuvor! Jawohl, genau das, akkurat das war so richtig Gustav! Dieser Hundling! Dieser Dickling! Aber nicht mit mir, rief Oskar, schon wieder übermannt von neu geblähtem Zorn, sich selber zu; tatsächlich halblaut, leicht gedämpft. Nicht mit Oskar, mein Guter, mein Allerbester, Allerwertester! Oskar, murmelte Oskar grollend weiter, Oskar hat nun lange genug dir zugeschaut, dir zugeschaut, du Lümmel! Und gute Miene zum lausigen Spiel gemacht, mein Kleiner! Zu deinen krummen Methoden! Deinen Charme, mein kleiner Freund, soweit in Ehren – aber alles, alles hat auch seine Grenzen, auch deine jämmerlichen Bauerntricks, dein letztlich schändliches Betragen! Gehabe und Betragen! Gehabe und Gebaren! Das Ganze – im stummen Hadern fletschte Oskar schon besinnungslos die Zähne – ist längst zu einer Charakterfrage geworden, doch, jawohl! Und du, mein Freund, bist ja nur scheinbar mein bester oder aber zweitbester Freund, mein Bester! In Wahrheit eine Charaktermaske, ja, das bist du, ein absolut nicht lauterer Charakter! Wie du mir, so ich dir, murmelte Oskar geschmerzt und spürte, wie ihm Groll jetzt wirklich Tränen in die Augen jagte. Mein knüppeliger Freund, das Spiel ist aus. Les jeux sont faits, aleae iactae sunt. Nein nein nein! Das ist nicht länger zu entschuldigen – keine Ausrede von wegen Kette von Mißverständnissen! Dies irae, dies illa! Was du nicht willst, Gustav, was man dir tu, das füg auch keinem andern zu!

Schnaufend einen kleinen Hügel erkletternd, mußte Oskar jetzt doch wieder schmunzeln. Er registrierte, er hatte sich hinreißen lassen, schon wieder gar zu heftig hin- und in Rage reißen lassen. War gar zu blindlings ins Schimpfen getappt, sturheil auch ins Abrechnen. Jenseits der realen Verhältnisse. Wahrscheinlich hörte er heute – eben Flöhe husten. Werweiß war's einfach Vorfreude. Oskar mußte wiederum grinsen, als er sich derart selbst durchschaute. Wie manipulierbar doch der Mensch oft war, wie starrsinnig, sann flüchtig Oskar. Denn natürlich – war Gustav kein Heiliger, wie denn auch? – er hatte nun mal eben seine kleinen Vorrechte, seine Privilegien, Macken, auch in Richtung auf eine gewisse Keckheit, Frechheit, Unverschämtheit, ja, zugegeben – sein Charme kompensierte nicht nur ja doch alles wieder bestens, der lebte doch halbwegs und heimlich, nein, ganz offen eben davon!

Indem er damit spielte. Zwanglos und möglichst unverkrampft. Gewiß, richtig, auch ein verwöhntes Luxusgeschöpf wie Gustav sollte damit haushalten, redete Oskar, ein Kartoffelfeld durchschreitend, sich sänftigend und schon halb besänftigt selber zu, auch ein Gustav mußte an sich halten, hatte Rücksichten zu nehmen und hatte die Etikette zu wahren. Verwöhnt, wie er seit langem war, tat er's leider nicht ja durchaus immer. Sondern ließ sich vielmehr gehen, tat sich keinen Zwang an Rücksichtnahme an. Zumindest häufig. Nicht zu selten jedenfalls. Nein, schon ganz schön oft. Oskar zupfte sich am Kinn. Dabei waren

Gustavs Motive jedenfalls in diesem Punkt fast allzu leicht meist zu durchschauen. Er, der erhabene, der superieure Gustav – seelisch war er eben auch wie alle ziemlich angeknackst. Alle Phlegmatik – nur Sanguinik, Oskar wußte es. Er, Oskar, wußte es, ohne daß er es Gustav je zum Vorwurf gemacht, daß er es billig ausgespielt hätte: Letztendlich hatte halt auch Gustav das Scheitern, das Ende, die Liquidation seiner Ehe psychisch nicht verkraftet, seiner mit so kühnen Hoffnungen angegangene Ehe, knabberte noch heute dran. Und hielt sich, Oskar lächelte gütig wie verzeihend, eben deshalb hin und wieder an und bei ihm, Oskar, schadlos. Indem er ihn zum Beispiel aus dem Stand heraus abbürstete; indem er ihn seine oft schmähliche, ja beschämende Aggressivität ausbaden ließ; indem er sich an ihm, Oskar, schnöd abreagierte. Geil abreagierte. Feil abreagierte. Indessen er, Oskar, doch gerade wegen Gustavs ja so leicht durchschaubaren seelischen Malaisen nichts anderes wollte, als ihn, Gustav, eben deshalb, vergessend die je eigenen Weiberkalamitäten, besonders schonungsvoll, liebkosend zu behandeln. Liebkosend? Liebevoll pardon und jedenfalls! Hah! Zum Henker! Was ein zappeliges Durcheinander, was ein schmuddelig paradoxes Zeugs, o Jesus!

In weitem Bogen spuckte Oskar aus, er wußte nicht so recht, warum. Allerlei recht verstiegene Hoffnungen und Ideen kribbelten und krabbelten, stoben rasch und wie irrläufig, unverbindlich auch durch seinen Kopf – schwerlich ja zu greifen, kaum ja zu erhaschen. Der Tag fing an zu dunkeln. Als Oskar die seit Jahrzehnten halbverfallene Roßmühle im Siebenquellental passierte, kam ihn eine weitere Erinnerung an. Die zuerst noch undeutliche, in der Konsequenz aber doch auch schon eindeutige Erinnerung an eine seines, Oskars, Erachtens besonders schimpfliche, schäbige Verhaltensweise Gustavs. Helle Wut überströmte, übertünchte Oskar wie von ungefähr. Im Vorwärtsgehen, sich davon ein bißchen zu entlasten, schlug er die flachgemachte Hand vors linke, dann vors rechte Auge. Oskar wunderte sich gleichzeitig nicht wenig – denn diese Erinnerung datierte tatsächlich ins Jahr 1978 zurück – unglaublich, elf Jahre war sie alt, die Spur im Kopf! Unglaublich – dieser Mistkerl! Dieser Parasit! Was ein schamloser Fiesling. 1979? Nein, doch, 1978 mußte es gewesen sein, da hatte ihn, Oskar, Gustav wieder einmal und scheinbar gönnerhaft auf eine Geschäftsreise mitgenommen, er, Oskar, war eben damals so zwischen Studienabschluß und Agentur-Volontariat nicht allzusehr beschäftigt gewesen – jawohl, auf eine Geschäftsreise nach Meran – mitgenommen hinwiederum zum alleinigen und exklusiven Zweck, ihn, Oskar, dort wortwörtlich vorzuführen. Jawohl, klar, das war von Anfang an der Plan, Vorsatz gewesen, Dolus directus, ja!! Vorzuführen vor den Augen und Ohren dieses Geschäftsfreunds, eines Babywäschehändlers ausgerechnet aus dem Vintschgau – jawohl, präzis, vor diesem Herrn Kobler oder Koppler hatte ihn Gustav dann angefahren und richtig zusammengestaucht, ganz ungebärdig zusammengestaucht. Geschurigelt richtig! Er, Oskar, möge sich doch tunlichst für das abendliche Essen noch einen neuen Anzug kaufen, einen »möglichst nicht allzu negativ auffälligen Anzug«, jawohl, genau so hatte es Gustav ausgedrückt – und, schlimmer noch: Er, Oskar, möge doch um Gotteswillen, wenn er, Gustav, bzw. Kobler mit ihm rede, nicht so ungeschickt und täppisch im Zimmer herumstehen, »nicht so verspannt und dumm im Zimmer herumstehen«, nein, vielmehr: »nicht so krumm und blöd und ungehobelt da im Zimmer herumstehen« – das war er gewesen, der exakte Wortlaut! Ohne jeden erkennbaren oder plausiblen Grund und Anlaß hatte Gustav das gesagt, sehr scharf geknurrt und ihn, Oskar, derart vorgeführt – aller Wahrscheinlichkeit nach bloß, um dem Adressaten dieser Vorführung, diesem sauberen Kobler, willfährig zu sein, ihm beflissen beifallheimsend zu gefallen. Einem im übrigen nach Oskars

Erinnerung ziemlich schäbigen, schmierigen, ja schmierlappigen, so richtig üblen Südtiroler oder Triestiner oder Trentiner oder was Verruchtes ja auch immer! Hah! Und er, Oskar, hatte sich zwar kräftig geschämt, war wohl richtiggehend blutrot vor Scham im Gesicht geworden, hatte sich aber dann nolens volens doch, wenn auch verdüstert, dazu entschlossen, das Ganze von der heiteren Seite zu nehmen, um die Harmonie, den Geschäftsfrieden rund um diese gottverdammten Babyjäckchen nicht zu gefährden und zu stören. Hatte völlig geplättet gleichwohl überaus flehentlichen Blicks Gustav gewissermaßen schweigend und es stumm erduldend beschworen, es damit aber auch genug sein zu lassen – und hatte Kobler gegenüber eine Miene fabriziert des Inhalts, das Ganze sei halt wie so oft als aparte Einlage Gustavs zu deuten, als ausgelassenes brillantes und sehr persönliches Aperçu seines Freundes Gustav quasi, als eigenwillig gewagter Joke, typisch Gustav eben – o Schande! Hölle und Verderben! Nein! Aber ja! Vor fünfzehn Jahren hätte er, Oskar, diesem Gustav schon energischer entgegentreten, ihn selbstbewußter, entschlossener zur Ordnung rufen sollen, müssen! Hätte einschreiten müssen oder – schmollend fand Oskar nicht gleich das rechte Wort – sich alle diese Arkaden, nein: Kaskaden an Zumutungen und geheimen, verklausulierten, quälenden Demütigungen verbieten und verbitten müssen, jawohl, aber natürlich! Hätte es ahnden, hätte nach den Ursachen fahnden müssen! Hätte, Oskar rollte die Stirn in Falten, noch unterdessen Kobler und Gustav um die Jäckchenpreise feilschten, ja auch sofort mit der Eisenbahn Meran–Bozen–Brenner–München heimreisen müssen, im Sinne der privaten Selbstachtung und als Beschluß dieser angeblichen Freundschaft! Die in Wahrheit reine Deprivation war! Als Beschluß der angeblichen Freundschaft! Bzw. als ihr – Unterpfand – – ihr letztes Symbol noch im Verlieren – hah! Mehr als 20 Jahre Gemeinheit, Verbitterung, Leid wäre ihm, Oskar, derart erspart geblieben, 20 Jahre Demütigung, Deprivation, subtilster, hinterhältigster Desavouierung! Durch Gustav, seinen angeblich besten Freund! Durch Gustav, seinen Trauten! Vor dem ihn – schon Lina ja damals zu Recht gewarnt hatte! Dieser Brunnenvergifter! Diese – Ratte, die er letztendlich ja doch war! Dieser Gustav, der, wenn schon sonst nichts, ebendies wußte, wie sehr, wie untröstlich hoffnungslos er, Oskar, ihn verehrte, ihn mochte, ihn bisweilen verblendet gar zum Vorbild nahm! Vorbild bis hin zu Selbstverleugnung! Bis hin zur Nachahmung des Gustavschen Schlenderschritts. Sogar Gustavs Lieblingswörter hatte er, Oskar, gestand er sich's nur ein, mitunter freudig übernommen: Als da waren »link« und »schräg« und »unwahrscheinlich«! Heiland, was ein – Unheil! Was ein – – Unglück!

Gustav! Dieser – Choleriker! Dieser Manisch-Depressive! Dieser – Schwergestörte! Hah! O Unglück!

Schon im kräfteraubenden Geschwindschritt, ohne sich noch bremsen zu können, passierte Oskar den großen romantischen Hirtenfelsen des Siebenquellentals. Letzte Schneereste bargen schmutzig sich in seinen kleinen Schründen. Etwas wie ein Abglanz allerletzten Sonnenschimmers war von irgendwoher durch die Wolken gekrochen, spazierte freundlich lindernd über Oskars von wildem Weh ergriffene Augen hin. Und heiterte ihn sogleich auch ein bißchen auf. Denn wohl war Gustav zwischendurch auch immer wieder gut zu Oskar, ihm. Nahm ihn auf Reisen mit, sträubte sich nicht, dabei auf Sonderwünsche Oskars einzugehen. Von all dem hatte Lina praktisch keinerlei Ahnung gehabt. Wie umgekehrt Carola kaum jemals etwas von dieser ganz besonderen Freundschaft kapiert hatte – noch kapieren hatte wollen. Carola – diese Spinatwachtel, diese geile! Ewig und einen Tag mißtrauische. Und andererseits, eins mußte man Gustav wirklich lassen, ihm konzedieren: Wieschon er sehr wohl von seiner, Oskars, Anhänglichkeit, ja Abhänigkeit wußte, so ließ er sich gerade diesbezüglich nie das Geringste anmerken, hatte immer auf sämtliche daraus entspringenden Vorteilsnahmen oder aber Späßchen verzichtet. Auch dann, wenn Oskar, kaum war Gustav wieder einmal drei oder vier oder sechs Wochen weg gewesen, jenen mit schon gar zu flehlich huldigenden Blicken an der Wohnungstür oder am Bahnsteig ja auch wohl empfing. Bzw. in früheren Jahren eben jedenfalls empfangen hatte. Gewiß doch, gleichermaßen unübersehbar, unleugbar war auch und gerade in den letzten Jahren, ja Jahrzehnten Gustavs fast stille, stillvergnügte Herrschaftsfreude geworden, sein Herrschaftswille auch, seine am Ende nimmersatte Herrschaftspassion. Hart und fest und hemmungslos war sie. Umgebremst. Das Spiel, das fraglos zynische Spielchen mit seiner, Oskars, sehr wohl sichtbaren Abhängigkeit. Das perfide manövrierende Wissen Gustavs darum, daß und wie sehr er, Oskar, sobald sein Gustav auch nur leise pfiff, ja auch schon auf dem Sprunge war, in der Bereitschaft, in der Alarmbereitschaft ganz wie ein feiler Sklave Gu – –

– hah! Was ein Einfall! Klar! Freilich! Ganz unwillentlich blieb Oskar stehen und schlug die geballte Faust, wie in der Erkenntis eines Göttlichen, sehr theatralisch vor die Stirn. Aber freilich, das war ja doch die Lösung! Wenn er heute abend, wenn Gustav eintraf, einfach – nicht da war! Kurzfristig verreist. Quasi versehentlich verreist. Oder auf einen – angeblichen – Anruf Linas hin nach Herrsching abgereist! Verwirrt blieb Oskar zum zweiten Male stehen. Aber, wer weiß – wohnte diese Lina eigentlich noch – in Herrsching? War die dumme Kuh nicht neulich, so hatte da doch eine Freundin verlauten lassen, zum Chiemsee oder sonstwohin verzogen? Oskar zwang sich zu behutsamem Weiterschreiten. Wahrlich, sein gänzlich unvermutetes Fehlen heute abend, das würde Gustav psychologisch zu schaffen machen, so viel stand jetzt schon fest, so viel war immer richtig. Würde Gustav ganz schön verblüffen, ihm eine reinwürgen, eine Mächtige! Allein – wohin? – wenn nicht nach – Herrsching? Verstört, wie im Albtraum mit sich ringend, fiel Oskar absolut keine Stadt ein, die sich heute, Samstagabend, mit etlichem Sinn von Seelburg aus bereisen ließe. Und sich statt dessen einfach am Bahnhof verstecken und im Bahnhofrestaurant bis morgen – –?

Unfug. Oskar furchte steil die Stirn und schritt möglichst gemächlich, unaufgewühlt stramm geradeaus. Gerann sein Blut? Verdrehten sich die Augen? Mitnichten, hier galt's der Übersichtlichkeit. Wie wäre es aber, malte sich Oskar aus, wenn er zum Beispiel – sich für heute abend einfach – krank melden täte? Mit einer angemaßten, nein, Unsinn: mit einer vorgetäuschten Grippe oder doch grippalen Entzündung sich einfach radiputz, pardon: schnurstracks ins Bett legen würde. Zu Gustavs mächtiger Enttäuschung, zur bodenlosen Verblüffung dieser Schlange!?

Genau – das war's. Das war die gerechte Strafe für seinen Gustav. Das würde ihn treffen, wehrlos, wurzellos machen. Diese Situation, diese Tabula rasa – sie war er nicht gewohnt. Denn wohin dann mit allein ihm, Gustav? Ohne Oskar, ohne Sparringspartner. Ohne Oskar, ohne Opfer. Ohne Oskar, seine ansonsten leichte Beute. Wohin dann mit all den seit einem knappen Jahr vermutlich gesammelten und angestauten und wohlvorbereiteten Tricks und Tücken? Gustavs versammelten und scheinbar unentrinnbaren Groß- und Kleintorturen?

Einen schmächtigen Erdrücken überwindend, verließ Oskar das Tal. Seit einer Minute wußte er: Er war dazu, zu diesem Manöver, nicht fähig. Gustav zu bluffen, ihn zu täuschen. Dazu war er, basta, nicht fähig. Wie ein Idiot, wie ein kleines Kind würde er sich verplappern und vertun – noch im Bette liegend, Grippe, Fieber simulierend, würde er von Gustav restlos zerpflückt, der Lüge, der Hybris, der Untreue überführt werden – und vor allem der Blödheit. Einer schon bestrafungswürdig bornierten Torheit, ach, jawohl. Was ein zäher Unsinn. Weiß der Geier! Im Streß noch mußte Oskar schmunzeln. Über soviel Schlamperei, über soviel Strampelei. Was – echauffierte er sich da eigentlich seit mehr als einer Stunde, seit zwei Stunden? Erregte er sich so über seinen – alten Freund? Mein Gott, mein Gott, mein Gott. Was litt er denn gar so exzessiv an Gustav und verstümmelte, verhackstückte sich dabei selber – Gustav, der ihm doch fast gar nichts getan, der ihm doch nur zu seiner, Oskars, Freude seine Ankunft angekündigt hatte? Was Finten, was Riposten – war er, Oskar, vielleicht wirklich nicht ganz gesund und fieberfrei, daß er sich von bloßen und ausnahmslosen Gedankengespinsten so in Wallung, so in Rage, so ins Bockshorn jagen ließ? Wie das würgte, wie das in wildem Aufruhr durch den Kopf ihm wirbelte! Er Zornpinkel – er Wutteufel – war er vielleicht gaga? Noch jenseits der – Passion für Gustav?

Mit Genugtuung, fast Freude, freilich noch mit Runzelfalten in der Stirn, nahm Oskar davon Notiz, wie sein aufgeschichteter Groll, seine Wut, sein Druck am Herzen und an der Lunge auch, jetzt, kaum hatte er sich derart selber ironisiert, sofort deutlich nachließ, der schon eingefressene Schmerz spürbar einschrumpfte und sich löste. Ins Weite öffnete sich die Landschaft. Der Blick fiel sehr frei auf große Wälder, blau bläuliche Wäldereien, die dunstig überm Horizont verflossen.

Versunken war schon ganz die Sonne, nur in lilagrauen Wolkensträhnen brach sich noch einiges von ihren späten Strahlen. Oskar versuchte, seines Freundes Gustav mit forcierter Milde zu gedenken, Gustavs, seiner Gestalt, seines feschen Schnauzers, seines melodischen und nur leider gar zu spitzen Mundwerks. Das Mundwerk eben eines alten – Libertins. Und Snobs. Tja, Schwamm drüber. War nur eine quantité négligeable. Sonst war Gustav clean. Wenn auch etwas heimtückisch. Und ein wenig steril ...

Ein tiefer Seufzer entrang sich Oskar. Hoch schwebte

ihm in der nächsten halben Minute die Erinnerung an ein gemeinsam besuchtes Fußballspiel, Club gegen Eintracht. 1975 mußte es gewesen sein, vor vierzehn Jahren. Herrliches Fußballwetter, ausgelassene, relaxte Stimmung allseits. Zuerst auch zwischen ihm und Gustav – dies jedoch nur scheinbar. Oskar entsann sich nur zu genau: Wie er, Oskar, da, als humoristische Einlage, mit Fußballwissen zu brillieren sich angeschickt hatte, nämlich einige Dutzend aktueller und älterer berühmter Fußballaufstellungen auswendig aufzusagen, eine Domäne, eine spezielle Begabung von ihm, Oskar – zugegeben, natürlich hatte er auch einige und sei's humoristische Lorbeeren damit ernten wollen – was aber hatte Gustav getan? Nicht mal mit Worten unterbrochen hatte er ihn. Sondern nur verstockt und schnöde abgewunken, mit einer unvergleichlichen, ausschwingenden Gebärde der linken Hand es vereitelt wie eine dräuende Belästigung – und hatte dann einfach nicht zugehört, der – – der fiese Möp! Die Sau! Sondern – ein Batterieradio aus dem Auto geklaubt, diese mit ins Stadion getragen und bis zum Spielbeginn lärmen lassen. Nur um ihn, die Rotznase Oskar, auszuschalten, zu torpedieren, zu liquidieren! Jawohl! Typisch Gustav, typisch seine Machenschaften! Oskar realisierte, wie innerhalb weniger Sekunden wiederum Wut, rasende Wut in ihm hochkletterte, aufsässig schmerzhaft, wohl aus der Lunge in den gesamten Kopf, den Denkapparat bestialisch betäubend – neuer und tiefer Groll, hochkriechend buchstäblich die ganze Luftröhre, um gleichzeitig und verzehrend gegen Herz und Kopf zu pressen – jetzt, nach nur einer halben Minute, war es schon maßlose, namenlose, richtungslose Wut, schrecklich, herrlich – und er, Oskar, war völlig, war komplett hilflos, wehrlos gegen sie. Einfach ausgeliefert. Das hatte er in dieser Art – noch nie erlebt.

Was war das? Rebellierte sein Körper, war er wahnsinnig geworden? Diese Wut, diese Massen, Fluten hilfloser Wut im Kopf! Zwischen Kopf und Lenden. Wie das auf und nieder rauschte! Dazu diese Zuckungen im Hirn! Ein schwerer Flieger brummte über Oskars Kopf hinweg. So, genau so war es sicherlich bei der Mobilmachung vor nun genau fünfzig Jahren gewesen. Zorn und Wut fegten von links nach rechts durch den Leib, zwischen Kopf und Rumpf und auf und nieder. In den Halsadern ein Zittern, Klopfen. Wahrhaft manische Attacken. Chronische? Manische. Oskar schwitzte. Was ging da vor? Vermochte man sich gegen diese, mit Vernunft betrachtet, recht kindische, einseitige, überdrehte, ungerechte Wut denn gar nicht zu wehren? Hah, und warum auch wehren?! Wie war das denn? Daß, und mit welcher Selbstverständlichkeit, Gustav bei seinen Besuchen hier in den letzten Jahren immer und immer im Hotel logierte?! Obschon bei ihm, Oskar, seit dem Ende mit Lina, seit ihrem Auszug, sogar zwei Betten praktisch leerstanden! Das Ehebett, das Oskar nicht mehr benutzte, nicht mehr benutzen wollte – und natürlich dann das Gästebett! Warum sabotierte, veruntreute Gustav beides?! Dieser – Pausenclown!?

Unwillkürlich, getrieben von einem neuen und – er ahnte es wohl – schon abermals vernunftlos tobenden Wutschwall, griff sich Oskar wie nach Halt ins kältlich feuchte Haar. Jawohl, genau! Und noch eine Erinnerung schwoll und übertünchte gleißend Oskar. Einmal, da hatte das hierorts übliche Hotel Krautwurst – »Annuschka« – gerade Betriebsferien gehabt – was aber hatte daraufhin Gustav getan, wie reagiert? Bei Emil hatte er genächtigt – bei Emil, einem Gustav wie auch Oskar nur flüchtig bekannten Taxifahrer, welchen Gustav zufällig beim Übersiedeln von der Malteser-Klause in die Silberbar auf der Straße erspäht – und sofort mitgeschleppt hatte – natürlich nur, um ihn, Oskar, derart noch schmerzlicher zu brüskieren, zu düpieren. Hah! Bei Emil hatte er genächtigt und gefrühstückt – bei diesem Pinscher, Flachkopf, Idioten! Der schon zum Frühstück Flaschenbiere aufbrach! Was eine Gemeinheit, eine Rohheit! Jeder Kühlschrank, jedes Wildschwein hatte sicherlich mehr Feingefühl als dieser Gustav, dies perverse Dreckschwein! Ob Gustav wirklich – etwas mit dieser Anna oder Anne hatte? Haben, kriegen heute wollte? War ihm doch wurscht und schnuppe, schrie Oskar lautlos japsend in die Dämmerung.

Und erschrak gleichzeitig. Redete sich selber ab sofort gut und beschwichtigend zu, er gönne ja Gustav durchaus so diese oder jene andere und neue Liaison. Na und? Das lag im Lauf der Welt, das lag im Zug der Zeit. Damit war dann auch das pikante Hotelproblem erledigt, redete Oskar stumm und ungebremst mit sich selber weiter und mußte schon in der nächsten Sekunde über diesen seinen Fauxpas, über seinen seltsamen lapsus animae schmunzeln. Dann allerdings überfiel ihn erneut Wut, und dies mit Macht, jetzt war da gar nichts mehr zu retten, bremsen: Warum, warum hatte Gustav seinerzeit diesen seltenen Idioten wie einen Handlanger des Gemeinen und mithin Bösen an ihrer beider Tisch bzw. Seite geschleppt – obschon doch, und das hatte auch Gustav ganz genau gewußt, gerade an diesem Abend noch sehr Wichtiges zwischen ihnen beiden zu besprechen gewesen wäre; der damals vag und entfernt, aber immerhin, ins Auge gefaßte gemeinsame China-Urlaub! In der einholenden Erinnerung, innerhalb weniger Sekunden, Oskar registrierte es wiederum verblüfft, geriet sein Kreislauf, sein Adrenalinsystem abermals außer Rand und Band. Gustav, dieser schräge Vogel, diese schräge Sau! Der mit seinen absolut wahnhaften Herrschafts-, Allmachtsphantasien! Seinen ewig und einen Tag verschwörerischen – dieser Intrigant und Seelenfänger! Der ja auch heute abend wieder, wie damals, link drei andere Leute mitanschleppte – obschon auch heute wieder eine ernste Ansprache, eine Klausur à deux angestanden hätte! Was sollte dieser Charly, dieser blöde Alfred! Wieder klarer Vorsatz! Wieder die linke Tücke! Nein, das war kein Zufall, nein! Einspruch, Euer Ehren. Gemein, perfid und zynisch war es, dieses schnöde Ausnutzen von Abhängigkeit! Wieso ewig dieses Publikum? Diese letztlich ungustiösen tauben Lachsacktypen! Mit denen Gustav – er, Oskar, durchschaute es genau – ihn, Oskar, gezielt terrorisierte. Lebendig unter sich begrub, jawohl! Lebendig begraben seit einem Jahr – und heute abend abermals! Ach wo! Mit Charly und Alfred hatte Gustav nichts gemein, nein, absolut nichts! Sie waren einzig Forum und Dekor. Zur Vorführung des Oskar, des dummen Kaspars Oskar. So wie er, Oskar, damals bei Leiden und in Meran vorgeführt, zum Hampelmann erniedrigt worden war – genau wie auch in Landshut seinerzeit! 1976, jawohl! Bei Wolfi Steuhl im Wohnzimmer. Etwas bergauf steigend schnappte Oskar scharf nach Luft, aber eher theatralisch. Und dann in dieser Kellerbar um 4 Uhr früh. Damals noch mit Lina in Begleitung. Die war freilich längst im Bett. Gustav aber – wichtig! – hatte Carola schon verloren. Die war schon perdu. Und Gustav? Trauerte? Bewahre! Der rächte sich mit Schmackes. Mit Schmackes und mit Hochgenuß. Pfeifend sichtbar aus dem letzten Loch – aber volle Pulle. In dieser fiesen, widerlichen Kellerbar. »Roncalli« hieß sie wohl. Nein, Unsinn, konnte ja nicht sein. Roncalli war ja erst viel später auf- und hochgekommen, so 1982 oder wann – mit diesem widerwärtigen Wiener Fiesling! Diesem unwahrscheinlichen Super-Arschloch!

Wieder verlangte es Oskar nach einer Zigarette, so rasend, rauschhaft überströmte ihn noch einmal die Wut, die Wut auf seinen Freund. Nach einer Zigarette und nach einem Cola. Oder wenigstens einem Pilsbier. Kaugummi half da nichts mehr. Im Wald linkerhand schrie irgendein Tier zweimal krächzig auf. Wie in Todesnöten. Hm ja, klar, es war jetzt in Oskar wie ein noch einmal an Siedeschwall und Sturzfall zulegender Rausch aus Wut und Erinnerung zugleich, der Sturzbachfall der staubigen Jahre selber –

diese Bar von 1976! Pfui Teufel! Was ein Dreckskerl Gustav ja schon damals immer war. Wenn nicht immer war, so doch fraglos sehr wohl zu sein vermochte. Noch einmal, meinte Oskar zu verspüren, legten Wut und Grimm und Zorn als Schmerz und Angst in seiner oberen Körperhälfte heftig zu, als Preßschmerz und als Zwicken, als ein Wutgetöse – aber auch in den Beinen schien jetzt, jenseits der puren Laufanstrengung, die Pein sich zäher festzusetzen, eine Zitadelle zu gründen – als Krampf in beiden Waden! Das alles, Oskar merkte es wohl, wütete ärger, regelloser und unterm Strich deutlich energiegeladener als noch vor zwanzig Minuten. Berstender, vernichtender. Langsam wurde es ernst, sehr bald gesundheitsbedrohlich. Das war ja schon fast Atemnot, fast Asthma! Oskar blieb kurz stehen, schnaufte durch und kraftlos aus. Die Wut, der Grimm, sie blieben scheint's konstant jetzt. Und waren mithin immer noch die äußersten. Wenn das nicht spaßig war. In äußerstem Zorn, zum Schmerzausgleich die Zähne mit Kraft aufeinanderreibend, -schabend, so stand Oskar, sah stocksteif vor sich. Den Unterkiefer schob er manisch lautlos hin und wider. Chronisch. Tränten ihm die Augen? Obschon sie ihn im Schleierzwielicht sehr wohl noch ersahen, war Oskars Hirn schon nicht mehr in der Lage, den kleinen anheimelnden Zwiebelturm samt dem weißen Kirchbau wahrzunehmen, der am Horizont kenntlich geworden war, inmitten dunkler Wäldereien. Und dies, obgleich ihm dieser Kopf gleichzeitig munkelnd zuraunte, er, Oskar habe dort am Kirchlein früher schon mal Aufenthalt genommen; Picknick gehalten, vor zehn oder dreißig Jahren; zusammen sogar mit Gustav, zu Beginn von beider Freundschaft. Mais nevertheless: Warum dann eigentlich, innerhalb von Sekunden war Oskar sehr viel ruhiger geworden, warum dann eigentlich – und das seit 1970 – diese Gustavsche Gemeinheit, diese Rankünc, dieses ganze Übel? Daß er, Gustav, ihn, Oskar, »Molli« nannte. Mit wiederum präzisem Vorsatz, mit unüberhörbarem Verletzungswillen. »Molli«, so wie seine Kameraden in der Kindheit ihn, Oskar, genannte hatten. Na, da war er zuweilen ja wirklich mollig, richtig dick gewesen, speckig, alte Fotos bezeugten gräßlich es. Dann aber war er, Oskar, ja richtig dünn geworden, fast ein Strich – und erst so ab 30 wieder etwas korpulenter, sehr zu Linas Ärger – trotz aller zeitweiligen Gegenwehr per Fasten, lästiger Alkoholbeschränkung. Und noch einmal nevertheless: Reichte also diese leise Dicklichkeit schon hin, daß ihn, Oskar, der durchaus stämmige Gustav nicht nur einmal und vielleicht im Affekt »fett« genannt hatte, sondern ihn durchaus böslich nach wie vor mit dem Spitznamen »Molli« traktierte und eindeckte? Und dies – immer öffentlich!

Neue Wut sickerte Oskar in die Adern, es war ihm nicht recht klar, ob das zum Herzen hin oder vom Herzen weg ging, schwamm und schwemmte. Schon waren's wieder, wie vorhin, mindestens 40 Fiebergrad. Hah! Tod und Verrecken! Nein, das mit dem »Molli«, dies Sardonische, Sadistische mußte ja partout nicht sein! Verflucht! Dies Satanische! Zumal – und das eben war der zentrale Punkt, schrie Oskar stumm wieder verzweifelt auf – er ja wußte, daß Gustav gleichfalls sehr wohl wußte, wie weh ihm, Oskar, all das tat! Eben gar nicht so sehr der letztlich ja sehr erträgliche, fast schon niedliche Name »Molli«, sondern die da implizierte, intrikate Gemeinheit selber. Diese unbändige Gemeinheit, diese brutale Vulgarität, dieser vulgäre Tötungstrieb, die sich in all dem kundtaten! Pech und Schwefel! Dieses Schwein, dieses feile! Feile, fiese, feige Schwein! Dieses Schweinesystem aus Ränke, Bauernschlauheit und niederträchtigstem Verletzungsimperialismus!!

Und was sollte eigentlich umgekehrt die schon häufiger gehörte Fama, daß Gustav zugleich Kommunist und – Freimaurer war? Beides angeblich – heimlich. Eine Mythe, die sich ganz offenbar Gustav selbst angeklebt hatte, zu seiner weiteren Glorifizierung. Oder was auch immer.

Hah! Aber – heute abend! Heute abend galt's der Rache! Wie auf ein unhörbares Kommando hin hatten sich Oskars Beine wieder auf den Weg gemacht, fast selbständig, wie zuweilen Gäule gehen. Rache, Rache, Rache! Rache für mehr als zwei Jahrzehnte halb offener, halb verdeckter Fouls; Fouls der nimmersatten Quällust und der Keulenhiebe; doch, das war es doch zuletzt! So war es früher gewesen, so sollte es heute weitergehen, na prost, na klar. Haha! Zuckerbrot und Peitsche! Oskar lachte halblaut rauchig in den flauen Dämmer. Von heute abend ab – da lief es umgekehrt! Und wie? Na, bis zehn Uhr würde er seinem Gustav, der Kanaille, schöntun, mächtig schöntun; schmeicheln, ihn, den nichts Argwöhnenden, bezirzen; dann aber, dann, dann würden urplötzlich die ratternden Hiebe gräßlich auf ihn herniederprasseln! Peitschend, platschend, unverhofft aufs ungeschützte Haupt. Rache, Vergeltung für zwei Dezennien Übeltaten, infernalische Übeltaten – zwei Dezennien und mehr! Fast hehre Glut stieg empor in Oskar. Heroischer schritt er voran.

Als er den dunklen, braunen, braun ruhenden Weiher bei Äglsee passierte, mußte Oskar nach Luft schnappen. Vor Ärger, Herzensgram, heimlichem Grauen. Grauen, so legte er es sich selbst zurecht, nämlich vor der nochmaligen und zernichtenden Einsicht und Erkenntnis, daß alles dies ja trotzdem längst vergeblich war, gar nichts nutzte. Gustav war nicht beizukommen – jedenfalls nicht so. Gustav, ah, der Große. Oskar schnitt eine tückische, vielleicht auch nur verschmitzte Grimasse. Und doch würde er, Oskar, kämpfen. Erbittert kämpfen nach wie vor. Mit der Peitsche der Gerechtigkeit, mit dem Speer der Wiedergutmachung. Die heiße Glut in Oskars Kopf wich jetzt, wie über ihre eigene Nutzlosigkeit verbittert, einem leichten Schwebetaumel, einem kleinen Schwächezustand; dieser im Fortgang einer fast vollständigen Leere des Gemüts. Sodann verspürte Oskar plötzlich viel Entlastung. Und sich richtig erheitert.

Das Herz war zwar noch immer schwer, aber eher sekunden- und fleckchenweise – das Schwere war da nur ein Teil des Fleckerlteppichs überm Herzen, das bereits in der nächsten Sekunde wieder anders pochte, schnurrend knisterte. Und vorübergehend schon wieder ja ganz lustig umeinanderhüpfte.

Was ein Unsinn. Fast ein bißchen gewaltsam mußte Oskar, den Stadtrand Seelburgs erreichend, zu neuem Groll sich zwingen. Hah, »Molli« nannte Gustav ihn! Haha! Allerdings nur bis heute! Dafür würde Oskar sorgen. Zuckerbrot und Peitsche. So lautete heute die Option. Bei des Himmels ehernem Dache. Fest biß Oskar auf die Zähne, freilich recht gedankenlos. Die Stadt unter ihm, trübsinnig funzelte sie zu Teilen schon erleuchtet. Oskars Hirn, es hatte sich die letzten Minuten über stark entspannt, entspannt sich gleichsam zurückgelegt. Behaglichkeit sickerte durch Oskars Körper, vermischt mit etwas neuer Vorfreude, Vorfreude auf den großen Abend. Das kitzelte, das schmeichelte, das schmatzte. Umgarnte Herz und Hirn nicht schlecht.

Noch eine, spätestens eineinhalb Stunden, dann würde Gustav eintreffen. »Einbrechen«, wie er es selbst gern nannte. Oskar mußte schmunzeln. Er hatte ja durchaus seinen Charme, der Gustav. Neidlos war es einzugestehen. Eine rötlich blonde Katze kreuzte Oskars Bahn im Halbdunkel. Wie nett und freundlich und virtuos tollpatschig er, Gustav, ihn, den Oskar, heute abend, in einer Stunde, wohl wieder begrüßen, drollig shakehanding hätschelnd ihn bezirzen würde?

Es wurde ein schöner Abend. Gustav war wie so häufig prächtig in Form, und Oskar rauchte schon ab neun Uhr voll Behagen eine Stumpenzigarre nach der anderen – zwischendurch, vor lauter Vergnügen und Entlastung, sogar ein paar extra starke französische Arbeiterzigaretten. Was wunder, Gustav, übrigens im beigeweißen sommerlichen Dinnerjackett, betrug sich von der Ankunft an, kaum war die erste Verlegenheit halbwegs abgeschüttelt, ausgesprochen herzlich und vornehm und mild und gentil – jawohl, wie so oft wie ein ausgesprochener Gent, und dies umsichtig und generös nach allen Seiten hin – vorzüglich und vornehmlich in Richtung auf ihn, Oskar.

Zu seiner, Oskars, leiser, nein beträchtlicher Genugtuung war jene Plage Anna oder Anne nicht erschienen; sondern hatte, gottseidank, nur telefonisch eine reichlich spärliche Entschuldigung bestellen lassen. Mit Grüßen speziell an Charly und an Alfred. Was diese übertrieben, schon etwas lästig auflachend quittierten.

Gustav, ohne daß er ihn geradezu überauffällig umgarnt hätte, verhielt sich Oskar gegenüber zugleich kordial und überaus korrekt und verwöhnte ihn sogar zum Teil durch seine sonderliche Aufmerksamkeit. So daß Oskar, außerstande, sich dieser sanften Blicke zu erwehren, für seine nachmittäglichen Abenteuer und Eskapaden und Strampeleien sich bald, zudem vom Wein beschwingt, ein bißchen schämte – und es sich einmal, nein zweimal geradezu verwehren mußte, Gustav gegenüber für sie in ebenso diskreter wie erlesener Form um Entschuldigung zu bitten, ja, um Nachsicht.

Indessen hätte derlei Feinsinn ja selbst ein Gustav kaum mehr verstanden noch goutieren können. So zart und pfleglich und wohlwollend er im übrigen Oskar auch den ganzen Abend lang traktierte – und sich auch sonst bis zuletzt von der gewohnten, von seiner, eine gewisse Herablassung einmal beiseite, allerbesten Seite zeigte. Und sogar die zuletzt übliche Anrede »Molli« mied. Mit der kleinen Ausnahme eines kurzen Treffs – ohne sonstige Zeugen – und Plausches in der Herrentoilette. Da sagte Gustav zweimal »Molli«. Und lediglich eine etwas gar deutliche, ja allzu penetrante, wenn auch triftige Anspielung auf seine, Oskars, zuletzt recht stark ergrauten Haare, diese Anspielung, diese nicht ohne Gusto vorgetragene sehr dicke Anspielung Gustavs vor dem Mucker Alfred und der blöden Schwuchtel Charly: Die, so bedachte Oskar beim Heimgang weit nach Mitternacht, er hatte Gustav gerade zum Hotel gebracht, – die hätte es ja allerdings nun trotzdem nicht gebraucht. Allein, man mußte eben, grinste Oskar etwas krampfig, Gustav seine kleinen Schrullen, seine petiten Passionen lassen. Und im übrigen, spürte Oskar, war er schon viel zu müde und betrunken, sich darüber noch groß zu zürnen und zu grämen. Zu grämen und zu ärgern.

Mein Grattler

Ein offener Brief
*an den Oberbürgermeister von A****

Sehr geehrter Herr Oberbürgermeister, vor meinem Hause steht ein Mann. Vor meinem Haus in der Innenstadt, zwei Minuten von Ihrem Rathaus entfernt, steht ein älterer Mann, steht seit inzwischen genau fünf Jahren an der Straßenecke ein älterer, mittelgroßer und kompakter Mann im blauen Arbeitsmantel. Seit ich eingezogen bin in das Haus, vor fünf Jahren, steht er dort, Luftlinie ca. 35 Meter von meinem Schlafzimmer entfernt, von wo aus ich ihn genau sehen kann. Anfangs, sehr geehrter Herr Oberbürgermeister, nahm ich ihn nicht sehr ernst, nein; obschon sein beharrliches Stehen an der Hausecke Lederer-/Löffelgasse mir hätte zu denken geben, mich hätte warnen müssen ebenso wie seine knüppelhafte, kurzknüppelhafte Gestalt, sein auffallend gehaltloses Gesicht, sein stehendes Zigarettenrauchen und vor allem, allem voran: sein halblang kobaltblauer Arbeitsmantel. Ja, dieser und vor allem sein, von der leicht gespreizten Beinhaltung abgesehen, meist ohne Handunterstützung in den Mund geklemmtes Zigarettchen hätten mich aufmerksam, wachäugig machen müssen; ich hätte mich ja sofort an Sie, Herr Oberbürgermeister, wenden sollen im Vertrauen auf die christlichen Grundpositionen der von Ihnen repräsentierten Partei.

Indessen die von meinem Mann vertretene Grundposition, um das vorwegzunehmen, zutiefst unchristlich ist. Und deshalb wende ich mich heute an Sie; und um der Sache willen und, um den sonst zu befürchtenden kommunalen Verschleppungsstrategien entgegenzuwirken, sogar öffentlich. Auch, um meiner Sache Nachdruck zu erzwingen. Mein Ersuchen, meine Bitte: Herr Oberbürgermeister, entfernen Sie diesen an der Ecke stehenden Mann!

Zur Begründung meines Appells im Detail, Herr Oberbürgermeister: Mein Mann steht winters von ca. 10 bis 18 Uhr an der Ecke, sommers oft von 8 bis 22 Uhr und darüber hinaus. Vermutlich um sich im Winter vor der Kälte zu bewahren, einen wärmenden Tee oder auch sein Mittagsbrot zu verzehren, zieht der Mann sich bisweilen und zwischendurch in das hinter ihm stehende vierstöckige gelbbraune Haus zurück (das, wie ich heute weiß, entweder ihm gehört oder in dem er mindestens Hausmeister ist) – um dann gleich drauf wieder zu erscheinen und seinen Eckplatz einzunehmen. Seine Tätigkeiten, vom reinen Stehen abgesehen und mit diesem variierend, im Stenostil, Bilanz der letzten fünf Jahre: An der Spitze die Einmischung in Park- und Parkplatzprobleme, die dort an seiner Ecke und in deren Einflußsphäre schon durch das Zusammenlaufen vierer winkeliger Altstadtgassen mit einem kleinen Plätzchen mehr noch als üblich entstehen; Parkplätze, wie Sie, Herr Oberbürgermeister, am besten wissen, sind dort etwas sehr Rares und Kostbares, es gibt dort m. W. sechs offizielle sowie ca. vier sehr fragliche – nur zu plausibel, daß gerade diese fraglichen für meinen Mann ein nur zu gefundenes Fressen sind: in Form von Abrat, anderweitigen Parkempfehlungen und zuweilen auch unverhüllter Drohung, die Polizei zu alarmieren. Ferner und dazwischen beobachtet mein Mann gern die dort häufig anfallenden kleinen Straßenaufgrabungen, sie leidenschaftlich kommentierend, ja sie oft, wie inoffiziell, leitend und kommandierend. Er sorgt sich darum, daß die – s. o. – ohnedies enge Feuerwehrausfahrt freibleibt. Er mischt sich, wie ein nicht bestellter Polier, in kleinere Maurer- und Dachdeckerarbeiten. Er weist pinkelnde Kinder und Hunde bzw. deren Herren zurecht. Zuweilen, mit einem mehr symbolischen Fußtritt, verscheucht er an seiner Ecke aufhältige Katzentiere. Er grüßt, fast sonnig das Haupt hebend, vorbeiziehende Bekannte und Ähnlichgesinnte. Er führt bis zu 30minütige Gespräche mit aus den angrenzenden Fenstern schauenden älteren Frauen und Witwen. Mitunter, wie ich weiß, scheut er nicht davor zurück, vorbeiziehende Fremde anszusprechen und sie sehr durchschaubar in ihrerseits sehr undurchschaubare Unterhaltungen zu verwickeln, ja zu verzerren; unter Umständen auch Touristengruppen – Gäste Ihrer Stadt also, Oberbürgermeister! –, welche den betreffenden und noch ziemlich historischen Teil der Altstadt frequentieren.

Entfallen, fehlen ihm all diese Beschäftigungen, so steht er sofort wieder an der Ecke, macht einigermaßen bequem die Beine breit und raucht. Nicht ohne dabei, um dies Detail vorwegzunehmen, die Kippen mit einer geradezu ostentativen Fingerbewegung auf die gegenüberliegende Gassenzeile hin zu schnippen, ans Trottoir jenes Hauses, das, wohlgemerkt, einem türkischen Obsthändler gehört; dem, wie ich heute weiß, besonders verhaßten Hauptfeind meines kobaltblau bemäntelten Mannes!

Und, OB, um auch dies vorausgreifend nicht zu verschweigen: Sommers nach 20 Uhr, oft über 22 Uhr hinaus, schreckt mein Mann auch nicht davor zurück, jugendliche Liebespaare und anderes Sommergeschwirr zu beobachten, solches meist, welches angetrunken vom nahen City-Pub für Schüler und Jugendliche herkommt, um sich dann verständlicherweise in den Altstadtecken allerlei grämliche Handgreiflichkeiten herauszunehmen. Steif reckt sich dann der Kopf meines blauen Mannes, im Halbdunkel von der glimmenden Zigarette verraten, gegen dieses schöne Schauspiel.

Und, um Ihnen, Herr Oberbürgermeister, auch dies noch zu unterbreiten: Erscheint mein Mann im Herbst und Winter immerhin mit langer, zumeist brauner Stoffhose unterm kobaltblauen Arbeitsmantel: so vom späten Frühling ab an warmen Tagen fast immer nur in kurzen Hosen. So daß unterm Kobaltblau jeweils die nackten, bleichen, haarigen, häßlichen – zudem noch in Sandalen gesteckten! – Kurzbeine hervorschauen und die Eckenstellung halten; Beine, Oberbürgermeister, das müssen Sie mir glauben, vom Allerärgsten, Verletzendsten, Speiübelsten ...

Herr Oberbürgermeister, mein Mann ist, ich fasse zusammen, eine Plage, und ich bitte Sie hier also nochmals, ihn baldigst zu entfernen. Gut, Herr Oberbürgermeister, im Grunde ist der Mann nichts Ungewöhnliches noch Unlauteres; sondern auf den ersten Blick nur und unschwer erkennbar der Geno- und Phänotyp des zeitlosen Hausmeisters einerseits – des landläufigen Eckenstehers oder auch Grattlers andererseits, eine jener wohlvertrauten Figuren also, wie sie letztlich zu Hunderten Ihre Stadt bevölkern, ja das ganze südliche Land. Diese Grattler, urspr. wohl Krattler, Kroaten, Kleingewerbetreibende, sind, ich weiß, im Regelfall und im Idealtypus Menschenwesen, die ohne weiters erkennbaren Sinn einen Schub- oder beladenen Handkarren durch die Stadt ziehen und dabei aber einen gewaltig arbeitsemsigen Eindruck machen – oder, noch stringenter und idealtypischer: Ein Grattler ist ein Mensch, der, oft in Arbeit vortäuschender und also zumeist blauer Kluft, ein Fahrrad vom einen Ende der Stadt mitten durchs Stadtzentrum zum anderen Ende schiebt – schiebt, wohlgemerkt! –, auf dem Gepäckträger des Fahrrads aber ist ein altes Holzstück, ein Brett eingeklemmt, dessen Funktion und Nutzbarmachung der Grattler aber – und insofern ist eben wichtig, daß er schiebt! – im Zuge seiner Tour mindestens zwanzig Menschen, solchen gleichfalls grattlerischer Struktur, breit und in aller Ruhe auseinanderlegt – selbstverständlich bei dieser Gelegenheit auch andere und ähnliche Informationen aussendend und einfangend. Handelt es sich hier um die klassische Formation des Zug-, Streune- und Schweifegrattlers, so in meinem und mich belästigenden

Fall um den Gegen- oder Subtypus des Standgrattlers – hier des Haus- oder Blockgrattlers als der Symbiose des eher zeitlosen Eckenstehers und Hausmeisters mit dem jüngeren und vielen von uns noch lebhaft erinnerlichen Blockwart unseligster deutscher Nahvergangenheit. Soziostrukturell haben wir es mit einem Tagedieb und einem notorischen Denunzianten in einem zu tun. Daß dieser heute, unter demokratischen Verhältnissen, gezwungen sich sieht, sich überwiegend auf das reine Stehen in Verbindung mit einem pathologischen Voyeurismus zu verlegen, dies, OB, sollte Ihnen als einem Mann christlichsozialer Grundüberzeugung schon mal en passant zu denken geben.

Gleichwohl fragen Sie hier zu Recht, OB, was mich denn nun im speziellen an meinem speziellen Hausgrattler so störe, was mich so gegen ihn aufbringe, was mich so – ja, ich gebe es hier zu – entnerve. Ist es – ja, auch ich frage mich das bisweilen selber – sein Nichtzubeseitigendes, sein buchstäblich Ständiges? Oder doch eher das Kobaltblaue überm gespannt gewölbten Bauche? Sein Nichtverhinderbares, sein unverweislich Unverwesliches, ja Zeitentrücktes, welches sich auch in der virtuellen Alterslosigkeit meines Hausgrattlers widerspiegelt – er könnte genausogut 45 wie 72 Jahre alt sein! Er zählt 58, wie ich heute weiß, war im übrigen früher Siemens-Cheffahrer, sodann immerhin noch Siemens-Pförtner; seit elf oder zwölf Jahren, höre ich, ist er frühverrentnert – frühverrentnert mit 46! –, seitdem steht er an seiner Ecke. Daß es sich, Oberbürgermeister, in seiner Person und täuschend kobaltblauen Konfiguration tatsächlich um die Wiedergeburt, was sage ich: um die fugen- und ritzenlos in unsere moderne Gegenwart herüberkatapultierte Überdauerung des alten Naziblockwarts und Blockdenunzianten handelt, dafür habe ich inzwischen mittel- aber auch unmittelbare Belege. Vor zwei Jahren war es, da unternahm mein Mann, indem er mich beim spätabendlichen Flaschenbierholen ablauerte, seinen ersten und bislang einzigen direkten Annäherungsversuch, insofern er mich, der ihn an seiner Ecke soeben passieren wollte, ohne erkennbaren weiteren Anlaß anging und anhaute: Er sei sich apropos sicher, er kenne mich von der Hitlerjugend her. Mich, Jahrgang 1941! Nein, beharrte er selbst noch nach meiner verdutzten Widerrede, er kenne mich von daher, seit mindestens 1942. Er nämlich, der, wie ich heute weiß, vordem Pfadfinderunterführer war, sei schon 1938 beigetreten! Und genüßlich ein Zigarettchen anzündend, blies er mir lächelnd, nein: grinsend Rauchschwärme ins Gesicht.

Ich suchte damals rasch und recht verwirrt das Weite und konnte im Fortgang der Wiederholung derartiger Gespräche und Vertraulichkeiten einigermaßen geschickt aus dem Weg gehen – was ich aber damit sagen will, Oberbürgermeister: Ob Mitläufer, dummer Hitlerjunge oder damals schon, in der dunkelsten Zeit, Jung-Blockwart – Herr Oberbürgermeister, ich befürchte, die Fälle Höfer und Rinser hin und her, in meinem an der Ecke stehenden Mann ja gar nicht so sehr eine Wiederkunft des Nazismus, ein gleichsam beschaulich bürgerliches Überleben alter NSDAP-Gesinnungen und -Positionen, gar ein Symbol des in uns selbst überwinternden Hitler u. dgl. mehr – aber: Kann es nicht sehr gut sein, daß der Mann mich längst heimlich beschattet, im Clinch hat, zur Anzeige gebracht hat? Daß er z. B. über mein Wählerverhalten genau Bescheid weiß, meine Haltung zur Volkszählung? Daß er aus meinem an sich nicht allzu beschämenden Lebenslauf gleichwohl ein jedes Detail kennt, daß er, mit anderen Worten, von seiner Ecke aus direkt in mein Schlafzimmer zu sehen vermag, u. U. mit Hilfe untergeordneter Spitzel, seiner Spürhunde, eventuell auch mit einem besonders raffiniert reflektierenden Fernrohr??

Denn, Oberbürgermeister, Blockwart hin und Standgrattlerei her, dieser Mann, o mein Stadtoberhaupt, ist böse, sehr böse von Jugend auf! Scheinbar steht er gelassen und scheinhaft harmlos an seiner Ecke und vertritt sich bisweilen die Beine – ich aber weiß, was ich weiß. Und ich weiß, daß der Kobaltblaue eben nicht nur pinkelnde Hunde beschimpft, Parksünder denunziert und Einfahrtversteller keifend zur Anzeige bringt – mir ist inzwischen auch bekannt, daß er an seiner Ecke falsch parkende oder sonstwie befehdete Autos heimlich mit einem rostigen Nagel bekratzt, aus lauter Wut und tollem Haß – daß er zumindest einmal dabei auch schon beobachtet und seinerseits denunziert wurde – und 350 Mark Strafe zahlen mußte! Und gleichwohl Feindliches und Unerwünschtes weiter beschrammt und bekratzt! Und gleichviel vor der Stadtpolizei zwar seither offiziell etwas beschädigt dasteht – unterderhand aber in Rat und Tat weiter geschätzt wird, sozusagen in seiner Funktion als Kollege außer Diensten, zumal von herumspazierenden Politessen, welchen er vermutlich beim Strafzettelschreiben weiterführende Infos und Hintergründe andient und liefert – erst gestern habe ich von meinem Schlafzimmer aus wieder so ein verräterisches Grattler-Politessen-Informationsgespräch beobachtet –, und *wie* er, sich aufplusternd, die Frau mit den ausschwingenden kobaltblauen Ärmchen anfeuerte, und *wie* sich das Bäuchlein unterm beinahe schon azurblauen Kittel lachend spannte und wölbte! Niederträchtigst!

Abstrakter gesagt, OB: Es ist, Vergangenheitsbewältigung ja und nein, das Prinzip des Gegenmodernen, das so lemurisch wie negativ dialektisch jede Aufklärung im Kantschen Sinne, jeden Fortschritt der Menschheit Verhindernde und Unterbindende, was mich bei diesem Scheinarbeiter in Kobaltblau so erregt und verstört – vielleicht auch sogar dieses geradezu Obszöne vorgetäuschter Arbeit unterm buchstäblichen Fadenschein des Kobaltblauen; die, mit Baudrillard zu wähnen, Ununterscheidbarkeit von Arbeit auch und absoluter Faultierhaftigkeit. Ja, es mahnt dies alles wie der Rückfall in ein Vorweltliches, es ist das alt, das sehrsehr ältlich alt gewordene Leben, das noch an seinen haltlos aussichtslosen Bastionen ausschauzäh die Stellung haltende Leben – es ist der Atavismus als gespenstisch beharrliches Eingedenken seiner selbst, sich vermummend und rücksichtslos ausstellend zugleich – aber ich will nicht weiter theoretisieren und spintisieren, Herr Oberbürgermeister. Sondern Sie bitten: Entfernen Sie diesen Mann! Und zwar eiligst! Nein, OB, reden Sie mir nicht ein, daß der kobaltblaue Knüppelige vielleicht ja nur infolge Invalidität frühpensioniert sei und deshalb 167 cm hoch an seiner Ecke steht – nein! Der Mann ist pumperlgesund! War essentiell schon immer Eckstehgrattler! Und seine früheren Pfadfinder- und Fahrer- und Siemenspförtnerfunktionen waren ja nur wohlbedachte – Ausbildungsplätze! Vorstationen auf dem Weg zur endgültigen Finalposition des genuinen Stadt- und Standgrattlers!

Gutgut, OB, Sie sagen, ich könnte ja wegsehen, ihn zur Not übersehen. Haben *Sie* eine Ahnung! Überrascht es Sie wirklich noch, wenn *ich* hier schamrot eingestehe, daß ich seiner längst fast süchtig, daß ich ihm – verfallen bin? Daß – fehlt er einmal wirklich an der Ecke, hat er sich, neue Grattelkraft zu gewinnen, in sein kotgelbbraunes Haus zum Ratzen zurückgezogen – er mir sofort mangelt, daß meine traurigen Augen tränend ihn schon suchen? Ob er etwa, im Zuge seiner Technik der kleinen Abweichungen, von seiner Stammecke ins winzige Walfischgäßchen gegenüber ausgependelt sei, dort mit Fleiß Kippen zu deponieren, die frisch gestrichene Wand mit kleinen Hakenkreuzen zu besudeln? Jawohl, ihm, ausgerechnet ihm, dem genotypischen Blockwart *und* Hausmeister *und* Sheriff, ist nämlich Derartiges ständig zuzutrauen, ihm, S. Rammler – denn, *wenn* es noch eines Beweises bedurft hätte, OB, was ein Geschwür, was eine Eiterbeule, was ein Fokus mein Kobaltblauer ist: dann die Tatsache, daß ich heute seinen Namen schon gar weiß: »S. Rammler«. Ich habe nämlich heimlich nächtens an seinem Türschild spioniert. Unter den dort versammelten 8 Namen, das wußte ich schlagartig, konnte ja nur »S. Rammler« der seinige sein! Und er *war* es, wie sich durch spätere Rückfragen bestätigte, Rückfragen übrigens bei anderen Grattlern – so wie eben in Ihrer 45 000-Einwohner-Stadt, OB, letztlich und genau bedacht ja ohnehin *nur* Grattler leben! Wenn *das*, OB, diese meine widerwärtige Infizierung, kein Beweis für Rammlers verheerende Virus- und Bazilluskraft ist! Diese meine eigene Vergrattlerung, diese Grattlerisierung ausgerechnet *meines* an sich gesunden und resistenten Kopfes!!

»S. Rammler«: Was mag das Groß-S deuten? »Siegfried«? »Schorschi«? »Siemens«? »Sexy« ...? Genug, OB, ich komme zum Schluß und nochmals zum Appell: Was oberflächlich geurteilt, Herr Oberbürgermeister, nur ein harmvoll harmloser Standgrattler ist, der an seiner eigenen nichtsnutzigen Bürde schwer genug zu tragen hat und deshalb an der Ecke steht, zu seiner Erleichterung Löcher in die Luft zu stieren – dieser mein Hausgrattler ist eine Hausplage. Und ich brauche ihn mir seitens der Gemeinde nicht gefallen zu lassen. Freie Persönlichkeitsentfaltung für *ihn* schön und recht – sie gilt aber *auch* für mich. Der hohe Quadratmeterpreis meiner neuen Wohnung (über 3000 DM) sah *ihn* nicht vor – unausgesprochen involviert waren in diesen hohen Preis vielmehr Ruhe, Abgeschottetheit, Wohnvergnügen – und jedenfalls kein Leib- und Hausgrattler als surprise guest! Er ist ein nachweislicher *Wohnwertverlust!* Hätten Sie ihn jemals mit eigenen Augen gesehen, mit den Augen des sorglichen Stadtoberhaupts – schlecht wäre Ihnen geworden wie mir! Schauen sie ihn sich ruhig mal an, zwischen dem Trott der Dienststunden: Wie er da, barfuß wie ein Benediktiner, mählich vom Standbein aufs Spielbein wechselt und fürbaß retour, wie er mit der hinterhältigsten Miene und ungescheut dem verhaßten Türken die

Kippen hinschnipselt, um gleich darauf in unschuldigster Bonhomie verschlagen gottlose Blicke in den Himmel hoch zu stemmen! Als ob ausgerechnet *ihn* groß interessierte, ob's morgen regnet oder schneit – als ob *er* nicht *so oder so* unehrenhaft ergrauten Haupthaars wieder an seiner Ecke stünde! Ohne jemals Urlaub sich zu gönnen! Genau deshalb soll ich ihn, OB, halt an seiner Ecke stehen lassen? Hah! Und was ist, wenn er mich, verzwickter Miene, tiefst verzinkten Schmunzelns und dabei sogar leicht und unverfroren gähnend abermals nach meiner – Unsinn! – NS-Vergangenheit befragt? Nein, mein Stadtoberhaupt, gönnen Sie sich das zweifelhafte Vergnügen und beobachten Sie ihn, wie er da in den lauen Sommernächten hochbeschaulich und tiefstgemütlich lungerisch an seiner Ecke steht, den Mond vergnügt beäugt, zuweilen kehrtmacht und nach gegenüber in die kuschelige Walfischhausnische pendelt, von dort – das Allerschäbigste! – vorbeistreichende Liebesmenschen und Krakeeler lauschig zu studieren – und die winz'ge Glutspitze seines Zigarettchens loht feil durchs nächtlich warme Dunkel! Ob er sich – dabei einen runterholt? Ich weiß es nicht, OB, noch weiß ich es nicht – und wüßte ich's: Ich bin kein Denunziant wie Rammler! Der seinerseits, alles spricht dafür, mich gleichwohl längst denunziert hat, wegen was auch immer. Der zweifelsfrei, dessen bin ich ganz sicher, gewisse Unschärfen meiner letzten Steuererklärung mit seinem Fernrohr längst schon ausgemacht hat, um sie stante pede durchzugeben! Was geht den Kobaltigen meine Steuererklärung an?! Ich lasse mir nicht in meine Seele schauen, und in mein Schlafzimmer schon gleich zweimal nicht! Nein! Mein Schlafgemach immerhin ist mir heilig!

Kurz, im Grunde, Oberbürgermeister, weiß ich Sie mit mir einig, daß dieser mein Grattler sehr wohl mein von der Stadtbau-GmbH garantiertes Wohnrecht beschneidet, daß er im Zuge dieser Wohnbeeinträchtigung mein Lebensgefühl mindert, meine grundgesetzlich konzessionierte, von Willy Brandt einst mit Fug so genannte Lebensqualität schmälert, ja sie im Kern bedroht. Schmälert er sie wirklich? Erhöht er nicht vielmehr? Genug, sehr geehrter Herr Oberbürgermeister, entfernen Sie, ehe mir der Kragen platzt, ehe ich durchdrehe, diesen bösen, diesen mich bedrängenden, diesen mir bangmachenden Mann! Entscheiden Sie, nach besonnener Güterabwägung zwischen seiner und meiner Freiheit, zu meinen Gunsten – ehe ich gewalttätig werde, werden muß! Schicken Sie ihn hoch in seine Wohnung, stellen Sie ihn, im Zuge Ihrer lobenswerten Strategie einer großangelegt radikalen Altstadtsanierung, in Gottes Namen an die Stadtperipherie, oder stellen Sie ihn irgendwo zwangsweise bei der Stadt an und ab, in irgendeinem verschrumpelten Stadtamt, einem Subamt meinetwegen für Gebührenhinterziehungsermittlung und Geheimgrattlerei – und stellen Sie dafür wegen mir an seiner Statt eine Pappattrappe an seine Ecke, wenn es schon sein muß; meinetwegen auch mit kobaltblauem Kittel! Auf daß wir, nach der Mahnung von M. Mitscherlich-Nielsen, allzeit der schlimmen Zeit eingedenk bleiben mögen, auf daß das Böse nie so ganz aus unseren trüb werdenden Augen schwinde. Indessen: Der Lebende, der kobaltige Böse – er soll weg! Sofort! Und sei's, daß ich ihn schmerzhaft sehr vermissen werde! Herr Oberbürgermeister, dies ist m. E. ein gleichsam übergesetzlicher Notstand! Wägen Sie gerecht die Lage! Und geben Sie Ihrem Herzen einen Stoß! Und Rammler sodann den finalen Tritt! In seinen kobaltblauen Hintern! Tun Sie's – ehe *ich* selbst zugreife und zum Henker, ja zum Mörder werde!

Mit vorzüglicher Hochachtung grüßt ergeben
Ihr Eckhard Henscheid

Die Postkarte

Damit ist es uns gelungen, aus dem ›Nichts‹, aus reiner Energie, Materie herzustellen.
(Harald Fritzsch, Vom Urknall zum Zerfall)

Als seine Frau schon zwei Jahre lang tot war, fand Herbert eines frühen Abends die Postkarte. Er fand sie im Schubfach des Schreibtisches seiner verstorbenen Frau, welchen er, einem eher ungezielten und sicherlich vor allem auch sentimentalen Triebe gehorchend, bisher nicht oder jedenfalls kaum angerührt noch gar ausgeräumt hatte. Herbert fand die Karte ganz zufällig, eigentlich suchte er ja ohne rechte Zuversicht und auch nur in einer Anwandlung von Ordnungsliebe die Kopie einer Versicherungspolice der Verstorbenen. Es war eine Farbpostkarte mit dem Stephansdom vorne drauf, auf der anderen Seite stand in recht großbuchstabiger, ziemlich schwungvoller und deshalb insgesamt sehr leicht entzifferbarer Schrift zu lesen:

»Remembering our lovely nights in Old Vienna.
Once again Rudi«

Herbert kniff sich in die Nasenspitze. Alles, vor allem auch die Unterschrift »Rudi«, war ganz leicht und deutlich zu entziffern und zu lesen. Etwas sickerte in Herberts Kopf; zuerst fast unmerklich, gleich einem schmalen Rinnsal, dann doch kraftvoll, drängend. Es währte ein paar Sekunden, vielleicht acht oder zehn, ehe Herbert die Erregung spürte, bis er ihrer inne ward. Sich ihrer zu erwehren, denn schon drohte die Erregung reichlich unangenehm zu werden, beschloß Herbert, seine Frau zu fragen, was es damit auf sich, was das Ganze zu bedeuten habe. Denn einwandfrei, Herbert überzeugte sich rasch noch einmal, war die Karte ja an sie adressiert: An »Gudrun Brenner, Hügelstraße 4, 6450 Hanau 5«.

Sogar das Postzustellamt Hanau-Land stimmte genau, aber erst wiederum etwa sechs oder acht Sekunden später merkte Herbert leicht bestürzt, daß das ja gar nicht ging, daß er sie nicht fragen konnte. Gudrun war seit gut zwei Jahren tot, tot ganz einwandfrei. Herbert wurde von dem Gedanken beschlichen, daß eben dies die Sache recht kompliziert zu machen drohte – sonst wäre die etwas leidige Affaire ja sicher ganz schnell zu regeln bzw. zu erklären oder vielmehr trotz ihres prima vista merkwürdigen Ansehens und Anstrichs rasch restlos aufzuklären gewesen. Es entging Herbert, der immer noch am Schreibtisch stand, nicht, wie einerseits die Erregung in ihm noch einmal anwuchs, sich anheizte, andererseits aber jetzt fast gänzlich ihren Charakter, ihre Farbe änderte. Es gab da irgendeine Brücke zwischen Hirn und Herz, die ihn, Herbert, plötzlich gleichsam angeknackst, baufällig dünkte. Jedenfalls war das Empfinden, auf ihr, der Brücke, zu gehen, recht zweischneidig, ziemlich ängstigend. Wenn auch dies nicht alleine, und das betreffende Gefühl war auch nicht geradezu und durchaus und ausschließlich unangenehm. Nämlich sich vorzustellen, wie sie es lachend mit einem Ami trieb. In lieblichen Wiener Nächten. Einem Ami, der außerdem noch ausgerechnet »Rudi« hieß und für den Wien noch immer »old« war, nein, sogar großgeschrieben »Old« – alt und sonst nichts, na freilich.

Vielmehr – getrieben hatte. Seine Ehefrau, das Luder. Die Schlange. Beides, um ganz genau zu sein, so spürte Herbert, war ja erregend: Sich vorzustellen, wie sie es jetzt gerade, in diesem Augenblick trieb; und wie sie es vor zwei, drei, sieben Jahren innigheiß getrieben hatte.

»Remembering our lovely nights in Old Vienna.
Once again Rudi«

Herbert setzte sich auf den Schreibtischstuhl und stützte das Kinn in die Hand, um ein bißchen an ihm zu reiben. Er war darauf bedacht, jetzt bloß nichts falsch zu machen – auch nicht im Kopf, in seinen Überlegungen. Das mit dem Amerikaner war natürlich Unsinn, war bewußte, kalkulierte Irreführung. Mit einem österreichischen Rudi hatte sie, Gudrun, es getrieben. Der zur Tarnung englisch schrieb. Dieses Reptil, dies feige. Zur Aufregung, zur fast wohligen Aufregung in der Herzgegend gesellte sich bei Herbert seit einer Minute jetzt eine eher wieder unangenehme Sensation, ein Prickeln und Pressen wie mit kleinen Nadeln in den Armen; aber auch, seltsam genug, in den Unterbeinen. Oder, bedachte Herbert und legte den Ellenbogen auf die Tischplatte, war es vielleicht eben doch umgekehrt – umgekehrt gewesen? War's ein Engländer, ein Amerikaner, ein – warum nicht? – Neuseeländer, der sich da – sei's abermals zur Tarnung, sei's zum blanken Spaß, ein Spaß, der eigentlich nur ihm und Gudrun zugängig war bzw. gewesen war – eben »Rudi« nannte, während er in Wahrheit vielmehr Tom hieß oder Gilbert oder Bobby. Oder eben Ronald S. Bush. Das alte Schwein, die Viper.

»Remembering our lovely nights in Old Vienna.
Once again Rudi«

Herbert stand auf und setzte sich möglichst zwanglos wieder. Hielt die vollgeschriebene Seite der Postkarte nochmals nah vor seine Augen und starrte auf die sehr ausschweifende Schrift. Eine ausholende, fast überspannte Filzstiftschrift. Rudi, dieses fiese Schwein. Mit seiner Ehefrau, dem schamlos unverschämten Luder. Wer hätte es ihr zugetraut. Und jetzt war es zu spät, als daß etwas zu entschuldigen, durch Notlügen zu mildern, zu widerlegen gar gewesen wäre. Recht schwummrig im Kopf war Herbert. Und wohl auch im Kreislauf. Dazu sickerte das Sengen und Brennen in seinen Armen nun stärker, giftiger, höhnender. Andererseits hinwiederum fühlte der gleiche Kopf sich von dem, was da vor fünf – oder fünfzehn – Minuten über ihn gekommen war, auch wie beschwingt, wie angekurbelt, ja fast animiert. Wie eben – Gudrun seine Anima gewesen war, bedachte Herbert ein bißchen übermütig. Auch dem Kreislauf schien der Wirrwarr in sich selbst zu Teilen wohlzutun, sehr zu gefallen. War es – eine österreichische Handschrift? Doch vielmehr eine amerikanische? Eine neuseeländische, gar eine südafrikanische? Nein, dazu, Herbert grinste, dazu war sie zu wenig apart, viel zu ausgreifend, besitznehmerisch. In dieser Beziehung sprach schon alles für einen geilen Amerikaner!

Ein – Puertoricaner? Inder? Hm. Weiß der Satan, wer oder was sich heutzutage alles touristisch oder aber im Zuge irgendwelcher Tagungen und schweinischen Symposien in »lovely Old Vienna« herumtrieb, immerzu auf der Suche nach tremendous nights of love with sweetheart Gudrun!

Gudrun, dachte Herbert leicht benommen. Und lächelte wie spröde und auch etwas starr in den Abenddämmer. Wer hätte es ihr zugetraut. Der so verschlossenen, abweisenden Gudrun. Der sogar ein wenig schwerfälligen. Nach knapp fünf Jahren Ehe. Unverbrüchlich treuer Ehe. So hatte es ihm, Herbert, jedenfalls jederzeit geschienen. Seit 1982. April 1982. Dem Jahr der Eheschließung. Bis zu Gudruns frühem Tod.

Dem Tod nach kaum fünf Jahren Ehe. Es war eine gute Ehe gewesen. Bekümmert eilig dachte Herbert an die letzten Wochen, Tage. Es war alles so schnell und überraschend gekommen. Eine rare Art von Hirnschlag, wenn Herbert die recht gewundenen Ausführungen der Ärzte richtig deutete. Dem hatten sich noch knapp zwei Wochen Siechtum angeschlossen. Sehr präsent war Gudrun da nicht mehr gewesen. Wenigstens hatte sie nicht mehr viel zu leiden gehabt.

Das untreue Luder!

Das ihn zum Hahnrei gemacht hatte, ganz gewiß. Zum Gehörnten. Damit hatte er, Herbert, nicht mehr gerechnet, nein, ganz gewiß nicht.

Erst jetzt, die Karte in beiden Händen haltend und sie ein bißchen drehend, sah es Herbert. Die Briefmarke, 400 Groschen – die war ungestempelt. Eine Wachauerin mit Trachtenhut oder dergleichen, am Rebstock lehnend – eindeutig ungestempelt. Ungepudert, dachte Herbert unwillkürlich und ärgerte sich seines jetzt ja wohl unpassenden Wortspiels. Vor allem aber ärgerte es Herbert, ärgerte es seinen kriminalistischen oder doch detektivischen Instinkt, daß die dumme Karte nicht gestempelt war. Soso. Hatte die österreichische Post in ihrer bekannten Schlamperei das Stempeln vergessen – und die Karte aber trotzdem stramm nach hierher befördert? Sauber, sauber, dachte Herbert und summte ein wenig vor sich hin, das erklärte die Defizite. Und beraubte ihn, Herbert, der Möglichkeit, Gudruns Ehebruch, Gudruns sehr offenkundigen Ehebruch – nein, da gab es keinen triftigen Zweifel mehr – wenigstens zu datieren, terminlich einzukreisen. Denn selbstverständlich hatte auch »Rudi« sich gehütet, ein Datum hinzuschreiben. Der wußte schon, warum nicht, dieser alte Feigling!

So etwas Dummes, dachte Herbert klamm und spürte, wie seine eher unerheblichen Gedanken und Deduktionen gegen das Pochen in Stirn und Schläfen, gegen das brennende Nadeln in seinen Händen und Unterarmen nur mehr mäßig halfen. Unleugbar, der Körper hatte sich, wie in solchen Lagen häufig, vom Kopf selbständig gemacht, war rebellisch geworden. Gleichwohl, der Kopf bestand auch auf seinem Recht, auf seinen Gedanken und Halbgedanken. Die österreichischen Behördenschlampereien und Postdefizite? Jetzt erst entdeckte Herbert seinen kleinen lapsus animae: Es schaffte ja dieser österreichischen Post nicht den mindesten Schaden, wenn sie die Postkarte ungestempelt nach Hanau befördert hatte. Denn gekauft und draufgeklebt hatte »Rudi« die Briefmarke ja gleichwohl und schon längst zum Nutzen und Frommen der Staatskasse. Warum dann überhaupt stempeln, dachte Herbert leicht belustigt. Wo lag dann der Denk- und der Regiefehler?

Dämmerung kroch ins heiße Zimmer. Erst nach einer weiteren Minute Nachdenken kam Herbert auf die Lösung. Allenfalls dann, wenn Gudrun, die Untreue, in Deutschland die österreichische Marke sauber von der Postkarte abgelöst hätte – durch einen feuchten Lappen oder durch ein Dampfbad – und die Briefmarke wiederum nach Österreich mitgenommen und sie dort zum zweiten Mal auf eine Postkarte geklebt hätte – vorausgesetzt, die Marke wäre noch nicht aus dem Verkehr gezogen –, um beide, Karte und Marke, abermals nach Deutschland zu schicken – allenfalls dann und nur allein dann wäre der österreichischen Post jenes Minus erwachsen und entstanden, welches das bekannte ohnehinnige Postdefizit noch weiter und sträflich vergrößert hätte. Jawohl. Genau.

Herbert stand auf, trat ans Fenster und stieß die angelehnten Flügel weiter auf. Seine verstorbene Frau, da sieh mal einer an. Heiß, sehr heiß war Herbert zuletzt vom Denken geworden, weniger vom Denken selber, als von dieser seltsamen Kopfunsicherheit, diesem Strudel, dieser richtiggehend kreisenden und um sich selber drehenden Unsicherheit. Noch immer war ja längst nicht klar, was denn da nun, in dieser neuen Lage, am wichtigsten zu denken und bedenken war, wo denn das Denken in dieser verzwickten und verwickelten Lage am besten und solidesten anzusetzen hätte. Dazu noch immer das unangenehme, penetrante Nadeln in Händen und Armen, das dem klaren Denken zudem Mühe machte. Wie spannend, aber auch lästig dieses alles war. Dabei hatte er, Herbert, heute abend ins Theater, in die Komödie zu gehen beabsichtigt. Damit war nun nichts mehr, klar doch. Diese stille, zwar sehr hübsche, aber sogar ein bißchen unscheinbare und fast verschämt wirkende Ehefrau – wer hätte das ihr jemals zugetraut.

Klebrig, zäh pappig klebrig ging es zu in seinem Kopf, kein sehr manierlicher, kein sehr angenehmer Zustand. Eine andere Möglichkeit, bedachte Herbert, war noch die, daß die fragliche Postkarte in einem Briefcouvert gesteckt hatte, als Brief »Rudis« an seine Geliebte, Gudrun, angelegt und getarnt war, klar doch! Aber warum »klar doch« – und warum eigentlich »getarnt«? Kleiner Schweiß war Herbert auf die Stirn gequollen, er wischte ihn flugs mit dem Handballen weg und fuhr sich heftig über beide Augen. Das Schlimmste, das Unverschämteste war, daß Gudrun – tot war. Es gab einfach keine Möglichkeit mehr der Bestätigung, der beruhigenden Rückversicherung. Und im übrigen: Karte und/oder Couvert, wohin immer und immerhin das hüllende oder gar täuschende Couvert verschwunden sein mochte, das war doch – gehupft wie gesprungen! Für sein, Herberts, Interesse, sein – sozusagen – Erkenntnisinteresse. Und wenn schon Couvert – warum dann nochmals war die Karte zum zweitenmal frankiert? Neinneinnein, die Schlampigkeit der österreichischen Staatspost, die war schon des Rätsels wahre Lösung, zumindest dieses Teils des ganzen Falls und Rätsels. Flüchtig flog und spannte sich ein Bild vor Herberts Auge, wie Gudrun sich auszog, wie immer zuerst die Bluse, dann den Rock – nur andererseits: Was das Postdefizit anbetraf, so gab es da ja noch eine weitere und äußerst seltsame Variante, Denkmöglichkeit. Diese nämlich, daß Gudrun hier in Hanau die Briefmarke »Rudis«, ungestempelt wie sie war, ablöste bzw. ablösen hätte sollen, wäre sie nicht verstorben – um sie nächstens wieder nach Wien, nach Old Vienna mitzunehmen. Und dabei u. U. die Taktlosigkeit, ja den Zynismus nicht scheute, mit eben dieser zwiefach verwendeten Marke z. B. ihm, Herbert, Grüße aus Old Wien zu schicken. Sie in den Postkasten zu stecken, nachdem sie gerade aus dem warmen Bett ihres geliebten Rudi gesprungen war. Doch, das sah ihr durchaus ähnlich, diese gewaltige Unverfrorenheit, dieser – bestenfalls! – lachende Übermut. Nein, sicher, zugegeben, er, Herbert, hätte es ihr noch vor einer halben, vor einer Stunde nicht zugetraut, nein, niemals! Aber jetzt, nach all diesen frappanten Entdeckungen, nach dieser über die Maßen und – das mußte Herbert abermals zugestehen – so oder so äußerst aufregenden Postkartenenttarnung, da traute er, Herbert, dieser seiner braven Gudrun ja auch alles zu.

Leider freilich – Gudrun war tot. Richtig, dachte Herbert, im Dämmer des Wohnzimmers wie auf leisen Sohlen herumgehend, leider. Ein für allemal: war sie tot. Aber seinerzeit vor zwei, drei Jahren, als all das mit Rudi abgelaufen war, da hätte er es ihr, genaugenommen, auch schon alles ohne weiteres zugemutet. Herbert verbesserte sich sofort: Hätte er ihr all das letztlich gleichfalls ohne weiteres zugetraut. Dieses Zynische gerade, dieses ihn, Herbert, Verlachende, im Zuge ihrer Wiener Eskapaden. Ihrer Ausschweifung, ihres vermutlich ersten Treuebruchs. Auf dem Höhepunkt ihrer Verblendung war Gudrun alles zuzutrauen. Auch diese lächerliche, diese so oder so doch hochlächerliche »Liebe« zu diesem Rudi, dieser ganze grobe Unfug!

Nicht »zuzutrauen«, sondern »zuzutrauen gewesen«, besserte sich Herbert wieder ein bißchen pedantisch. Daß es aber Unsinn, Quatsch war, dabei blieb es. In Anbetracht einer immerhin fünf Jahre lang mit Anstand geführten unverächtlichen Ehe, einer solid, ja gut geführten Ehe, einer früh und traurig, aber fast edel geendeten Ehe. Der wohl schmerzlos Sterbenden hatte er die Hand gehalten, geschüttelt von Tränen voller Wehmut – und sie, Gudrun, hatte, wissend, daß es rasch zu Ende ging, spürbar ihm die Hand zurückgedrückt. Und plötzlich, von einer Stunde auf die andere – da erschien diese Ehe in neuem, diffusem, ja richtig schrägem Licht. So viel war klar, was das betraf, war gar nichts mehr zu leugnen. Herbert fror und schwindelte zugleich ein bißchen, es drückte, preßte ihn jetzt auch das Herz. Gern hätte er etwas geraucht und zugleich und zu seiner Erleichterung einen Cognac sich gestattet, fand Alkohol aber dann der Sache nicht recht angemessen. Sondern zündete sich nur seine Pfeife an und setzte sich einigermaßen geschunden, zerschunden schon aufs Kanapee.

Wie breit dies Kanapee war, wie leer.

Unwillkürlich ballte Herbert eine Hand zur Faust. Nochmals also: Aus Jux und Überschwang und vor dem Hintergrund des neu in ihr Leben getretenen »Rudi« hätte sie also, Gudrun, sparsam wie sie war, erst die ungestempelte Briefmarke entdeckt, sie also abgelöst und ihm, Herbert, bei ihrem nächsten Österreich-Aufenthalt damit eine entsprechende, geschmacklose, ja tückische, beider Ehe restlos verratende Postkarte losgeschickt –

– aber wann, zum Kuckuck, war Gudrun eigentlich in Österreich, in Wien gewesen? Sei's vor zwei, sei's vor drei, vor sechs oder sieben Jahren? Nein, partout nicht – nicht an eine einzige Österreich-Reise seiner Frau vermochte sich Herbert, und dachte er noch so verbissen nach, zu entsinnen; weder solo noch mit ihm, zu zweit. Lediglich im ersten Jahr ihrer beider Bekanntschaft, noch vor der Ehe, noch vor 1982, waren seines, Herberts, Erachtens er und Gudrun einmal kurz übers Wochenende zusammen in Passau und dann Linz gewesen. Schwerlich hatte sie da Rudi – auftun können. Geschweige denn sich ihm fix hingeben. Ach was, das Ganze war ein grober Unfug und sonst gar nichts! Gestempelte und rätselhaft ungestempelte Briefmarken hin und her!

Das Telefon schellte, kurz drauf noch einmal, Herbert nahm nicht ab. Ein bißchen schwindeliger war ihm zuletzt wieder geworden, schwindelig und siedig, auf der Stirne schwammen heiße Tröpfchen. Herbert, gereizt, legte sich aufs Kanapee, lagerte die Beine nach oben auf die Polsterlehne. Sah hoch zur schon schummrig dunklen Zimmerdecke. Der Kopfschwindel schwand nach einer Weile, jetzt aber kam dafür das Nadeln in den Armen, dazu das Kribbeln, Grummeln in der Herzgegend wieder. Ein bißchen war's wie Angst, zumindest bleiche Ängstlichkeit. Dies Kribbeln oder Krabbeln. Das Kribbeln krabbelte übers Herz, spazierte hin und wieder. Ein Sirren hätte man es auch nennen können – im Kribbeln war ein Sirren hörbar. Herbert reckte den Kopf, wie lauschend. Hörbar, fühlbar war im Sirren auch ein Schleichen in der Zwerchfellgegend. Herbert versenkte sich eine Weile, wenn auch etwas oberflächlich, in die Beobachtung dieser verrätselten körperlichen Vorgänge und Sensationen, dann kam er auf ihre vermutete Ursache zurück. Schau an, dachte Herbert und riß sich aus einer kleinen Ermattung hoch, diese Gudrun, sieh mal an!

Nolens volens würde er sie heute abend zur Rede stellen müssen, zur Rechenschaft ziehen, so peinvoll ihm das alles selber – – Herbert merkte, daß er sich schon wieder vertan hatte, daß er seine Frau ja nie mehr würde zur Rede stellen können. Herbert lächelte, lächelte verstiegen und wie listig, auch wie die Tücke und die List des Schicksals nachahmend. Er wurde von dem nicht sehr schönen und geheuren Gedanken belästigt, gerade diese fehlende Möglichkeit einer Aussprache, einer Rücksprache mit Gudrun könnte ihn unter Umständen nervlich am rücksichtslosesten niedermachen, würde ihn womöglich töten, die Echolosigkeit seiner vielen Fragen – dann aber hob Herbert wieder den Kopf ein wenig an, gleichwie lauschend seinen Kopfgeburten. Ein ggf. nützlicher und klärender Einfall war ihm gekommen:

Jetzt war Mai 1989, im März 1987, am 24. März war

Gudrun gestorben. Doch, ja, 1985 oder auch noch 1986 könnte es gewesen sein, wäre es ja durchaus möglich gewesen, daß Gudrun im Zuge irgendeines Klassenausflugs in Wien gewesen war, wegen eines Klassenausflugs, welchen sie im Zuge ihres Sozialkundeunterrichts am Gewerbegymnasium mit hatte betreuen müssen. Ja doch, jetzt rekapitulierte Herbert wieder genauer, wie Gudrun sich seinerzeit beklagt hatte, wie derlei Aufpasserei und Verantwortung für diese großen und doch so dummen, unfertigen Kinder an den Nerven zerre. Stücker dreißig Halbwüchsige vier oder sechs Tage lang zu observieren und bei Laune zu halten und gleichzeitig im Notfall die rechtliche Verantwortung zu wahren – Herbert entsann sich, wie er halb pro forma, halb im Ernst Gudrun bedauert hatte. Herbert spitzte die Lippen und zwickte sich zum Spaß ins Ohr. Gut, wie aber lernte man in Wien, überlastet vom Observieren, nervlich überfordert vom rücksichtslosen Geschrei 15- oder 18jähriger Wirtschaftsoberschüler einen Liebhaber namens Rudi kennen, der – auch noch ganz passabel Englisch schrieb?

Herbert spürte jetzt keinerlei Eifersucht. Nur – etliche Neugier. Oder aber – auch diese Möglichkeit galt es ja nach wie vor im Auge zu behalten – eben anders herum gar einen richtigen Engländer, der sich zum Spaß – sophisticated, so nannte man wohl solche Späße – mit dem treudeutschen Namen »Rudi« schmückte, dieser nichtsnutzige Giftzwerg aus Albion!

Und Gudrun – dieses ausgeschamte Luder! Schon vorher und dann auch nachher – jetzt erinnerte Herbert sich ja ganz genau – über die Langeweile ihrer gräßlichen Lehrerpflichten sich zu beschweren, in Sack und Asche zu gehen, und dabei in Wien, unterdessen er hier als Strohwitwer Trübsal blies, rauschende Liebesnächte, sausende, brausende zu erleben, »lovely nights«, weiß Gott! Dieses Luder, dieses verheuchelte! Die freche Buhlerin! Diese zwar sehr hübsche, aber dabei gar nicht aggressiv spektakuläre, zuweilen sogar ein bißchen hausbacken wirkende Frau. Nein, keine femme fatale, o nein! Die an der Liebe, an den Formen der Liebe, der Leidenschaft zuweilen sogar etwas desinteressiert wirkte; fast wie spöttisch sie belächelnd; die Liebeshungrigen bedauernd. Die – sittsame Gudrun! Wer hätte das ihr zugetraut, dem frechen Luder!

Herbert registrierte, daß ihm nicht nur das stumme Aussprechen des Worts »Luder« so richtig gefiel; wie dies Wort, genauer gesagt, den beiden letzten Jahren der Trauer jetzt gewissermaßen neue Farbe gab, fast eine neue – intime? – Qualität. Eine gar nicht unangenehme übrigens – und erstmals, so merkte Herbert in diesem Augenblick mit einer winzigen Verspätung und noch im Liegefläzen, erstmals hatte sein Kopf der unwillkürlichen Versuchung nachgegeben, Gudrun in jener – ersten? einen? – Liebesnacht sich vorzustellen, auszumalen – in jener ersten Liebesnacht in Wien:

»Remembering our lovely nights in Old Vienna.
Once again Rudi«

Gudrun – jetzt schon nackt? Neinnein, in weißer Unterwäsche stellte er sich Gudrun vor, hatte er sie sich schon immer am liebsten vorgestellt – warum nicht jetzt auch, in Old Vienna once again? Ein weißer Unterrock, ein kleines weißes Höschen, der Büstenhalter war bereits abgelegt. Im Zimmer schwärte Dunkel, Herbert schloß lauschig die Augen. Nicht unähnlich mochten Tageszeit, Temperatur, Frühlingsduft damals in Wien gewesen sein, in Old Vienna. Nur etwas weniger heiß. Doch, es mußten dies tolle Nächte am Steffel gewesen sein, gerade das Englische der remembernden Erinnerungserweckung, gerade es überzeugte Herbert schon vollends. Erstaunt schlug er nun wieder beide Augen auf. Jawohl, erst jetzt verspürte er so recht, wie jedes einzelne Rudische Englischwort auf der Postkarte ihn streichelte und kitzelte, mit seinem spezifisch englischen Klang lasziv ihn anmutete, anhauchte, wie buhlend. Anhauchte? Nein, richtig hinriß, wohin auch immer und warum auch. Neinnein, klar, nicht von einer einzigen sozusagen zufälligen Nacht war da die Rede, nein, das konnte eben kein Schreibfehler sein. Sondern von Nächten stand da sternenklar zu lesen, von »nights«, wie der Engländer eben so unnachahmlich es sagt. Nein, nimmer hätte Herbert es ihr zugetraut, in ihrer fast sittsam blütenweißen Unterwäsche. In ihren lilienweißen Lingerien. In ihren pudelweißen, puderweißen. Gudrun, diese geile Nuß, die geile Schlange!

Gudrun, in fünf Jahren Ehe vermeintlich die Treue schlechterdings. Die Treue als Programm, murmelte Herbert. Die dann nichts Besseres zu tun hatte, als nach Wien zu preschen und sich auszuleben, sich's mächtig gutgehen zu lassen. Neinneinnein, das war nicht ein einziges, lediglich zufälliges Fremdgehen in Wien, animiert durch irgendeinen dummen Zufall, irgendeinen Grinzinger Wein, aufgeschwatzt von irgendeinem Schani oder Rudi. Sondern: Nächte. Nächte waren das! Nächte wie aus Samt und Seide! Mindestens zwei. Wahrscheinlich drei. Oder gar vier. Und immer im Hotel. Unbekümmert, gleichsam vor den Augen der ganzen Schulklasse. Hatte sie sich mit ihm eingelassen. Mit diesem ungeschliffenen, wahrscheinlich sogar ziemlich zurückgebliebenen Rudi. Ja freilich, daran erinnerte Herbert sich jetzt halbwegs genau: Lehrer und Schüler, hatte Gudrun ihm einmal erzählt – und war dabei sicherlich nicht einmal rot geworden –, Schüler und Lehrer hätten seinerzeit sehr wohl im gleichen Hotel geschlafen, doch, genau.

Herbert lächelte geschmerzt. Schlurfte dann zum Kühlschrank, öffnete eine Flasche Pils und freute sich fast hochgestimmt auf den Genuß des kühlen Getränks. Inmitten all der schwülen, schwülstigen Hitze, der lasterhaften Glut, um welche es hier ja ganz offensichtlich ging. Neue Zweifel beschlichen Herbert. War Rudi – doch ein Schüler? Nur –

ein harmlos dummer Schüler? Ein alberner Abiturient – doch, auch das käme ja durchaus in Betracht. Auch wenn er, neue Beklommenheit und auch Ärger wandelten Herbert an, seiner verstorbenen Ehefrau Gudrun diesen merkwürdigen, inferioren, ja schwer affigen Geschmack nicht zugetraut hätte. Ein dürftiger Schüler nur, aufgewiegelt von fast noch pubertierender Sexualität, Haltlosigkeit, Schmierigkeit. Nanu? Verflucht, das war ja doppeltes Unheil, richtiggehend verächtlich. Bestürzt blieb Herbert in der Zimmermitte stehen, entsann sich seines Pils in der Linken, beinahe widerwillig leckte er den Schaum. Ein weniger beklommenes als ziehend beklemmendes Gefühl strich durch den schweren Körper, es war nicht recht zu orten, woher es kam, wohin es wollte. Herbert überlegte, ob er sich in dieser Sekunde mehr vereinsamt fühlte – oder – hm: zerschlissen. Zerschlagen? Oder gar: verschroben? Herbert strich sich durch sein schon ergrautes Haar. Nahm einen langen, innigen Zug aus seinem Pilsglas, stellte es fast leergetrunken auf die Konsole der Vitrine:

Daß ein deutscher Gymnasiast aus Hanau oder Seligenstadt zuerst seine Frau Gudrun beschlafen sollte – und ihr später aus Österreich keck englische Postkarten schrieb? Und warum denn nicht? Sicher war's ein Code, zweifellos zur Tarnung. Für den Fall eben, daß der Ehemann Herbert, im Eventualfall des Todes der Liebhaberin und Buhlerin, dann die Karte eben doch nicht entdecken sollte. Aber das nun wieder widersprach doch –

Was ein Unsinn. Verärgert schüttelte Herbert den zuletzt recht lastenden Kopf und in ihm den irgendwie belastenden Gedanken ab. Und ließ sich im fortgeschrittenen Dunkel des Wohnzimmers wieder aufs Kanapee fallen. Abiturient hin und räudiger Südafrikaner her – viel schöner, viel ergiebiger, so merkte, ahnte Herbert schon seit Minuten, war es doch, sich Gudrun einfach wie vorhin schon mal im Bett mit dem Gangster, dem Sexgangster Rudi vorzustellen, wes

Standes und Nation der auch immer war – doch, das war schön, das war sehr schön. Herbert, geschlossenen Auges, schaute hingegeben. Gudrun nackt – halbnackt – mit weißem Unterrock nur äußerst schlüpfrig noch bekleidet – doch, das war schön, überaus schön. Gudruns keusch blumige Blicke, schmelzend unter Rudis ungehemmt zupakkendem Körper. Das machte, in dieser Sekunde wurde es Herbert ganz klar, – ja tatsächlich richtig Sinn, richtig – heiß! Herbert schlug die Beine übereinander. Jawohl, Gudrun jetzt in verblüffend anstelliger, ja schon leidenschaftlich ungebremst bebender Nacktheit, den Strömen ihrer beider ungezähmter, unverhüllter Sinnlichkeit unbedacht erliegend. Wie schön war es da – unbehelligt zuzuschauen! Wie schön, wie heiß, wie lauschig, wie – verrucht! Ja doch, das war auch nur gerecht, daß er, der arme, ausgehungerte Witwer und vormals schwer gehörnte Ehemann, Gudruns Verfehlung mit zwei Jahren Verspätung wenigstens ein bißchen nach- und mitgenoß! Mit dieser Zeitverschiebung jetzt sogar der Überlegene wurde! Aus dem Gehörnten wurde der Belohnte! Ach, war das schön, Gudrun beim wilden Krümmen, Schlängeln ihres schönen Leibes wie von ferne zuzuschauen!

Herbert entfaltete die Hosenbeine, stand auf und überlegte, gleichwie im Überschwang. Umzingelt von den unterschiedlichsten Gedanken. Aber nein, das war keine Täuschung gewesen, keine Einbildung. Geil, richtig geil war er bei der Vorstellung, bei der einholenden Erinnerung geworden, auch wenn die Erinnerung, so viel war klar, zunächst lediglich – Einbildung war; oder so ähnlich. Geil wie seit – hm, Gudruns raschem Tod nicht mehr, seit dem Schlag der frühen Witwerschaft. Aber – war er, Herbert, vorher, zu Lebzeiten auf sie so geil gewesen? Hatte er sich so nach ihr verzehrt wie eben vorhin in der Fernsicht? Reichlich müßig stand Herbert im Zimmer herum, dann scheute er nicht länger davor zurück, an den Schreibtisch wiederum zu treten, die Postkarte noch einmal zu studieren. Jawohl, es war schon so: Die Vorderseite zeigte den steilen Stephansdom; als Kulisse der Leidenschaft gleichsam ein letztes Mal im Ragen drohend; Gudrun und ihrem Rudi und ihrer beider Schande. Hm. Ein neuer, ein recht interessanter, ein womöglich wichtiger Gedanke flog Herbert jetzt zu – flog ihm richtig stürmisch zu. Ob sie beide, Gudrun und Rudi, – im Grabenhotel gewohnt hatten? Das Grabenhotel in der – hieß die nicht Dorotheergasse? Ecke – nicht: Naglergasse? Es war das einzige Hotel, das Herbert in Wien kannte, oder genauer, es war das einzige Hotel, dessen Namen sich Herbert als Besucher Wiens entsann – klar, und es lag, so viel wußte er noch, auch ganz in der Nähe des Doms! Ein Hotel, in dem sonst meist wohl Hofräte wohnen, ein Hotel, umgeben – eine Erinnerung kehrte soeben wieder – von besonders frech und unentwegt herumlaufenden Tauben. Girrenden, vielmehr: gurrenden Tauben, ja. Jaja, schon von daher eignete, fügte sich dies Grabenhotel ja auch ganz besonders für jene unvergeßlich lieblichen Nächte in Old Vienna. Hah! Natürlich! Zur Beiwohnung der Lehrerschaft! Während bzw. nachdem man zuvor die Schüler etwas weiter außerhalb, in den Jugendherbergen der Außenbezirke abgegeben, abgesetzt längst hatte!

Herbert nickte beeindruckt. Auch dies, diese Flottheit, dieses Raffinement – er hätte beides Gudrun nimmer zugetraut. War sie, die Tote, in dergleichen vergleichbaren Umständen nicht immer eher zimperlich, schüchtern, fast unbeholfen gewesen? Wenn überhaupt. Und auch darüber hinaus, jenseits von prekären Hotelfragen, ziemlich so etwas wie ein Kräutchen Rührmichnichtan?

Da schau mal an. Herbert nickte anerkennend.

Er drehte die Karte herum. Was denn nun? War es nun eher eine österreichische oder eher eine englische Schrift? Gentlemanschrift? Herbert räusperte sich, nun seinerseits etwas schullehrerhaft. Die Alternative Amerika oder Neuseeland verwarf er, milde schmunzelnd, aber plötzlich auch wieder von schmerzhafter Beklemmung überfallen, überrieselt, übersät. Eine seit nunmehr wohl zwei Stunden offenbar hartnäckig wiederkehrende, alle anderen Gefühle zeitweise verdrängende, liquidierende Beklemmung. Herbert nahm sich zusammen. Eher englisch, entschied er, typisch englisch sogar waren diese etwas verspielten, nämlich schwungvoll, fragwürdig schwungvoll weit ausholenden Lateinbuchstaben. Hätte »Rudi« in Sütterlin zum Beispiel geschrieben – der Fall wäre detektivisch dann natürlich viel leichter zu lösen gewesen, das stimmte wohl. So aber: Erst mal nichts als – Aporien, Zweifel, bestenfalls Hypothesen. Es wäre denn, dachte Herbert etwas zermürbt und aber auch wieder gespaßt, die altdeutsche Schrift wäre ja auch nur aus Jux verwendet worden; bzw. dazu, ihn, Herbert, im Fall des Falles zu täuschen, leerlaufen zu lassen. Denn damit hatten beide, hatte vor allem »Rudi«, der Esel, rechnen müssen: Daß er, der Ehemann, Herbert, die Karte in die Finger kriegte, noch zu Lebzeiten der Ehefrau, gegebenenfalls indem er ja den ihm fremd und also verdächtig vorkommenden Brief erbrach. Denn damit andererseits, daß Gudrun schon kurz darauf – bald darauf? –, daß Gudrun schon in Bälde von einem Hirnschlag hinweggerafft würde, die scheint's ja kerngesunde Gudrun, damit nun freilich hatte »Rudi« ja allerdings nicht rechnen können. Um dann lautlos alle Spuren zu verwischen und –

Hm. Instinktiv verspürte Herbert, daß sich in seinem Kopf da irgend etwas trüb verwirrte und verrührte; wie dieser trübe, laugige Brei im Kopf sich gleichzeitig mit allerlei fischartig züngelnden Sticheleien – Stichlingen gewissermaßen? – belebte. Belebte? Durchfurchte? Durchquakte und vermantschte. Gleichzeitig wurde auch das Kribbeln und leise Nadeln in den Gliedern wieder stärker spürbar, in den Extremitäten, vor allem in den Armen, ein bißchen nun auch in den Händen. Als steckten tausend kleine Teufel unter der Haut, hätten sich dort nebeneinander niedergelassen, zu dem exklusiven Zweck, Herbert von dort aus subkutan zu quälen. Mit nimmersatten Pieksereien. Als träufelten sie Gift, das in Herbert wohnte, schleunigst nun nach außen, böslich durch die Poren:

Ecke Naglergasse stand das Grabenhotel, jetzt fiel es Herbert wieder ein. Ganz nah bei der – wie hieß die noch? Bei der hohen Pestsäule, jawohl. In der Naglergasse, das war typisch. Nicht daß er es Rudi richtig verargte, ja auch wohl Gudrun nicht. Das Ganze war ja auch buchstäblich längst verwest, vergilbt, vergessen; gegessen und verspeist. Und die beiden hatten eben nichts anbrennen, sondern es sich möglichst gutgehen lassen. Na und? Herbert betastete sein Herz. Es schien ganz ruhig vor sich hin zu schlagen. Mit dem Herzen, mit dem Kreislauf hatte also das Wirken der bösen Piekseteufel offensichtlich nichts zu tun. Das Sticheln und das Pieksen, beides tat nicht einmal ganz unangenehm, sondern fühlte sich auch ein bißchen anregend, animierend an. Andererseits fühlte sich Herbert davon wie ausgelaugt und überdreht zugleich. Er überlegte, ob ein zweites Bier Abhilfe schaffen könnte. Da fiel ihm etwas Besseres ein, als Gegenmittel, als Gegenwehr hatte es doch vorhin schon geholfen. Sich auf dem Kanapee längs ausstreckend, probierte Herbert es erneut. Schon klappte es, nach wenigen Sekunden schon. Da, jawohl, wiederum war es da, das Bild, die Vision der Sünderin. Der Sünderin als Ehefrau und umgekehrt: Der Frau als preisgegebener Sünderin. Es war das Bild, das Foto der nur noch mit einem hellblauen Leibchen und einem weißen Höschen bekleideten Ehefrau Gudrun, die sich da im Bett des Grabenhotels hingebungsvoll wälzte, schön und ansprechend und, ach, lieblich. Herbert öffnete die zugetanen Augen. So klappte es noch besser, deutlicher, der Blick auf Gudrun, seine Frau. Wie hingegossen sie sich wand und schlängelte! Wälzelte und wonnig wälzte! Wie rosig überhaucht von Sünde, von

Sündigkeit, von der flugs abgelegten Scham auch wohl ihr hübsches blondes Köpfchen war! Überwältigt staunte Herbert. Wer hätte dies von ihr verhofft. Was eine begabte, was eine offenbar hochversierte Geliebte seine Frau insgeheim gewesen war, was eine richtig tolle Liebhaberin, was ein Bettschatz!

Herbert lag ganz still, als hielte er steif den Atem an. In den letzten Minuten hatte er mit einem Mal erkannt, daß er bei seinen Phantasiespielen den ominösen »Rudi« anscheinend gar nicht brauchte, daß er den seltsamer-, auch dankenswerterweise aussparen durfte, konnte. Jedenfalls brauchte er ihn nicht zu dieser schönen, ruhigen, sanften, fast edlen Form von gleichwohl süß schauernder Aufgeilerei, welche ihm das Bild seiner längst verstorbenen Frau verschaffte, wie sie sich in einem Wiener Hotelbett, Ecke Naglergasse, darbot. Sah ihn auch gar nicht, »Rudi« blieb gleichsam verhüllt, versteckt. Herbert lag und staunte über Gudrun. Diese zu Lebzeiten oft ein wenig bleich, fahl, zuweilen sogar abgehärmt wirkende noch junge, zum Zeitpunkt ihres Todes noch nicht 34 Jahre alte Frau und Ehefrau – wie aufgelebt sie jetzt im Tod, in der Erinnerung blühte. Das Nadeln, Pieksen in den Armen – es hatte wahrlich aufgehört – und Gudruns rosiger Körper in den weißen Decken lag noch immer schlängelnd. Aufregend, prickelnd – und doch auch gleichzeitig sanft und tröstend, tröstlich schön – trostreich wie seit ihrem jähen Tod nichts mehr. Unwillkürlich rümpfte Herbert seine Nase. Genaugenommen, so ahnte, erwog, erkannte er, war vor diesem jähen und fürchterlichen Tod nie und niemals etwas derartig Gutes, Sanftes, Versöhnliches ausgegangen von dieser seiner angetrauten Frau wie jetzt – zwei Jahre später und nämlich von ihrem postmortal nachhaltigst gelüfteten Fremdgehen. Diesem Fremdgehen, das ja, gut möglich, ehe sie entschlafen, der letzte, werweiß einzige Lichtfleck ihres schon halb verwelkten und verblühten Lebens war. So erstaunlich das ihn dünkte – um so schmerzender, so glaubte Herbert jetzt zu wissen oder zu fühlen, war gleichwohl der schnöde Fakt, die bloße Tatsache ihres Wiener Fremdgehens. Ihres ehrvergessenen. Lustversessenen. Um so schmerzlicher und auch beleidigender. War er, Herbert, denn tatsächlich ein so miserabler Liebhaber, daß das nötig gewesen war? Daß sie nach Wien hatte fahren müssen, um es ihm zu zeigen? Um das ihr rechtens zustehende Zuwendungs- und auch Sexualpensum von einem schrägen Vogel namens »Rudi« zu erfahren und zu erhalten, im Grabenhotel, Ecke Naglergasse?

Sieh an, ein Englishman, ein Dandy. Schweiß, kleiner Schweiß war in den letzten Minuten wiederum aus Herberts Stirn gesickert und in Rinnsalen über sie und die Wangen geflossen, etliche Tropfen hatten schon das Kinn erreicht. Was eine schon tagelange Tropenhitze. Er, Herbert, war bald 49. Da setzten Temperaturen von 30 Grad aufwärts dem Kreislauf zu. Weg war jetzt das Nadeln zwar in den Armen, aber etwas wie Wut – oder Zorn, oder Gram – rüttelte und drückte in Herberts Herzregion, herzhaft schmerzhaft auf und nieder, ehe es keine zehn Minuten später wieder stumm zerstäubte und zerstob. Herbert schnüffelte. Nein, Gudruns Parfüm war da nicht mehr zu riechen, er hatte sich das kurzzeitig nur eingebildet. Herbert stand auf, trat ans Fenster und sah pro forma hinaus. Längst war das Zimmer von Dunkelheit durchwoben. Herbert, noch immer in Bedrängnis, grübelte ein Weilchen mürb, ganz planlos. Dann merkte er, wie sich der Gedanke in ihm verhängnisvoll schon festgefressen hatte: Mit Verspätung – war er zum Hahnrei geworden. Die allbekannte, die dümmste, oft erniedrigendste Stunde unfehlbar eines jeden Ehelebens: Jetzt war sie bombig eingetreten. Zwei Jahre nach dem Tod der Frau. Ausgerechnet jetzt. Ausgerechnet Wien. Ausgerechnet Bananen. Warum, wenn er, Herbert, sie schon offensichtlich nicht hatte befriedigen können, – warum hatte es dann nicht eine einfache Banane auch getan und – –?

Herbert bremste seine Gedankenschrulle. Na, wahrscheinlich hatte sie, Gudrun, von Wien mal ganz abgesehen, es zuhause ja auch noch ununterbrochen mit so einer Banane oder dergleichen getrieben. Oder mit etwas Edlerem, werweiß Modernerem. Mit Steckdosenanschluß und aus dem Sortiment von Beate Uhse, olala. Hähähä. Gleichsam herb schmunzelte Herbert und probierte es noch einmal, seine Gedanken in eine andere, ergiebigere Bahn zu manövrieren; zu seiner Lust nach Wunsch an sich zu reißen: Gudrun mit Rudi hingegossen. Allein, der Einfall, die Vorstellung der mit der Banane hingerissen masturbierenden Gudrun gefiel ihm jetzt zur Abwechslung auch ganz gut, zu gut – Herbert griff entschlossen noch einmal zur Postkarte:

»Remembering our lovely nights in Old Vienna.
Once again Rudi«

Was heißt eigentlich dies – »once again« genau? Tja. Daß er, Rudi, augenzwinkernd drauf aus, schon wieder nachgerade erpicht drauf sei, das Ganze sobald als möglich zu wiederholen? Oder nur, daß er »once again« noch immer sozusagen der alte, der fesche Weiberaufreißer, der ja jederzeit bereite Stecher sei? Flau fernhin lauschend kratzte Herbert sich am Kinn. Wahrscheinlich bedeutete es, gleichsam schwebend, beides. Wenn dies Englisch aber so perfekt daherkam, daß sogar schwebender Doppelsinn damit zu transportieren war, dann – war Rudi eben doch ein Engländer. Ein feiner Pinkel also. Und kein strohdummer Österreicher. Noch ein barbarischer Ami.

Das Telefon schellte. Herbert lauschte, ließ es schellen. Sicherlich eine Minute lang. Dann, irgendwann, Herbert hatte recht behalten, hörte es von selber wieder auf.

Gleich drauf schellte es noch einmal. Dieses Mal nur

dreimal. Dann gab der Anrufer auf. Die Stille im Dunkel der Wohnung, jetzt erst war sie so recht vollkommen. Was eine – brünstige Stille.

Herbert schniefte. Nein, unvergleichlich trächtiger als die komisch mit einer Banane herumoperierende Gudrun war denn doch die Vorstellung der zusammen mit »Rudi« sich in den blütenweißen Laken des Grabenhotels wälzenden – auch wenn »Rudi« dabei eben praktisch gar nicht zum Vorschein kam und in Erscheinung trat. Herbert lagerte und staunte. Staunte, starrte, schaute. Blond, rosigbraun, halbnackt und abermals in einem gleichfalls blütenweißen Höschen wälzte Gudrun sich da wieder, in kühner, sich selbst gleichsam wegschleudernder, immoralischer Drein- und Hingabe an das süß sündige Leben selber – mit verschleiert brünstigen Blicken, preisgebend lächelnd wiederum ihre Reinheit, ihre allzu lang gehegte Unschuld. Sich hochsetzend versuchte Herbert sich näher an das Bild zu pirschen. Ah, wie ihre kleinen runden Brüste da vibrierten, im Schaukeln schlängelnd an des gleichwohl unsichtbar bleibenden »Rudi« Rumpf sich pressend drängten! Wie da ihr jetzt auch schon gänzlich entkleidetes, sehr rundes und ausladendes und prächtiges Hinterteil wiederum, indem die Vorderseite wonnig wälzend sich an »Rudi« schmiegte, genauest sich Herbert zuwandte und zustreckte, zuckend, pulsierend vor Buhlvergnügen! Wie sie ihn teilhaben ließ an ihren eigenen längst erhofften, an ihren tief aufseufzend hochverdienten Wiener Wonnen!

Wenn auch mit gut zwei Jahren – Zeitverschiebung. Ihn, Herbert, in seiner liederlich trüben Witwer-Einsiedelei via eine Postkarte fürs erste einweihte – und der Einweihung zugleich die Belohnung folgen ließ, Belohnung für seine Nachsicht, Belohnung für sein tiefgründendes Verständnis auch!

»Remembering our lovely – –«

Herbert ging rasch einkaufen, zu dem Kiosk gleich nebenan. Als Witwer hatte er sein Päckchen zu tragen, mußte er so etwa jeden zweiten Tag im Supermarkt Besorgungen machen. Für heute war's zu spät, er hatte es vergessen. Da half der Kiosk an der Ecke. Vom Orangensaft bis zur Dosenmilch hatte der kleine Türke alles. Und vor allem Bier und Wein und natürlich auch Zigarren. Die Trias brauchte er, Herbert, für heute abend.

Mit dem Verlassen des Hauses, draußen war es heiß und schon fast vollständig dunkel, registrierte Herbert, wie sich unverzüglich seine Gedanken wandelten, vor allem seine Empfindungen schon richtig schroff wechselten. Hatte er, der triste Witwer Herbert, während der letzten halben Stunde, im Zuge seiner Phantasien der toten Gudrun sozusagen vergeben, hatte er, wenn auch erstaunt und verblüfft, ihr sozusagen »in einem Aufwasch« zum Dank für den merkwürdigen Genuß, welchen ihm die Postkarte beschert hatte, auch gleich Verzeihung gewährt oder erteilt, so entging ihm nun, indem er die Straße entlangschritt, keineswegs, wie ihn gleichwohl nun doch wieder einiger Groll überkam, überrollte. Genaugenommen war es wohl Beleidigtheit – und die war, gerecht geurteilt, ja nur zu berechtigt, zu plausibel. Denn mit Fug und Recht hatte Herbert im Fall Gudrun bislang immer und jederzeit wenn schon nicht von ehelicher Treue und dergleichen Moralinresten, so doch von einem erwachsenen Verhalten ausgehen zu dürfen Grund gehabt; von – Loyalität, mit einem Wort. Und eben dieses Fundament und Postulat, Herbert stutzte und spürte gleichzeitig etwas Bleischweres im Hirn ihm brüten, eben dies hatte Gudrun erschüttert, schlicht und innig schon zerbrochen. Bzw. gestürzt. Zumindestens tief verletzt. Und was noch schlimmer, was das Schlimmste war: Sie, Gudrun, war à tout prix nicht mehr zur Rede zu stellen, zu belehren. Sie hatte sich dem Zurredegestelltwerden prompt durch ihren eiligen Tod entzogen. Tückisch sich verkrümelt, ein für allemal, ja weit über den Tod hinaus. Enteilt ihm im Entleiben. Zurücklassend einen zum zweitenmal untröstlichen Witwer!

Eine heiße Woge Unmut, Zorn schwallte über Herbert hin. Dann, wenn auch einigermaßen mühsam, mußte er grinsen. Denn die Lustigkeit des Ganzen, das gleichwohlig Komische, es entging ihm ja mitnichten. Die Doppeltheit oder, je nachdem, Gespaltenheit des Empfindens oder vielmehr der eben damit zusammenhängenden Empfindungen, all das machte ziemlich ratlos. Und tatenlos dazu. Herbert zwickte die Augen zusammen, als der Türke ihm den Wein, die Rauchsachen einpackte. Das Ganze war ein grober Humbug, dachte Herbert fast gewissenhaft, fast geflissentlich. Ein schales Gefühl kräuselte, schwamm ihm in der Herzregion herum, betastete heiß die Brust, ließ diese heimlich leis erschauern. Humbug, Unfug war das Ganze, dachte Herbert. Etwas spöttisch schaute ihn der schmächtige Türke an; doch hatte das sicher nichts auf sich. Herbert lächelte dem Türken beim Zahlen möglichst freundlich zu; mit ziemlich scheelen Blicken sehr wahrscheinlich. Das Ganze war – irgend so eine Verwechslung, irgend so ein Mißverständnis. Irgendwo nicht koscher. Gleichzeitig oder fast gleichzeitig schalt er in Gedanken dennoch Gudrun, beschimpfte seine tote Frau, das Luder. Daß sie ihn im Stich gelassen. Ihm abtrünnig geworden war. Und dies vermutlich jetzt noch doppelt. Nein, erläuterte Herbert Gudrun in stummer Zwiesprache und kreuzte eine rötlich blonde, sehr mollige Katze, – nein, nicht so sehr dafür schelte er sie, daß sie vor zwei Jahren fremdgegangen sei, und sei's im dummen Wien. Sondern vor allem ihrer zweiten und weit größeren Verfehlung wegen. Hah! Daß sie der Aufdeckung und dem Eingeständnis dessen sich durch ihren pflichtvergessenen Tod entzogen hatte. So wie auch gleichsam ihrer Reue, ihrem Geständnis. Letztlich seiner, Herberts, Nachsicht, seinem endlichen Verzeihen. Erst diese rare Raffinesse, spann Herbert den Gedanken fort und merkte wohl auch dessen schweifige Verstörtheit – erst dieses ihn, Herbert, von der Aufklärung weit vorausschauend kühl Abweisende, dieses tollkühne, mit dem Tode gar bezahlte Raffinement war das eigentlich Korrupte, die eigentliche posthume Ehezerrüttung, der Frevel, das Fatale schlechthin. Dieses Raffinement noch im Zerschellen, nämlich noch im Tod und weit über ihn hinaus, das eben hatte oder hätte er, Herbert, ihr, Gudrun, partout nicht zugetraut – genau das, dieses Versteckspiel, diese dreckige Verstocktheit, die nahm er ihr schwerstens übel! Neinnein! Bestimmt nicht! Da bitte er nicht falsch verstanden zu werden! Nein, nicht den Seitensprung nahm er ihr übel, selbst wenn es ein paar, selbst wenn es letztlich viele, jede Menge lovely Seitensprünge gewesen sein sollten! So an die vier, fünf Tage hatte der Schulausflug ja damals wohl gedauert, Herbert hatte Gudrun wegen der Mühsal richtig bedauert. Doch, ja, jetzt entsann er sich – na was denn, da waren doch allenfalls zwei oder drei Nächte fürs Fremdgehen geblieben, fraglos lovely nights in Vienna, gewiß, und Gudrun hatte ja auch bald darauf durch ihren herben Tod gebüßt genug, warum nicht zuvor noch drei, vier lovely vogelwilde nights in Vienna? – nein, durch zwei, drei indeed lovely nights ließ er, Herbert, seine Ehe, seine alles in allem gut oder doch zufriedenstellend verlaufene, fast fünf Jahre lang annähernd gut gehaltene Ehe ja doch nicht im nachhinein beschädigen, verunstalten, zerdengeln! Durch einen platten Zufall, durch einen dummen Sexgangster namens »Rudi«!

Etwas bekümmert, als er heimkam, betrachtete Herbert erneut die Postkarte auf dem Schreibtisch. Nun die Katastrophe sich ereignet, galt es mit ihr zu leben, auszukommen. Sich zu arrangieren. Nicht gewillt, sich zur Schnecke machen zu lassen, hieß es jetzt zäh am Ball zu bleiben. Der Ball, das war die bunte Karte. Herbert staunte. Wie ragte auf der Stephansdom. Sicherlich 130 Meter hoch. Herbert seufzte fügsam. Gewiß war es eine Anspielung Rudis oder »Rudis«, eine von »Rudis« ziemlich dümmlich typischen Anspielungen und Gemeinheiten und falschen Vertraulichkeiten – Anspielungen nicht eben der feinsten Art – na klar, das verstand auch er, Herbert: eine sehr bübische Anspielung auf einen ragenden Phallus. Seinen, Rudis, strotzenden. Was für dumme Abiturientenwitze, welch unerquickliche Überdeutlichkeit. Und dergleichen Pennälerhumor hatte Gudrun sich von ihrem adoleszierenden Galan offenbar uneingeschränkt und bestens wohlgefallen lassen. Verdrießlich pelzig wippte Herbert mit dem Kinn und seiner linken Schuhspitze. Das also war letztlich Gudruns Niveau. Das einer Lehrerin. Na bitte, so konnte man sich täuschen. Ehemänner lernen auch posthum nicht aus. Herbert drehte eilig die Karte um:

»Remembering our lovely nights in Old Vienna.
Once again Rudi«

Das R in »Rudi« war als Initial fast schon wie ein Ornament geschwungen und wuchernd und ausufernd, wie nannte man solche Schmuckbuchstaben gleich noch einmal? Herbert stützte den Kopf in die gewölbte rechte Hand, die linke führte wieder etwas benommen ein Bierglas zum Munde, die Lippe leckte, schleckte hurtig ab den Schaum. Der Schaum glich wonnig einem Federbauschebett. Und schmeckte auch sehr gut. Berauschend und doch wohltätig bitter. Das hatte auch Gudrun, womöglich noch im gleichen Jahr, erfahren müssen. Nein, es hatte jetzt, entschied Herbert, keinen Sinn, eventuell doch nach einem eventuellen Briefcouvert zu suchen, um Rudi eventuell dingfester zu machen per Adresse, um seiner eventuell habhaft zu werden – via das Briefcouvert eben, in welchem die Postkarte wahrscheinlich oder doch womöglich befördert worden war, ihrer doppelt kuriosen Ungestempeltheit nach zu schließen. Auch dies eine – sexuelle Anspielung, eine Art

Wortspiel, schäbig symbolisches Enigma dieses tollen, toll geistreichen Rudi?

Herbert erhob sich, wechselte ins Arbeitszimmer und machte es sich im Sessel bequem, dem dicksten und gemütlichsten der ganzen Wohnung. Herbert saß und sann verhalten. Nur die Stehlampe spendete Licht, warmes, spärliches, trauliches; gleichwie fern verhängtes. Herbert nippte noch einmal vom Bier, knabberte sodann bedächtig eine Zigarre an und entfachte sie sehr feierlich. Ja, dieser Rudi mußte schon ein Könner sein, ein Könner immerhin gewesen sein. Werweiß war er ja auch schon tot, per Zufall hingemäht gleichfalls vom Hirnschlag. Herbert schnitt eine etwas ärgerliche Grimasse, nahm sich wieder mehr zusammen. Er fragte sich en passant, warum eigentlich Malitz nicht anrief, der hatte doch heute noch anrufen wollen, wegen der Soiree, wegen des Herrenabends morgen abend. Im Grabenhotel, Ecke Naglergasse – ach, Unsinn, in der nahen Hanau-Wilhelmsbader Weinstube »Annuschka«. Herbert freute sich, daß Malitz nicht anrief, daß dem offenkundig was dazwischengekommen war, der Anruf brächte ja doch nur seine, Herberts, jetzt sehr auf Wien und Gudrun konzentrierten Gedanken durch- und auseinander. Und auf den morgigen Abend? Auf den konnte er gleichfalls gern verzichten, auch morgen dächte er ja am Abend viel lieber, anstatt auf Malitz' Beamtengeschwätz zu horchen, über Gudrun und ihren Rudi nach. Ihren feinen Rudi. Ihren flotten Rudi. Der stracks in seine Frau eindrang. In seine Witwe? Nein, das war Unsinn, er, Herbert, war der Witwer. »Seine Frau« war schon ganz richtig. Seine, Herberts, Witwe war Gudrun eigentlich – ja wohl nie gewesen.

Der tolle Rudi mit seinen postalischen Verrätselungen. Rudi, der ihn, Herbert, unbekümmert zum Hahnrei gemacht. Gut auch so. Ein bißchen nahm Herbert diesem Rudi gleichwohl krumm, daß seine – nannte man das nicht »anagrammatische«? – Postkarte nicht doch ein bißchen eindeutiger, kenntlicher ausgefallen war, im Zuge der Fairness späteren Forschern gegenüber – sich in der Erinnerung an Gudrun und Wien auch quasi eindeutiger gewälzt hatte. Ausgeschleimt hatte. Etwa durch noch unzweideutigere »sweet nights« oder – wenn schon, denn schon – eben gleich »sweet fucking nights in Old Vienna« oder »Ass Vienna« – warum denn nicht? Diese übertriebene Diskretion, mein lieber Herr Rudi, die hätte es nun auch wieder nicht gebraucht, knurrte Herbert leicht beleidigt, wie bekümmert, vor allem aber sehr behaglich. Er knipste den Schalter der Stehlampe aus, jetzt war es, das einfallende nahe Straßenlampenlicht beiseite, schon sehr dunkel, sehr heimelig unheimlich im Arbeitszimmer. Flüsterndes Tuscheln meinte Herbert zu vernehmen, dann war es wieder still. Er, Herbert, machte sich anheischig, den Fall wie jene englischen Detektive im schieren Sitzen zu lösen; und seien die Fakten, Daten auch schon sehr verschüttet. Was also war zu tun? Okay, Rudi hin und her, wäre Gudrun noch am Leben – oder zumindest heute nachmittag, bei der Entdeckung der Postkarte, noch am Leben gewesen – der Fall hätte sich, bedachte Herbert und nippte zum erstenmal vom Trollinger Rotwein, zu welchem er gewechselt war – dann hätte es – gar keinen Rudi gebraucht. Nämlich als Zeugen. Dann hätte man eben Gudrun selber befragen und ausquetschen können und letzte Zweifel beseitigen – jetzt freilich war's zu spät. Herbert saugte bedächtig und allerdings ein bißchen kummervoll wiederum vom Wein. Jetzt freilich war bloß noch Rudi am Leben, absehbarerweise jedenfalls – und wahrscheinlich erinnerte sich auch kaum jemand vom Personal des Grabenhotels an das Paar, an das saubere Pärchen. Das niedlich schnuckelige. Wenn es denn wirklich, und allerdings naheliegend genug, das Grabenhotel gewesen war, das da die Ehre hatte, Zeuge jener merkwürdigen Umklammerungen und hektischen Tröstungen zu werden, in deren Kainszeichen die beiden da ihr Heil gesucht, haha.

Aber natürlich war es das Grabenhotel gewesen! Das mit diesen, jetzt sah sie Herbert ganz deutlich vor sich, nackten steingehauenen Frauen, diesen – wie hießen die gleich nochmal? – diesen Kartuschen, nein: diesen Karyatiden! Diese gebälktragenden Barockfrauen mit den freien, mit den schon strotzend freien Brüsten! Klar doch, da hatten sie es getrieben, da und sonst nirgends hatte er ihr sein Fleisch als Tröstung eingegeben und -getrieben und -geflößt – was denn sonst! Herbert blies wie erlöst die Backen auf. Klar. Denn nach einem anderen Hotel in Wien zu suchen, in diesem riesigen Wien, das ja sicherlich aus nichts als aus Hotels oder Absteigen bestand – das war ja offensichtlich schon ganz sinnlos. Zumal nach zwei, drei Jahren. Da mochten ja auch, wenn es sie denn wirklich gab, die Zeugen, die entsprechenden Domestiken und Sacher-Portiers weggestorben sein, jene, die man im Fernsehen da immerzu zu sehen kriegte! Und nicht viel gescheiter, ja möglicherweise noch deplacierter war's ganz sicherlich, heute noch nach Rudi zu forschen, dem forschen, dem ach so kümmerlichen Lover. Dem Beglücker Gudruns, seiner Frau, redete Herbert sich wie gütigend seit einer Weile selber zu, diesem munteren Esel. Das Bild der Karyatiden zerfledderte, jetzt plötzlich kam es, schöner noch und plastischer, doch wieder. Eine der Steinfrauen lächelte ihm, Herbert, zu. Gudrun war jetzt nicht zu sehen – Rudi schon gleich gar nicht. Der hatte sich längst dünngemacht, typisch Frauenheld, typisch Weiberhengst – zurücklassend höchstens eine schwer auslotbare Postkarte. Herbert nahm einen schon etwas überstürzten Schluck vom Rotwein. Und wo denn auch nochmals um Gotteswillen hätte er, Herbert, heute und wohlgemerkt nach zwei, drei Jahren nach diesem Rudi forschen sollen? In Wien? In England? Warum dann nicht in Texas? Froh war Herbert, daß ihm dies noch rechtzeitig eingefallen war. Zufrieden und vergnüglich, gleichzeitig wie verhüllt, verborgen schmunzelte er vor sich hin, auf die erleuchtete Straßenlampe vor dem Fenster, hinter den nachtluftig bauschenden zarten Stores. Neinnein, das gab und machte nicht viel Sinn, die Suche. Und hätte er wie durch ein Wunder schließlich tatsächlich Rudi, den staubigen Bruder, aufgetan und aufgefunden, in Wien oder in Attnang-Puchheim oder Zwettl oder Klagenfurt oder weiß der Satan wo – und Rudi würde sogar wie durch ein zweites Wunder gestehen und winselnd die typischen Demutsgesten jener vollführen, die vorher gewissenlos andere durchaus honorable Ehemänner gehörnt und beleidigt haben – was würde sich, auch diesen günstigsten der Fälle unterstellt, denn dadurch schon groß ändern und ergeben?

Der zarte Flaum auf Gudruns rötlich überhauchter Wange – unziemlich nackt der wohlgestalte Leib in schon nicht mehr beherrschbarer Leidenschaft, kauernd auf der weißen Spitzendecke hinter Rudis braunem Rücken – Herbert stand auf, straffte die Schultern und zwang, sich wieder niedersetzend, prosaischere Gedankengänge mit einiger Gewalt herbei. Ja, eben! Was war, wenn Rudi einfach alles glatt abstreiten, leugnen würde, falls er, Herbert, ihn tatsächlich mit Glück und Geschick in Wien oder in Graz ertappte? Eben. Dann wäre erstens im Sinne der Vergeltung, der Bestrafung gleichfalls nichts gewonnen – und zweitens und viel entscheidender: Dann ging er, Herbert, erkannte er jetzt klar und völlig unbestechlich, ja vor allem seines neuen und neuartigen Erlebnisses verlustig, jenes unverhofften, betäubenden Sensationserlebnisses, welches ihm vor vier, fünf Stunden per Zufall einer Postkarte beschert worden war! Wahrhaftig, das stand jetzt schon nach ein paar Stunden fest und wurde Herbert wahrlich fast von Minute zu Minute deutlicher: Die Postkarte samt ihren ideellen und sozusagen gedankenpotentialstarken Folgen – sie hatte jetzt schon sein Leben erweitert, bereichert, aus der fahlen, flauen, der windstill schläfrigen Witwerschaft hochgerissen, der über den letzten beiden Jahren lastenden – Herbert war ihr, der Postkarte, jetzt schon mächtig dankbar! Auch Rudi? Gar Gudrun? Für den Augenblick stellte Herbert diese zweite Erwägung vorläufig zurück. Fest stand, die Affaire insgesamt, diese schon so ferne und plötzlich so nah gerückte Sache, sie breitete da schon seit vielen Stunden summa summarum, alles in allem eine meist angenehm kitzelige, eine durchaus wohlige, zuweilen fast schon beseligende Erregung über ihn, den Witwer, das Folgeopfer Herbert. Überflutete ihn bisweilen fast, überrieselte oder auch überschüttete ihn mit seltener Erregung, mitunter mit einigem Schmerz, überwiegend doch mit Freude, ja fast – Glück. Nein! Das Ganze war auch mitnichten demütigend für ihn, meinte Herbert zu verspüren, an- und aufgesogen von neuartigen Lebenspulsen. Sondern täuschte ihn nicht alles, so sah ihm Gudrun zuweilen wie aus weiten, fernen Gefilden bei seiner Erregung mitunter sogar lächelnd, wenn auch etwas abwesend und direkte Blickberührung meidend, freundlich zu. Kein Spott war in diesem Lächeln. Allenfalls Spöttischkeit, so wähnte Herbert sich sicher, lag in dem Lächeln, sehr fein spöttische Milde. Nein, die tote Gudrun, die abtrünnige, die sich der Aufklärung entzogen hatte – nur freundlich amüsiert und milde spöttisch blinzelte sie ihm, dem Überlebenden, zu. Etwas mutwillig vielleicht, doch vor allem tröstlich.

Herbert goß den dritten Schoppen aus der Flasche in den Becher, saugte an, griff wieder zur Postkarte und las die Schrift. Alles, vor allem das Papier, der Karton, wirkte schon recht vergilbt, verwittert. Lag das Ganze schon – fünf Jahre vielleicht zurück? Noch vor der Ehe? Blödsinn, vorne stand die Adresse all der Ehejahre. Es war, der Eindruck bestätigte sich Herbert zum wiederholten Male, keine sonderlich schöne und charaktervolle, vielmehr eine irgendwie wild konvulsivisch geschwungene und gleichzeitig partiell leicht verschnörkelte Schrift, sicherlich die typische Ganovenschrift – »Casanovaschrift«, verbesserte Herbert recht vergnügt seinen unfreiwilligen, fast mutwilligen Denklapsus. Freilich, was wußte er, Herbert, schon von einer »Casanovaschrift«? Eben. Nichts. Rien. Nein, nicht die Schrift war es nämlich, die ihn, Herbert, so beschäftigte, die ihn, längst ahnte, wußte er's, so schön und süß erregte – sondern ein anderes: »Vienna«, »nights«, »Remembering«, »lovely« – praktisch jedes Wort war schummriges Reizwort, Köderwort –

– und sobald er, Herbert, davon, von den Worten einen Schritt weg in die ausgemalte Wirklichkeit pendelnd, sich dann noch Gudrun im Hotelbett vorstellte, bei Gelegenheit ihres süßen, höchstwahrscheinlich lang vorbereiteten, lang sehnsüchtig erhofften, flehentlich erhofften Ehebruchs: dann war es in merkwürdiger Weise wieder er, Herbert, der noch immer lebende Herbert, der da hingerissen genoß, mitgenoß, Gudruns sichtbare Hingerissenheit, Inflammiertheit von der eigenen Sünde repetierte, wiederaufleben ließ, reanimierte – indessen Gudrun selber lang unter der Erde, längst Kadaver auf dem Friedhof war, süß begraben unter Blumen ruhte. Er, Herbert, aber war der späte Nutznießer, in Gestalt einer süß und immer süßer prickelnden, wenn auch den Kopf etwas zermürbenden Lust, der ihm inzwischen schon fast vertrauten Lust der bildlich, fotografisch frei erinnerten Wiedererrichtung all des schön frivolen flittrigen Flatterzaubers im Wiener Grabenhotel – jawohl, er, Herbert, hatte kurios genug Gudrun »für diese Botschaft«, so nannte er es jetzt im Selbstgespräch, zu danken, »für diese gleichsam schuldbewußte und wiedergutmacherische Botschaft aus dem Jenseits«, dachte Herbert etwas verdutzt und auch leichthin.

Er nippte vom Wein und schnitt wohl versehentlich, jedenfalls absichtslos, ein süßsaueres Gesicht. Gewiß, zwischendurch, es war nicht zu verkennen noch zu überhören bzw. zu übertönen und zu übertünchen, zwischendurch schmerzte er Herbert auch noch immer ein bißchen, dieser

Vertrauensbruch, Gudruns mit nichts begründeter Vertrauensbruch; diese, das ließ sich Herbert nicht abkaufen, darauf lief es in der Konsequenz hinaus, Verächtlichmachung seiner, des Gatten, nach soundsoviel Jahren; nach einem halben Jahrzehnt guten, na immerhin zufriedenstellenden, dochdoch: auch erotisch, sexuell zufriedenstellenden Ehelebens. Diese Verächtlichmachung, welche die so jäh Entrissene ihrem Mann und nachmaligen Witwer durch diesen ihren so verschwiegenen wie tief schlüpfrigen Seitensprung noch postmortal grausam bekundete; zumindest war, so Herbert, dies eine von mehreren gut denkbaren Deutungen. Doch schon war die üble Tat getilgt, schon in der nächsten Minute verzieh Herbert Gudrun wiederum diesen Vertrauensbruch, diesen Affront, diese seine Desavouierung als Ehemann eben wegen oder in der Folge der Lust, der unleugbaren Lust, die all dies ja gewährte, im Übermaß und jetzt im nachhinein. Beiden gewährte! Hah! So sah es nun mal aus, ob Gudrun das nun so gewollt, geplant hatte – oder auch nicht. Nein, sie fragen ging nun mal nicht mehr. Tot, unwiderleglich tot war Gudrun, so viel stand fest.

Herbert fläzte sich im Sessel, träumte müßig hin ins Dämmerdunkel. Gegen 22 Uhr überkam ihn wieder vermehrt das Gefühl, der Verdacht, seine verstorbene Frau könnte ihm, nachdem sie ja auch Rudis Karte ziemlich schlecht verborgen und nahezu planvoll öffentlich im Schreibtischschubfach aufbewahrt hatte, – Gudrun könnte, möchte, dürfte mit einiger Wahrscheinlichkeit noch einen Brief hinterlegt, hinterlassen haben, einen Brief, in dem, so legte es sich Herbert wörtlich zurecht, »die ganze Wahrheit stand, in dem sie alles, alles eingestand, vielleicht weit über Rudi, den Esel, hinaus – um zu bereuen oder nicht zu bereuen«. Allein, wo suchen – und wo finden? Gewiß, ihren Gepflogenheiten gemäß hatte Gudrun wie fast alles so auch ihre eingehende Post sehr ordentlich behandelt und gebündelt – und so ein Brief müßte also in jenem Briefkarton auf dem Dachboden befindlich sein, der nach ihrem Ableben – ach, Unsinn, Unfug. Es ging ja doch überhaupt nicht um Gudruns Korrespondenz, sondern allenfalls um einen einzigen und ganz speziellen und vorerst ohnehin nur potentiellen, hypothetischen Brief an ihn, Herbert, einen Ergänzungsbrief zur verfluchten Postkarte – bzw. natürlich und andersherum: Sicherlich hatte Gudrun seinerzeit, einen Tag vor ihrem Tod, einen Tag, ehe sie ins Krankenhaus noch rasch befördert worden war, in der Überstürzung bzw. Lähmung ihrer Körperfunktionen schon fast gar keine Zeit mehr gehabt, etwa Rudis Erinnerungspostkarten aus Old Vienna zu verstecken oder zu vernichten! Bzw. genauso denkbar war freilich, daß Gudrun, kühl und zurechnungsfähig, wie sie immer war – »fast immer«, korrigierte Herbert sich in Eile, »eben nicht im Grabenhotel!« –, daß Gudrun also doch – Herbert spürte, wie seine Gedankenstränge sich verzwirrten bis zur Leidigkeit – daß diese Gudrun also ihn letztlich doch die fatale Postkarte hatte absichtlich finden lassen, nämlich für den Fall ihres jähen Todes vorgesorgt hatte durch einen möglichst einfach einsehbaren Aufbewahrungsort – und anderswo hatte sie eben den zugehörigen Brief – versteckt! Die – Geheimniskrämerin! Die Abtrünnige! Die noch in der Abtrünnigkeit Geheimnisse schuf und kaum lösbare Rätsel aufgab! Ja, genau, in einer Art Schnitzeljagd sollte er, Herbert, der Wahrheit auf die Spur gesetzt werden – der ohnehin traurigen Wahrheit, ob sie nun Grabenhotel und Verhöhnung lautete – oder Scham und Reue. Genau, genau so war es. Ein bißchen schlotterig fühlte sich Herbert. Bußfertig, seinerseits. Rasch knipste er die Stehlampe wieder an und starrte auf die Vorder- und dann die Rückseite der Postkarte:

»Remembering our lovely nights in Old Vienna.
Once again Rudi«

Ja, immerzu, immerzu, nur zu, ihr verderbtes, geiles Pack! Wieder überlief es Herbert angenehm, mit wohlig-zarten Schauern. Frevelhaftes ging hier vor, doch hatte man keinen Grund zu klagen. Zärtlich buhlerischen Blicks senkte Gudruns Köpfchen sich jetzt langsam und von ferne hin auf Herbert, das Blondhaar war zum Schopf gebündelt. Halbherzig nahm sich Herbert vor, morgen ggf. nach dem versteckten Brief Gudruns zu forschen. Unter Umständen könnte, konnte er dafür auch in der nächsten Woche kurzfristig Urlaub nehmen, das Ministerium war ihm da schon wiederholt durchaus entgegengekommen; nach 22 Jahren Dienst, bei einem fast 50jährigen Beamten ließ man die Zügel immerhin schon locker schleifen. Nach Wien zu fahren, dort die Forschung weiter zu betreiben? Herbert spürte, wie ihn der Gedanke, der ihn schon ein paarmal gestreift, den er schon zwei-, dreimal abgewehrt hatte, neuerlich leicht schwindeln machte. Ihm wieder auch das Nadeln in die Arme trieb. Nach Wien zu reisen – nein, es mochte ja einige gute Gründe dafür geben. Sicherlich aber sprach entschieden mehr dagegen. Nach Wien – um Gotteswillen nein. Nein, das wollte er nun doch nicht. Wollte er nicht sich antun. Jedenfalls vorerst nicht. Neinnein.

Als Herbert sich eine halbe Stunde vor Mitternacht zu Bett begab, wurde ihm noch deutlicher und einleuchtender, daß seine schöne Imaginationserregung, so nannte er es erst einmal, ja keineswegs nur gleichsam abgehobener, geheimnisvoll entsinnlicht spiritueller Natur war. Sondern die seit vielen Stunden immer wiederkehrenden und sich zeitweise verdichtenden, ja unaufhörlich strömenden Netzhautbilder vom Wiener Hotelzimmertreiben erregten ihn ganz fraglos auch plan sexuell. Ah, diese Schönheit, Frivolität des fast nackten Frauenleibes! Gudruns füllig schlanken Frauenleibes, wie er in schon äußerster Hingerissenheit und Vertrautheit zugleich sich hin an den nicht sichtbaren Rudis drängte, knapp ehe jener in ihn drang! Kaum mehr verblüfft wartete Herbert noch ein paar Sekunden zu, dann entschlossen begann er zu den schönen Bildern auch zu masturbieren. Jetzt war der Damm geborsten, der Rubikon durchschritten.

Es war schön, fast unermeßlich schön. Zwei Stunden nach Mitternacht hatte Herbert dreimal erfolgreich masturbiert, mit zuerst zaghaft scheuer, dann endlich ruhevoller Freude. Nicht imstande, sich von dem innigen Reiz des Bilds zu lösen, lag Herbert wie gelähmt noch von Entzücken. Ah, diese von Gudrun unverhofft posthum ihm zugefügte Seligkeit! Herbert wunderte sich, denn vor allem in den letzten Wochen und Monaten hatte der Witwer auf Masturbation ja fast zur Gänze verzichtet – zu gleichgültig, langweilig war sie ihm vermutlich erschienen, fad und trüb geworden. Jetzt aber masturbierte er mit mächtigem Vergnügen. Desto mächtiger, ausholender, je genauer er Gudrun im weißen Slip, im weißgerippten kleinen Slip sich vorzustellen vermochte; indessen Rudi unsichtbar blieb. Gudruns bildlich vorgestellte Lüsternheit steigerte seine, Herberts. Ah! Herbert schnurrte beim Beschauen ihres halbnackten, späterhin nackten Leibes gleichsam lautlos. »Geteiltes Leid ist halbes Leid, geteilte Freude doppelte«, sann Herbert reichlich haltlos durcheinander. Lächelte benebelt. Und setzte zügig zum vierten Masturbationsvorgang an.

Ah, diese prickelnde Begierde schon in Gudruns ganzem weichen, rosig angebräunten Körper! Wie jetzt in seinem, Herberts! Dies äußerst knapp über dem prallrunden Hintern sich wölbende, spannende, das blütenweiße Höschen mit dem winzigen Rippenmuster. Herbert erschauerte andächtig, indessen Gudrun ihrerseits soeben sehr wohlig unter den Liebkosungen Rudis schamlos schaudernd sich zusammenkrümmte. Die treulos hold Verruchte! In flink gelassenem Tremolo hob und senkte jetzt sich geil ihr schöner, ewig schöner Rücken, geflissentlich auf Rudi hingeneigt und gleichwohl Herbert angemessenen Anteil nehmen lassend. Fiebrig buhlfroh gerötet war das Köpfchen huldvoll hold im Halbprofil, der Mund stand leicht geöffnet, eine Locke jetzt wie schon recht schläfrig, doch noch unermüdlich aus der Stirne blasend. Herbert schauerte neu zusammen. Sein Blick pendelte von Gudruns Hinterteil nun hoch zur schummelig rötlichen Deckenbeleuchtung des Hotels, sodann zurück zu Gudruns schlankem Hals, in die längst zerwühlten weißen Kissenschluchten. Da! Jetzt streifte er ihr flink das Höschen ab – Herbert masturbierte schneller, passionierter. Ah, Gudruns rosig bebende Nasenflügel, ah, dieses wie rasende Einwilligen, die schon fast torkelnde Umarmung! Kaum war Gudrun, dachte Herbert heftigst masturbierend, ja mehr zu erkennen – völlig weg war sie, im Rausch ganz jenseits der sonst an ihr gewohnten Zurückhaltung und oft leicht manierierten Ziemlichkeit. Jetzt war sie, ah, versenkt in Leidenschaft verrenkt vor Leidenschaft – weniger vielleicht, so ahnte Herbert stark ausholend, für Rudi, sondern vielmehr fürs wilde Leben überhaupt, vor allem das in Wien. Ach! Was zaubrisch rundliebliche Wölbungen des Leibes! Wie cherubinisch unterm zieren Rücken dieser Hintern! Welche seraphisch holde Backen! Herbert zog das Tempo an, möglichst schnell zum Ziel zu kommen.

»Das war die Rache«, dachte er gegen halb drei beim Einschlafen. Und lächelte. Wie besserwisserisch. Wie heimlichtuerisch? Wie hoffärtig vor allem. Gudruns Blässe um die grünen, maiblaugrünen Augen, – sie freilich hatte ihm, Herbert, keinen guten Eindruck gemacht, die schimmerte schon »tödlich, leider«, höhnte Herbert heiter. Die Bilder schrumpften ein, verkümmerten zu bloßen bunten Flecken. Herberts Gedanken balancierten an unterschiedlichen Fragen entlang, es war nicht ganz klar, welchen denn nun eigentlich. Gar nicht sicher war sich Herbert, ob er denn morgen nach weiteren Briefen und Dokumenten forschen sollte; Belege und Beweise, Gudruns und Rudis Liaison betreffend. Zu wes Behuf? Und wo – war zu suchen? Auf dem Dachboden, in den längst weggepackten gutversorgten Kisten? Wo nochmal lagerten die genau? Und vor allem, allem anderen voran: Was sollte noch groß zu finden sein, was sollte um alles in der Welt geeignet sein, diesen unverhofften, eruptiven, triumphalen Lustgenuß durch Mehrwert – halt: durch Mehrwissen – noch einmal zu steigern?

Etwas kräuselte leis und zag in Herberts Körper; es mochte die Milz, es mochten aber auch die Zehennägel sein. Diese verbuhlten Kreaturen, dieses elende Nachtleben von Wien, bedachte Herbert, schon mit großer Nachsicht lächelnd. Die Nachsicht wiegte ihn in Schlaf.

Als Herbert am anderen Spätnachmittag vom Dienst, vom Ministerium aus Darmstadt nach Hause kam, hatte er sich schon seit Stunden entschieden, mit der gezielteren Suche nach weiteren Briefen, Postkarten und verwandten Dingen zumindest noch eine Zeitlang zuzuwarten. Nichts lief davon. Wichtig war die eine Karte, die da auf dem Schreibtisch kauerte. Kauerte? Ganz ruhig lag:

»Remembering our lovely nights in Old Vienna.
Once again Rudi«

Herbert war sehr wach, präsent; von der Karte, ihrem Text vollkommen gebannt; fast wie gestern wieder elektrisiert. Er nahm die Karte mit sich, sich mit ihr auf dem Küchenstuhl neben dem Kühlschrank niederzulassen, auf einen Cappuccino. Auf einen selbstgebrauten Cappuccino. Aha, da war er ja erneut, der Steffel, aha, da war auch sie ja wieder, »Rudis« auch im Schriftverkehr geil ausschwingende Pranke.

Während der Dienstzeit war es Herbert gelungen, die Gedanken vom gestrigen Ereignis, von der gestrigen Nervensensation und ihren Folgen einigermaßen zu lösen, abzuziehen – lediglich die Fragen nach »Rudis« Alter und seinem Beruf hatten gelegentlich ihn sacht gestreift. In der Mittagspause, welche er, der sommerlichen Gluthitze der Stadt möglichst zu entgehen, im Schatten auf der Parkbank hinterm Ministeriumsbau zugebracht hatte, da – hatte er ihnen für Minuten willig nachgegeben. War »Rudi« oder vielmehr Rudi sozusagen – ein Berufsmäßiger? Ein mehr oder weniger gemieteter Damenbegleiter, Animateur? Ein – Gigolo, wie man es früher nannte, ein Hotelgigolo gewissermaßen? Für unbefriedigte deutsche Ehefrauen? Ausgerüstet von der Direktion, bestellt und abgeholt von aus aller Welt anreisenden Ehefrauen, welche nicht unbefriedigt, wie sie gekommen, wieder nach Hause geschickt werden sollten? Als Sonderservice jenes Hotels, das da ja wahrlich nicht umsonst mit schwer lasziven Karyatidenbrüsten locken und Versprechungen eingehen wollte, welche nicht erfüllt die eh schon unerfüllten Weibsen und Ehefrauen dann um so vergrämter wieder nach Hause fahren ließen und hießen und –

Und dafür – für derlei Funktionen und Betreuungen – war eben Rudi engagiert?

Die Glockenuhr von der nahen Wibblinger Kapelle schlug fünf; in der sommerheißen, in der, wie es schien, auch ziemlich menschenleeren Stadt besonders hallige, dunkel getönte, eindringlich warnende Schläge. Unheimlich fast wollten sie Herbert vorkommen; der Menschen böse Schuld beklagend. Herbert rekapitulierte alles möglichst genau, gewissenhaft. Es stimmte nicht, nein, es war einfach nicht wahr: Gudrun war nicht unbefriedigt gewesen, verwahrte er sich trotzig, verwehrte er, indem er das kochende Wasser dem Kaffeepulver übergoß, sich selber diese Unterstellung. Nein, gewiß nicht unbefriedigt, im engeren Sinn; es konnte ja gar nicht sein. Gut, in den knapp fünf Jahren ihrer beider Eheleben hatte die Frequenz des ehelichen, des sozusagen matrimonialen Zusammenseins gemessen an der einjährigen Verlobungszeit – und den knapp zwei Jahren Bekanntschaft noch davor – leicht nachgelassen. Aber sie, die Ehe, war keine üble gewesen, nein, verdammt, weißgott nicht! Und die – Frequenz, die Häufigkeit? Herbert zog die Kanne aus der Cappuccino-Maschinerie. Auch die Fulminanz konnte sich sehen lassen. Hören lassen? Herbert grinste. Nein, sehen lassen. Da gab es keine Täuschung, kein Pardon: Mit Leib und Seele war Gudrun stets dabei gewesen, wenn es galt – hah, nichts da von wegen kalt und unbefriedigt, gar frigide. Ach was! Sondern in unverächtlicher Libido, auch nach fünf Jahren. Nein, keineswegs abgewirtschaftet war diese Ehe gewesen, seine Neigung zu der Frau. Schon sah Herbert Gudrun wieder vor sich, ihre Schultern, die schöne feste Taille, die weiche Wucht des ausladenden Hinterns. Herbert verjagte das Gebilde. Wohl gestand er sich ein, daß das plötzliche Ausbleiben des auch zuletzt noch durchaus häufigen geschlechtlichen Agierens und Zusammenseins – in der Folge eben von Gudruns raschem Tod! – werweiß sogar jener Teil Verlust am Gesamtverlust gewesen war, der ihm, Herbert, am meisten zu schaffen gemacht, der ihn am bösesten getroffen hatte. Doch, böser als der seelische – der Verlust von Gudruns Seele, wenn man das so sagen und so trennen durfte, der war leichter zu – –

Ach was! So, in der Weise, ließ sich das nicht separieren, was ein Geschwafel, was ein Unding! Gleichwohl war auch heute, nach zwei Jahren, die Frage wohl erlaubt und sehr mit Grund zu stellen: Hatte er, Herbert, denn seine Frau – geliebt? Herbert seufzte gefühlvoll, schluchzte gleichsam lautlos, über sein witwerliches Geschick, seinen Lebensunstern. Selbstverständlich, mit Sicherheit hatte er sie sehr wohl geliebt, bestätigte sich Herbert möglichst ungestüm und gleichzeitig von den taumeligen Bewegungen seiner Gedanken etwas schwindelig mitgenommen, wie belämmert, wie behämmert – geliebt, wenn auch auf eine eigentümlich zurückhaltende, moderate Weise. Wie trotzig besserwissend schlürfte Herbert den Milchschaum von seinem Cappuccino. Nicht wollte ihm ja nach wie vor in den Kopf, daß Gudrun in ihrem Liebesbedarf nicht ausgelastet gewesen sei. Denn um so leidenschaftlicher, richtig rücksichtslos war es, wenn schon das Seelische eher auf leisen Pfoten aufgetreten war, – um so hemmungsloser, ungebremster war es quasi auf dem leiblichen Sektor zu- und hergegangen, jedenfalls oft, jedenfalls manchesmal, bestätigte Herbert sich noch einmal und nickte, gleichzeitig vom Kaffee schlürfend, bekräftigend mit dem schon wieder ziemlich heißen Kopf. Lächelte ganz schwärmerisch. Schwärmerisch und wie ironisch. Weißgott, dachte Herbert weiter kopfwippend kaffeeschlürfend leicht absent und in entfernten Zeiten schwärend, weiß der Satan. Weiß der Satan leidenschaftlicher als vielleicht selbst im Grand-, haltstop: im Grabenhotel in Wien! Herbert räusperte sich, sich oder vielleicht auch Gudrun zur Ordnung rufend, ja wieder von ihr abrückend. Denn um so erstaunlicher, ja wirklich sensationeller, bedachte man's von dieser Warte, die gestrige Entdeckung, die Entdeckung letztlich von Gudruns genaugenommen doch schnöder, schofler Untreue! Der ja wohl ein Grund, ein Untreuebedürfnis zugrunde gelegen haben – mußte! Aus kleiner Entfernung schielte Herbert nach links, nach der Postkarte auf dem Küchentisch. Und griff dann neuerlich nach ihr. Starrte inflammiert darauf. Auf die Schrift, auf die lebensfroh frauengewinnlerische Handschrift:

»Remembering our lovely nights in Old Vienna.
Once again Rudi«

Tja, das war's dann. Herbert lächelte vieldeutig. Seufzte alsbald ungeduldig. Ungeduldig angekränkelt. Mit welchen Injektionen aus Reiz und Rauschgift hatte er sie bezirzt, sie aufgetaut, sie sich gefügig gemacht, die tolle Gudrun – zu very lovely Wiener Treiben? Wiener fuck'n' Hotelbetttreiben. Rudi, der Flachkopf aus St. Pölten. Warum, wieso, weshalb aber war er dann nie – ganz offenbar nie! – nach Hanau gereist, Gudrun heimzusuchen, wiederzusehen, sich ihrer wieder zu versichern, der feige Wiener Hund? Dies, eben dies Gudrun wirklich übelzunehmen, übelzunehmen und es ihr heimzuzahlen, entschloß sich Herbert jetzt. Dies nämlich, daß sie sich einen feigen, einen schmierigen Gigolo angetan hatte – einen, der nicht mal für sie geradestand. Mit offenem Visier da für sie kämpfte – contra Herbert, den noch amtierenden Ehemann. Zu Darmstadt oder Hanau. Gewiß, in jedem Fall ein Heimspiel für Herbert – ein Auswärtsspiel für Rudi. Rudi, den Schleimer, den verfluchten. Rudi, den Scheißer, den verruchten. Rudi, den –

Herbert, etwas ruhlos, griff wiederum zur Postkarte, bestarrte sie kurz und inständig, schon nach ein paar Atemzügen hatte er's. Nein! Aber nein doch! Nein, das war kein St. Pöltener, kein Wiener Grabenschluri, nein, das war eine absolut englische Schrift, da war ja gar kein Zweifel! Dieser typisch unkontinentale Schwung der frei ausfließenden Lettern! Vom – Stil gar nicht zu reden. Ein Engländer hatte die Karte geschrieben, klar doch, no doubt, Sir! Herbert hüstelte vornehm wie ein Engländer und goß dann mit großer Behaglichkeit und zugleich Entschlossenheit vom Cappuccino nach. Machte es sich auf dem Kanapee bequem, streckte die Beine von sich. Der Kaffee lockerte und straffte die Gedanken simultan. Ah, klar doch auch! Jetzt erst fiel es Herbert schuppig von den Augen, wie von allen Gliedern: »Once again Rudi« – das hatte er ja bisher völlig falsch verstanden, das meinte ja etwas völlig anderes! Nämlich einfach – Herbert kicherte halblaut – »Schon wieder ein Gruß von Rudi«, frei, aber ganz korrekt übersetzt! Da! Schon wieder! Es – es mußten, mußten! also tatsächlich noch andere Postkarten oder sonstwie geartete Grüße von Rudi da und zu finden sein! Aber wo nochmal – verdammt! – zu suchen anheben?

Nicht ratsam war's, etwas in Hast zu überstürzen jetzt. Im wesentlichen war Gudruns schriftlicher Nachlaß, wie gesagt, schon komplett, wenn auch flüchtig, geordnet und in zwei Kisten getürmt und auf den Dachboden verbracht worden, wohl schon ein Vierteljahr nach ihrem Tod – mitsamt, natürlich, auch der Privatkorrespondenz, der – selbstverständlich – ungelesenen, ungeprüften! Was denn sonst? Wer hätte denn da schnüffeln mögen? Wer hätte, tobte Herbert, vom Kaffee aufgeheizt, schon kraftvoll zürnend – wer hätte da von einer insgeheimen Rudi-Korrespondenz denn auch nur ahnen können? Rudi, diesem Lümmel! Und, hätte man es ahnen können, es denn wirklich und wahrhaftig wissen, sie auffinden wollen?

Diese verdammten, nicht endenden, furchtbar unübersichtlichen, ihre eigene Unübersichtlichkeit gleichsam nach Parkinsonschen Gesetzen expandierenden Ehebrüche, diese törichten Fremdgehereien! Diese alles mit sich reißenden, schwemmenden! Herbert ärgerte sich immer mehr, in den hellen Zorn hinein, das Herz pochte fast tobend, die Stirn, die Schläfen schwitzten. Umsonst noch marterte sein Hirn sich mit der Beantwortung der Frage, ob er, Herbert, seinerzeit Gudruns Privatpost nicht doch zumindest flüchtig durchgemustert hatte, mit der Absicht, seine, Herberts, eigene Briefe, Liebesbriefe, von denen anderer zu separieren, den buntschillernden Postkarten des Flegels Rudi etwa! Allein, wo stand eigentlich geschrieben, daß »once again«-Rudis anderweitige Grüße und sexualistische Botschaften gleichfalls Postkarten oder aber Briefe zu sein hatten – er konnte seine Grüße ja auch telefonisch herübergeschmettert haben aus Wien oder Braunau – beziehungsweise Oxford oder Cambridge! Was unzählige Möglichkeiten, Varianten, Potentiale eröffneten sich überwältigend und abgrundartig, sturzbachreißende neue Aporien – und mithin: Welche Vergeudung von Gedanken! Herbert blies im Spaß die Backen auf, stieß viel heiße Luft heraus. Stand auf und schlug das Fenster auf. Wohltätig sanfte Kühle sickerte in die Lunge. Herbert nahm sich fest vor, für den Rest des Tages der Sache lieber wieder ihre reizenden, nützlichen Seiten abzugewinnen – so, wie gestern, so, wie es gestern ja so fruchttreibend geklappt schon hatte. Sofort und flach legte sich Herbert aufs Kanapee. Ah, warum nicht gleich! Herbert schloß die Augen, die Technik kannte er ja noch von gestern. Es klappte auch fast unverzüglich. Nur sehr schemenhaft, nein, eigentlich wieder gar nicht wurde Rudi sichtbar – sehr kenntlich, plastisch sofort Gudrun. Sie kauerte geduckt, wie längst bereit und einsatzfreudig. Das Hotelbett trug diesmal eine zurückgeschlagene türkisgeblümte leichte Oberdecke – Gudrun ein heute apfelgrünes Leibchen. Schon streifte sie es sich entblätternd ab. Jetzt auch den weißen Büstenhalter und das weiße Höschen, schon lag sie nackt, entkleidet. Gudrun lag halb, halb saß sie auf Rudi, das Hinterteil entflammt nach oben, Herbert wie grüßend zugewandt. Nicht weiter sich einschränkend noch sonstwie behelligt, öffnete Herbert seine Hosentür und begann erneut zu masturbieren, zum Anblick seiner Ehefrau. Dieser prachtvollpralle Nackedei. Wer hätte ihr das alles zugetraut. Herbert masturbierte zügig und entschlossen; Gudrun, im Zuge ihres schon überwältigten Geflüsters und Gelalles, stieß ein leises Wimmern aus der Wollust. Noch wollten die beiden nicht sich ineinander versenken und verschränken – den nicht sichtbaren Rudi stark umklammernd, setzte Gudrun vielmehr jetzt sich wieder rasch auf jenen. Die schönen kleinen Brüste schaukelten ihr lustig vor dem Leib, Gudrun griff nach einer der süß baumelnden und ihrer Warze, um an dieser, entzückt, geschlossenen Auges, minutenlang zu zwirbeln und zu drehen. Maßvoll weitermasturbierend wunderte Herbert sich da sehr, denn seitens der lebenden Gudrun vermochte er sich dieser Eigenheit, dieser vermutlich lustschaffenden Technik schwerlich, nein gar nicht zu entsinnen. Ah, die krausen

Lilienmuster der Laken dieses Betts, Wiege alles Bösen, ach so taumelig Schönen! Fleisch zwängte sich ans Laken, um es weiter zu entflammen. Gudrun unermüdet beugte sich hinab zu Rudi, ihn mit feuchten Lippen zu liebkosen – die linke Hand rubbelte noch immer innig an der Warze. Vielleicht, bedachte Herbert und masturbierte stetig, nachdenklich fast, vielleicht war ja das Rubbeln schöner noch als Rudi. Den sie, Gudrun, ja nur pro forma brauchte. Etwas prekär zog Herbert da die Stirn in Falten. Nein, in gewisser Hinsicht brauchte aber dafür er, Herbert, ja diesen Rudi. Auf daß er in ihr, Gudrun, wohne. So bebend wie behende. Selbanderweis vergnügt wie nicht bei Trost. Im knisterig verknüllt zerknautscht zerwühlten Federbett.

Herbert vermeinte zu wittern, daß seine Phantasie zum erfolgreichen Masturbieren etwas Nachschub, Nachfutter jetzt brauche. Die Bilder drohten schlaff zu werden, zugeschüttet, blaß. Getrost, sehr friedvoll masturbierte Herbert weiter, schon hatte er's gefunden. Er stellte sich vor, wie die beiden, mittlerweile ja wohl ineinander verkeilt, gleichwohl und unbekümmert spöttisch lächelnd die ganze Zeit über seiner, Herberts, gedachten. So wie jetzt, mit gut zwei Jahren Verspätung, er, Herbert, zu Hanau ja ihrer in Wien. Daß ihrer beider wälzendes Gelage seinerseits seiner, Herberts, sehr bedurfte. Seines Lugens, seiner stillen Pirsch. Beider beklagenswerte Schuld zu mildern. Zu mindern und zu mildern. Rudi, so stellte es sich Herbert vor, gedachte des Ehemanns eher tölpelhaft verletzend – Gudrun gedachte gutmütig, bedauernd, ja nachgerade liebevoll. So wie eine Woche vorher in Hanau, in Darmstadt, in Lohr sie seiner womöglich liebevoll gedacht, seiner eingedenk gewesen war. Dafür, daß sie jetzt in Wien, im Grabenhotel, seiner, wiewohl betört von Rudis Rute, ja fast mit Zärtlichkeit gedachte, dafür war Herbert ihr sehr dankbar. Und masturbierte weich gestimmt schon weiter. Denn letzten Endes war seine, Herberts, Ehe mit Gudrun doch eine recht passable gewesen, durchaus probate, eine keineswegs ja allzu flache. Rudis nicht sichtbares Geschlecht versenkt in ihrem Schoß, wälzte sich Gudruns nackter Leib wild in den Laken, drei feuchte blonde Strähnen fielen über ihre Stirn. Gudrun, geschlossenen Auges, blies sie bewußtlos weg. Wild befriedigt, ja begeistert von seiner letztendlich guten Ehe masturbierte Herbert vorwärts und zu Ende. Ach, wie war es schweinisch schön, ach, wie überschwemmte es ihn feucht, trunken wie von heiligen Küssen. Dankbar ruhig schnaufend starrte Herbert minutenlang zur gilben Zimmerdecke. Lichtzungen kringelten dort wie flüssiges Glas, wie grünflimmerndes Meer. Wie gönnte er der Verstorbenen, wie gönnte er der Frau ja letztlich diesen Seitensprung! Wie innig diese Tröstung!

Sie schlummerte jetzt ganz ruhig, hellrosenfarben lag ihr atmend warmer Leib. Der fesche Rudi – schnell hatte er sich verdrückt. Nirgends vermochte Herbert ihn zu erspähen.

Nach dem Abendimbiß, Eier mit Speck, von ihm selber zubereitet, machte Herbert sich an die Arbeit. An Gudruns Hinterlassenschaft, ihre vorrätige Korrespondenz. Noch immer überaus friedfertig gestimmt, holte der Witwer die beiden einschlägigen Kartons vom Dachboden, sie nochmals zu öffnen und zu sichten. Alles war schon ein paar Wochen nach Gudruns jähem Tod soweit ganz säuberlich geordnet auf den Dachboden verbracht worden, der Sache von daher wenigstens Entlastung zu verschaffen. Mit Gewißheit gab es sonst keine Post mehr, auch keine versteckte. War der Affaire »Rudi« etcetera pp. überhaupt auf die Schliche zu kommen, dann methodisch nur über diese beiden Kisten bzw. Kartons.

Eine hübsch lustige Weise summte und pfiff abwechselnd Herbert vor sich hin, als er, noch auf dem Dachboden, assistiert von fahlem Licht, die Sache kontrollierte. Genau, es war wie in seiner Erinnerung. Es gab drei Päckchen:

Erstens Herberts Briefe an Gudrun, nein, die würde man besser später wieder einmal lesen, die konnte man sich jetzt ja wahrlich schenken. Sodann Gudruns restliche Privatpost. Schließlich einen mäßig hohen Packen, den man als Gudruns Geschäftspost hätte bezeichnen können. Das war auch schon alles.

Halb acht Uhr war's, als Herbert nicht allzu eifrig, eher schon verdrießlich und verdrossen an die Arbeit ging. Es mußte ein ziemlich dummes Gesicht sein, das er da beim Mustern und beim Blättern machte, dachte Herbert, kicherte etwas freudlos. Auch letztlich interesselos. Gleichwohl, halb abwesend umwölkten Sinns und sich zuweilen mit Speichel die Finger zum Blättern befeuchtend, las und wendete und öffnete Herbert alles sorgfältig, überflog es rasch zum wenigsten. Was ein seltsam vergeudetes Leben, seufzte Herbert einmal kummervoll. Flüchtig überlas er die Geschäftspost, überflog nach Möglichkeit dezent die so zu nennende Privatpost, Briefe zweier Freundinnen Gudruns zumeist – und ging auch rasch nochmals den Stapel eigener Briefe an sie, Gudrun, durch. Um halb 11 Uhr war er fertig. Erleichtert, dennoch mit sich etwas hadernd. Die Arbeit, den Abend hätte er sich sparen können, diesen letzten Endes ja doch bedrückend unwürdigen Vorgang. Diese Stielaugentätigkeit, Stielaugenamtlichkeit. Andererseits, die Lage war nun klar oder doch wenigstens sehr viel klarer, plauderte Herbert ein bißchen einschläfernd sich selber zu und verschränkte zufrieden seine Arme: Es war keine weitere Post von Rudi darunter, und es gab da auch mit ziemlicher Sicherheit ja keine mehr. Die schwungvoll ausholende Handschrift – Herbert kannte sie inzwischen ja nur zu gut, er hätte sie sofort wiedererkannt. Herbert hatte es kaum anders erwartet. Es gab keine weitere Korrespondenz von Rudi. Sondern vielmehr das Ganze war ein Fallstrick, eine Fallgrube. Und »Rudi« eben doch nur ein übermütiger Abiturient, ein lustig überdrehter, in eher platonisch heiterem Liebesrausch hinsichtlich der mit ihm plänkelnden Lehrerin befangen. Und er beherrschte – »once again Rudi« – das Englische eben nicht sehr ausreichend. Das war alles, das war die ganze Wahrheit. Die Unversehrtheit seiner, beider, Herberts und Gudruns, Ehe: jetzt war sie wiederum salviert!

Erst eine ausgedehnte Viertelstunde später realisierte Herbert, daß ihm diese neue Wahrheit ja keineswegs gefiel, daß er die gar nicht – brauchen konnte. Denn gleich ob er, Herbert, denn nun, hm, weitere Post von Rudi eher befürchtet oder vielmehr insgeheim erfleht hatte; befürchtet deshalb auch vor allem, weil neuer Text, neuer Inhalt durch allerlei Unverhofftheiten und sogar Widerwärtigkeiten das bereits so schön eingespielte, schwebend platonisch erotische und doch auch aufgeilerische Erinnerungsverhältnis ja doch nur stören, womöglich schon zerstören konnte; erfleht oder doch erhofft gleichwohl und zugleich, weil weitere Post die stille Befürchtung, den leisen Kummer ausgeschlossen und gegenstandslos gemacht hätte, die einzige und alleinige Postkarte mit dem anzüglichen Dom sei am Ende doch kein im Sinne Schopenhauers zureichender Grund und hinreichender Beweis für Gudruns schnöde Untreue und Sünde, für ihre heutigentags ja ohnehin nur allzu plausible und also wohl verzeihliche weibliche Schwäche und Irritation und Aberration und Ausbruchsintention –: Wie immer das alles sich nun wirklich und en détail verhalten sollte, immer und in jedem Fall brauchte er, Herbert, ja sensu strictu »Rudi«! Schon um – es den beiden heimzuzahlen, schon um zumindest post mortem als gehörnter Ehemann endlich andere Saiten aufzuziehen – schon weil ein bloßer Schüler »Rudi« als erregendes Moment gegen einen Profi, einen Wiener Gigolo »Rudi«, natürlich den kürzeren ziehen mußte – und also und in der Folge er, Herbert, als aufgepeitscht visueller aposteriorischer Mitgenießer, Mitbenutzer der schamlosen Wiener Grabenhotel-Promiskuität – –

Spitzbübisch, nein: spitzfindig schob Herbert seine Unterlippe vor. Er war, herabkletternd von der heißluftigen Dachbodentreppe, ordentlich ins Schwitzen gekommen, ein bißchen ab auch von der klaren Bahn. Die Nacht glühte auch heute nur allzu warm. Das kühlste Zimmer der Wohnung war jenes, das tagsüber am schattigsten lag, das Schlafzimmer. Warum war sie eigentlich nicht mit Rudi richtig durchgebrannt, ihrem feschen Stutzer? Ihrem köstlichen Nagler? Herbert im Stehen knabberte ein paar Kekse. Er hatte ein Streichtrio aufgelegt, von Schubert, wenn ihn nicht alles täuschte. Er haderte nicht mit seinem Los. Zerstreut hantierte er ein bißchen in der Küche herum und versuchte sodann das Beste aus seiner noch immer oder schon wieder reichlich verfahrenen Situation zu machen. Indem er sich wiederum auf und in sein Bett legte, um – er durfte sich aber nicht gar zu sehr gehen lassen – wenigstens einmal noch zu masturbieren. Mondhell schimmerte seine Bettdecke, wie glimmend. Herbert leckte sich die Lippen. Mitzugenießen, ehe der Tag sich allzu müde neigte. Mitzugenießen mit allen Schikanen. Dazu schloß Herbert voll Erwartung seine Augen.

Die Betten des Grabenhotels waren offensichtlich frisch gemacht und zubereitet worden, sie dufteten mild und gut, weich und stark wie Flieder. Neu auch: Aus dem Hotelzimmerradio sickerte, säuselte schläfrig schlüpfrige Tangomusik. Herbert lauschte unverblümt. Ein richtiges Edelpuff, ein Bordell war dieses saubere Grabenhotel mit seinen beiden heute wieder zu allem entschlossenen Stechern und Zusammensteckern. Was skrupellose Sitten, was ein verderbtes Geschlecht. Die Vermessene! Ah! Gudrun trat gerade aus dem Bad, erschien heute im Gegenteil eher altjüngferlich sittsam, züchtig, aber nur um so lasziver mit einem lindgrünen Frottierhandtuch bedeckt. Feuchten Liebesblicks, befeuchtend auch jetzt ihre Lippen, auf die Folter spannend Rudi wie ihn, Herbert. Dem das sehr gefiel. Wie beide, Rudi und er, Herbert, ihres Leibes dürsteten, ihrer Flanke, ihres Hinterns. Doch, erstmals überglitt Herbert der Eindruck, er, Herbert, sei bei Gudruns und Rudis Gelage und Gerumple als Zaungast schon gewohnt, als fast vollständiges Mitglied in dieser Ménage à trois durchaus erwünscht – auch wenn die Leidenschaft im engeren Sinn gleichwohl und unnachgiebig den beiden anderen überantwortet blieb. Zumindest in einem gewissen Sinn. Da! Schon hatte Gudrun reizend ihr Frottiertuch abgelegt, gereizt zu Rudi sich ins Bett gesellt. Dem Unsichtbaren versetzte sie einen raschen Liebesbiß in seine Schulter und schmiegte sich sodann entzückt an diese. Ohne den Blick zu wenden noch zu senken, hub Herbert an zu masturbieren.

Es hätte ihn, den Zaungast, lebhaft interessiert, ob sie, Gudrun, heute wieder den kleinen weißgerippten Slip getragen hatte oder gar den winzig hauchhaften rosanen, den sie zuweilen zu Lebzeiten wohl präferiert. Doch schon – schwupp! – saß Gudrun gänzlich nackt, nackig auf den wie Weihrauch zarten, margaritenweißen Laken nah der Kante des Hotelbetts.

Sie saß und sann, wie's schien. Tiefsinnig ihr Profil, annähernd griechisch, reizend schön. Herrlich der nach hinten hochgebündelte Blondschopf, nachdenklich ernst der gleichwohl doch leis spöttisch wehe Blick. Die zieren Schultern links und rechts über der kleinen Wippebrust. Der – schreiend schöne, gut sichtbare Schlitz in der schwarzbraunen Scham! Sicht- und erkennbar noch im Schummerzwielicht, nein, im Mondlicht des Hotels. Des Hotels am Naglereck. Still stand die Zeit; ein wenig schien es, zitterten, schwappten die bleichen Wände. Über Bleichliebchens mondbeglänzte Nacktheit. Schärfer, zügiger masturbierte Herbert. Zu seiner – Läuterung.

Rudi? »Rudi«? Wo versteckte er sich? Hm, er war weiterhin nicht zu erspähen, er mußte aber da sein, den Windungen ihres, Gudruns, Leibes nach zu schließen. Ah, da war er wieder, der ausladend prangende Hintern mit den beiden Superbacken. Welch eine Wohlgestalt! Rudi mußte ihr, Gudrun, soeben vollrohr in die Weichen gegriffen haben, denn der Hintern zuckte, verzückt, wie im süßen Vergehen seiner selbst, wie an und in sich selbst bald schon brennender Liebessehnsuchtsglut.

Im Masturbieren schmatzend lächeln mußte Herbert. Denn letzten Endes, genaugenommen und Rudi hin und her: vermochte er sich Gudrun ja immer noch kaum »in Liebesgluten« vorzustellen. Allein, das war ja eben wohl die große jahrelange Täuschung, Illusion. Rudi hatte es bewirkt, die Feuersglut, die Satansglut – Rudi, dem sie, Gudrun, jetzt wieder ihre rosig selig überhauchte Bronzehaut zeigend, vor lauter Liebeseifer unbeschwert ins Ohrläppchen knabberte, ehe ihr hübsch runder Blondkopf dann wieder hocherpicht in Rudis Halsgrube tauchte, wild und wütend, fast randalierend nimmersatt. Wie nicht auch – zumindest in der allerersten Zeit? – bei Herbert, ihm?

Ah! Nein! Nie! Niemals hatte, so kam Herbert jetzt, da Rudi unausbleiblich in Gudruns warme Grotte tauchte, ein Verdacht an – nie hatte er, Herbert, sie, Gudrun, so begehrt wie jetzt! Jetzt und sonst nie, schrie Herbert lautlos melodramatisch – und ließ es sogleich schon zum Orgasmus kommen. Unverzüglich zündete er eine Zigarette an, eine besonders starke französische Arbeiterzigarette. Sog den Rauch in vollen Zügen ein und durch. Runzelte die Stirn, fuhr sich die Wange auf und nieder. Dann wußte Herbert es noch genauer: Nie, nie, nie zeit ihres Lebens hatte er seine Frau Gudrun derart begehrt wie in den letzten beiden Tagen; nie auch sie so sehr geliebt! So fromm, so sehr geliebt! Doch, das kam aufs gleiche raus. Gudrun, die Korrupte, Gudrun, la Infida! Era tardi. Indessen – es war die reine Liebe. Die Liebe, Liebe, Liebe.

Im zarten Nachtwind bauschte leis der Fenstervorhang.

Erstaunt, weniger wirbelnden als brodelnden, irgendwie schräg aufwärtsbrodelnden Kopfs zündete Herbert an der einen die nächste Zigarette an. Er hatte den Verdacht, seine Stirnader sei ihm kräftig angeschwollen, der Kopf ihm machtvoll aufgequollen, aufgebläht. Herbert unterdrückte einen kühlen Schauer, indem er kräftig Rauch gegen die Zimmerdecke stieß. Die Schauer kamen zwiefach, dreifach wieder, aufgewühlt und ihn aufwühlend. Zwei Tränen kullerten auf die Wange, hangelten sich zum Kinn hinab. Das Kinn war heute noch gar nicht rasiert. Herbert lag ganz ruhig. Und schön jetzt in der Patsche. Hinsichtlich nämlich Gudruns: Es war die reine Leidenschaft, es war die reine Geilheit, es war die reine Liebe. Die – geläuterte Liebe nicht zum geringsten!

Gudruns Bild erschien schon wieder vor der Netzhaut, sich krümmend hingeschmolzen an das Fleisch hinter dem weiß duftigen Laken, im Schmelzen herrlicher gekrümmt der pralle Leib. Herbert bedachte, ob es angezeigt sei, schon wieder Hand an sich zu legen. Nickte bedeutungsvoll sich zu. Dieses flattrige Gewühle. Dieses schlüpfrige Gewühle in der Schwüle dieser Pfühle. Herbert mußte lächeln, weil ihm war selbst nicht so ganz klar, ob sich seine stummen Worte auf Wien 1982 ff. oder Hanau 1989 bezogen. Jetzt kraulte sie ihn ganz ungeniert am Hals, schlüpfte aus dem Slip, zerzaust, wie aufgewirbelt schon ihr goldenes Haar. Herbert drückte die Zigarette aus, dann vergewisserte er sich mit Bedacht: Gudruns Lippen wölbten wollüstig sich um die nicht sichtbaren Rudis. Auftrumpfend prangte abermals und Herbert sehr mit Nachdruck zugewandt ihr edelstolzes Hinterteil, der bärenstarke Doppelmond. Das war ihre eheliche Zuneigung, ihre Zuwendung ja auch. Dafür liebte er, Herbert, sie – erst recht. Bedenkenlos, ohne zu wanken, begann Herbert schon wieder und gemächlich zu masturbieren.

Zündete dann die nächste Zigarette an. Oh, der allseitigen Schande. Aber – er liebte sie. Ganz fraglos und ganz erbärmlich. Schändlich mit allem Schnickschnack, mit sämtlichen Schikanen. Schikaniert im hitzeglutumhüllten Hessen, Hessen 1989. Nah der Bundesgartenschau. Gudrun stemmte fern in Wien den linken Ellbogen auf das Laken; Herbert hier den rechten auf das Kissen, die Zigarette wieder auszupressen. Zigaretten lenkten letztlich doch vom Denken, Fühlen ab. Die Lage war verzweifelt; wenn auch noch sehr erträglich. Diese beiden Gesetzesbrecher. Versackt im Grabengrabschhotel. Unentwegt und wie erbärmlich. Allein, Gudruns bedenkenlos gewissenfreies Tun – es bestand ja gar nicht so sehr in ihrem dem Vernehmen nach tagelangen wilden, vernunftlosen Fremdgehen, nein, eigentlich überhaupt nicht. Das hatte doch nur Segen, fast schon Glück gebracht, dieser ihr kecker Übermut. Das Problem gründete in seiner, Herbert überlegte etwas mühsam, – in seiner verantwortungslosen Ungleichzeitigkeit. Jetzt, da er, Herbert, es wußte: daß er sie nie so sehr begehrt, geliebt wie seit zwei Tagen – jetzt, da er ihr damit, mit dieser Konfession in erwartbarer Weise eine Freude, vielleicht die tiefste Freude ihres Lebens bereiten könnte – jetzt: konnte er ihr's nicht mehr sagen, stecken! Gudrun war – maustot, da biß die Maus keinen Faden ab. Gestorben an Hitzschlag, vielmehr: Hirnschlag. Im Grabenhotel in Wien, vielmehr: in Darmstadt, dort füglich im Krankenhaus. Warum hatte sie, Gudrun, sich diese Freude, dieser recht späten reinen Freude durch ihren letztlich dummen Tod entmündigt, nein: entzogen? Aus Boshaftigkeit? Aus Reue? Zerschellt zerspellter Hoffnung auf den – Neubeginn? Der frühe Hirnschlagtod – gewiß doch war er Strafe. Strafzumessung der höheren Gerechtigkeit. Was feuchter Kokolores. Hier gab es nichts zu bereuen! Was ein hoffärtig pseudochristliches Geunke – hah, von wegen Reue! Allenfalls entschuldigen hätte sie, Gudrun, bei Herbert, ihm, sich ja schon können. Beziehungsweise umgekehrt: Er, Herbert, hätte Grund gehabt, sich bei Gudrun zu entschuldigen, ihre Nachsicht zu erlangen. Für sein nimmersattes Mitgenießen, für sein, juristischer gesprochen, höchst obskures Voyeurstum, doch, jawohl! Gudrun tat nur, was Natur von ihr erheischte! Die beiden dort in Wien, sie waren ganz im Recht. Wenn es schon keine Gatten, so doch brav Gattende sehr wohl und unverächtlich waren. Dagegen er, der schlimme Parasit, Intimitätsverletzer auch. Recht täte Rudi daran, käme er nach Hanau, ihm, Herbert, eine vor den Latz zu knallen. Herbert erhob sich, schritt zum Fenster, es zu schließen, legte sich aufs Bett zurück.

Er schämte sich; glaubte sich immerhin zu schämen. Vor Gudrun, wie vor Gott. Ob Gudrun ihm – verzieh? Jetzt, da er sie so liebte und begehrte – war das schon gänzlich lebenswichtig. Vor einem halben Jahr, noch vor zwei Tagen, wär's ihm, Herbert, gleich gewesen – doch, wäre ihm gleich gewesen. Jetzt sah alles anders aus. Herbert schob sich eine neue starke Zigarette in den Mund. Mit dem ersten Lungenzug kam ihn die Reue an. Tiefe Reue drang ihn an. Bang, ängstigend, bedrückend. Im Augenblick wußte Herbert nicht mehr so recht, wegen wem und wegen was – aber es war die Reue, es war fürchterliche Reue. Verzagtheit schon am ganzen Leben, Scham und Reue, toll und voll. Was eine Beschwerlichkeit, was ein brennendes Gemüt. Erst nach wohl zwanzig Minuten ließ der Druck am Hirn und Herzen, in den weit offenen Augen nach – jetzt sah Herbert wieder etwas Land. Zuverlässig glaubte er zu wissen, daß Gudrun ihm verzeihen würde. Daß die Dahingeraffte sein heimlich verbotenes Tun ihm wohl nachsehen würde – so wie er ihr längst ja all ihr Fremdgehn. Was hieß aber »nachsehen« – hah? War nicht dies Fremdgehen, hatte sich nicht dieses Betrogenwerden durch die eigene Ehefrau als die höchste, die hehrste aller Freuden, aller geschlechtlichen Freuden herausgestellt, welche diese Welt, die irdische Welt, bereit für Ehemänner hielt? Zumindest und zuvörderst aber dann, wenn dieses Betrogenwerden schon wieder eine geraume Weile zurücklag, nur noch über die Präsenz, über das Realmedium einer zudem etwas unklaren Postkarte sich empirisch untermauerte oder so ähnlich, kurz: bewahrheitete. »Rudi« – Valentino? Nein, es war eben doch kein Engländer. Ein richtiger gepflegter Engländer würde ja nie und nimmer »Rudi« heißen, sich niemals diesen für englische Ohren wahrscheinlich besonders scheußlichen und erosfernen Namen zulegen – es sei denn: als kapriziösen Spitznamen. Herbert ächzte einmal kurz auf, wieder leis gemütsüberlastet. War nicht – jawohl, zugegeben, er hatte sich heute vormittag in der Bibliothek des Ministeriums über das Grabenhotel fürs erste kundig gemacht! – war nicht seinerzeit Lord Nelson auch dort abgestiegen, mit Lady Chatterley im Schlepp oder wenigstens – Verzeihung, hm – Lady Hamilton. Jawohl, präzis, an der Naglergasse, wie Gudrun und ihr sauberer Saubär Rudi. Herbert schraubte sich wieder hoch, aß im Stehen in der Küche eine Orange und holte sodann die Postkarte zu sich ins Bett. Betrachtete, studierte sie mit der großen Bedachtsamkeit. Nein, es war kein neues Indiz, Symptom auf ihr zu entdecken, Vorder- und Rückseite verrieten nichts weiter, bestätigte sich Herbert und spürte, wie sein zuletzt recht zerfahrener und zerbröselter Kopf von Minute zu Minute zunehmend wieder an Gefaßtheit gewann. Um so klarer wurde ihm auch noch einmal und eindringlicher: Jawohl, nicht allein die alte Geschlechtslust und -erregung war via diese tiefgründende Postkarte wiedergekehrt, vermehrt sogar zurückgekehrt; sondern auch das, was am Ende doch noch jenseits ja von jener lag: die Liebe, ja, die Liebe selber! Noch sicherer, ganz sicher war sich jetzt Herbert wieder, daß er seine verblichene Frau zu Lebzeiten nie, nie so geliebt hatte wie heute und gestern – oder jedenfalls heute, da er es erst so richtig wahrgenommen. Ach, niemals, das hatte gewiß ja nichts mit Leichenschändung irgend zu tun, beruhigte sich Herbert, nichts mit Nekrophilie, Idolatrie undsoweiter! Nicht die Tote nämlich an sich liebte er. Nicht weil sie tot war, liebte er sie, Gudrun. Sondern weil sie, die Gute, ihn noch weit über ihren Tod hinaus, sei's geplant, sei's spontan, an derartigen Liebeswonnen teilnehmen, teilhaben, ihn beiwohnen ließ – ja diese Wonnen ihm erst verschaffte. Wie, um genau zu sein, zu Lebzeiten niemals. Oder? Nein, bestätigte sich Herbert heftig nickend, das bedeutete keine Demontage Gudruns – ihr widerfuhr hier nur Gerechtigkeit! Eben durch die Liebe. Eine Liebe, spürte Herbert, freilich fast ohne jede Sehnsucht. Klar. Gudrun war ja tot. Da war die Sehnsucht – ohne Sinn. Nein, es war Liebe ohne Sehnsucht. Wie gut hatte sie vorgesorgt, die Natur, auch hier ja noch. Liebe ohne Sehnsucht. Eben die – reine Liebe.

Mit diesem möglicherweise ja etwas verquollenen und seines Erachtens wohl auch noch nicht endgültigen Gedanken wuchs gleichwohl erneut Herberts geschlechtliche Erregung, seine – gleichsam profanierte Sehnsucht auch nach Gudrun. Herbert, der besseren Bequemlichkeit halber, begab sich zurück ins Schlafgemach. Er masturbierte los mit aller Kraft. Gudrun war diesmal wie etwas verschlossen, wie verblümt im kirschenrot getupften Höslein erschienen, rasch und leicht entfachbar schlüpfte sie zu Rudi, grüßte Herbert aber freudig mit dem herrlichhehren Hintern. Diesmal erreichte sie vor Herbert gar ihr Ziel. Ihr Witwer verzieh es ihr gentil. Erstmals hatte er diesmal das Gefühl gehabt, er, Herbert, sei nicht mehr nur unerwünschter Zaungast bei dem zaubrischen Gehacke und Geschabe; sondern vollgültiges, wenn auch sozusagen still passives Mitglied. Aber andersherum hinwieder: auch keine Karteileiche nur.

Als man beidseits zu Ende und zu Rande gekommen war, überraschte Herbert seine ehemalige Frau dabei, wie sie, dazu die beiden hohlen Hände anlegend, Rudi etwas im

Spaß neckend ins Ohrloch flüsterte. Es war nicht klar, ob es sich auf den Zaungast bezog, mit welchem ab sofort, das schienen auch die beiden eingesehen zu haben, wohl immer zu rechnen sein würde. Vielleicht gefiel auch gerade dies Rudi und seiner schönen Mätresse ja sehr gut – gleichviel und auf alle Fälle war sich Herbert nun nur noch sicherer: Nie, nie hatte er sie, Gudrun, so heißinnigst geliebt – Gudrun, seine Witwe, vielmehr: Frau! Gudrun, seine immerhin nun mystisch wieder hochpräsente Frau! Das – war die wahre, fähige Trauer: Eins mit dem heißen hochzeitlichen Fest des Lebens:

»Remembering our lovely nights in Old Vienna.
Once again Rudi«

– und natürlich Herbert, er. Zuerst nestelnd, dann wie vom Teufel aufgehetzt, masturbierte Herbert noch einmal. Ehe es zu spät war, ehe alles schon zu spät war.

Eine Viertelstunde später, beim erschöpft todmüden Einschlafen, glaubte Herbert auf einmal zu wissen, daß ja dennoch alles – Unsinn war. Daß Gudrun, eine so gute, gewandte Liebhaberin sie, zugegeben, als Ehefrau auch war, vielmehr, ach, gewesen war, – gleichwohl zum Ehebruch nicht die geringste Eignung und auch Neigung gehabt hatte, gehabt haben mußte. Und ergo auch in Wien ja nicht zu Potte gekrochen sein konnte. Hm, hm, Herbert verzog verzagt die trockene Unterlippe. Sie, Gudrun, sie war eben und genau das gewesen, was man mit Fug als eine »treue Frau« bezeichnete. Sie hatte vermutlich nicht anders auch gekonnt. Auch gut, dachte Herbert hundemüde schläfrig, um so besser noch. Reichlich unzurechnungsfähig schon, heischte er rasch bei Gudrun Verzeihung für seine krummen Touren, für seine dummen Unterstellungen; so gut diese auch gemeint gewesen waren: gut für Gudrun, sie, und Herbert, ihn. Aus dem Halbschlaf hochschreckend, fiel Herbert ein, daß aber diese Variante ja nicht im Sinne des

Erfinders sein konnte – in seinem also, Herberts. Aber nein, die Postkarte, sie war höchst real, ens realissimum, vor jedem Gericht gerichtsnotorisch hinreichend. Und also auch das Grabenhotel, Zimmer vermutlich 32! Jawohl doch! Um sicherzugehen, strengte Herbert ein letztes Mal seinen Kopf an, einen Blick hineinzuwerfen in dies Zimmer, sehr müd geschlossenen Auges. Doch recht wachen Ohrs. Ah! Dies süßseidige Geraschel in den Laken, zwischen Kissen, wunderbar! Ein Duft betäubend wie Orange; wie Jasmin, Orange, Marzipan zusammen. Ah, wie sehr betörend. Gudruns zärtliche, leicht spöttisch muntere Iris, ihres fernen Herberts nämlich spottend. Die Flaschenpost Wien–Hanau, wie klappte das aufs beste. Geschmeidig schlängelte der Leib dann aber Gudruns doch gen Rudi hin. Anhob ein anmutvolles letztes Rammeln, Zausen. Mit Gudrun immer obenauf. Erschöpft fiel sie sodann in Schlummer.

Herbert ebenfalls.

Kurz nach vier Uhr wurde er wieder wach. Er konnte nicht mehr schlafen. Starrte an die Decke, auf den Wecker. 4 Uhr 27. Er, Herbert, hatte gegen 10 Uhr erst im Ministerium zu sein. Spätestens ab 15 Uhr war er dann wieder sein eigener Herr, konnte der Affaire Wien sich weiter ungestörtest widmen. »Rudi« war da ja noch ein Schwachpunkt, ein Schwachpunkt der Beweisführung. Er war letztendlich doch ein unsicherer Kantonist, ihm war nicht übern Weg zu trauen. Jawohl, Rudi mußte noch empiristisich inständiger auf seine Hieb- und Stichfestigkeit hin überprüft werden, auf seinen Bestand, auf seine Beständigkeit. Gudrun freilich – sie war tot. Mausetot. Unwiederbringlich mausetot. Der Erde zurückerstattet und der Maus. Zurückerstattet und -gestopft. Ohne Rudi an ihrer Seite, so viel war gewiß. Vorerst freilich auch ohne ihn, den Herbert. Doch waren seine, Herberts, Chancen ja viel größer als die Rudis, an Gudruns Seite dereinst Platz zu finden. Den Liebestod verspätet zu vollziehen, ihn für die Ewigkeit gewinnen. Allerdings stand zu vermuten, daß Gudrun sich nach Rudi sehnte, nach Totentänzen seiner ungehörigen Art. Das war bitter, das war zum Verzweifeln. Hellwach fast, von Verzweiflung schier gepackt, erwog Herbert eine gute Stunde lang ernstlich den Selbstmord. Doch welcher war zu präferieren? Nun, am sichersten, spannendsten und zugleich schmerzfreiesten war es vermutlich, sich bei Gewitter aufs freie Feld zu stellen. Und so postiert den Einschlag abzulauern. Den Einschlag, der Herbert zu Gudrun wieder brachte. Eskamotierte? Katapultierte.

Gottseidank hatte man zusammen keine Kinder gehabt, keine Kinder mehr gehabt, er und Gudrun. Es war zu spät gewesen. Kinder, das hätte noch gefehlt. Die hätten jetzt ohnehin eine Mutter als Hure. Vielleicht auch eine Hure zur Mutter, ja, selbstverständlich. Ehe sie verewigt, noch schnell eine Hure. Und einen lustigen Onkel namens Rudi. Einen Hurenbock und Schnallentreiber. So wie es kleine Kinder schätzen.

Herbert ächzte, äugte nach der Uhr. 5 Uhr 09. Im Zorne sprang er auf und lief zur Hauspotheke. Warf zwei himmelblaue Valiumtabletten in den Schlund. Legte hoffnungsvoll sich schon ins Bett zurück. Gedachte wieder Gudruns. Sein Todesengel, mit Zeitverzögerung war er zur Liebesgöttin geworden, vermutete sehr zäh Herbert. Er merkte, wie er sich des törichten Zeugs und Garns, das er sich da zusammenspann, ja nicht einmal groß schämte. Dazu war es zu spät, zu früh. Herbert sah nach dem Wecker. 5 Uhr 23. Herbert räusperte sich, fühlte sich müder werden. Müder werden und wehmütig. Er beneidete Gudrun um ihren frühen Tod. Dann, gleich darauf, entschlummerte er zum zweiten Male.

Schon am frühen Nachmittag, erst recht am Abend des anderen Tags war Herbert gänzlich sicher: Das alles war nicht wahr. Alle erdenklichen und vermutbaren Varianten, alle Ausdeutungen der Postkarte, sie neigten in Richtung eines puren Zufalls. Sprachen für die Treue Gudruns, seiner lieben Frau. Das Ganze war ein Jux, ein Joke, ein Scherz, eine Anspielung auf irgend etwas Undurchschaubares; sonst gar nichts. Den Frauenschänder »Rudi« – gab es nicht. Jedenfalls nicht als Österreicher – eher denn doch als geschmeidigen Engländer. Dafür stand ja schon ein und gerade, daß er »Old Vienna« groß schrieb. Vom Treppensteigen Schweiß in Bächen lief Herbert über sein Gesicht. Herbert setzte sich, trank eine Kanne Tee, wischte die derart noch einmal zunehmende Feuchte, den Schweiß sich von der Stirn. Ein Ende des Ganzen, eine Erklärung, war noch immer unersichtlich und nicht abzusehen. Herbert geriet erneut ins Grübeln, in Verwirrung. An baren Zufall weigerte er sich einerseits zu glauben. Andererseits war »Rudi« oder Rudi ja ganz harmlos. Hätte Rudi »Theo« geheißen oder »Arthur« etwa, dann hätte ernstlich Grund zur Eifersucht bestanden. So aber – »Rudi«, nein. »Rudi« doch nicht, nein, der nicht.

Aber seit wann, noch einmal, ein letztes Mal, hieß ein Engländer – »Rudi«? Mit Spitznamen sehr wohl. »Rudi«, das machte ganz den Eindruck, als sei ihm, Rudi, dieser Spitzname erst in Wien verpaßt worden, von Gudrun – und na eben Rudi!

Haha. Wahrscheinlich war alles nichts als ein abgekarteter Scherz, vielleicht sogar die Eifersuchtserweckung Herberts mittels einer harmlosen Postkarte, einer – nach ihr greifend überzeugte Herbert sich erneut – tatsächlich frankierten, aber nicht abgestempelten Postkarte. Aber all das war zu dünn noch, die Beweisführung zu porös. Dies lausige, dieses verdammte promiskuische Gewese, dieses pervertierte! Nein, es war dies nicht einmal ein abgekarteter Scherz zwischen wem auch immer. Sondern gar nichts. Wenn man nur Gudrun hätte fragen – –

Aufhorchend kam Herbert erstmals der Gedanke eines Friedhofs-, eines Grabbesuchs. Herbert biß sich zornig auf die Lippe, vier Unterzähne bissen zu nach oben. Nein. Das Ganze war zu umständlich. Zumal es auch kaum fruchtete. Gudrun lag in ihrem Familiengrab in Nürnberg – und würde zudem ja auch nichts preisgeben. Von Wehmut, womöglich Rührseligkeit gepackt, schluchzte Herbert kurzum auf – und bremste sich ganz quick. Wechselte endlich sein stark durchschwitztes Hemd. Und verschob den Friedhofsbesuch auf späterhin. Bis die wünschenswerte Klarheit wieder eingetreten war. Und er, Herbert, beherzt an Gudrun herantreten konnte, ihr Abbitte zu leisten. Für seine sehr schlimmen Verdächte.

Plötzlich wußte Herbert wieder ganz genau, daß seine Frau, seine liebe und leider verstorbene Frau ihn nie, niemals betrogen hatte. Zeitlebens auch nie betrügen würde, dachte Herbert etwas wolkig. Er biß sich kurzentschlossen auf die Zunge, aus Schmerz darüber, daß Gudrun nicht mehr da war. Gudrun, mit der er alles guten Muts hätte bekakeln, hätte besprechen können, in Ruhe und Zutraulichkeit. Oder vielmehr Beschaulichkeit. Und ohne diese gänzliche Abgetrenntheit, Verlassenheit, Lausigkeit. Neinnein, in so gänzlicher Verlassenheit, Herbert mußte schmunzeln, und Eingesponnenheit in unlösbare Problemata und Paradigmata, da ließ sich nichts besprechen, schon gar nicht in der begehrenswerten Ruhe, in Ruhe und – wie war das noch gewesen? – in Ruhe und Zusammenschaulichkeit. Obschon es ja im Grab, Herbert wieherte lautlos auf, an Ruhe eigentlich kaum mangelte.

Jedenfalls, nie hatte, hätte Gudrun ihn betrogen, angeschmiert, der höchst obskuren Deviation sich hingegeben, angeschmiegt. Dafür stand ja ihr Tod schon ein. Stand ein und bolzgerade. Vom Grabenhotel ins kühle Grab. Erde zu Erde, Dung zu Dung. Die Strafe für schwerste Abtrünnigkeit. Buhlischkeit. Herbert steckte eine Pfeife an und paffte passioniert. Unvermeidlich hatte Gudrun büßen müssen, mit ihrem jungen, erst 34jährigen Leben. Welch eine Nemesis, ah, welch ein ungestümes Rasen! Glatte Strafexpedition, vielmehr: eitle Strafexekution! Die hatte ihr Fett weg, haha! Jetzt lag sie erledigt unterm Rasen. Erde zu Erde –

Ein Rütteln fuhr durch die Wohnungswände. Herbert horchte auf, klamm und verblüfft. Hatte der Schrank geschwankt, das Kanapee? Herbert lauschte atemlos. Noch schien das Mobiliar zu taumeln, der hohe, große Zimmerschrank. Erosion? Ein fernes Erdbeben von jenseits des Jordanlands? Botschaft gar aus – Wien? Die Hitze hallte gleichsam nach. Dann war ein – fernes? nahes? – Schaben gut vernehmlich. Wie ein großes starkes Tier in Lauerstellung. Ein Tier, welches als erstes die vom Beben entstandenen Schäden für sich plump nutzen wollte – –

»Rudis« Vermessenheit, ihr, Gudrun, nachher doch noch glatt und öffentlich Postkarten zuzuschanzen – sie war das an dem ganzen Fall Frappanteste. Ein bißchen tat es ihm, Herbert, deshalb fast schon leid, daß es »Rudi« ja strenggenommen gar nicht gab, weder induktiv noch deduktiv. Rudi, diese Natter, diese kleine Kröte. Gleichwohl für Gudruns Schändung voll verantwortliche! Und daß es Rudi gar nicht gab – das war schon doppelt schade. Denn damit, so überschlug Herbert rasch und ungetröstet die Lage, damit war, wäre es ja auch mit den schönen, nagelneuen Liebesgefühlen leider schon wieder aus, gleichfalls mit seiner neuen Liebe. Der neuen Lust am – Masturbieren auch? Herbert blieb im Dunkeln sitzen, rauchte zwei Zigarren Kette. Vollkommen überraucht dachte er Gudruns. Er schämte sich und zog vor Scham die Schultern fröstelnd ein. Herbert überlegte, worüber, wessen er sich gar so schämte. Er schämte sich wahrscheinlich deß und darüber, daß er schon so alt, daß er schon 49 war. Ein klägliches, ein gewiß ganz heimtückisches, tückeseliges Alter. Das hätte er sich vor zehn, fünf Jahren ja noch nicht träumen lassen. Daß 49 derart tückisch war.

Immerhin, er, Herbert, er mochte nicht viel taugen, dachte Herbert unverzagt. Doch unverdrossen wollte er ab sofort die Ehre Gudruns, die sauber intellektuell wiederhergestellte Eheehre Gudruns künftig ehren. Ehren und verteidigen. Wie vor Gott, so vor aller Welt.

Drei Stunden später, er machte sich schon und etwas verdrießlich zum Einschlafen zurecht, beobachtete Herbert zu seiner durchaus wohligen Verblüffung, daß ihn das Bild, daß ihn die fotografische Aufnahme der nackt oder halbnackt im Grabenhotel herumkugelnden und sich stracks verlustierenden Ehefrau Gudrun ja auch jetzt noch erregte und genauso noch erregte – jetzt, da er wußte, daß alles eingebildet, daß Gudrun niemals fremdgegangen war. Der Kitzel war der völlig nämliche und ungestüme. Ah, des elektrisierend weichknisternden Dämmers! Im Plüschmobiliar des Grabenstopfhotels! Der etwas speckige, scharlachfarben reichlich übertriebene, dieser distinktionslose Tapetenzauber! Lustbebend Gudruns Rückungen, Verzükkungen, nahezu schluchzend seelenvollen Blicks. Der beige Alabasterleib, der blütenweise Slip darauf. Nicht verabsäumte es Herbert, der schönst fließenden Bilder habhaft, der liebesfrohen Gudrun wiederum teilhaftig zu werden. Dem Wahnwitz ihrer Schönheit, dem Wahnsinn ihrer Liebeslust. Die gleichwohl ja fast keusch, schämig verblieb. Herbert versagte es sich länger nicht, hingerissen zuzuschauen. Was eine Visio beata! Ekstatisch und doch auch ganz züchtig! Was eine Wiener Loveria!

Schweißperlen sickerten Herbert wiederum über Stirn und Nasenfurchen. Und überraschend auch aus der Partie unterhalb des Kinns. Etwas wie heilige Genesung schon durch das Schwitzen. Der Nackerfrosch da vorne? Das war seine, Herberts, Frau. In der Tat. Ungehindert, unvermindert; unerkaltet leidenschaftlich. Sie, die, haha, an ihre Haut sonst nur Wasser und CD ließ, haha – sie ließ sich eben wieder einen drüberbraten. Unermüdlich steckte Rudi einen weg. Na denn Waidmannsheil auch! Herbert unversehrt hub an zu masturbieren.

Es war deutlich spürbar. Zwischen ihm, Herbert, hie und Gudrun und Rudi dort, war nur noch ein schmaler, freiwilliger, freilich nützlicher, sinnreicher Graben. Er schützte beide Teile vor direkter Berührung und Begegnung. Es wäre sonst zu peinvoll schon geworden. Berührung mit einer Toten? Nie und niemals! Pfui doch!

Ein bißchen erschreckend unterbrach Herbert sein Masturbieren. Ihm war nicht ganz geheuer im Moment. Für eine Weile begnügte er sich damit, das Gefühl der fernen Liebe von der zuletzt schmächtigen Glut wieder zu praller Flamme aufzublasen. Kaum war das geschafft, begann Herbert wieder guten Muts zu masturbieren. Frevel? An Gudrun? Oder wem oder was? Ach was! Die rammelte doch auch da vorne wieder längst mit Rudi! Mit beidseits durchaus tauglichem Geräte. Dort vorne, auf der schwülen Bude. Im Behelfshotel Graben an der alten Naglerecke.

Ein Wispern, bald ein Wimmern, Stöhnen kam aus Wien. Mit Nachdruck langte Herbert zu.

Er staunte. Er staunte abermals. Es kam genau aufs gleiche hinaus wie gestern nacht. Obwohl es »Rudi« ja kaum gab; obwohl die Marke sichtlich nicht gestempelt war. Sanftmütig zeigte Gudrun oben vorne ihre Knöchel, wirbelnd ließ sie die schöne Fessel spielen:

Nie, nie, niemals zu Lebzeiten, jetzt wußte es Herbert noch einmal und mit Bestimmtheit, nie hatte der Anblick, das Bild seiner Frau, ihres schöngeschlungenen Leibs ihn so innig, so inständig, so ohne Maß hingerissen und hererregt wie jetzt, da sie, wenn auch etwas zeitverschoben und nicht ganz beweiskräftig, schon wiederum am aushäusigen Mausen, wild am Fremdgang war. Noch im nämlichen Augenblick wußte, ahnte Herbert, daß das – so nichtsdestotrotz nicht stimmte. Das Masburbieren selber war die Tiefe; im Vereine mit den fernen Fotos. Freilich, dem schieren freudigen Masturbieren gesellte sich dennoch und im nachhinein ein wiederum anderes, wahrscheinlich doch viel tieferes Gefühl. Gefühl wie eine Heimsuchung. Noch im entschlossenen Masturbieren schwante Herbert, dieses Gefühl, es war die Liebe. Die heimgekehrte, die über den Umweg des schwül Schweinösen heim- und zurückgekehrte Liebe, die strahlender denn je ihm auferstandene.

Herbert ließ den irrenden Blick abschweifen, von den beiden Freunden weg. Ein Mäuslein huschte fahl über den Lichtdämmerschatten der Zimmerdecke hin. Nein, war kein Mäuslein. Nur der Schatten selber. Als ein bewegter Fadenschein. Herbert war kurzzeitig danach, vor wehem Glück zu schluchzen. Noch nie, nie, hatte er seine Frau so sehr geliebt wie jetzt. Jetzt, da sie ihm gleichzeitig das schönheiße Fremdgehen vorgaukelte und ihn doch in der Sicherheit beließ, sie würde es ja niemals tun. Und ihm, Herbert, dann dennoch im sanft bewegten Lieben flink ihren schönen Leib darbot. Längst in Fäulnis, in Zersetzung – und doch wie in – Verklärung; wie von innen heraus erleuchtet und verklärt.

Entzückt lächelte sie Rudi zu; Herbert mehr entrückt zurück.

Kaum war dieser mit seinem neuerlichen Orgasmus zu Rande gekommen, so ließ er sich, vergnügt lautlos vor sich hinpfeifend, noch im besänftigten Liegen eine Zeitlang die Möglichkeit durch den Kopf spazieren, seine Frau, diese Gudrun, könne ihn oder vielmehr könnte ihn ja doch betrogen haben, wenigstens ein paar Tage lang. Aber auch das änderte dann, sofern es nur ein paar Tage waren, ja gar nichts. Nichts. Und wären es Jahre gewesen? Auch dann vermutlich nichts. Lief es aufs gleiche hinaus. Es war, bestätigte sich Herbert schwach ermüdet, ein jedes Mal die völlig gleiche Liebe.

Herbert erbrach eine Flasche Trollinger. Schnappte drei kräftige Schlucke. Gudrun hockte, die Knie anmutig angezogen, auf der Bettstattkante und spielte mit ihren rotlackierten Zehennägeln. Erstaunten Augs, daß sie so früh schon sterben mußte. Herbert schmunzelte satt zufrieden und entspannt. Während Rudi sich anschickte, schon wieder ein Loch in die Abwehr zu reißen – war ja Rudi Völler, klar. Und der war praktisch auch aus Hanau. Herbert mußte gickern.

Beim langsamen Einschlafen glaubte Herbert zuverlässig, daß Gudrun ihn keineswegs absichtlich zu foppen beschlossen hatte. Sondern das Geheimnis nicht gänzlich preiszugeben gesonnen war zu seiner, des Witwers, Läuterung. Fünf Tränen rollten ihm aus den Augen. Dennoch fuchste Herbert sich gleich darauf nicht wenig, daß er und seine Frau es zu beider Lebzeiten, was diese Frage betraf, verabsäumt hatten, eine Art postmortale Korrespondenz zu installieren. Dergestalt etwa, daß jeder der beiden dem je anderen an quasi versteckten, geheimen Stellen drei bis dreißig Briefe hinterlegte, die dann nach einem bestimmten Schlüssel, in einem bestimmten zeitlichen Rhythmus gefunden, erbrochen und gelesen werden wollten. Hätten sollen. Herbert grämte sich. Da hätte sich dann nämlich notwendig, notorisch, obligat die Wahrheit herausschälen müssen, die Wahrheit über das Grabenhotel, diesen – Lady Hamilton hin und Lord Nelson her – schaumigen Kehrichteimer der ehelichen Treue, ach, der Liebe. Die Wahrheit, so oder so. Aber andererseits und andersherum, erwog Herbert nun schon reichlich schläfrig und schleuderte sich halb zornig, halb lustig auf die andere Seite, wollte er es so genau ja gar nicht wissen. Wozu die dümmlich inferiore Suche nach weiteren Briefen. Eine einzige Postkarte genügte doch. Zu seiner Hocherregung.

Begann der Tag da schon zu grauen? Herbert langte zum Nachtkästchen nach links. Letzte Kontrolle für heute. Tatsache, die Briefmarke war ungestempelt. Tscha. Sicher hatte das etwas zu besagen.

Ungeduldig erwartete Herbert anderentags die Nacht, die nächste Liebesnacht. Schon fast zeremoniös fiel heute sein Masturbieren aus. Eine Mücke hatte ihn untertags ins Auge gepickt, es sah geschwollen und ziemlich lächerlich aus, verhinderte und verschlechterte indessen die Einblicke ins Grabenhotel nicht. Wie in lustiger Balgerei warfen sich Rudi und Gudrun aufeinander, what a very lovely night in Vienna, zufrieden grinste Herbert, so richtig animiert. Unbeanstandet sah er aus dem Hinterhalte zu, gähnte verhalten.

Am vierten Tag, während der Dienststunden, mitten am hellen Vormittag, trat Herbert, die mailiche Hitze walzte unvermindert fort, noch einmal und eigentlich schon widerwillig der Idee einer systematischeren Suche nahe, der häuslichen Suche nach Korrespondenz zwischen Gudrun und Rudi, Briefdurchschläge vielleicht auch seitens Gudrun – Briefe und eventuell auch Aktfotos. Rudi und Gudrun vielleicht gar nackt im Clinch? Ach was, schon vor dem Mittagessen hatte Herbert den Plan als überflüssig, überständig wieder ganz verworfen.

Am Nachmittag, das halbe Ministerium war beurlaubt oder befand sich auf Dienstreise, kam sich Herbert recht verwaist vor. Zeit zur Zwischenbilanz. Natürlich war die Postkarte gehaltlos bzw. umgekehrt gehaltlich Makulatur. Aber wer weiß, vielleicht harrte der Gangster Rudi ja doch noch immer eines Echos! Lungernd seit Jahren an der Graben-Rezeption. Zermalmt von Unglück, Sehnsucht, ungetröstet. Dennoch unbeirrt. Unsinn. Aber nicht unmöglich. Rudi, der arme Tropf. Gegen 15 Uhr, kurz vor Büroschluß, erwog Herbert deshalb gleichwohl noch einmal eine Fahrt nach Wien, ins Grabenhotel – warum nicht getarnt als Dienstreise, und sei's nur, sagte sich Herbert etwas absent, »aus Jux und Spinnerei und gegen jedwede Wahrscheinlichkeit. Wahrscheinlichkeit, daß ich wirklich fahre«.

Heimgekehrt nach Hanau, am Abend war schweres Gewölk rasch aufgezogen. Lind erfrischte Luft, alle sehnten sich nach ihr. Allein, das erhoffte Gewitter blieb auch für diesen Tag aus. Nah blinkte schwül der Main und gleißend, gleisnerisch im breiten Bett, glitzerte wie ewig schwerste Sünde.

Nein, Wien war Nonsens. Wie das Grabenhotel im Ernst und ganz besonders. Nach den Abendschaunachrichten beschloß Herbert, es damit also genug und definitiv sein zu lassen. Und statt dessen der geläuterten Liebe, nämlich der sehnsuchtsfreien Masturbation voller Begierde wieder entsprechenden Raum zu geben. Alles gelang, und trefflichst. Gudruns geschmeidig schlankfülliger Leib, ihr apfelblütenreiner Slip. Eine wahre visio beatissima war es, die da mit Andacht Herbert masturbierend überlief, eine visio volle Pulle beatificata. Erd' zu Erde, Dung zu Ding: Gudruns letztes Präsent an und für Herbert, ihr Geschenk von drüben. Dergleichen gab es also auch, sann Herbert glücklich und schlief bald darauf ruhig ein.

Um nichts zu verderben und ein ferneres Gelingen zu gewährleisten, beließ es Herbert zwei ganze Tage lang bei der Beatifikation ohne Masturbation. Zu seinen Gunsten nahm er an, daß Gudrun, wenn ihr seine vertrauliche Teilnahme, seine teilnehmende Vertraulichkeit hinsichtlich des Grabenhotels, schon nicht im Übermaß gefiel, sie ihm doch immerhin huldreich verzieh. Und ihm nicht weiter in die Quere kam, so er es räudig masturbierend wieder wissen wollte. In der dritten Nacht war die Abstinenz zu Ende. Im Dunkel, aus dem Augenwinkel heraus ersah Herbert, wie Gudruns Leib ergötzlich sich besudelnd schlangengleich an den von Rudi glitt; auf der Suche nach Rudis Rute, der raschen und reißwölfischen; ehe diese in sie schlüpfte, zu glühendheiß baldiger Knotigung. Zitternd vor Liebe oder immerhin Erregungslust nahm Herbert auf seine Weise rege teil.

Ein Knacken ließ sich knisternd hören, im Raum hier

oder im Grabenpuff. Mit Gleichmut und sich selbst einschläfernd knurrte Herbert kleinere Verwünschungen nach. Flüche, schabend, Kokolores.

Bereits in der nächsten Nacht vergaß Herbert vorübergehend wieder, daß seine Frau schon tot war, und wollte sie befragen, konsultieren, wegen mancher Unklarheiten. Nicht zwingend war die Beweisführung per Postkarte, so unwiderleglich ehern breit sie auch auf jenem Schreibtisch lag. Gewiß war es eben doch nur ein Abiturientenjokus gewesen – Gudrun, zurückgekehrt, sollte alles schleunigst zur Aufklärung bringen; das war ihr auch nach langer Abwesenheit ja durchaus zuzumuten. Vielleicht lag da aber auch, ihn, Herbert, weiterhin zu narren, noch eine zweite Karte, ein Brief für Gudrun, auf dem hiesigen Postamt herum. Jedoch, Herbert winkte ab, nach zwei Jahren ging das garantiert retour, nach Linz oder St. Pölten. Oder landete im Postreißwolf, ahoi.

Gegen Mitternacht, recht unwillig, hatte Herbert die wahren Zusammenhänge wieder säuberlich auseinandergeklaubt und geordnet. Zwar bedauerte er Gudruns Nichtmehrvorhandensein. Doch gewann er Trost in der Erkenntnis, daß Gottes Rache für die Wiener Eskapaden durch einen raschen Tod sehr maßvoll ausgefallen war. Gegen 2 Uhr früh bewegte Herbert sich der Meinung entgegen, das Schlimmste, Böseste, was er, Herbert, sich vorzustellen vermöchte, sei nicht der Tod selber, der Tag, die Stunde, der Augenblick des Ablebens und Versickerns. Sondern die Chose liefe andersrum. Nämlich wäre auch er, Herbert, schon drei oder seinetwegen auch zehn Jahre tot: Das Schlimmste für ihn, Herbert, dachte Herbert ziemlich zugeschnürten Halses, das Ärgste wäre gleichwohl auch für ihn, den Toten, die letzte furchtbare oder doch gramvolle Stunde dieser Frau; seiner, Gudruns. Herbert nahm wahr, war sich ganz sicher, daß er nach und zu diesem Gedanken keine Lust mehr auf die gewohnte, die liebgewordene

Masturbation verspürte. Zumal das Fensterbrett von Zimmer 32 ja verschneit schon lag. Mindestens fünf Zentimeter Neuschnee hatte es geworfen; während Rudi und Gudrun sich verhaspelt hatten.

Herbert starrte, blinzelte dann gegen die Zimmerdecke. Er nahm sich vor, später einmal, »aus der Ewigkeit heraus«, den beiden dabei zuzusehen, bei ihrem hold verwunschenen Tun. Und seiner Frau dabei nach Kräften beizustehen, sei's durch mancherlei Trostesworte, sei's durch die Handhabung, halt: Handreichung lindernder Pharmaka. Verwirrt schrak Herbert aus dem Halbschlaf hoch. Da war plötzlich auch das Kribbeln, Nadeln an den Armen, Beinen wieder. Es tat ein bißchen weh, zum andern wohl. Und hörte nicht mehr auf. Verärgert, erbost stand Herbert auf, trocknete sich die klebrig verschwitzte Stirn und entkorkte eine Flasche Trollinger. Schon nach den ersten kraftvollen Schlucken wurde ihm recht wehleidig, weinerlich zumute. Mehrfach durchmaß er seine Wohnung, ihre zwielichtigen Räume. Räumlichkeiten. Zimmerwohnungsräumlichkeiten. Er faßte den Vorsatz, nächstens, bei nächster Gelegenheit Malitz anzurufen und ihn vielleicht auch um Verzeihung zu bitten dafür, daß er neulich bei Malitzens vermutlichem Anruf nicht abgehoben hatte. Nach dem zweiten Schoppen Wein merkte er einigermaßen enttäuscht, wie wenig realitätshaltig vorhin sein frommer Wunsch, seine Vision von Mitleid und Beistand gewesen war. Denn, sann Herbert und gähnte kaum verhalten, seine Frau – die lag ja längst begradigt oder vielmehr begraben unter der Heimaterde, da war ja gar nichts mehr zu machen, hoffen. Und beim Sterben hatte er, Herbert, ihr – auch nur in Maßen zugesehen. Halt! Beigestanden. Flüchtig gedachte Herbert der Vorgänge am Grab, sodann etwas ausgedehnter besah er sich Gudruns prächtigen Hintern, im heute fliederfleischcremefarben transparenten Höschen. Das Herbert nicht ganz so gefiel. Sicher auch deshalb wurde er sehr schnell schläfrig. Nun denn, dann hoffte er eben, sagte sich Herbert bockig, wenigstens sie, die Frau, Gudrun war ihr Name einst gewesen, würde es akkurat so halten, und nämlich dereinst, Herbert, ihm, beim Sterben helfend, lindernd bei ihm stehen, um ihm lächelnd zuzusehen, von anderen Handreichungen hier mal fett zu schweigen.

Mit einiger Überlegung trank Herbert den dritten Schoppen Wein zur Neige. Sein Leben taugte eh recht wenig. Jetzt ging es zügig aus dem Leim. Die Postkarte – mit azurblauem Filzstift war sie vollgeschrieben. Rudi, die Filzlaus. Die feigherzige Filzlaus Rudi. Ein bißchen begann die Karte wohl auch schon zu gilben. Aus dem Leim, haha, gleichfalls zu gehen. »Once again«? Haha. Roll me over – and do it again, hehe.

Noch ehe die ersten Hähne krähten, lag Herbert dennoch in der Falle.

Wiederum beinah mühelos gelang es ihm am anderen Abend erneut, das Grabenhotel im Bild, in der Vision sich auszumalen. Gudrun war heute wieder korrekt im niveaweißen Slip und sogar in blendend weißbeigen Lederstökkelschuhen erschienen, die sie freilich eilfertig abstreifte, als zu Rudi sie gleich kletterte. Ah, die nimmersatte Molchin! Herbert meinte sich heute erstmals die Freiheit herausnehmen zu dürfen, zur Linderung seiner, Herberts, Pein oder aber zur Steigerung seiner »im übrigen hochverdienten Lust« Rudis Pimmel, seinen Steifen, in seine, Herberts, Erwägungen und Vorstellungen einzubeziehen; Gudrun sah es ihm auch ganz gewißlich nach. Ihre Schultern zuckten, bebten, als Rudis Steifer sie bedrang. Herbert verargte ihr es nicht, den Fimmel, der sie da befallen. Ihr, Gudruns, einziger Lebenszweck war es ja nach den Worten der Schrift dereinst gewesen, ihn, Herbert, möglichst oft glücklich zu machen und zu sehen. Soviel war ausgemacht, soviel war locker ausgemacht. Und deshalb, entsann sich Herbert, hatte er sich schon seinerzeit am Grab gewundert und erstaunt, daß und wie Gudrun gleichwohl einfach gestorben, so ohne weiteres ausgeschieden war, kalt sich verabschiedet hatte auf französisch. Zurücklassend Herbert und den Fimmel. Herbert und die Postkarte. Die Karte Rudis, dieses Knülchs. Ermuntert, fast erheitert sprang Herbert hoch vom Kanapee, begab sich in die Küche. Das also, dachte Herbert, war der Sinn gewesen, das des Pudels wahrer Kern. Der Zweck von Gudruns Leben war gewesen die gut sichtbare Lagerung der Postkarte aus Wien. Behaglich schmunzelte Herbert. Dann schlürfte er den selbstgebrauten Cappuccino.

Genau zwei Tage später fiel Herbert auf der Autobahn zwischen Darmstadt und Hanau ein, daß der seinerzeitige Klassenausflug Gudruns gar nicht nach Wien, sondern im Gegenteil – nach Berlin geführt hatte! Herbert lächelte heiter. Aporie, Aporie. April, April. Aber – das war ja auch gut, das machte gar nichts, absolut nichts, das wurde Herbert sogleich klar. Denn fremd war sie, Gudrun, ja so und so nicht recht gegangen. Noch gab es »Rudi«, hie wie dort, Wien oder Berlin. Sondern die unwiderleglich ungestempelte Postkarte, die hatte Gudrun ja sich selber geschrieben; ihn, Herbert, damit erst zu schrecken, dann zu narren, endlich zu beglücken. Vertrackt, verzwackt, verzwickt. Das gleichwohl war des Rätsels beste Lösung. Erfreut betrat Herbert seine Wohnung, ließ sich nieder. Und trank ein kühles Pils. Ein zweiter, kleinerer Erdstoß rüttelte. Im Küchenschrank klirrten die Gläser, wie nebenan in der Vitrine. Und die Briefmarke? Die hatte Gudrun sich eben aus Österreich schicken lassen. Von irgendeinem feschen Rudi höchstwahrscheinlich; ja doch, sehr wahrscheinlich. Herbert fieberte der Nacht entgegen.

In der Nacht kam es Herbert zuerst so vor, als ob die Mechanik des Zaubers, des zauberhaften Spiels durch die neueste Sachlage an Kraft verloren habe, an Wirkung nachzulassen beginne. Doch dann zeigte, offenbarte Gudrun wieder den erlesen schönen Hintern. Inbrünstig wälzte sich der nackte Leib im Laken. Der weißgerippte Hintern wölbte, spannte, dehnte sich zum Gruß Herbert entgegen. Ah, die Ehrvergessene! Die schwerst Entwurzelte! O visio beatissima! Herbert setzte an zu masturbieren. Es war die reine Lust, es war die reine Liebe. Der Blick ins Grabenhotel in Wien. Gudruns Gesicht war Herbert abgekehrt, wie immer. Herbert, moderater masturbierend, ging etwas verblüfft mit sich zu Rate, ob Gudrun je »aus dem Foto bzw. dem surrenden Erinnerungsfilm Grabenhotel heraus« ihn, Herbert, »angeblickt«, zu ihm »herübergeblickt«, ihm »ins Auge gesehen« hatte. Seines Wissens leider nein. Wünschte er diesen Blick? Eigentlich ja nicht. Nein, kaum. Mit einer einzigen Ausnahme vielleicht. Einen einzigen Blick hätte er, Herbert, bedürftig doch vielleicht begehrt: den wehen Blick leiser Verwunderung; leis liebender Verwunderung:

»Remembering our lovely nights in Old Vienna.
Once again Rudi« –

– rembremerdeng, rembremerdeng, gickerte Herbert röchelnd. Oder vielmehr hustend. Nämlich schmauchend einen Stumpen. Ein Rumpeln im Innern war zu hören, vermutlich aus dem Zentralnervensystem, hehe. Durch den Kopf brummte ein Raunen. Nein, an das Grabenhotel glaubte Herbert mittlerweile natürlich nicht im geringsten mehr, ebensowenig wie an Gudruns Eheverfehlung in toto bzw. anderswo. Natürlich! Natürlich war seine abgelebte Frau zeitlebens eine Treue geblieben, war sie der Treue treu geblieben. Sei's zu Recht, sei's aus Behuf, sei's aus Klugheit, sei's aus Hupfheit, sei's endlich aus Hohn. Nienie hatte sie ihn betrogen, und doch war's hupfaufherrlich, ihr dabei heimlich zuzuschauen. O nein, Herbert schüttelte gewieft den Kopf, es war nicht auszumachen, ob es gleich herrlich oder noch herrlicher war – so oder so – je nachdem, ob Gudrun schuldlos oder schuldig. Scheint's war es völlig wurscht. Schuld, vermutete Herbert und kicherte vielsagend wieder ein bißchen vor sich hin, Schuld war ein moralischer Raum. Hier galt's der Biologie, der Technik. Es war nicht länger zu verhehlen: Gefragt war hier, bedachte Herbert hochvergnügt, der Auslöser, der Druckknopf. Er lächelte wissend, halb verschwörerisch. Ungehindert, ungeahndet fing er an zu masturbieren, stracks auf Sweetheart Gudrun hin.

Nach etwa einem Monat, eine knappe Woche lang, sah es fast so aus, als habe Herbert der Sache ein Ende gemacht, ihrer bald vergessen. Er fühlte sich ermüdet, matt und lustlos. Wußte sich keinen Grund dafür. Da, in höchster Not, fiel ihm die Postkarte schleunigst wieder ein, die Karte und alles andere. Er klaubte sie aus dem Schreibtischfach. Studierte sie eingehend. Die Lüsternheit des Ausschweifens der riesigen Buchstaben – Herbert glaubte sich nicht zu erinnern, daß diese ihm vorher auch so stupend ins Auge geschlagen war. Herbert rang mit sich. Er fühlte, wie das Leben mählich, dann heftiger ihm wiederkehrte. Er pflanzte sich aufs Kanapee und tat die Augen zu.

Die Hitze hatte sich gelegt, draußen schüttelte sich ein warmer Juniregen aus und nieder. Herbert lauschte und gedachte dankbar Gudruns. Sogleich wendig erschien sie, diesmal im Negligé. Sie warf es ab, behielt aber ein Stück glitschigglatter Seife in der Hand. Schon lag sie wieder nackt, vielfach befleckt im Wiener Flecken- haltum: Grabenheim. Der lüstrig weiße Slip über dem Hintern – glühend glomm er auf wie Schnee im Hochgebirge. Der Hintern war ihm, Herbert, zugeneigt. Brünstig verbuhlt ihr Blick. Der schwamm zu Rudi hin, wie nimmermüde paritätisch Gunst verteilend. Von Herzen gönnte Herbert deshalb seiner Frau auch jetzt den Seitensprung. Neidete ihn ihr ja keineswegs. Nun sie tot, tat sie ihm leid. Daß sie dergleichen nicht häufiger praktiziert, anstatt einmal nur, in Wien, und das ja auch wohl kaum. Nichtsdestoweniger, dies eine einzige Mal, bedachte Herbert und rieb sich kitzelig über seinen nackten Bauch, dies eine Mal wäre er gern dabeigewesen. Aber ei freilich, genauso schön war es ja, hier von Hanau aus in aller Ruhe und gemütlich zuzuschauen. Gudrun spannte ihre Hinterbacken, wölbte sie weich auf Herbert hin. Zu seiner ferneren Läuterung. Zum letzten Lebewohle. Dann wieder zeigte sie plötzlich, wenn nicht Herbert, ihm, so doch dem anderen die lächelnd sammetweißen Zähne. Darauf nur hatte Herbert ja gewartet. Augenzwinkernd hub er an zu masturbieren. Mild schimmerte Frau Gudruns edles Halbprofil. Es war so süß, es war zu schön. Dies prachtprangende Hinterteil. Hehr stöhnte auf der Witwer. Es wurde abermals ein toller Erfolg. Herbert schauerte ein bißchen nach. Und freute sich aufs nächste Mal.

Aufzeichnungen eines sehr schmutzigen alten Mannes

Meine Damen und Herren, wenn ich jetzt im Geist vor Sie hintrete, meine Lebensbeichte abzulegen, gewissermaßen meine innersten Eingeweide nach oben zu stülpen oder nach außen (oder wohin auch immer, hihihi!) – es würde mich wenig erstaunen, wenn Sie nach der sorgfältigen Lektüre oder auch dem Genuß meiner unerbittlich schonungslosen Konfessionen in mir den schäbigsten, widerlichsten, unsaubersten alten Mann erkennen zu müssen meinen, der Ihnen je begegnet und untergekommen ist. Ja, ich bin ein alter kranker Mensch, bin ein schlechter Mensch, bin ein abstoßender Mensch, jawohl, so viel ist richtig. Allein, die Wahrheit verlangt es, daß ich mich erkläre, daß ich mein schmutzreiches Leben so offen bloßlege, wie es nur irgendwie möglich ist, zu Ihren Füßen lege, mögen Sie mich endgültig zertrampeln und vernichten – in gewisser Weise will ich meine sicherlich pechschwarze Seele entlasten, entlüften, bevor sie, in leider schon absehbarer Zeit, vor Gottes Thron gerufen werden wird, ihr Urteil zu erwarten, und dann wird, trotz Gottes unermeßlicher Güte, sehr wahrscheinlich Heulen und Zähneknirschen sein, haha!

So handle ich denn gleichsam auf höheren Befehl und gleichzeitig plane ich, eben mit dieser Niederschrift den Tod noch ein Weilchen in Schach zu halten. Hie Edelmut also – dort Schmutz. Wie reimt sich das? Aber kann denn ein erkennender Mensch, wie ich zweifellos einer bin, sich überhaupt noch irgendwie achten, so frage ich Sie zurück, meine Damen und Herren! Immerhin, eine gewisse Herzensbildung ist mir nicht abzusprechen. Mein Name ist übrigens Iwan Ganja Nikolaij Nikolaijewitsch, genannt auch Nischka, in Offizierskreisen geruhte man mich vor den großen Säuberungsaktionen sogar hin und wieder mit »Schätzchen« anzusprechen, wenn es an den Champagner ging – eine Ehre, der ich mich seinerzeit durchaus würdig zu erweisen wußte, indem ich meine schönen, damals noch äußerst feurigen kohlschwarzen Augen wie ein schmutziger Zigeuner rollen ließ und sogar zur Gitarre manche der neueren französischen Balladen und erotischen Schnurren sang, was besonders Hauptmann Liputin und einige unserer ziemlich verkommenen Generäle so bezaubert haben muß, daß sie berückt in die Hände patschten und sich sogar hin und wieder vom schönen Geschlecht ab und mir zuwandten, iih! Gleichwohl, diese Zeiten sind leider vorbei, tempi passati ... mais pas si important ...

Heute bin ich leider steinalt, vollständig abgebrannt, aber was soll's, und vollkommen weise. Jetzt durchschaue ich alles, jetzt weiß ich, was das Leben ist. Nikolaij Nikolaijewitsch, so spreche ich oft morgens zwischen zwei und fünf zu mir selber, wenn ich kümmel- oder kornberauscht in meinem Bettchen liege in meinem Zimmerchen, das man mir großherzig vermietet hat (ach was »Zimmerchen«! ein Saustall ist es!), und wenn ich dann noch immer nicht recht einschlafen kann und mit mir ins Gericht gehe – Nikolaij Nikolaijewitsch, säusle ich, so ist das Leben, la vie, la vita, the life! Hah! Ein großer Haufen von allerlei Trieben, dunklen und heiligen, und Triebe sind Triebsand, sage ich mir immer. Gewissermaßen, glaube ich fest, sind alle Triebe ja auf Inzest aufgebaut, oh ja! Denn die Gattenliebe selbst muß sich ja doch in immerwährendem Sadismus aufweisen, das weiß man doch! Die Frauen aber, die Frauen wollen immer und immer nur das eine, das Glück, die Liebe. Ich persönlich habe noch vor 24 Jahren gewissermaßen eine

Traumfrau geliebt, unverheiratet, versteht sich, die Herzogin von Genua, Prinzessin Lydia von Savoyen, die auch Prinzessin und Herzogin von Arenberg war, die mich nicht und nicht zur Ruhe kommen ließ und immer wieder meine Umarmungen und Kitzeleien begehrte, sie ist dann 1977 in Lausanne gestorben, irgendwie erreichte mich damals sogar eine Einladung zum feierlichen Seelenamt in der bildschönen Kathedrale – nun, heute bin ich ja vielleicht nicht mehr der Liebesmächtigste, aber immerhin – doch davon ein andermal. Ich glaube heute, auf dem Scheitelpunkte meines Lebens, daß generelle und sexuelle Motorik (wie man sagt) stark korrelieren, ja, sie bilden ein richtiges Korrelat! Hm. Ja, ich habe damals drei Wochen bei ihr gewohnt und geschlafen (wie vornehm!), das Täubchen Prinzessin wollte sogar ein ganz kleines Kindelchen von mir (o mein gar zu eilig Vögelchen!) – aber da war ich ja schon wieder weg, da war ich ja schon wieder an die Côte geflüchtet, um mich meinen Studien zu widmen, d. h. ich trieb mich natürlich den ganzen Tag lang tripptrapp im Spielcasino herum und verlor Tausende – aber jedenfalls erreichte mich dort ihr gewaltiger fleischiger (und fleischlicher!) Furienarm, der Arm einer wahren furia disperata, nicht mehr – und ich war endlich wieder frei. Frei!

Freiheit! Höchstes aller Güter! Ich gehe mit Casanova darin einig, daß es vielleicht sogar noch vor den Frauen rangiert, le donne ...

Ein andermal habe ich etwas fast schon Makabres erlebt. Ein Freund von mir, der Bezirksvertreter Stepan Trofimowitsch Meyer, ein bejahrter früherer Seeoffizier, hatte ein Kind gekriegt – da, das Kind stirbt wieder, das arme Würmchen, und was macht man? Wohin läuft es hinaus, meine Damen und Herren? Nun, man steckt das Bälgchen in ein Massengrab »für namenlose Tote«! Ich frage Sie, meine Damen und Herren, darf denn das sein?

Aufgewachsen bin ich übrigens in den krummen

Schluchten des Kaukasus, mein Vater war Schreiner und Georgier, meine Mutter dagegen Armenierin und vor meiner, der Geburt ihres ersten Kindes (es kamen dann noch vier, die allesamt starben – hoch lebe das Erstgeburtsrecht!), sogar auch Tänzerin in einer Art Kaschemme an der Paßstraße des allerhöchsten Hochgebirges. Später zog sie sich dann aus diesem nicht ganz feinen Gewerbe zurück, wurde fast eine Heilige und widmete sich ganz meiner bestmöglichen Erziehung. Sie war eine energiegeladene, pechschwarze und ganz wilde Frau, oh, ich erinnere mich gut, meine Herren, die nun auf irgendwelche Lüsternheiten und Pikanterien förmlich warten und harren, sieh nur, wie ihnen der Mund aufgeht und der Speichel herausrinnt, pfui! – Aber das würde jetzt zu weit führen, jedenfalls, vor vier Jahren, im gesegneten Alter von ich weiß nicht mehr wieviel Jahren starb meine Mutter in der Intensivstation von Grafenau (Niederbayern) an Krebs bzw. einer mysteriösen Lungenauflösung, sie war bis zu ihrem Hinscheiden eine gewaltige Raucherin – immer und immer Virginia-Zigarren! Es war ganz schrecklich! Ich war damals Geheimer Legationsrat in Bonn und kam sogar mit dem Taxi angebraust. Wenn man aber das Geschehen in solch einem Krankenhaus beobachtet – vom biblischen Tod ist da doch gar nichts mehr, ich bitte Sie, die Würde ist weg! Ich war so aufgeregt, daß ich mir nach meiner Rückkunft sofort eine neue Wohnung mieten mußte, es war eine ganz schlimme Zeit für mich – und half doch nichts. Requiescat in pace, du Liebe, Unvergessene, Wilde!

Dagegen mein Vater Akakij war ganz anders geartet als ich. Er war, glaube ich, Tatar, meines Wissens aus dem Geschlecht der südrussischen Chasarenfürsten – so daß auch ich, meine Herrschaften (und nun passen Sie auf!), gewissermaßen aus edlem Geblüt und ein Fürst bin – ich gestehe aber sofort, schaue ich auf mein zerrüttetes Leben zurück, mehr ein Fürst der Finsternis, ein ganz mächtiger

Herzog der Hölle zum wenigsten! Ah! Ob ich dereinst wirklich zur Hölle fahre, um dort meine chasarischen Ahnen säbelrasselnd und schnapstrinkend vorzufinden, das steht ja noch dahin. Einerseits muß ich es sehr befürchten und fürchte mich auch wirklich – andererseits hoffe ich natürlich als aufgeklärter wissenschaftlicher Materialist, daß es gar keine Hölle gibt und das Ganze nur ein aufgekochter Pfaffenspuk ist. Das wäre wunderbar – ich bin mir aber nicht sicher. Manchmal glaube ich wirklich, der Leibhaftige sitzt schon in meinem Bett, unter der Bettdecke, und zerrt an mir – andererseits muß es ja irgendeine Gerechtigkeit im Leben geben, meine ich und halte sehr dafür, doch, das sollte schon sein – so daß ich mich, folgerichtig weitergedacht, sogar dafür einsetzen müßte, daß ich, um den Gesetzen der Moral, die ich verehre, Genüge zu tun, mich sogar dafür stark machen müßte, daß ich der ewigen Verdammnis anheimfalle. Ha! Naja, irgendwie werde ich mich in dieser Finsternis schon auch zurecht finden und aus der Affaire ziehen und mir vielleicht sogar eine charmante piccolo Teufelin anlachen! Eh?

Denn meiner Ansicht nach, um dies vorwegzunehmen, gibt es, meine Damen und Herren, auf dieser Welt, ja in diesem Weltall und infolgedessen auch in der Hölle, nur ein einziges Gesetz, nur eine einzige Zwei- und Zellteilung, diejenige nämlich nach Männern und Frauen, meine Damen und Herren – das ist das einzige Gesetz, das mir am Ende meines Lebens noch vollkommen einleuchtet und das ich sogar anerkenne und begrüße, hoho! Ich bin eben nun mal ein gewaltiger Weiberhengst und ein verdammter Schnorrer dazu – und wenn Sie mich dafür hassen wollen, na, dann viel Spaß!

Doch zurück zu meiner Biografie im engeren Sinne. Eine schöne Zeit verdanke ich meiner noch aus dem Kaiserreich stammenden intensiven Kenntnis des Landes Albanien. Als anerkannter Albanologe wurde ich nämlich durch die engagierte Vermittlung des Comte Alain Potier de la Morandière, des Geschäftsführers der Transcometal GmbH., der mich schätzte und verehrte, Präsident der freilich (was der Comte nicht ahnte!) KPD/ML-gelenkten »Gesellschaft der Freunde Albaniens e. V.« in der lebenslustigen Stadt München. Es war dies einer meiner glänzendsten Lebensabschnitte. Der Champagner floß in Strömen, Wirkliche Staatsräte gingen in meinem Kontor ein und aus, die Frauen lagen damals fast rottenweise zu meinen Füßen – so auch meine Sekretärin Frau Fraß, eine blonde Brünette von ungeheurer Arbeitsdisziplin und noch gewaltigerer fraulicher Ausstrahlung (Aura), ja, es war ein wahres Wetterleuchten – was ich damals sehr zu schätzen wußte und auch während der ohnehin von keiner Menschenseele kontrollierten Dienststunden sehr wohl zu schätzen verstand, es waren die tollsten Ausschweifungen, die Frau Fraß mir gewährte – o ja, der Hl. Clemens hat schon ganz recht, wenn er schreibt: »Jede Frau sollte schon bei dem Gedanken, eine Frau zu sein, von Scham überwältigt sein!« Weiß Gott! Alles aber wäre vielleicht bis auf den heutigen Tag prächtig weitergelaufen und weitergeschweinigelt, wenn ich bei meinen mehr politischen Begegnungen nicht jenen unseligen rumänischen Botschaftsrat kennengelernt hätte, einen gewissen Ilia Mihaj C., einen eigentlich ganz edlen Herrn, der auch ein sehr einnehmendes Deutsch daherredete und parlierte, eigentümlicherweise aber in Verbindung mit Damen privatim immer von »pimpern« sprach.

Das wäre aber noch nicht das Schlimmste gewesen, hätte dieser Botschaftsrat, der zuhause eine Frau und sieben Kinder hatte, sich nicht Knall auf Fall in Frau Fraß verliebt, d. h. Frau Fraß und ich dachten lange Zeit, es sei die reine hochgemute Liebe, und er, C., könne ohne sie nicht mehr leben usw. – was hat der Mann damals brieflich und telefonisch herumgewinselt und mir bei unseren Streifzügen durch die Nachtbars des Schlachthausviertels vorgeheult!

Wie die Wölfe meiner Kindheit! Und tatsächlich wurde, was ich sehr ungern sah, Frau Fraß ganz langsam weich, ja, sie stand sogar kurz davor, sich dem kleinen knüppelartigen, aber sehr eleganten und behenden Mann vollständig hinzugeben – als eines Tages zwei Herren vom Verfassungsschutz in unserer sogenannten Geschäftsstelle der »Gesellschaft der Freunde Albaniens« eintrafen, der eine aus Köln sah ganz normal und sogar ein wenig geistreich aus, der andere aber war ein richtiger Bayer mit Knickerbockers und einem Gamsbarthut, das hielt er wohl für eine besonders raffinierte Tarnung. Ich dachte mir zuerst nicht viel und bot den Herren sogar, so war ich damals in Fahrt, Cognak an. Die Herren aber legten ein Fotoalbum auf den Tisch, und darauf sah man den rumänischen Botschaftsrat auf vielen Bildchen mit immer neuen Geliebten im Arm oder auf dem Schoß, und nun drangen die Herren, während ich den Cognak eingoß, ganz erbarmungslos in Frau Fraß, sie habe sich doch sicherlich schon über die Gesellschaft und ihre Geheimakten (solche gab es in Wahrheit gar nicht, ich hatte noch nicht einmal andere Akten gesehen, nur immer Rechnungen!) aushorchen und ausspionieren lassen.

Als Frau Fraß schaudernd verneinte, sagten die Herren vom Verfassungsschutz, dieser Botschaftsrat sei ein ganz gemeiner Spion und Unterwühler der Bundesrepublik und ein riesengroßes Schwein usw. – und als dann Frau Fraß mit einem Verzeihung erheischenden Seitenblick auf mich inständig beteuerte, sie sei ja keineswegs die Geliebte des Rumänen, da drangen die Herren – und vor allem der Unmensch mit dem Gamsbart – ganz mörderisch in sie, sie solle aber ruhig seine Geliebte werden und nämlich C. ihrerseits aushorchen nach Strich und Faden und Beweise häufen, denn dann könne man ihn wegen seiner diplomatischen Immunität zwar noch immer nicht einsperren, aber doch des Landes verweisen, denn dieser Mann sei ein Schwein, das die Bundesrepublik vernichten wolle. Aber

Frau Fraß solle ihn vorher nach den Geheimnissen Rumäniens ausforschen.

»Verstehen Sie jetzt, meine Herren?« sagte der Gamsbart zu Frau Fraß und mir – ich bitte Sie, meine Herrschaften, was sind denn das für Verfassungsschützer! Charmant, charmant!

Irgendwie hatte ich, der ich wie erstarrt dem allem beiwohnte, auch plötzlich und trotz des Ernstes der Lage den Eindruck, daß die zwei Verfassungsschützer aber auch nur auf Frau Fraß aus waren – denn auf einmal luden sie sie beim ungefähr vierten Cognak fast überschwenglich zum Oktoberfest oder wenigstens zu einer Sex-Vorführung ins Nachtlokal »Eve« ein, das ja damals gerade auf dem Höhepunkt seines internationalen Ruhms stand, nicht zuletzt wegen der ständigen Anwesenheit von Honorarkonsul Profumo-Wheeler, den ich auch sehr gut kannte und schätzte, auch wenn er mich als »Zuhälter« beschimpft hatte, aufgrund eines Beratervertrags bzw. eines Mißverständnisses natürlich.

Nun wurde ich aber doch etwas ungehalten gegen die Herren, welche die arme und noch immer zitternde Frau Fraß immer aufdringlicher umschwänzelten und sogar streiften und ganz eindeutig dabei waren, ihren Verfassungsauftrag zu vergessen, und ich fragte also den Gamsbart ganz kühn, wo denn da der Unterschied sei: wenn C. ein Schwein sei, weil er Geheimnisse über unser Land erfahren wolle, die Verfassungsschützer aber Neues aus Rumänien, wo denn da der Unterschied sei?

Meine Damen und Herren, dieser politische Fauxpas, so berechtigt er in der Sache war, kostete mich leider meinen Präsidentenposten bei der »Gesellschaft zur Rettung Albaniens« oder so ähnlich. Die beiden Verfassungsschützer gingen erbost aus dem Haus, aber schon am nächsten Tag kamen gleich acht Verfassungsschützer zusammen mit Polizei ins Haus und sie begannen, alle Schubladen und

Schränke aufzureißen – alles flog auf und alles nur wegen meiner (ich bereue nichts!) eigentlich doch sehr tapferen Haltung – ich konnte mich gerade noch in die U-Bahn, zum Hauptbahnhof und nach Innsbruck absetzen, wo ich bereits nach einer Woche mit gefälschten Papieren als jugoslawischer Professor Tragan Velimirovic einen Lehrstuhl für Comparatistik übernehmen konnte – während die Polizisten zuhause natürlich keine Geheimnisse, sehr wohl aber im Tresor ganze Berge dänischer und sogar norwegischer Pornobilder und -romane fanden. Glückwunsch, meine Herren!

Nun, auf meinem Lehrstuhl sollte ich nun also vor allem zwischen den slawischen und den österreichischen Literaturen vermitteln, zuerst sollte ich immer vergleichen, dann vermitteln. Uff! Wieder wanderte ich auf einem sehr schmalen Grat, auf des Messers Schneide sozusagen, denn nicht nur verstand ich von beiden Literaturen und Kulturen so gut wie gar nichts, ich bitte Sie, meine Herrschaften, wie soll denn jemand, der jahrelang nur Pornoheftchen gelesen hat, plötzlich Freundschaft zwischen zwei so schwierigen Literaturen stiften! Und außerdem wurde ich ja bestimmt von Interpol verfolgt! Es war ein fürchterliches Durcheinander in meiner Seele – ein Durcheinander, das durch die damaligen katastrophalen und infamen Zustände an der Universität Innsbruck immer noch schlimmer wurde, der Dekan war dauernd krank oder bergsteigen, der Pedell belog aber, wahrscheinlich bestochen, den Unterrichtsminister Piffl-Percevic – wahrscheinlich ist dergleichen überhaupt nur in dieser fidelen Alpenstadt, fern von zentraler Kontrolle, möglich. Indessen, vermutlich war es gerade das ohrenbetäubende dauernde Durcheinander, was mir dann aus der Patsche half. Denn schon nach zwei Tagen mußte ich plötzlich statt Comparatistik Pastoraltheologie lesen, vertretungsweise, wie es hieß – und ich verstand zwar von der Pastoraltheologie fast ebenso wenig wie von der Comparatistik (heute weiß ich, daß diese ohnehin nur eine Schwindelwissenschaft ist, die sich allein der vom Ende des kalten Kriegs und von der Entspannung hervorgerufenen Scheinheiligkeit verdankt!) – aber ich arbeitete mich rasch ein und schon nach einer Stunde war ich auf diesem Gebiet praktisch perfekt. Ich redete über die »Invisibilia Dei« und über das »Credo, quia absurdum est« daher wie ein Gescheiter und ließ meine Trompetenstimme erschallen, von »Civitas Dei« und »Tantum ergo sacramentum« ging mir der Mund über, und einmal schrie ich sogar versehentlich »Heil dir, Jehova!« – aber niemand merkte etwas, ich wurde nach zwei Wochen sogar mit dem akademischen Titel »Ingenieur« versehen – und die Studenten, meist sehr trübselige Bewohner der umliegenden Gebirgstäler, waren mir dankbar, ja sie verehrten und liebten mich geradezu wegen meines unverkennbaren internationalen Flairs, wie man es eben bei Theologen nicht alle Tage findet – das Wichtigste aber war: im großen Schoß der Ecclesia triumphans (haha!) war ich gottseidank Interpol entwunden (es ging dabei nur zum Teil um die Albanien-Affaire, sondern vielmehr um gewisse Transaktionen, die Neider freilich auch als Scheckfälschung auslegen hätten können usw.) – aber ich hatte es geschafft!

Mit der Zeit behagte mir das Leben in Innsbruck so wohl, daß ich sogar eine Weile mit dem Gedanken spielte, gleichsam Gott zu danken und zu seinem albernen katholischen Glauben überzutreten. Erschwert und endlich behindert wurde dieser Entschluß freilich durch eine reizende Innsbrucker Realitätenhändlerin und Kaffeehauswirtin, eine gewisse Wally H., in deren Etablissements auch unsere akademischen Kameradschaftsabende der Innsbrucker Professoren stattfanden, die freilich auch allerlei Schmuggler und sonstiges landestypisches Gesindel beherbergten. Trotzdem, eines Tages beschloß ich diese Wally zu heiraten, um mit ihr noch dicker ins Geschäft zu kommen und so, unabhängig von meiner akademischen Karriere, zu einiger Existenzsicherung zu gelangen – indessen, irgendjemand muß mich wohl beim Dekan der Universität verpfiffen haben, dieser Dekan Hans Wieser ordnete sogar ein richtiges Disziplinarverfahren an, in den Gebäudlichkeiten der Wally H. wurde nicht nur zentnerweise geschmuggelter Speck, sondern auch pfundweise Marihuana gefunden, das angeblich von mir stammte, was nur zum Teil stimmte – aber jedenfalls, ich sah mich erneut zur überstürzten Flucht genötigt, diesmal wollte ich am liebsten ganz weit weg, nach Amerika, dem Land der Freiheit und Unabhängigkeit, oder wenigstens nach England, der Muttererde der Fairness und also auch der fairen Behandlung von Emigranten und politisch Verfolgten – aber aus lauter Zerstreutheit (oder war es der unbewußte Heimattrieb nach Osten?) geriet ich als Anhalter plötzlich in die Karpaten – über Siebenbürgen konnte ich mich gerade noch nach Ungarn retten, während gleichzeitig sowieso Hitlers Horden in Österreich einmarschierten, ein Skandalon, das einem Radikaldemokraten der Mitte wie mir ohnehin das Herz gebrochen hätte – ach, letzten Endes hat es mit jener Vorsehung des »Deus absconditus«, über die ich an der Innsbrucker Universität immer so schön und vielleicht sogar ein wenig beschwipst dahergeplaudert hatte, schon seine Richtigkeit!

In Budapest gelang es mir sehr schnell Fuß zu fassen. Ich schindete und plagte mich, wieder hochzukommen, und schon bald wurde ich über gewisse Beziehungen Chefkellner in der Bel Etage des berühmten Gellért-Hotels am Donauufer, täglich spülten die grünblauen Wellen Grüße aus der verlorenen Heimat zu mir, beim Servieren sprach ich die Silben betont kokett und langsam, was in Budapest immer gut ankommt – ich bediente auch den Grafen Petöfy und den hervorragenden Freiheitskämpfer Kossuth (der Vorname ist mir entfallen), obwohl ich eigentlich gar keine Schulung als Kellner hatte, machte ich doch keinen einzigen Fehler, manche der dort ein und ausgehenden Exzellenzen zogen mich sogar ins politische Vertrauen bei allerlei vertrackten Sächelchen, ich setzte mich für die verwegensten Reformen in Ungarn ein, ich befruchtete das brachliegende musische Leben der Donaumetropole, aufgrund meiner Erfahrungen in der Comparatistik gründete ich eine Sektion »Fortschrittliche Lyrik« und installierte die nachmals weltberühmten Orgelkonzerte in der Mathiaskirche (O wie süß klingt mir der Bachsche Choral »O Ewigkeit, du Donnerwort!« heute noch im Ohr!), nachher labten wir uns immer an dem legendären Seemannsgetränk »Panzerfaust« (olala!) – und alles wäre wieder einmal gutgegangen, mit der Zeit nahm ich sogar parlamentarische Posen an und hatte Aussichten, Nachfolger der Titularrats Puskas zu werden, – wenn ich nicht im letzten Augenblick aus lauter Vergnügen und unbezähmbarer Lebenslust der 16jährigen Tochter Zsófi von Puskas beim Neujahrsempfang in den Busen gebissen hätte!

Ah, Coquette! Mein Vorgehen war unindulgibel und gar nicht zu verzeihen – aber an dieser Stelle, meine Damen und Herren, muß ich es geradeheraus sagen und mutig bekennen: Die Frauen sind mein Schicksal! Frauen sind wie silberne Schalen, in die wir Herren unsere goldenen Früchte legen iiiih! Oder mit anderen Worten: Ich glaube, meine Damen und Herren, ich bin das allergrößte Ferkelchen, nein, die quiekendste Wildsau, die sich je auf diesem heiligen Kontinent herumgewälzt hat – und ich bin sogar stolz darauf! Stolz auch auf meinen unverbrüchlichen Bekennermut – hoffentlich macht er sich eines Tages bezahlt! In einer Zeit, da selbst Inhabern höchster Stellungen die Stirn vor Frost brennt und sie sich also in Heuchelei und Bigotterie flüchten und retten müssen, gehe ich zum Gegenangriff über – und hoffe sehr auf den Erfolg, auf den kommerziellen Erfolg dieser meiner Erinnerungen und Konfessionen. Denn meinen Lebensabend, meine Damen und

Herren, davon träume ich jeden Tag, wenn ich einen Blick aus meinem Kellerloch werfe, möchte ich schon gar zu gerne auf den Bahamas verbringen unter lauter Millionären und berückenden Frauen mit Brüsten knospend wie jene der geliebten Zsófi, die mich meine Ernennung zum Rat kosteten, auf den Bahamas, ja, auf daß mir am Ende sogar mein alter Weggefährte, mein einstmals zügelloses Alterchen, mein brünstiges und brünftiges Pfeifchen wieder auferstehe, das mir altem Pavian –

Doch genug davon! An dieser Stelle möchte ich aber eine kleine Anekdote nachschieben, die ich viele Jahre vorher oder nachher, was weiß ich, erlebte. Ich besuchte wegen gewisser Dinge wieder einmal Rilke auf Schloß Duino an der Adria, Rilke empfing mich lauernd freundlich, aber eigentlich feindselig (ich wußte zuviel!), in einer Art Trainingsanzug, doch ich ließ mich natürlich nicht blenden. »Rainer«, so sprach ich ihn damals ganz raffiniert an, »du hast zwar den reinsten Namen unter allen Dichtern erwählt, die reine heilige Jungfrau selber, hehehe, aber du bist ein Aas wie jeder andere auch, Väterchen, ein Hurentreiber und Herrschaftslakai, meiner Meinung nach«, ich hatte mir vorher etwas Courage angetrunken, »müßtest du statt ›Rilke‹ eher ›Bumske‹ oder ›Raffke‹ oder wenigstens ›Kafke‹ heißen!« – und derlei Attacken mehr …

Rilke, verwirrt bis zu einer unanständigen Ohnmacht, machte scheinbar gute Miene zum bösen Spiel, außerdem kam gerade die Vize-Königin Isabella die Treppe hoch, er erkundigte sich aber doch neugierig, was ich mit »Kafke« meine. Da sagte ich ihm denn, daß dies eine Anspielung auf »Kafka« sei und daß er, Rilke, sich nur in acht nehmen solle, in Prag gäre es – und ich nahm vor Vergnügen sogar eine Walnuß von Rilkes Toilettentisch, ach, wie mir das Nüßchen mundete, als ich sah, wie es in Rilke bohrte, weil er mein Wortspiel nicht durchschaute! Mittlerweile hatte die Königin begonnen, sich ebenfalls um- und ihren Trainingsanzug anzuziehen – taktvoll zog ich mich also zurück und machte mir einen ausschweifenden Tag, der am Abend in einer Weinkellerei bei Gorizia seinen Höhepunkt fand, wo ich beim Empfang der städtischen Würdenträger einer bildhübschen Primaballerina, die uns den Wein reichte, mit dem Versprechen, sie zur Weinkönigin des Friaul zu krönen, unter den himmelblau raschelnden Rock kniff und zwickte – ach, Nikolaij Nikolaijewitsch! Die Erinnerung übermannt dich erneut, und wie gern wärst du jetzt an der Stelle jenes arkadischen Jünglings, den die Göttin verspeiste oder verbannte oder was – indessen, meine Damen und Herren, die Notwendigkeit, meine Bekenntnisse heute noch zu einem glücklichen Abschluß zu bringen, treibt mich erneut an die Arbeit, in diesem Punkt halte ich es durchaus mit einer kleinen Lebensmaxime, die mir mein Freund Golo Mann einst mit auf den Weg gab: Carpe diem et labora! Nun freilich, Mann hat es auch nicht ganz geschafft. Macht nichts. Kopf hoch, Golo!

Aber warum denn muß ich eigentlich meine Beichte heute schon abschließen? Äh? Jawohl! Damit ich mir morgen guten Gewissens wieder einen annuckeln kann? Oho! Aber so ist es.

Die Primaballerina wurde dann eine Weile meine Konkubine, aber tempi passepartout, wie gesagt – inzwischen hatten sich die Verhältnisse in Deutschland wieder konsolidiert, ich betrat vorsichtig wieder deutschen Boden, ich raffte mich zusammen und bewarb mich für allerlei Posten, unruhig ist unser Herz, bevor es ruht in Gott hahaha – aber endlich hatte ich Glück. Bevor ich aber meine Stellung als deutscher Inspecteur Vétérinaire de la Daîra de Tenes in Algerien antreten konnte, mußte ich noch causa pecuniae kurze Zeit als Konpfleger im SOS-Kinderdorf in* (den Namen der Stadt versehe ich aus verschiedenen pikanten Gründen mit einem*) dienen und später als provisorischer Subdiakon in der Stiftskirche St. Herbert des damaligen

Domprobsts Metz von Probstzella, außerdem hatte ich als Hauslehrer seiner Nichte, der schönen Komtesse Angelina (o wie der Name süß sich schlängelt!), einige Erfolge (Sie begreifen und würdigen den Doppelsinn, meine Damen und Herren?) zu verzeichnen. Mein Hauptrivale war damals der überaus lüsterne SPD-Kreisvorsitzende Dieter (»Vieh«) Meiler, ein Mann mit vor Unkeuschheit ständig purpurrotem Kopfe – immer wieder rückte auch er der schönen Komtesse auf den lieblichen Pelz und scheute keine Unkosten und vernachlässigte in sträflicher Weise sein Amt und alle vorgesehenen Steuerreformen und schrieb stattdessen die lachhaftesten Briefchen, die mir dann die Komtesse kichernd vorlas – als ich jedoch auch noch zum Faschingsprinzen von Probstzella ausgerufen wurde, mußte dieser untreue Sozialdemokrat seine eklen Hoffnungen vollends begraben, die Komtesse wurde nämlich gleichzeitig meine Prinzessin – was mich freilich nicht hinderte, mit unserem Funkenmariechen Ulla (»Vicky«) in eine niedliche kleine Liaison, eine wahre liaison dangereuse, einzutreten, denn die Komtesse, die aus jakobinischem Geschlecht stammte, hatte ein überaus wachsames Auge – ich führte ein richtiges schweinisches Doppelleben, an das ich mich heute noch gern, freilich mit einem eigentümlichen Saugen am Herzen erinnere! Dem Probstzeller Fasching bin ich übrigens noch durch meine leider nur mehr passive Mitgliedschaft im Probstzeller Ex-Faschingsprinzenclub verbunden, eine sehr rührige Vereinigung, auch wenn ich deren Aufgabe nicht ganz verstehe. Lobbyismus? Lebensfreude? Naja, was soll's ...

Es kam die Zeit, da ich mich stärker an die damaligen geistigen Führer der Kritischen Theorie anschloß und von Max Horkheimer sogar den Sonderauftrag zugeteilt bekam, Sir Karl Popper zu beschatten, i. e. sein Privatleben und seine Intimsphäre auszuspionieren, wo ich nur konnte, um so diesen häßlichen Rationalisten und Anpasser endlich zu überführen und zur Strecke zu bringen, ich hatte auch gute Anfangserfolge zu verzeichnen – da ereilte mich wieder ein fürchterlicher Schlag. Ombre! Larve! Compagne di morte! In Salem, wohlvorbereitet durch den Empfang der heiligen Sakramente, verstarb mein Onkel, der berühmte Franz Freiherr von Holnstein-Wibblingen, Markgräflich badischer Hofmarschall, Major a. D. im badischen Leibgrenadierregiment, Markgräflich badischer Generaldirektor a. D., Ehrenvotionsritter des Souveränen Malteser-Ritter-Ordens, vielfacher Ritterkreuzträger mit Eichenlaub und Schwertern, Träger des großherzoglich badischen Hausordens der Treue, Kommandeur des königlich schwedischen Schwert-Ordens und was weiß ich noch – aber schon nach dem wunderbaren, von Bischof Harry Grabel, meinem späteren Todfeind, mit bewährter Umsicht zelebrierten Pontifikalamt im Salemer Münster stellte sich heraus, daß mir mein geliebter Onkel nichts, keine Mark, keine Liegenschaften, kein Stück Schmuck – nichts!! vererbt hatte, Max Markgraf von Baden selber übernahm die traurige Pflicht, es mir mitzuteilen. Wieder brach eine Welt in mir zusammen – wieder stand ich allein auf diesem Erdenrund, und mein Gönner, dem ich als sein erkorener Protegé jahrelang die süßesten, hinreißendsten Briefchen geschickt hatte, hatte mich schmählich verraten!

Was tun? Nun, Max Markgraf von Baden selber setzte sich dafür ein, daß ich über gewisse Stränge, die vom Palais Schaumburg über den Quirinalspalast bis nach Castel Gandolfo spielten, aufgrund meiner ungarischen Vorkenntnisse als ständiger Vertreter in Bukarest akkreditiert werden sollte – allein, man fand absolut keinen halbwegs glaubwürdigen oder aber vertuschbaren Aufgabenbereich für mich, trotz meiner bestmöglichen Verbindungen mit der slawischen Welt – wahrscheinlich eine Rache der Rumänen, denen ich ja Jahre zuvor so übel mitgespielt hatte (oder waren es schon die schmutzigen Finger Bischof Harry Grabels?) – jedenfalls brachte mich Max Markgraf, der mich immer wie einen Sohn behandelte (naja, vielleicht bin ich ja wirklich seiner, ho!), vorerst als Winkeladvokat in der soeben neugegründeten Firma Axonometric unter, die sich leider meinem aufmerksamen Auge schnell als – Betrugsunternehmen entlarvte. Mittels gewisser Raster und allerlei Forschungsergebnisse Emil von Behrings sollte dem ordinären Publikum eine gewissermaßen perspektivistische Wohnungseinrichtung aufgeschwätzt werden – schon am dritten Tag, als ich die Gemeinheit durchschaute, retirierte ich – und hatte wenigstens insofern Glück, als mich mein alter Freund Luis Trenker kurzerhand für die Rolle des Padre Giordano in seinem Meisterfilm »Der Berg ruft« engagierte, mit der Gage war ich aus dem Gröbsten – die Presse schwelgte in meinem Lob, Italien verlieh mir den Ehrentitel des Commendatore (nur durch Intrigen der KPI entging mir die höchste Auszeichnung, der Grande Ufficiale), auch Trenker selbst war so inflammiert von meiner Bravourtat, daß er mich gleich auch noch für die Titelrolle seines nächsten Films »Alias Mario« verpflichtete – ich habe das Drehbuch wohl hundertmal gelesen und doch nie verstanden, es ging wohl darum, daß der Chefeinkäufer des Schoko-Konzerns Imhoff-Sprengel (Berlin-Hannover) seine Stiefmutter Martha Freifrau von Manteuffel mit einer türkischen Witwe vertauschen wollte, um so den vollbesetzten Orientexpreß in seine Gewalt zu bekommen und gleichzeitig die Balkanstaaten aufzurollen – ich muß gestehen, ich war froh, als ich hörte, daß Trenkers Projekt schließlich am unerwarteten Tod der Duse, der die Doppelrolle zugedacht gewesen war, scheiterte ...

Wieder schlug ich mich jahrelang so schlecht und recht und peu à peu (und tête à tête, versteht sich, meine alte Passion, ha!) durch, eher en passant war ich einmal sogar Bahnhofsvorsteher im hessischen Sterbfritz, als ich aber, wir spielten gerade im Stellwerk eine stürmische Whistpartie, den aus Jossa heranbrausenden E 715 vergaß und verpaßte, da verlor ich natürlich auch diesen schönen ruhigen Posten – ich mußte mich damit bescheiden, Gottfried v. Cramm bei der Leitung des neuen Deutschen Tenniszentrums zu assistieren, allein, wir kamen uns wegen seiner Tochter, eines piekschönen Kindes im zarten Blütenalter von 13, ins Gehege, sogar die Boulevardpresse wurde hellhörig – und ich mußte also wieder einmal die Segel streichen, Cramm warf mich stante pede aus dem Tenniszentrum – ich ging dann Schachweltmeister Lasker als Sekundant und Trainer ein wenig zur Hand, um ihn für seinen Revanchekampf gegen Capablanca zu rüsten, ich schulte ihn vor allem in den sogenannten »hypermodernen« Eröffnungen von Nimzowitsch und Benoni, die Lasker noch nicht kannte, die aber keiner so drauf hat wie ich; und tatsächlich vermochte Lasker Capablanca erst einmal abzuwehren. Lasker vermittelte mich dann an Gustav Mahler, dem ich mich als Librettist für seine Achte Sinfonie andiente, ich hatte keinen blassen Schimmer vom Geschäft des Librettisten und half mir damit, daß ich alles aus Goethes »Faust« abschrieb, »Das ewig Weibliche«, ließ ich den Chor laut singen, »zieht uns hinan«, da war ich ja gewissermaßen wieder in meinem Element, Mahler merkte nichts von meinem Urheberschwindel, zahlte mich aus und lobte mich sehr – erst als es an Alma (immer diese verbotenen Früchte!) ging, wurde Mahler hellhörig – und wieder saß ich auf der Straße. Ach, es gab in meinem Leben Augenblicke, meine Damen und Herren, da wünschte ich, ich wäre nie geboren, da dachte ich daran, ein Mönch zu werden – allein, welche Abtei hätte schon einen solchen Schweinigel in ihren Reihen aufgenommen? Auf mir lastet eben ein Fluch!

Immerhin, glückliche Umstände trugen dazu bei, daß ich mich in der Folge als Skilehrer in St. Moritz niederlassen und einigermaßen über Wasser halten konnte, genau genommen war ich freilich nur eine Art Hausknecht, denn der Skitourismus war ja damals noch nicht ganz soweit (hihihi, hätten Sie's selber gemerkt?) – aber ich hatte den Vorzug, dabei eine große Anzahl interessanter und bedeutender Persönlichkeiten kennenzulernen, die in unserem Grand Hotel abstiegen – ich half dem Schah von Persien in den Nerzmantel, von früh bis spät legte ich mit Monsignore Heuler Grande patience (bis Heuler dann doch der Schlag traf), verschiedentlich zog mich der österreichische Schlakken-Baron Egon Oelzbrugger in sein Vertrauen (er hatte auch alles Geld verloren, der Arme, und bot mir an, bei ihm als Prinzipal einzusteigen, aber mein langer Arm hatte natürlich längst alle Informationen aus Wien eingeholt) – mit Senator Silberhorn und der Baronin Putbus unternahm ich lange und ergreifende Bergpartien, wunderbar, bis hinauf auf den Großvenediger – aber leider ließ ich mich ausgerechnet von meinem damaligen besten Freund, Kommerzienrat J. S. Moser, hereinlegen. Moser war damals für die Werbung tätig, er suchte gerade nach einem aussagekräftigen Spruch für ein damals berühmtes Waschmittel, nächtelang zerbrachen wir uns die Köpfe, endlich hatte ich es und schlug Moser »Persil ist Persil« vor – Moser umarmte mich, beglückwünschte mich und versprach mir 50 Prozent Leibrente auf Gegenseitigkeit bzw. Lebenszeit – indessen, wie Sie, verehrte Leser, heute wissen: Moser betrog mich, er reiste ab, entwand sich meinem Würgegriff und änderte schließlich, um sich rechtlich abzusichern, meine Erfindung in die heute noch bekannte Version, die ich allerdings auch noch einen Tick sexyer finde. Nein, ich trage Moser nichts nach, aber besonders lauter war das nicht von ihm. Sollten ihn diese meine Zeilen je erreichen, so grüße ich ihn dennoch, und vielleicht kann er mir ja über die Verlagsleitung meiner Memoiren diesen oder jenen Hunderter zustecken, na sagen wir Tausender! Dochdoch, wir hatten eine gute Zeit miteinander, mein guter Moser und ich, und wer,

Moser, frage ich Sie, war denn nun eigentlich der große Herzbube beim damaligen Ski-Starlet Uschi Mitterer? Wer hat denn da selbst im eiskalten Schnee die große Hitze entfacht? Na, Moser, ganz aufrichtig?

Ach, schon werde ich in memoriam wieder ganz entnervt und hibbelig und verzagt, was so ein dürres Veteränchen wie ich doch alles leiden muß ... ah ... weh mir ...

Drei Monate später war es wohl, als ich mit Jean Gabin, Ernie Hemingway und dem ungarischen Literaturagenten Ambros Bor, den ich von meinen Budapester Tagen her gut kannte, eine große dreißigtägige Wanderung durch die Mark Brandenburg antrat, wir wollten zusammen mit Harry Piel an der Pariser Oper »Dido am Lido« in Szene setzen und besprachen die Konditionen, aber nach dreißig Tagen wußten wir, daß Piel als Aeneas nichts war und Marlene Dietrich als Karthagerin – na, ich weiß nicht. Leider mußten wir auch die Idee eines bibliophilen Gemeinschaftsprojekts begraben, eine systematische Darstellung des Lebens und Sterbens der Mandarinen oder Mandarine von Tonkin und als Band 2 ein Werk über die legendäre Liebestechnik der Maharadschas der britischen Kronkolonie Kupurthala in Indien (nicht zu verwechseln mit dem Kamasutra – auf dieses Alpha und Omega meines Lebens komme ich zurück!) – aber auf einmal gerieten sich Hemingway und Gabin wegen Mussolini in die Wolle, fuhren getrennt nach Paris zurück, von Bor fehlte plötzlich jede Spur – und wieder einmal saß ich auf dem Trockenen und hatte alles, alle Hoffnung verloren.

So, aber jetzt werde ich mir erst mal, Hoffnung hin, Schicksalsprügel her, ein Schlückchen Champagner hinter die Binde gießen, für 1.98 DM im Kaufhof gekauft (Sonderangebot-Knüller!), es wird ein entsetzlicher Fusel sein! – aber ich werde schreiben und mit stilistisch verkniffenen Kabinettstückchen um mich werfen wie ein Engel! Ah! Pfuiteufel!

In meiner Not (nur heraus, ihr Kabinettstückchen!) war ich dann kurz beim Zoll tätig, ohne zu ahnen, wie fatal der starke Arm des Staates die Charakterbildung beeinträchtigt – nun, und dann ging ich also eben auch nach Paris, in einer Art Nacht- und Nebelaktion überschritt ich den Rhein, um vielleicht in der Seine-Metropole an Hemingways wachsendem Ruhm oder an Gabins Frauen ein wenig zu partizipieren – es sollte ein Schritt ins Dunkel werden – alles schien zunächst wie verhext: Genau an dem Tage, als ich in Paris eintraf, erklärte Frankreich Deutschland den Krieg! Ich war Ohrenzeuge, als General Pau seine berühmten Worte »Auf diesen Tag habe ich vierzig Jahre lang gewartet, es ist der schönste Tag meines Lebens!« über die Champs-Elysées rief, ich war erschüttert – und natürlich war ich wieder einmal persona non grata, politisch verfolgt. Obwohl ich die Franzosen wortreich und wiederholt meiner Zuneigung, ja Frankophilie versicherte, konnte ich froh sein, erst einmal als Maître de cuisine im Maxim zu überwintern, im Frühjahr brachte ich es dann immerhin zum Maître de plaisir im Pigalle, mit Geschick, Umsicht und Einfühlungsvermögen für das Savoir vivre organisierte ich als Ballettmeister den heute noch sagenumwobenen Bal paré im Invalidendom, den anerkannten Höhepunkt der Belle Epoque, sowie die »Matinee 69« für König Theodosius in der Oper, bei dem Maupassant dann auch seinen »Bel Ami« vorstellte. Dem Marquis de Norpois-Challot richtete ich wenig später einen Galaabend im Palais Royal aus, in dem auch noch Victor Hugo verkehrte und mein nachmaliger Freund Offenbach seinen Cancan hüpfte, nebenher machte ich meinen Magister und Doktor an der Sorbonne, ich wurde Mitglied der Académie Française und des Instituts de France – und endlich, endlich nahm mich nach einem Plädoyer Prousts auch der berüchtigte Jockey-Club in seine Reihen auf! Ich hatte mein Lebensziel doch noch erreicht! Die Großherzogin von Gérolstein wurde vorübergehend meine Maîtresse, der

Herzog von Windsor bewarb sich um meine Gunst, tausend Grisetten und Midinetten umschwärmten mich – und doch sollte ich wieder scheitern, Sie ahnen bereits, warum: die Frauen, les femmes ... Aufflog alles, als der Großherzogin meine gleichzeitige Cour d'amour für die Blanchisseuse Désirée, die später sogenannte »Madame sans Gêne« und Duchesse de Bernardotte, bekannt wurde, jene unvergeßliche zartgliedrige Seidenhändlertochter aus Marseille, die aber wiederum der Großherzogin steckte, daß ich – und so etwas, meine Damen und Herren, war selbst in Paris noch nie dagewesen! – aber mein Herz in Wahrheit an eine edle russische Emigrantin verschenkt hatte!

Ah, ma chère Marja Semënovna! Täubchen! Erinnerungsschmerz reißt mich fort und in den Abgrund – und doch warst du es, die mich ruinierte! Frauen sind ja überhaupt wie dunkle Kontinente. Wie aber konnte ich, mein Vögelchen, denn wissen, daß du wiederum auf die Großherzogin flogst wie der Geier zum Licht! Es war ein furchtbarer Skandal, als die Zeitungen berichteten und Zola sein niederschmetterndes »J'accuse!« aussposaunte, Mütterchen – aber der Herr möge meinen Feinden (und unter ihnen waren auch Dreyfus und Madame Curie!) verzeihen! Jawohl! Und immerhin, du ewige Marja, immerhin, Mütterchen, verdankt sich unserer Liebe ein Gedicht, das einzige Gedichtchen, das ich zeitlebens fabriziert habe. Ein einzigartiges Gedicht übrigens, hehe! Das Überragende, ja Geniale an ihm ist nämlich, daß es sich sowohl in seiner Ursprache Deutsch wie auch in Französisch reimt – Symbol ebenso meines Internationalismus wie meines Schicksals als politischer Flüchtling, als immerwährender Exilant. In Deutsch lautet das Gedicht:

»Wie das Licht rasch zu der Motte
Strebt der Mann zu der Kokotte!«

Ist das nicht niedlich? Und in der Übersetzung? Na, was ist?

»Le bonnehomme va chez la cocotte
Comme la lumière. Fouqué la Motte«

Hähähä. Aber leider konnte das Gedicht meinen gesellschaftlichen Sturz nicht aufhalten, gerade noch konnte ich meinen Hals vor der Garotte retten, zehn Jahre lebte ich dann als Rentier bzw. Clochard so recht und schlecht dahin – meine Lage besserte sich erst wieder, als ich über meine alten Correspondencen zum Heiligen Stuhl Glöckner von Sacré-Cœur wurde, ich bekam sogar einen Orden für meine kühne Modernisierung des gar zu altersschwachen Glokkenwerks – und bereits im fatalen siebziger Krieg (und wieder gegen meine Wahlheimat, mein liebes liebes Deutschland!) wurde ich auf französischer Seite Leutnant der Nationalgarde, schon im Dezember standen die Preußen in Rouen, aber ich sah mich gezwungen, mein Amt wegen der Disziplinlosigkeit der Truppe niederzulegen, ein Schritt, für den dann die Prinzessin Mathilde, die Tochter des unseligen Jérôme Bonaparte und meine Busenfreundin, vollstes Verständnis zeigte. Ja, und damit endeten dann auch schon meine französischen Lehr- und Wanderjahre, meine Damen und Herren, tückisches Geschick verschlug mich an einen anderen kriegerischen Brennpunkt der Welt, so daß mir gottseidank der traurige Untergang des Ancien régime und das Heraufziehen der bestialischen Revolution erspart blieben.

Ja, undurchschaubares Geschick verschlug mich, ohne daß ich deutschen Boden wiederbetreten hätte, nach Tirol, an die vorderste Front der Tiroler Freiheitskämpfe, Aug in Aug stand ich Andreas Hofer gegenüber, nahm ihn endlich fest und ließ ihn schweren Herzens hinrichten – zum Dank machte mich die französische Regierung zum Leiter der Academia Billardo in Triest, keine zwei Jahre später wäre ich beinahe aufgrund einer Verwechslung im Café Florian zum – Gran Dio! – letzten Dogen von Venedig ausgerufen worden, ich entkam aber erneut und machte gemeinsam mit meinem alten Freund Ferdinand Sauerbruch – scusate: Ferdinand Gregorovius Urlaub in Rom, d. h. ich versprach Gregorovius, ihm beim Quellenstudium bei seinem Werk »Geschichte des mittelalterlichen Rom« beizuspringen, ein Werk, das ja dann kurz darauf auch mit triumphalem Applaus erschien, ein toller Erfolg, der bis heute anhält! Gregorovius, ein sehr angenehmer Mann, aber ein etwas gar zu steifer Gelehrtentyp und ganz ohne mein Husarentemperament, verbrachte ganze Tage in allerlei Kirchen und Palästen – ich streifte derweilen lieber durch römische Kaffeehäuser und zum Teil auch verbotene Trattorias, schloß Bekanntschaften mit dieser und jener glutäugigen Ragazza und Bambina (O, o, o, diese römische Unersättlichkeit!) – und geriet dabei leider auch durch politischen Verrat in die Fänge Garibaldis und seiner verbrecherischen Mafia-Vereinigung »Giovane Italia«. Denn in Italien ging es jetzt drunter und drüber, die Gärung der Gemüter hatte ihren Höhepunkt erreicht – und ich natürlich mittendrin! O daß mir doch ein Mühlstein um den Hals gefesselt würde, auf daß ich nicht immer wieder im Meerschlamm von Umsturz und Betrug versänke! Viel zu spät erkannte ich, daß die edlen Männer des Risorgimento, etwa Graf Cavour, Verdi oder der spätere Otello-Bühnenbildner Alfred Edel, nichts mit diesen Banditen und ihrer Omertà (für mich Schwatznudel gerade das rechte!) zu schaffen haben wollten, an Vittorio Emanuele selber wandte ich mich um Hilfe, aber der König weilte gerade in Lappland, immer enger kreisten mich Garibaldis Schergen und Häscher ein, ich versteckte mich in der Sixtinischen Kapelle, auch dort wurde ich erkannt, ich legte mich (Gott verzeihe es mir) in St. Peter in Petrus' Grab, ich fühlte den kalten Hauch der Ewigkeit und hielt mit dem Apostelführer innige Zwiegespräche, ja, Petrus als einer der wenigen in meinem Leben verstand mich, dieser Fels hatte ein Ohr für mich, Scharen von Gläubigen kamen zu mir, mich anzubeten, und da, da, im neunten Monat, der Frühling war gerade mit Schalmeienklang wiedergekommen, öffnete ich ein wenig den Sarg und spitzte hinaus – und siehe, alles klar! Meine Häscher hatten inzwischen das Weite gesucht oder hatten ihr Leben am verdienten Galgen geendet!

Über Innsbruck und den Achenpaß erreichte ich wieder Deutschland, das vielgeliebte, in Augsburg meldete ich mich sofort bei Journalrat Schumm zur Stelle und erklärte mich bereit, alle, aber auch alle Aufgaben zu übernehmen, wenn ich nur die nackte Haut dabei retten könnte, ich würde sogar auf Seiten der Republikaner oder Girondisten oder Hugenotten kämpfen – ach Gott, ich glaubte mich in Frankreich, mein Sinn war vollkommen verwirrt, jetzt übrigens auch, aber macht nichts. Schumm jedenfalls sah mir gedankenvoll ins Auge, dann fragte er mich eindringlich, ob ich ggf. auch für die Übergeordnete Behörde tätig sein wollte – es könnte dabei allerdings der Fall sich einstellen, daß ich bei einer der anfallenden Sonderaufgaben mein Leben lassen müsse – und dann wisse die Übergeordnete Behörde von nichts. Wieder fiel mir das Herz in die Sacktasche, aber bedenkenlos, ja Schumm um den Hals fallend, stimmte ich plein d'espérance et de flamme dennoch zu.

Nun, bald stellte sich heraus, daß alles halb so heiß gekocht wird wie es auf den Herd kommt (oder so ähnlich – ich habe dieses hübsche Aperçu wohl vergessen). Zuerst hatte ich dem Freiherrn vom Stein bei seiner Hochschulreform etwas zur Hand zu geben (hier machten sich natürlich meine Innsbrucker Erfahrungen und Einblicke hochbezahlt), leider stahl ich ihm aus seiner für die Reformen vorgesehenen Schatulle einiges Geld, was zwar strafrechtlich nicht gewürdigt wurde, aber bei Stein war ich natürlich ein gebranntes Kind und untendurch; ich wurde also als Vizegouverneur in die Provinz Togo strafversetzt (kein schönes Land, dies Afrika!), ich schlug mich aber tapfer und zeigte den dortigen Medizinmännern die Krallen und ihre Grenzen auf, als ich zurückkam, wurde ich mit dem Posten des Kommandanten der Festung Hauenstein belohnt – dann wußte die Übergeordneten Behörde wieder einen Sonderauftrag für mich, der sich auszahlte. Ich sollte im Zuge des neuen Regierungsmechanismus unter dem Decknamen Heinz Faust eine Generalvisite im reformierten adeligen Damenstift Wutz abstatten, eine Kassenrevision o. dgl., und nebenbei darauf achten, ob dort auch ordentlich der Geist Luthers zum Tragen kam – ach, es waren unvergeßliche Tage und Monate, es genügt aber, wenn ich Ihnen, meine Herren (Damen weglesen, haha!), mitteile, daß das Stift wegen seiner lebenslustigen Konventualinnen, allen voran der Domina Mutter Teresa, seinen landauf landab bekannten Spitznamen »Wutzenbrunft« nicht zu Unrecht trug. Nun, man muß die Frauen in ihrem Liebreiz eben gewähren lassen ...

Indessen, das Glück ist wie Glas, Fortuna rotat, das ist die Vanitas mundi et vulvae (o ja, ich liebe solch kleine geistreiche vulgäre Wortspiele!), meine Damen und Herren, es kam, wie es kommen mußte: Weil mein alter Todfeind, der inzwischen zum Subkardinal beförderte Bischof Harry Grabel, den sie »Amigo« nannten, mir nicht verzeihen konnte, hintertrieb er meine von der Übergeordneten Behörde bereits beschlossene Karriere als Kontranuntius im verbündeten Wien – erstens wegen meiner angeblich radikalen Einstellung, zweitens wegen meiner theologischen Begrüßung der Erbsünde (damit habe ich recht – was sonst hätte die Hl. Mutter Kirche für einen Sinn, verdammt!), drittens wegen angeblicher Geschlechtskrankheiten – ich dementierte energisch, aber was half's, Rom zog die Gelder zurück. Und so wurde ich vielmehr, auf Fürsprache des alten Dessauer, als eine Art Hausmeier von Sir Wolstan Dixey, dem Dekan des Schulstifts von Birmingham, unter strengstem Incognito nach England geschickt.

Ach, wenn Grabel wüßte, welchen Segen er ungewollt

auf mich gesenkt hatte! Es war eine der glücklichsten Perioden meines Lebens, wenn ich von meiner leider nur kurzen Verbindung mit Marilyn Monroe absehe, in die dann ja leider Kennedy dazwischenfunkte. England! Weites Land! In dir war es, wo ich mein erstes Trauerspiel »Irene« zu Papier brachte, einen wahren Herzenserguß, der meine Erfahrungen mit Florence Nightingale dichterisch verbrämte – die Uraufführung in Covent Garden fiel leider einer Kabale der Jesuiten zum Opfer und Verhängnis – aber ich hatte mir trotzdem in eingeweihten Kreisen einen Namen als Geheimtip gemacht und wurde also, nachdem ich eine Weile glücklos an der Börse spekuliert hatte, Mitglied von Dr. Johnsons weltberühmtem Literarischen Club in London! Der Clubvorsitzende Boswell verehrte mich fast wie seinen Lehrer Johnson selber und schenkte mir immer wieder feurigen Porter nach, bis ich auf dem Tische Kosakentänze meiner kaukasischen Heimat vorführte und wie eine hysterische Jungfer herumsprang und wedelte (ach, was bin ich eine leidenschaftliche Seele!) – sogar Garrick applaudierte begeistert, mir aber gefiel am meisten im Club Dr. Douglas, der Bischof von Exeter, ein Mann von wunderbaren Manieren und einer meisterhaften Technik im Whistspielen, von der selbst ein kartentechnisches Fossilchen wie ich noch zulernen konnte, kein Vergleich mit unseren deutschen Episkopalen wie Grabel! – oft zechten wir auch in den feinsten Pubs weiter, der Mensch hat ja doch (das ist wahr!) bisher noch nichts erdacht, was so viel Behagen schafft wie ein gutes Wirtshaus, wie es Dr. Johnson immer ausdrückte! Etwas Taschengeld verdiente ich mir damals, indem ich für das »Gentleman's Magazine« allerlei Parlamentsberichte verfaßte (hin und wieder, zugegeben, auch einige launige Betrachtungen für den »Playboy«, o pfui doch!) – ach, es war eine wunderbare Zeit, zum Abschied weinte der ganze Club, und Dr. Johnson streichelte mich sogar und fuhr mir sanft und voller Güte übers Haar –

dieser große Humanist, Enzyklopädist und Menschheitslehrer hielt seine schöne Hand ausgerechnet auf meinen borstigen, schmutzigen, viehischen Kopf – ach, meine Damen und Herren, zentner-, ja doppelzentnerschwer fiel es mir da vom Herzen und gleichzeitig wieder aufs Herz, ich wagte Johnson gar nicht in die Augen zu sehen, sonst hätte er vielleicht doch noch im letzten Moment erkannt, was für ein Ferkel er da vor sich hatte – und tränenfeuchten, ja tränenblinden Blicks leistete ich sofort einen heiligen Eid, meinem bisherigen Leben abzuschwören, in die Mission zu gehen, an der damaligen Erfindung des Blitzableiters mitzuarbeiten und was noch alles! – allein, was half's? Schauen Sie mich an, meine Damen und Herren, merken Sie etwas? Nichts half es, kein Jota! Aber sind wir nicht alle allzumal Irrende und Neger und Sünder, sogar der große Johnson, vielleicht sogar Gott Sebaoth selber? Also, was wollen Sie denn noch?

Johnson aber überreichte mir noch unter der Türe ein höchst manierliches Briefchen und zeichnete darin als »Ihr wohlaffektionierter Sam. Johnson« – ich trage es heute noch am Herzen. Oder jedenfalls irgendwo unter meinem Bett muß es liegen. Später hat ja dann Boswell Johnsons Leben aufgeschrieben. Ich habe es nie gelesen. Es ist überhaupt merkwürdig, daß so wenig gelesen wird auf der Welt und so viel geschrieben! Naja, ich werde schon dafür sorgen, daß wenigstens meine Aufzeichnungen und Konfessionen massenhaft gelesen werden! Eine gute Verlagswerbung amerikanischen Zuschnitts, zwei Titten aufs Coverblatt, ein möglichst unverschämter Titel wie »Ich rammelte mich durch Europa« (sehr gut! und wahr!) – und schon läuft's! Das ist das A und O modernen Schrifttums!

O saeclum insipiens et infacetum!

Es muß zu der Zeit gewesen sein, als Newton dann die freien Fallgesetze erfand oder ermittelte oder bemutterte (was weiß denn ich, hi?), als ich wieder von der Insel abberufen wurde, unter Hinterlassenschaft von 2400 Dollar Schulden (meine Morgengabe an Johnson, he!) – aber nun hatte ich mich als Krautjunker und Großmeister des Schwertritterordens im Herzogtum Kurland bereit zu halten, um ggf. in den Schwedisch-Dänischen Krieg einzugreifen, nebenbei machte ich auch noch den Pagen für den alten gichtigen Admiral Opdam, schnell wurde ich zum Profoß befördert, und dann, als der Duodezkrieg endlich ausbrach, gelang es mir, Seite an Seite mit dem Prinzen von Homburg den schwedischen »Schnapphähnen« so manchen Fuß zu stellen. Die österreichisch-brandenburgische Allianz stand wie eine Eins, in meinen freien Stunden schrieb ich die »Interims-Ordinantz«, ein Werk, das heute noch, was Führung und Logistik eines Regiments anlangt, als exemplarisch gilt, Militärfachleute unter meinen Lesern werden es sofort bestätigen. Dafür kriegte ich auch den Hosenbandorden oder genauer den Elephantenorden des dänischen Königs, für Verdienste im militärischen und zivilen Bereich, kurz, zuerst stand unser Regiment bei Halberstadt, dann marschierten wir tapfer über den zugefrorenen Belt, machten alles nieder, was sich uns in den Weg stellte, und so entschieden wir auch den Krieg, der dann leider mit dem schmachvollen Frieden von Roskilde schon gar zu schnell zu Ende ging – indessen, schon war in Prag der Fenstersturz erfolgt, und wir hatten in den Süden auszuweichen, und obwohl ich, von der Schlacht bei Fehrbellin her, noch eine Beinverletzung auszukurieren hatte, beauftragte man mich seitens der Übergeordneten Behörde, schnellstmöglich zwischen Gustav Adolf und dem alten Tuck zu vermitteln und den Westfälischen Frieden vorzubereiten. Um mich zu tarnen, lieh ich mir eine Allongeperücke und gab mich in Wallensteins Lager als welscher Condottiere aus, der nur mal kurz usw. – indessen, man durchschaute mich, und ich wurde zum vierten Male in meinem Leben aus dem Lande gejagt, ja sogar mit kaiserlichem Bann beschlagen!

Kein Fortune, kein Fortüne ...

Es war zur Zeit Iwans des Schrecklichen, als ich die Beresina überschritt – und wer den Iwan kennt, der weiß, was das für mich bedeutete! Einesteils die endlosen Weiten der russischen Steppe – andererseits das drohende sibirische Straflager Gulag! Wie mich aus der Affaire ziehen? In meiner verzweifelten Lage operierte ich zunächst nicht ungeschickt unter dem Namen Rogoshin als falscher Staretz auf der Seite des richtigen Dimitrij und gegen die Bojaren von Stalingrad, ich tat, als ob ich eine besonders fromme Chronik des heiligen Rußland schriebe – und siehe, ich wurde nicht nur in Ruhe gelassen, sondern der Zar Boris selber fiel sogar auf seine Knie nieder und küßte mir Hände und Füße, naja, dies letzte, hehe, war natürlich ein bißchen geschwindelt – aber immerhin kam ich durch und genoß das vielleicht größte Glück meines Lebens, die Liebe der Zarentochter Sonja Anastasia Pralinskij, eines ganz herztausigen Schätzchens, einer Frau, wie sie schöner nie von einem Metropoliten geboren wurde – allein, wieder blieb das Glück nicht an meinen Fersen haften, gewaltige Stürme und Tornados und Blizzards trieben mich zurück nach Deutschland, unerkannt überschritt ich die Grenze bei Töpen und wurde geschäftsführender Direktor des Spielcasinos von Bad Homburg, welches mein alter Kombattant, der göttliche Prinz, soeben ins Leben gerufen hatte. Der Prinz verschaffte mir auch eine schöne Apanage, eine Equipage sowie zehn Pagen, alles aus Geldern des Schmalkaldischen Bundes, im Casino aber war mir die Bekanntschaft des Kaisers von Siam vergönnt (sein Name ist mir entfallen, er begann aber irgendwie mit »krnkl«), kurze Zeit später vermählte mich der Prinz eigenhändig mit der Diamentenschleiferin Henny Flachkopf, dies freilich erwies sich als Mißgriff und Hereinfall, denn meine Henny hatte die wahrhaft üble Manier, ausgerechnet auf dem Höhepunkt der Liebe vor lauter Zufriedenheit zu furzen – ach, wie schwer ward mir da ums Herz, wie innig gedachte ich da meiner russischen Zarentochter, nein, eine Zarentochter war es nicht, aber immerhin eine Bojarentochter und nicht einmal das, genau genommen war es eine Seifensiederwitwe oder dergleichen, meine holde Lisa, meine unvergessene – ach, wie gingen mir da die gefühlvollen Zeilen des schwäbischen Volkslieds im Kopfe auf und nieder:

»Da drunten im Tale
Läuft's Wasser so trüb
Und i kann dir's net sagen,
I hab' di so lieb.

›Sprichst all'weil von Liebe,
Sprichst all'weil von Treu,
Und a bissele Falschheit
Is auch wohl dabei‹.

Und wenn i dir's zehnmal sag',
Daß i di lieb' und mag,
Und du willst nit verstehen,
Muß i halt weiter geh'n.

Für die Zeit, wo du g'liebt mi hast,
Da dank i dir schön,
Und i wünsch', daß dir's anderswo
Besser mag geh'n.«

Que de grâce et de charme! Mir war, als hätte ich die Strophen selber geschrieben, wenn ich sie mir vorsprach und meinen Tränen freien Lauf ließ – io l'ho perduta, io l'ho perduta, Annaliviabell Lee! – aber, die Vorbereitung des Konzils von Konstanz lief bereits an, Dr. Percy, der Bischof von Dramore, den ich von Johnsons Club her gut kannte, hatte mich ins Komitee empfohlen, ich segnete mein Weib, stand um 4 Uhr morgens auf, aurora musae amica, wie es damals hieß, packte meine Emser Depesche in den Rucksack, bei Straßburg stieß St. Bernhard von Clairvaux zu mir, auf der Höhe von Basel holten uns Theophrast, Kopernikus und Hus ein, naja, der wurde ja dann gottseidank gevierteilt, der alte Ketzer – bald war Konstanz geschafft, zur Eröffnung gab es einen Bunten Abend in der Stadthalle, bei dem Dr. Percy und ich als Duo auftraten, Percy sang frivole Lieder, ich machte als Neger im Bastrock allerlei Faxen, tanzte Rumba und Paso-doble – hier entdeckte ich gewissermaßen auch mein musikalisches Talent, das mir später, als das Komplott der niederdeutschen Zentrumspartei abgeschmettert war, als Rattenfänger von Hamburg zugute kam, als blinder Bremer erlernte ich die Genremalerei und geriet dann in Festungshaft in Neuschwanstein, dort gründete ich die Studentenkorporation Rhenania, hier lernte ich auch Tannhäuser kennen und veranstaltete mit ihm eine Pilgerfahrt nach Altötting, wir machten dem neuen Papst unsere Aufwartung, riefen zum Ersten Kreuzzug auf, und bei der Seligsprechung des Hl. Hieronymus durfte ich sogar den Advocatus Dei machen. Kurz vor seinem Tod besuchte ich Bischof Augustin in der afrikanischen Hafenstadt Hippo, dann wäre ich beinahe selber gestorben und von Kaiser Nero gekreuzigt worden, bäh! – aufgrund eines gewissen Gelübdes wurde ich aber lieber Manichäer und segelte unter dem Decknamen Emanuel hinüber nach Galiläa, geboren aber wurde ich in einem Stall von Bethlehem, in Anwesenheit von Ochsen und Engeln und Hirten und Eseln, und siehe, es erschien eine feurige Schrift an der Stallwand, auf der aber stand: »Menemenemene! Dies ist mein geliebter Sohn, an dem ich mein Wohlgefallen habe, hihihihihi!«

Jawohl! So war das!

Genau so.

Voilà, und nicht einmal Bischof Harry Grabel konnte es verhindern, hehehe.

Heute aber? Heute, meine Damen und Herren, arbeite ich alternierend als aushilfsweiser Teppichverkäufer, als sogenannter Springer, bei einem bekannten deutschen Teppichunternehmen und als Autor von Volks-Western. Ja. Zuerst habe ich mir aber jetzt wahrlich einen großen und schalen Schluck Champagner verdient, oder? Buvons à votre santé!

Ah! Super!

Und was das genau heißt? Nun, Herrschaften, es heißt vor allem Bitternis. Als Teppichspringer werde ich insgesamt pro Jahr so sechs Wöchelchen zur Urlaubsvertretung eingesetzt, davon kann natürlich kein Aas leben, von der Sozialhilfe zu leben verbietet mir aber meine aristokratische Natur – ja, meine Unfähigkeit, im Alter auf etwas Solides zurückgreifen zu können, und sei's eine sichere Rente, ist ja andererseits gerade ein weiterer Beweis für sie! Aber essen oder vielmehr trinken muß man – und also verdiene ich mir ein kleines Zubrot (einen Zuschluck, hoho!) als Autor für den bekannten »Zauberkreis«-Verlag Paderborn, für dessen Phantasmo-Reihe, das Stück 1.20 Mark, d. h. ich habe mich auf mittelamerikanische Western spezialisiert, die ich meist aus den Erzeugnissen des Konkurrenz-Verlags stibitze – soeben habe ich mein 27. Opusculum, »Feuer am Citlaltepetl« (62 Seiten mit je 2400 Anschlägen), correctis corrigendis imprimatur hingeschmiert und abgeschickt und warte sehnsüchtig auf mein Honorar – und gerade deswegen hatte ich ja ein wenig Zeit, meine Memoiren niederzubringen, bevor es zu spät ist, bevor ich mit Schmach die Welt verlasse – und ich fühle an meinem unruhigen Pulsschlag, der graue Tag ist gar nicht mehr allzu fern, o nein, denn es geht dem Menschen wie dem Vieh – aber aufrichtig, ein wenig hoffe ich ja schon, mit diesen Bekenntnissen zu reüssieren und mich in die erste Reihe gegenwärtiger deutscher Schriftsteller einzugliedern, ja, irgendwie umschmeichelt mich sogar das Gefühl, daß zur bevorstehenden Jahrtausendwende zu allen möglichen Wettbewerben und Ausscheidungen aufgerufen wird, Bilanz zu ziehen über die großen Zeitabschnitte – na, und da könnte ich es ja doch auch mal versuchen und ganz hochgemut meine Sächelchen einreichen.

Sonst? Was ich den Rest des lieben langen Tages tue? Nichts, meine Damen und Herren, gar nichts. Ich liege, von etwas Gicht geplagt, sonst allerdings kerngesund, eigentlich den ganzen Tag im Bett, blättere, hm ja, im »Playboy« oder eben in anderen Western, um mich zu inspirieren, ja, und mit der Niederschrift meiner Memoiren habe ich mir gewissermaßen jetzt immerhin etwas die Zeit vertrieben, gleich werde ich nun aufstehen und nachsehen, ob noch 2 Mark für eine neue Champagnerflasche irgendwo herumklimpern, dann werde ich einkaufen gehen und mich dann gleich wieder ins Bett werfen, in langen Unterhosen, gewärmt durch einen Skipullover, den ich von meiner Vermieterin geschenkt bekommen habe – und mich dann wieder in kontemplative Trägheit versenken oder noch einmal mein Leben überdenken und gegebenenfalls nachtragen, was ich bei meiner Niederschrift vergessen habe, meine sozusagen defensive Mitwirkung bei der Ardennenoffensive z. B., meine Freundschaft mit Virginia Woolf (eine Schreckschraube!), meine leiderleider zuspätgekommene Erfindung des Türstoppers ... ja, Erinnerung, Kontemplation, Inertia! Das ist es, meine Damen und Herren, was einem großen alten Mann noch verbleibt. Nun schön, möge ich also ein Schwätzer und Trunkenbold sein – diese meine letzte Menschenwürde bleibt unverzichtbar, die lasse ich mir unter keinen Umständen rauben!

Wahr ist, immer noch und geradezu störrisch wie eine Klette hänge ich am Leben und fühle mich pudelwohl wie ein Tambourmajor dabei. Jeden Morgen, gleich nach dem Erwachen, werfe ich einen hastigen Blick in die Todesnachrichten der Heimatzeitung – na? na? und? Na, gottseidank, ich bin wieder nicht dabei. Und also verfüge ich mich wieder ins Bett.

Ich wohne, wie schon gestanden, in einem schon gar zu schäbigen Mietshaus, in einem Zimmerchen über der Metzgerei Gradl, im Raume muß es fürchterlich riechen, denn wenn, selten genug, Besucher dieses Loch betreten, verzweifelte Gläubiger zumeist, so hasten sie sofort ans Fenster, es zu öffnen und frische Luft hereinzulassen. Auch mir bekommt diese frische Luft gut, seltsamerweise vor allem im Magen, obwohl ich die von allen Gästen beschworenen »grauenhaften Leichengerüche« eigentlich gar nicht wahrnehme, eigenartig. Ich denke, es ist sogar eine der vorzüglichsten Leistungen der erhabenen Schöpfung in dieser alles in allem wohl tatsächlich besten aller Welten, hehe, daß sie einen Schmutzfinken wie mich endlich dazu bringt, die eigenen Körper- und Bettausdünstungen klaglos zu ertragen ...

Mein Verhältnis zu Staat und Religion hat sich heute nach dem Sturm und Drang meiner Revolutionsjahre stark beruhigt und gefestigt. Ich bin heute eingeschriebenes Mitglied der SPD, noch immer Mitglied der Gewerkschaft ÖTV und Ehrenmitglied der CB-Funker-Gruppe »Whisky Tom II Texas« – ich entsinne mich nicht, wie ich zu diesen jungen Menschen gestoßen bin, aber eines Tages, vor zwei Jahren, saß ich nach einem längeren Fußmarsch plötzlich mitten unter ihnen, die Funker gewannen wohl Interesse an meinen spitzfindigen Redensarten – und heute betrachte ich die Privatfunker als »meine Familie«, zu deren Monatsversammlungen ich regelmäßig gehe, auch wenn ich selber nicht funke, das hätte noch gefehlt. Und weiter? So ganz ohne Familienanschluß? fragen Sie, meine Damen und Herren? Nun, ich vermisse nichts. Die Weihnachtsabende, an denen ich früher allenfalls etwas gar zu viel Einsamkeit in meinem Bettchen empfand, verbringe ich seit drei Jahren bei der Pfarrei, beim CVJM, da gibt es auch immer Punsch gratis, beim letzten Mal wurde ich sogar von Pfarrer Jakob

(»Giacomo«) Scheuerer des Pfarrsaals verwiesen, ich muß entsetzlich geschrien haben!

Meine weiteren Pläne? Naja, viele sind es nicht, aber eines muß ich gestehen: Oft, wenn ich so in den neueren Journalen und Illustrierten blättere und lese, dann überkommt mich – und jetzt passen Sie gut auf! – so ein ganz starkes Verlangen, eine furchtbare Gier nach den neuen Jugendlichen-Lokalen, nach den sogenannten Disco-Schuppen, nach ihrem Schummerlicht und ihrer wahrscheinlich sehr wohltuenden Lärmkulisse, von welchen beiden die Presse berichtet. Was ich dort wohl zu suchen hätte? Oho! Nun, hehe, ich könnte mir schon vorstellen, daß diese zügellose und allem Anschein nach auch vollkommen orientierungslose neue Jugend gerade an mir Oldtimer, der ich so zahllose Erfahrungen mit mir herumschleppe, der ich mich in so vielem Schlamm der Tiefe und in den Finsternissen des Trugs gewälzt habe (gern) – daß diese sehr unerfahrene Jugend auch und gerade an solch einem Prachtexemplar von Immergrün Gefallen findet, meinen Erfahrungswert anerkennt, meinen Rat sucht, meine Gesellschaft, meinen Rotwein bezahlt – ja, ich bin mir sogar fast sicher, daß insbesondere die jungen Dämchen, betäubt von Alkohol, Haschisch und Jugendarbeitslosigkeit oder auch nur einer unseligen Liebe, mich töchterlich ins Vertrauen ziehen, ja womöglich schnurstracks an mich sinken wie damals die Großherzogin von Gérolstein – und den Rest sehe ich schon ganz ganz haarscharf vor mir: Wie ich meinen väterlichen, ja großväterlichen Arm um das Täubchen lege, immer enger, wie ich es mit meinem wohlklingend urgroßväterlichen Bariton beschwichtige, ihm gut zurate, jetzt mit dem Arm nach innen fasse und zuerst behutsam, dann ganz keck meine linke oder rechte Hand oder sogar beide gegen die Brust, gegen die niedlichen Äpfelchen rutschen lasse und klaube und presse, meine alte Leidenschaft, das Weibliche, aber Wollust ward eben auch schon dem Wurm gegeben, wie mein Freund Flaubert immer sagte – presse und presse und gleichzeitig darauf achte, daß das Püppchen hübsch weitertrinkt, bis es endlich an meiner alten Brust zusammenschauert wie die Nacht der Liebe selber – und wie ich das Vögelchen dann endlich endlich (und ich habe gelesen, diesen jungen Menschen ist letztlich alles gleich!) abschleppe und heimtrage in meine Metzgerei und dann – – o ja, das könnte ich mir sehr gut vorstellen, mein Gott!

Meine Damen und Herren, hiermit ende und beschließe ich auch schon meine Bekenntnisse, denn noch heute will ich es probieren, noch heute will ich es wagen und wissen – pardon, aber ich war ohnedies fast am Ende – und ich überlasse also das Urteil über mein Leben Ihnen sowie der höheren außerweltlichen Gerechtigkeit. Mögen Sie so oder so entscheiden, in Demut werde ich mich fügen, mögen Sie mich loben oder rupfen – mir ist es gleich, ich gehe jetzt in die Disco. Ihnen aber, meine Damen und Herren, danke ich für Ihre Aufmerksamkeit, Sie waren das leckerste Publikum, das ich je hatte, aber auch das ist mir letzten Endes vollkommen schnuppe, und die Dümmsten der Dummen, die Leser meiner Indianer- und Sheriff-Romane, sind auch nicht dümmer als Sie, die Sie sich von dem hochliterarischen Glanz des »Bekenntnishaften« haben einfangen lassen, schön dumm! Drei Dinge aber sind es, meine Damen und Herren, die ich Ihnen zum Abschluß dieser Bekenntnisse mit auf den stachligen Weg geben möchte. Erstens: Die Frauen neiden den Männern ihre Laster, und schon darum sollen die Männer darin fortfahren. Zweitens: Was J. S. Moser und ich seinerzeit in St. Moritz ausgetüftelt haben, das gilt noch heute und wahrscheinlich ewig: Persil bleibt Persil, das können Sie sich an den Hut stecken! Und drittens und schließlich, meine Damen und Herren, und ich verkündige Ihnen hiermit eine große Freude und die größte und einzigste Wahrheit dieser Erde. Es gibt auf die-

ser Erde nur zweierlei Dinge, und das eine sind Büchsen und das andere sind Sackträger, alles andere ist Volksverhetzung und von Übel. Alles andere ist Unfug und vollkommen im Arsch, das können Sie sich in die Harnröhre
schieben. Büchsen und Sackträger, ich alter Mann,
der ich jetzt sofort in die Disco robben werde,
weiß es, meine Damen und Herren,
das können Sie sich, halten zu
Gnaden, knallhart unter
die Vorhaut
jubeln,
amen,
hehe.